Beck'sche Schwarze Reihe
Band 288

Lexikon
der Erkenntnistheorie
und Metaphysik

*Herausgegeben von
Friedo Ricken*

VERLAG C.H.BECK MÜNCHEN

CIP-Kurztitelaufnahme der Deutschen Bibliothek

Lexikon der Erkenntnistheorie und Metaphysik /
hrsg. von Friedo Ricken. – München : Beck,
1984.
    (Beck'sche Schwarze Reihe ; Bd. 288)
    ISBN 3 406 09288 8

NE: Ricken, Friedo [Hrsg.]; GT

ISBN 3 406 09288 8

Einbandentwurf von Rudolf Huber-Wilkoff, München
© C. H. Beck'sche Verlagsbuchhandlung (Oscar Beck), München 1984
Gesamtherstellung: Georg Appl, Wemding
Printed in Germany

Inhalt

Vorwort
(Seite VII)

Die Mitarbeiter
(Seite IX)

Abkürzungen und Symbole
(Seite XIII)

Artikel und Verweise
von „Abbildtheorie" bis „Zweifel"
(Seite 1)

Quellen zur Erkenntnistheorie und Metaphysik
(Seite 247)

Bibliographien
(Seite 255)

Nachschlagewerke
(Seite 255)

Vorwort

Erkenntnistheorie und Metaphysik sind, zusammen mit der Ethik, die klassischen Disziplinen der Philosophie. Sie stehen im Mittelpunkt des philosophischen Interesses, denn kein Bereich der Philosophie und keine Wissenschaft kann auf die Grundlegung, die nur sie leisten können, verzichten.

Die *Erkenntnistheorie* fragt nach dem Begriff, den Prinzipien, den Bedingungen, dem Umfang und den Grenzen des Wissens. Zu ihren Aufgaben zählen die Klärung von Grundbegriffen wie Wahrheit, Erkenntnis, Wissen, Glauben, die Frage nach dem Status einer Aussage und nach der angemessenen Methode ihrer Begründung. Jede Wissenschaft stößt bei der Reflexion ihrer Grundlagen auf diese Probleme, ohne sie mit ihren eigenen Methoden angehen zu können.

Während die Erkenntnistheorie mit Descartes und dem Beginn der neuzeitlichen Naturwissenschaft zu einer eigenständigen Disziplin wird, reicht die Geschichte der *Metaphysik* weiter zurück. Sie beginnt mit der Frage der Griechen: Was ist das Seiende? Welches sind die letzten Ursachen und Gründe der erfahrbaren Wirklichkeit? Welche Bereiche des Seienden sind zu unterscheiden? Was meinen wir, wenn wir die Wörter „sein", „ist", „seiend" gebrauchen? In welchen verschiedenen Bedeutungen gebrauchen wir sie? Bereits ein flüchtiger Blick in die philosophische Diskussion zeigt, daß diese Frage bis heute nichts von ihrer Anziehungskraft verloren hat. Aber auch jede Wissenschaft ist auf eine metaphysische Grundlegung angewiesen, da die Seinsweise ihres Gegenstandsbereichs der Klärung bedarf.

Es gehört zu den Aufgaben der Philosophie, ihre eigenen Begriffe, Thesen und Methoden kritisch zu prüfen. Das *Lexikon der Erkenntnistheorie und Metaphysik* kann daher nicht über gesicherte Ergebnisse informieren. Es will vielmehr Probleme aufzeigen und Lösungsmöglichkeiten andeuten, um so den Leser zu eigenem Fragen und Denken anzuregen. Das soll vor allem auf zwei Wegen erreicht werden:

Erstens durch die Verbindung von *Systematik und Geschichte.* Eine Philosophie, die nicht zeitbedingten Engführungen erliegen will, braucht das Gespräch mit der Tradition. Die Annahme eines von der Geschichte unabhängigen Denkens ist naiv; jedes Denken hat die Aufgabe, sich seine eigenen geschichtlichen Voraussetzungen bewußtzumachen. Begriffe stammen jeweils aus einem philosophiegeschichtlichen Zusammenhang und können daher nur aus ihm verstanden werden. Auch zeigt die Geschichte eines Begriffs bereits verschiedene sachliche Perspektiven eines Problems. Die Vielfalt der Lösungsversuche läßt die bleibende Bedeutung einer Fragestellung erkennen.

Zweitens: Die Autoren des Lexikons vertreten *unterschiedliche philosophische Richtungen*. Damit ist die Gefahr des Dogmatismus einer bestimmten Schule vermieden. Diese Offenheit bringt jedoch unvermeidlich gewisse Unterschiede in der Terminologie und im Schwierigkeitsgrad der Artikel mit sich und fordert den Leser heraus.

Um eine zusammenhängendere Darstellung zu ermöglichen, ist nicht jedes Stichwort in einem eigenen Artikel, sondern unter einem *Hauptstichwort* behandelt, auf das verwiesen wird.

Die Artikel lassen sich grob in drei Klassen unterteilen. Eine erste erläutert *Grundbegriffe* der Erkenntnistheorie und Metaphysik, z.B. „Erfahrung", „Geist", „Kategorie", „Wahrheit". Eine zweite gibt einen Einblick in *Fragestellungen* bestimmter Disziplinen, z.B. „Hermeneutik", „Naturphilosophie". Eine dritte Klasse befaßt sich mit wichtigen *Positionen oder Richtungen*, z.B. „Analytische Philosophie", „Hegel, Hegelianismus", „Phänomenologie". Das Lexikon enthält keine reinen Personenartikel.

Die *Literaturhinweise* am Ende der Artikel bringen bei fremdsprachigen Arbeiten nach Möglichkeit die deutsche Übersetzung. Aus Raumgründen konnte in diesen Fällen, ebenso wie bei Neuauflagen deutschsprachiger Arbeiten, die Originalausgabe nicht aufgeführt werden.

Der *Anhang* soll vor allem der Entlastung und Ergänzung der Literaturhinweise dienen. Er nennt die wissenschaftlichen Ausgaben und wichtige Studienausgaben der Klassiker der Erkenntnistheorie und Metaphysik. Da nicht in allen Artikeln auf Termini der Logik und Mengentheorie verzichtet werden konnte, finden sich bei den Nachschlagewerken auch dazu einige Titel.

Verlag und Herausgeber danken allen Autoren. Besonderen Dank schulden sie Prof. Dr. Maximilian Forschner, der an der Planung des Lexikons mitgearbeitet und einen ersten Entwurf der Nomenklatur angefertigt hat. Für vielfachen Rat und vielfache Hilfe dankt der Herausgeber Dr. Geo Siegwart, für Vorarbeiten zum Anhang Kurt Schanné M.A.

München, im September 1983 *Friedo Ricken*

Die Mitarbeiter

Prof. Dr. Peter Bieri, Bielefeld
 Erkenntnistheorie – Pragmatismus – Skeptizismus

Prof. Dr. Dr. h. c. Walter Brugger, München
 Absolut – Bedingung – Grund – Materialismus – Materie – Prinzip – Privation – Vollkommenheit

Dr. Dr. Hans Burkhardt, Erlangen
 Analyse/Synthese – Analytisch/Synthetisch – Axiom – Begriff – Disposition – Gültigkeit – Identität/Differenz – Induktion – Kategorie – Methode – Modalität – Monade – Ontologie – Universalien – Vermögen – Wahrheit

Dr. Rainer Carls, Stockholm
 Abstraktion – Gattung/Art – Nominalismus – Prädikat – Qualität – Quantität – Realismus – Satz – Zeichen

Prof. Dr. Dr. Emerich Coreth, Innsbruck
 Cartesianismus – Einheit/Vielheit – das Einzelne – Erscheinung/Schein/Phänomen – Phänomenologie – Rationalismus – Spinozismus

Prof. Dr. Konrad Cramer, Göttingen
 Ding an sich – Kantianismus – Kritizismus – Transzendentalphilosophie

Prof. Dr. Peter Ehlen, München
 Basis/Überbau – Marxismus

Prof. Dr. Maximilian Forschner, Osnabrück/Vechta
 Stoa

Prof. Dr. Gerd Haeffner, München
 Existenz – Existenzphilosophie – Freiheit – Metaphysik – Transzendentalien – Zeit

Privatdozent Dr. Rainer Hegselmann, Essen
 Empirismus – Erfahrung – Hypothese – Konstruktivismus – Kritischer Rationalismus – Naturgesetz/Kausalität – Szientismus

Prof. Dr. Ludger Honnefelder, Berlin
 Realität

Die Mitarbeiter

Prof. Dr. Dr. Walter Kern, Innsbruck
Dialektik – Hegel – Theodizee

Prof. Dr. Klaus Kremer, Trier
Coincidentia oppositorum – Neuplatonismus – Partizipation

Privatdozent Dr. Wolfgang Künne, Hamburg
A priori/A posteriori – Negation

Dr. Jens Kulenkampff, Heidelberg
Urteilskraft

Prof. Dr. Otto Muck, Innsbruck
Bestimmung – Bewegung – Entwicklung – Form – Körper – Kontinuum – Raum – Sache – Wesen

Privatdozent Dr. Peter Reisinger, München
Anschauung – Einbildungskraft – Innerer Sinn – Schema – Sinnlichkeit – Verstand – Wahrnehmung

Prof. Dr. Dr. Friedo Ricken, München
Abbildtheorie – Akt/Potenz – Aristotelismus – Atomismus – Bild – Dogma – Element – Glaube – Gnosis – das Gute – Idee – Logos – Mythos – Platon – Relativismus – Scholastik – Sinnes-/Verstandeswelt – Vorsokratik – Vorstellung

Privatdozent Dr. Edmund Runggaldier, Innsbruck
Analytische Philosophie – Außenwelt – Gesunder Menschenverstand – Gewißheit – Sensualismus – Wissen

Kurt Schanné M. A., Dipl.-Theol., Frankfurt
Aporie – Lichtmetaphysik – Postulat – Symbol – Theorie – Transzendent – Weltbild

Prof. Dr. Dr. Heinz Robert Schlette, Bonn
Aufklärung – Geschichte – Hermeneutik – Ideologie – Welt

Dozent Dr. Josef Schmidt, München
Analogie – Idealismus – Reflexion – Ursache/Wirkung

Dozent Dr. Harald Schöndorf, München
Determinismus – Dualismus – Leib-Seele-Problem – Monismus – Seele – Voluntarismus

Dr. Gottfried Seebaß, Berlin
Denken – Sprache – Tatsache

Dr. Geo Siegwart, München
  Regel – Relation – Struktur – System – Teil/Ganzes

Dr. Manfred Stöckler, Gießen
  Äther – Natur – Naturphilosophie – Zufall

Prof. Dr. Christian Thiel, Erlangen
  Antinomie/Widerspruch – Zahl

Prof. Dr. Dr. Gerhard Vollmer, Gießen
  Leben – Teleologie

Prof. Dr. Falk Wagner, München
  Geist – Gott – Objekt – Person – Selbstbewußtsein – Spekulation – Subjekt – Theologie – Vernunft

Prof. Dr. Paul Weingartner, Salzburg
  Sein – Substanz/Akzidens

Abkürzungen und Symbole

Das *Titelstichwort* ist innerhalb der einzelnen Artikel abgekürzt. Flexionsformen sind nur dort deutlich gemacht, wo sie nicht eindeutig aus dem Zusammenhang hervorgehen.

Senkrechter Pfeil vor einem ↑Stichwort: bei Verweisen = siehe unter ...; innerhalb eines Artikels = siehe auch ...; vgl. ...

Einzelwerke

Aristoteles, Met.	Metaphysik
Descartes, Med.	Meditationes de prima philosophia, 1641
Kant, KrV	Kritik der reinen Vernunft, ^{1}1781 = A, ^{2}1787 = B
KpV	Kritik der praktischen Vernunft, 1788 = A
Platon, Rep.	Politeia (Res publica, Der Staat)

Für alle anderen abgekürzt zitierten Einzelwerke sei auf den Quellenanhang verwiesen.

Nachschlagewerke

HphG	Handbuch philosophischer Grundbegriffe, hrsg. v. H. Krings u. a.
HWPh	Historisches Wörterbuch der Philosophie, hrsg. v. J. Ritter

Für die genaue bibliographische Beschreibung dieser und anderer zitierter Nachschlagewerke sei auf den Anhang verwiesen.

Sonstige Abkürzungen

gdw   genau dann, wenn

Logische und mathematische Symbole

Zeichen	in Worten	Name
$\leftrightharpoons$	nach Definition gleichbedeutend mit	Definitionszeichen
ιx	dasjenige x, für welches gilt	Kennzeichnungsoperator
$\neg$	nicht	Negator
$\wedge$	und	Konjunktor

Abkürzungen und Symbole

$\vee$	oder (nicht ausschließend)	Adjunktor
$\rightarrow$	wenn ... dann	Subjunktor, Implikator
$\leftrightarrow$	genau dann, wenn	Bisubjunktor, Biimplikator
$\triangle$	es ist notwendig, daß	Notwendigkeitsoperator
∇	es ist möglich, daß	Möglichkeitsoperator
$\wedge x$	für alle x gilt	Allquantor
$\vee x$	es gibt mindestens ein x, für das gilt	Existenzquantor
$=$	gleich	Gleichheitszeichen
$\neq$	ungleich	
$<$	kleiner als	
$\leq$	kleiner als oder gleich	
$>$	größer als	
$\geq$	größer als oder gleich	
ε	ist Element von	Elementzeichen
$\subseteq$	ist Teilmenge von	Teilmengenrelator

A

Abbildtheorie. Jede Korrespondenztheorie der ↑Wahrheit ist insofern eine A., als man den Gedanken u. Aussagesatz, der mit der Wirklichkeit übereinstimmt, als deren Abbild bezeichnen kann. Meistens wird A. jedoch gebraucht für ↑Erkenntnistheorien, nach denen wir nur Abbilder der Dinge der ↑Außenwelt, nicht aber diese selbst wahrnehmen. Eine *materialistische* Version vertritt der antike ↑Atomismus (Demokrit, Epikur): Von den Dingen lösen sich beständig als Atomkonstellationen gedachte Bilder ab, die in die Seele eindringen. Nach dem *Affektionsmodell* Descartes' u. des englischen ↑Empirismus (Locke) bewirken die (Qualitäten der) Dinge in uns psychische Abbilder: die Vorstellungen (ideae). In der marxistisch-leninistischen *Widerspiegelungs-* oder A. sind Abbilder ideelle Resultate des Widerspiegelungsprozesses, in dem sich die Menschen auf der Grundlage der gesellschaftlichen Praxis die objektive Realität vermittels des gesellschaftlichen Bewußtseins aneignen. – Wie die Übereinstimmung des Abbilds mit dem Urbild erkannt werden kann, wird verschieden beantwortet. Für Descartes ist sie durch Gott garantiert; Kriterium des Marxismus-L. ist die gesellschaftliche Praxis. – Die grundlegende These der erkenntnistheoretischen A., daß wir nur unsere Vorstellungen von der Außenwelt erfahren oder wahrnehmen können, scheitert daran, daß wir Vorstellungen zwar haben, aber nicht wahrnehmen können. Gegenstand oder Inhalt der ↑Erfahrung oder Wahrnehmung können niemals unsere Vorstellungen von Dingen u. deren Eigenschaften, sondern nur die Dinge u. ihre Eigenschaften selbst sein.

Lit.: E. Stenius, Wittgensteins Traktat, Frankfurt 1969; J. Nieraad, A., in: HWPh I; G. Klaus/M. Buhr, Philosophisches Wörterbuch, Berlin [11]1975, I 31 f.; II 1300–1302; G. Prauss, Einführung in die Erkenntnistheorie, Darmstadt 1980, §§ 6–13; F. v. Kutschera, Grundfragen der Erkenntnistheorie, Berlin 1982, Kap. 4. *F. Ricken*

Absolut, das Absolute. Mit dem Wort ‚absolut' (vom lat. ab-solvere, loslösen) kann etwas bezeichnet werden, das dem ↑Sein nach (das A.), der Geltung oder auch nur der Betrachtungsweise nach losgelöst ist von Beziehungen (unbezogen, an sich selbst), von ↑Bedingungen (unbedingt, unabhängig), von ↑Ursachen (unverursacht) oder von Grenzen (unbegrenzt, unendlich, allumfassend). Dabei ist zu unterscheiden, ob dies jeweils schlechthin (in jeder Hinsicht) oder nur eingeschränkt (in bestimmter Hinsicht, in anderer aber nicht) verstanden wird. Der Gegensatz zu ‚a.' ist ‚relativ' (↑Relation): was in Beziehung zu anderem steht.

Dem Gesagten zufolge wird ‚a.' in vielfältiger u. abgewandelter Bedeutung (↑Analogie) gebraucht. Einige *Anwendungsfälle:* Etwas wird a. betrachtet, wenn man es nach dem nimmt, was ihm innerlich u. an sich selbst, seiner Definition nach zukommt. Der Seinsweise nach a. ist die ↑Substanz, da ihr Sosein ohne Bezug auf ein anderes ↑Subjekt des Seins definiert wird, im Gegensatz zu den Akzidentien, deren Sosein bezogen ist auf ein Subjekt, das sie bestimmen. Unter den Akzidentien aber unterscheidet man wieder a. und relative Akzidentien, je nachdem, ob sie die Substanz an ihr selbst (wie ↑Qualität u. ↑Quantität) oder nur in Beziehung auf andere Substanzen bestimmen (wie Abstammen von, Verwandtschaft mit, usw.). In logischer Hinsicht gelten Sätze a., die keiner Begründung durch andere Sätze bedürfen (↑Prinzip). Jeder Satz, der als wahr behauptet wird, wird a. behauptet, d.h. als uneingeschränkt gültig für jedes mögliche Subjekt, das ihn beurteilt. Dieser Wahrheitsanspruch (↑Wahrheit) ist unaufhebbar; er ist a., weil er bei jeder Bedingung oder Einschränkung wenigstens für den Bedingungszusammenhang zurückkehrt. Ähnliches gilt für die Wertsetzungen, die in jedem menschlichen Handeln unaufhebbar eingeschlossen sind. Sie mögen noch so verklausuliert u. relativiert erscheinen: handlungswirksam werden sie nur in bezug auf einen letzten Wert, eine letzte Motivation, die praktisch a. gesetzt wird, sei dies nun verdient oder nicht. Der Mensch ist demnach sowohl im Hinblick auf Wahrheit wie auf Wert mit etwas A. konfrontiert.

Da die Philosophie jene Art des Suchens nach ↑Wissen ist, das sich auf das Erste u. Letzte des Seins, der Wahrheit u. des Wertes bezieht, hat auch sie es, nicht nur einschlußweise, sondern offen u. thematisch mit *dem* A. zu tun. Die Frage nach dem A. ist für sie unausweichlich, da sie nach dem All der Wirklichkeit zu fragen hat, das keine Beziehung zu anderem mehr zuläßt. Das gilt auch für den philosophischen ↑Relativismus („Alles ist relativ" ist ein a. Satz). Der Unterschied der philosophischen Richtungen besteht nur in dem, worin das A. gesehen wird: ob in der Gesamtheit alles Relativen, im Weltall, oder darüber hinaus. Da das schlechthin A. jede Bedingtheit des Seins u. damit jede Indifferenz gegenüber Sein oder möglichem Nichtsein, die dem *Kontingenten* eigen ist, ausschließt, ist das A. in sich schlechthin notwendig. Es ist auch allem Relativen gegenüber — soweit dieses nicht mit dem A. identisch ist, wie in der christlichen Trinität — schlechthin ↑transzendent, d.h. alles welthafte Seiende, das relational zu anderem ist, übersteigend u. ihm gegenüber frei (↑Freiheit), da es sonst vom Relativen bedingt u. somit nicht das A. wäre. Das so bestimmte A. ist ↑Gott im Sinne des Theismus.

Lit.: Kant, KrV, B 380-2; Hegel, Enzyclopädie d. philos. Wissenschaften, §§ 384 ff.; J. Möller, Der Geist u. das A., Paderborn 1951; W. Brugger, Das Unbedingte in Kants KrV, in: J. B. Lotz (Hrsg.), Kant u. d. Scholastik heute, Pullach 1955; ders., Summe einer philos. Gotteslehre, München 1979, § 11; L. Leahy, L'inéluctable absolu: comme poser le problème de Dieu, Paris 1965; J. N. Findlay, Ascent to the a., London 1970. *W. Brugger*

Abstraktion, abstrakt. A. *im weitesten Sinne* ist das im u. durch ↑Denken geschehende Ablösen oder Trennen eines (Bestand-) ↑Teils (Teilinhaltes, Aspekts) von einem Ganzen.

Dieser abgelöste Teil als solcher sowie die ihn zum Ausdruck bringenden (Sprach-) ↑Zeichen werden a. genannt. Um A. handelt es sich nicht beim (gedanklichen) Abtrennen eines materiellen Teils von einem Ganzen, z. B. eines Fingers von einer Hand, u. auch nicht beim (gedanklichen) Herauslösen eines ↑Einzelnen aus einem Kollektiv, z. B. eines Soldaten aus einer Kompanie. Mit A. meint man jedoch bisweilen das gedanklich-absondernde Erfassen eines ontologischen ↑Prinzips, das zwar unabhängig von dem in der ↑Erfahrung gegebenen Ganzen existiert, aber zugleich dessen Existenz ermöglicht u. an ihm zu entdecken ist. In diesem Sinne hat man nicht nur die hypostasierten ↑Ideen, sondern auch die ↑Seele u. ↑Gott a. genannt im Gegensatz zu den konkreten materiellen u. sinnlich erfahrbaren Dingen. Mit A. *im eigentlichen Sinne* meint man jedoch das gedankliche Ablösen eines Bestandteils, der als a. Gebilde, d. h. losgelöst vom Ganzen, außerhalb des Denkens nicht selbständig existieren kann. In einem uneigentlichen Sinne meint man mit A. bisweilen auch das durch die Sinneserfahrung veranlaßte, aufgrund (vorgegebener) individueller, kollektiver oder transzendentaler (↑Transzendentalphilosophie) Ordnungsschemata im Denken oder Sprechen geschehende menschlich-subjektive Konstruieren von Denkinhalten, durch welche die Sinneserfahrung strukturiert u. so erst ermöglicht wird. Während diesen Denkinhalten, die auch a. genannt werden, in der objektiven Wirklichkeit nichts adäquat entspricht, soll jenen a. Gebilden, die durch eigentliche A. gewonnen werden, als „Gedankendingen mit einem Fundament in der Wirklichkeit" etwas Objektives, d. h. vom menschlichen Denken Unabhängiges, entsprechen (↑Realismus), obwohl sie sich in einer spezifisch menschlichen Weise darauf beziehen u. in vieler Hinsicht, z. B. in ihrer Selbständigkeit, Einheitlichkeit, Allgemeingültigkeit u. Prädizierbarkeit, allein vom menschlichen Denken abhängen. Es ist umstritten, was bei a. Gebilden als das zu gelten hat, was ihnen in der objektiven Wirklichkeit entspricht, u. was zu der Art und Weise gehört, wie sie darauf bezogen sind. Zu den Ganzheiten, aus denen man durch eigentliche A. etwas herauslösen kann, sind nicht nur konkrete erfahrbare Einzeldinge, Situationen und Kollektiva zu rechnen, sondern auch andere a. Gebilde, die in gemeinsamen Teilaspekten übereinkommen. Man kann unterscheiden zwischen dem, was durch A. aus einem Ganzen gewonnen wird, u. dem, wovon man abstrahiert, d. h. was nach der A. übrigbleibt. Auch dieses kann a. heißen, sofern es als solches nicht selbständig existieren kann. Eine isolierende A. kann schon in bezug auf ein einziges Ganzes stattfinden. Eine generalisierende A. geschieht stets in bezug auf mehrere Ganzheiten.

In der sehr wichtigen *Begriffs-A.* werden die begrifflich-formalen u. darum stets allgemeinen Bestandteile (↑Universalien) aus einem oder mehreren Einzelnen gelöst und für sich gedacht. Sie führt in einem ersten Schritt als prädikative A. (↑Prädikat) zu einer unvollständigen Herauslösung eines (↑Begriffs-)Inhaltes, inso-

Abstraktion, abstrakt

fern das vom Einzelnen abgehobene Allgemeine auch im Denken prinzipiell auf dieses bezogen bleibt u. deshalb nur als Prädikat von Aussagen in bezug auf Einzelnes verwendet u. in generellen Ausdrücken wie „singt", „(ist) rot", „(ist ein) Pferd" ausgesprochen wird. In der vollständigen Begriffs-A. wird das vom Einzelnen zunächst nur abgehobene Allgemeine selbst als ein a. Einzelnes gedacht, das mit einem a. singulären Namen wie „das Gehen", „die Röte", „das Pferdsein" benannt wird u. von dem man wiederum etwas aussagen kann wie in „(Das) Gehen ist ein Bewegungsvorgang", „Rot ist eine Farbe". Die vollständige Begriffs-A. ist intensionaler oder extensionaler Art, je nachdem ob das durch sie gewonnene a. Gebilde der verselbständigte Begriffsinhalt (Intension), z.B. das Rotsein, oder der verselbständigte Begriffsumfang (Extension), z.B. die Klasse aller roten Dinge, ist. Das Prinzip, durch welches man in der modernen Logik u. Grundlagenforschung die Begriffs-A. darzustellen sucht, heißt „A.-Prinzip" oder auch „Komprehensionsprinzip". Die *Formal-A.* (der scholastischen Philosophie) entspricht als A. einer ↑Form in etwa der vollständigen Begriffs-A. intensionaler Art, während bei der *Total-A.* immer noch ein Ganzes (totum), nämlich die Form mit einem (Träger-) ↑Subjekt erhalten bleibt, was in Ausdrücken wie „Gehender", „Rotes", „Pferd" ausgesprochen wird.

Von der Begriffs-A. zu unterscheiden sind die *geometrische* u. die *arithmetische A.,* durch welche man zu a. Gebilden geometrischer u. arithmetischer Art gelangt. Denn einerseits fehlt in diesem Falle der vorläufige Schritt der prädikativen A., da die vom konkreten materiellen Einzelnen abgehobene (↑Raum-) Gestalt, z.B. einer Geraden, eines Kreises oder einer Kugel, wie auch die von einem konkreten Kollektivum abgehobene Anzahl (↑Zahl) entweder gar nicht oder jedenfalls nicht im exakten Sinne vom Einzelnen bzw. vom Kollektivum ausgesagt werden können. Anderseits liegt bei diesem A.-Geschehen stets auch eine Idealisierung vor, insofern man beispielsweise von einem konkreten runden Ding zum exakten a. Kreis übergeht.

Eine weitere Form der A. liegt dann vor, wenn man jene für ein konkretes Ganzes konstitutiven *ontologischen Prinzipien,* die unabhängig vom Denken u. losgelöst vom Ganzen nicht existieren können, als etwas Einheitliches u. Selbständiges in bezug auf die konkreten Einzeldinge denkt. Diese A. unterscheidet sich von der Begriffs-A. insofern, als ihr der vorläufige Schritt der prädikativen A. fehlt, da die durch A. gewonnenen Prinzipien von den Einzeldingen nicht eigentlich prädiziert werden können. Auch besitzen diese konstitutiven Prinzipien nicht wie die Begriffe einen Umfang u. einen Inhalt. Auf diese Weise gelangt man durch A. des Prinzips der Ausgedehntheit u. der Veränderlichkeit konkreter Dinge zu ↑Raum u. ↑Zeit. Entsprechend gelangt man durch A. aller akzidentellen ↑Bestimmungen eines konkreten Dings zum Prinzip der ↑Substanz u. durch A. sämtlicher allgemeiner ↑Formen eines konkreten Dings zum individuierenden Prinzip der ↑Materie.

Die Annahme des eigentlichen A.-Prozesses macht deutlich, wie menschliche Erkenntnis trotz ihrer fundamentalen Abhängigkeit von der sinnlichen Erfahrung nicht nur reine Sinneserkenntnis ist (↑Empirismus) u. wie in ihr wesentliche u. notwendige Beschaffenheiten u. Strukturen der Dinge erkannt werden, ohne daß eine weitere von den Sinnen unabhängige Erkenntnisquelle benötigt wird (↑Rationalismus).

Lit.: P. E. Gohlke, Die Lehre von der A. bei Plato u. Aristoteles, Halle 1914; R. Hönigswald, A. und Analysis, Stuttgart 1961; G. Siewerth, Die A. u. das Sein nach der Lehre des Thomas v. A., Salzburg 1958; E. Oeser, Begriff u. Systematik der A., Wien 1969; H. Scholz/H. Schweitzer, Die sogenannte Definition durch A., 1935; J. R. Weinberg, Abstraction, Relation und Induction, Madison-Milwaukee 1965. *R. Carls*

Äquivozität ↑Analogie, Zeichen.

Äther. Nach mythischer Vorstellung ist der Ä. die reine, hell strahlende Himmelsluft über den erdnahen Luftschichten. In der Naturphilosophie des Aristoteles ist er als fünftes Element dem himmlischen Bereich zugeordnet. Der Ä. bildet die kreisförmig um die Erde bewegten Sphären u. die Himmelskörper, u. er ist wie diese unwandelbar. Seit Descartes wird der Ä. in der neuzeitlichen Physik wichtig. Er soll als hypothetisches Medium die Ausbreitung von Fernwirkungen (z. B. von Gravitationskräften) sowie die Ausbreitung von Licht erklären. In den Wellentheorien des Lichts spielt der Ä. eine ähnliche Rolle wie die Luft bei der Schallausbreitung. Angesichts der philosophischen Bedenken gegenüber einer Fernwirkung (actio in distans), d. h. gegenüber einer unmittelbaren Wirkung zwischen zwei nicht in Kontakt stehenden Körpern, kann man mit Hilfe des Ä. Fernwirkungen auf Nahwirkungen zurückführen, d. h. auf Kräfte, die nur als Druck und Stoß bei direkter Berührung wirken. In der modernen Physik sind Fernwirkungskräfte weitgehend durch Feldtheorien abgelöst, in denen der leere Raum selbst Träger von Eigenschaften wird. Wie Versuche am Ende des 19. Jh. zeigten, ist eine Bewegung der Erde relativ zum Ä. nicht nachweisbar. Mit der speziellen Relativitätstheorie Einsteins wird der Ä. überflüssig, da kein ausgezeichnetes Bezugssystem mehr angenommen wird. Die gelegentliche Verwendung des Wortes Ä. in neueren kosmologischen Theorien bedeutet keine Wiederbelebung alter Ä.-Vorstellungen.

Lit.: E. T. Whittaker, History of the Theories of Aether and Electricity, London 1951; M. B. Hesse, Forces and Fields, London 1961; M. Kurdzialek, Ä., in: HWPh I; G. N. Cantor/M. J. S. Hodge (Hrsg.), Conceptions of Ether, Cambridge 1981. *M. Stöckler*

Aevum ↑Zeit.

Agnostizismus ↑Gott.

Akademie ↑Platon.

Akt/Potenz (griech. dynamis/energeia; lat. actus/potentia) sind ontolo-

Akt/Potenz

gische Begriffe, die Aristoteles entwickelt hat, um das Phänomen der Veränderung zu erklären. Ihre Bedeutung läßt sich nicht definieren, sondern nur anhand von Beispielen aufzeigen. Aristoteles verdeutlicht das Verhältnis A./P. u. a. durch das des Bauenden zu dem, der bauen kann; des Sehenden zu dem, der die Augen geschlossen hat, aber sehen kann; der Statue zum Erz, aus dem sie gebildet ist. Die Beispiele zeigen, daß es sich bei A./P. um ein analoges Verhältnis u. analoge Begriffe handelt.

Aristoteles gebraucht „dynamis" in einem engeren Sinn für das *Vermögen,* eine Bewegung oder Veränderung (kinesis) zu bewirken *(potentia activa;* ↑Vermögen) oder zu erleiden *(potentia passiva).* In einem weiteren Sinn bezeichnet es bei ihm die ontologische *Möglichkeit:* Die Kopula ‚ist' kann nicht nur besagen, daß einem Seienden ein Prädikat tatsächlich oder der Wirklichkeit nach (energeía), sondern auch, daß es ihm nur der Möglichkeit nach (dynamei) zukommt. Der engere Begriff des Vermögens zu einer Veränderung ist der auf die ↑Kategorien Tun u. Erleiden eingeschränkte Begriff der Möglichkeit: Was dieses Vermögen hat, ist der Möglichkeit nach tätig oder erleidend. Das ontologische Verhältnis von Möglichkeit u. Wirklichkeit umfaßt alle Kategorien. Der ↑Substanz kommen ihre Akzidentien der Möglichkeit oder der Wirklichkeit nach zu (der Mensch kann gehen bzw. geht); die (erste) ↑Materie ist der Möglichkeit nach eine Substanz; diese Möglichkeit wird durch die Verbindung mit der ↑Form verwirklicht. Dabei ist die Form *(actus primus)* als Vermögen zur Tätigkeit *(actus secundus)* gedacht; so ist z. B. die Seele als Form der Lebewesen das Vermögen zu den Lebensvollzügen. Bei der Tätigkeit (energeia als actus secundus) unterscheidet Aristoteles zwischen Bewegung (kinesis) u. reiner Tätigkeit (energeia im engeren Sinn). Die Bewegung hat ihr Ziel nicht in sich; so ist z. B. Ziel des Bauens nicht das Bauen, sondern das fertige Haus, des Lernens nicht das Lernen, sondern das Wissen. Dagegen hat die reine Tätigkeit, z. B. das Sehen oder das Denken, ihr Ziel in sich u. ist in diesem Sinn vollendet.

Der A. ist der P. ontologisch vorgeordnet. Die P. ist um des A. willen: Ziel der Vermögen ist ihre Betätigung; die Form ist Vollendung (entelecheia) der Materie. Das Mögliche ist offen gegenüber seiner Verwirklichung u. Nichtverwirklichung; es bedarf zu seiner Verwirklichung des bereits Wirklichen. Da was sein kann sowohl sein als auch nicht sein kann, ist die P. ontologischer Grund der Vergänglichkeit. Das schlechthin Unveränderliche u. Unvergängliche ist daher ohne P., d. h. als reiner A. *(actus purus),* zu denken. Aristoteles denkt es als die reine Tätigkeit des sich selbst denkenden Geistes, der als unbewegter Beweger letzte Ursache jeder Verwirklichung des Möglichen ist.

Durch seine Lehre von A. u. P. widerlegt Aristoteles die These des Parmenides, jegliche Veränderung sei unmöglich, da Seiendes nicht aus Nichtseiendem werden könne. Er löst die Aporien der Platonischen Teilhabelehre (↑Partizipation). Das

Verhältnis der Form zu ihrem Träger ist nicht mehr als äußerliche Verbindung von Verschiedenem gedacht. Indem die Materie die Form erhält, entfaltet sie vielmehr ihre eigene Möglichkeit. Die Aristotelische A./P. lehre wird vor allem von der Scholastik weitergeführt. Unter dem Einfluß der christlichen Schöpfungslehre wendet Thomas v. Aquin die Unterscheidung von A. u. P. auch auf die Form an. Da sie als geschaffene nicht aus sich selbst sein kann, ist sie zusammengesetzt aus der Wesenheit (essentia) als P. u. dem Sein (esse), der „Vollkommenheit der Vollkommenheiten" (perfectio perfectionum) als A. (actus entitativus). Die analytische Philosophie greift mit der Thematik der Kräfteprädikate (power predicates) u. der †Dispositionsprädikate den Aristotelischen Begriff des aktiven u. passiven Bewegungsvermögens auf.

Lit.: Aristoteles, Met. V 7 u. 12; IX 1–9; XII 6, 7 u. 9; Thomas v. Aquin, Summa theol. I q. 3 a. 4; ders., De potentia q. 7 a. 2 ad 9; G. M. Manser, Das Wesen des Thomismus, Freiburg (Schweiz) ³1949; E. Tugendhat, TI KATA TINOΣ, Freiburg ²1968, § 13; J. Stallmach, Dynamis u. Energeia, Meisenheim 1959; H. Beck, Der Akt-Charakter des Seins, München 1965; D. Schlüter, A./P., in: HWPh I; U. Wolf, Möglichkeit u. Notwendigkeit bei Aristoteles u. heute, München 1979.   F. *Ricken*

Akzidens †Substanz.

Allgemeinbegriff †Begriff, Universalien.

Analogie (griech. ana-logon): Ähnlichkeit, Entsprechung, Verhältnis. Auf die *Sprache* bezogen grenzt man A. gewöhnlich ab von *Univozität* (begriffliche Eindeutigkeit) und *Äquivozität* (Bedeutungsverschiedenheit desselben Wortes, genauer Lautgebildes; z. B. kann ‚Strauß' Blumengebinde, Kampf u. eine Vogelart bedeuten). Eine augenfällige A. ist die Metapher (das „Haupt der Familie" ist weder ein reales Haupt noch hat es mit einem solchen nichts zu tun; es liegt vielmehr eine Strukturentsprechung vor: wie das Haupt zum Leib, so verhält sich der Familienvorstand zur Familie). Aber die A. ist nicht nur Sonderfall der Sprache und des Sprechens, sondern – mehr oder weniger deutlich – ihre durchgängige Struktur. Denn die Bedeutungen der Wörter u. Aussagen sind – wie die Erkenntnisleistungen, die sich in ihnen ausdrücken – Zusammenfassungen von Individuen (Gegenständen, Ereignissen usw.) nach einheitlichen Gesichtspunkten (‚Haus' für die Menge der Häuser). Bleibt die Zusammenfassung als solche bewußt, kommt die Verschiedenheit nicht ganz zum Verschwinden. Sie zeigt sich dann etwa an der Grenzunschärfe der Wortbedeutungen (wann ist etwas noch ein Haus?) bzw. an der Kontextabhängigkeit ihrer Bestimmungen. Mit A. ist also ein Strukturmoment der Sprache bzw. des Sprechens benannt, das für das Denken eine Herausforderung darstellt, nämlich die Vermittlung von Eindeutigkeit u. Bedeutungsverschiedenheit, von Identität u. Differenz.

Als Terminus taucht der Begriff A. bei den *Pythagoräern* auf als Bezeichnung für mathematische Ver-

Analogie

hältnisgleichheit (8:4 = 4:2). Freilich läßt sich hier die Entsprechung auf einen univoken Kern zurückführen (im Beispiel auf 2). Der nicht auf Eindeutigkeit reduzierbare Charakter der A. kam erst hervor, als mit *Platon* ihr Begriff in die Philosophie eingeführt wurde. Nach Platon ist die Welt des Sichtbaren Abbild (†Bild) der urbildlichen Welt der †Ideen. Die Idee des Guten erzeugt sich die Sonne als ihr „analogon" (Rep. 508 b). *Aristoteles* erklärt unter Verwendung des viergliederigen Schemas (a:b = c:d) die Gerechtigkeit als die A. derjenigen Verhältnisse, in denen jedem Beteiligten das Seine zukommt (Nik. Eth. 1131 ff.). Für die spätere Lehre von der „Analogia entis" wurde der von Aristoteles analysierte Sachverhalt einflußreich, daß das „Sein" in „vielfacher Weise" ausgesagt wird, immer aber „pros hen", d.h. „auf eines hin", nämlich auf das selbständig Seiende, die †Substanz hin, der das Sein zunächst zukommt, während die †Bestimmungen, die Akzidentien, ihr Sein nur in bezug auf die Substanz haben, so wie auch die Gesundheit von der Nahrung oder der Gesichtsfarbe nur im Hinblick auf die Gesundheit des Lebewesens ausgesagt wird, weil sie diese fördert oder anzeigt (Met. 1003 a 32 ff.). Jedoch spricht Aristoteles in diesem Zusammenhang nicht von A. In Anknüpfung an das Urbild-Abbild-Schema Platons hat der †*Neuplatonismus* die analoge Struktur der verschiedenen, einander untergeordneten Seinsbereiche gelehrt, und zwar nach ihrer jeweiligen Nähe u. Ferne zum gemeinsamen Ursprung, dem „Einen" („Hen"). Identität u. Differenz der A. wurden dabei nach dem †Ursache-Wirkung-Verhältnis gedacht. Die Ursache bildet sich zwar in der Wirkung ab, aber nur in defizienter Weise. Vom neuplatonisch beeinflußten Christentum *(Dionysios Areopagita)* konnte jener letzte Ursprung mit †Gott identifiziert werden, der sich in seinen Hervorbringungen zwar abbildet, ihnen aber zugleich unendlich überlegen bleibt. Die A.lehre wurde nun vor allem für die Gotteserkenntnis weiterentwickelt. Ihre für diesen Zusammenhang spezifische Differenz-Identität beschreibt *Thomas* unter Berufung auf Dionysios so: Alle †Vollkommenheiten (z.B. die Weisheit) müssen von Gott dreifach ausgesagt werden, affirmativ, negativ u. eminenter (de pot. q. 7 a. 5 ad 2). Aus dem Ursache-Wirkung-Schema ergibt sich dies konsequent: Gott ist weise zu nennen, weil er Ursprung der Weisheit ist. Aber gerade deswegen ist er nicht weise wie seine Geschöpfe. Der an diesen orientierte Begriff muß ihm abgesprochen, zugleich aber, ebenfalls auf Grund seiner Urheberschaft, in unendlicher Steigerung zugesprochen werden. Sein, Gutheit, Weisheit usw. kommen deshalb im eigentlichen Sinn Gott zu (werden ihm „attribuiert") u. erst in abgeleiteter Weise dem Geschöpf. Diese A. des „pros hen" wird in der Folge Attributionsanalogie genannt. Thomas ist aber auch Aristoteliker genug, um die viergliederige A. zu kennen, in der Folge Proportionalitätsanalogie genannt (Gott verhält sich zu seinem Sein wie das Geschöpf sich zu dem seinen). Von *Scotus* wurde die A. des Seins bestritten: Eine

Erkennbarkeit Gottes könne es nur bei einem Minimum an begrifflicher Univozität geben, u. dieses Minimum sei vom Begriff des Seins zu fordern. Diese Tendenz zur Eindeutigkeit führte im ↑Nominalismus zu einer Lockerung der Verbindung von Begriff u. Wirklichkeit. Am Ende dieser Entwicklung steht *Kant,* nach dem Gott völlig unerkennbar ist, ein analoges Reden über ihn aber sinnvoll sein kann, wenn der Anspruch wegfällt, über ihn selbst etwas auszusagen. Aus dem analogen wird also im Grunde ein äquivokes Reden über Gott. In unserem Jh. erfuhr die Lehre von der Seinsanalogie ihre strikteste Ablehnung durch *K. Barth.* Sie ist nach ihm der Versuch, ein Gott u. Welt übergreifendes Prinzip zu finden, u. muß damit auf eine Verendlichung Gottes hinauslaufen. Nach *E. Przywara* ist sie dagegen der Garant der Wahrung des unendlichen Unterschiedes zwischen Gott u. Geschöpf, gemäß dem von Przywara immer wieder zitierten Satz des IV. Laterankonzils (1215): „Zwischen Schöpfer u. Geschöpf gibt es keine Ähnlichkeit (similitudo), ohne daß diese von einer noch größeren Unähnlichkeit (dissimilitudo) begleitet wäre." Doch gerade diese spannungsreiche Formulierung läßt auch die Frage nicht zum Verschwinden kommen, worin das Identische u. worin das Verschiedene in der A. bestehe.

Das Ausbleiben einer befriedigenden Antwort hat wohl dazu beigetragen, daß in der Neuzeit die metaphysische A.lehre in den Hintergrund trat. Doch auch in nichtmetaphysischer Gestalt erwies sie sich als fruchtbar. Nach *Newton* garantiert die A. den Zusammenhang in der Natur. Bei *Hume* steht sie für die Wahrscheinlichkeit, die es erlaubt, vom Bekannten auf das Unbekannte zu schließen. *Kant* spricht von „Analogien der Erfahrung" u. meint damit die Regeln, nach denen unsere Erfahrung ihre Einheitlichkeit gewinnt. Von *Schiller* wurde die A. auch für die Geschichtswissenschaft fruchtbar gemacht. Manches aus der klassischen A.lehre wird heute in der Diskussion um den Begriff des Symbols oder Modells wieder aufgenommen. Dabei kommt die platonische Unterscheidung zwischen Urbild u. Abbild wieder zum Tragen, u. auch die Probleme tauchen wieder auf, die dort ihren Anfang nahmen, nämlich die eigentümliche Vermittlung von Identität u. Differenz, die durch den Begriff der A. bezeichnet ist.

Lit.: E. Przywara, Analogia entis, München 1932; H. Lyttkens, The Analogy between God and the World, Uppsala 1952; L. B. Puntel, Analogie und Geschichtlichkeit, Freiburg 1969; P. Weingartner, Wissenschaftstheorie II, Stuttgart 1976, 195–211.

J. Schmidt

Analyse/Synthese. Es handelt sich um zwei zentrale Begriffe der philosophischen u. wissenschaftlichen ↑Methodenlehre. Schon in den „Elementen" des *Euklid* Unterscheidung dieser beiden Verfahren. A. wird als Zugrundelegung eines Gefragten, von dem man auf die ↑Ursachen zurückgeht, und S. als Zugrundelegung eines Anerkannten, von dem aus man die Folgerungen zieht, gekenn-

Analyse/Synthese

zeichnet. Die ↑axiomatische Methode der „Elemente" ist ein synthetisches Verfahren. In der Nikomachischen Ethik definiert *Aristoteles* erstmals die a. (= analytisch) Methode. Er bestimmt sie als ein Verfahren, das vom Ziel auf die das Ziel verwirklichenden Mittel zurückgeht. In der Beweislehre der Analytica Priora kommen beide Methoden vor. Auch die ↑*Scholastik* unterscheidet a. (meth. resolutiva) und s. (= synthetisch) Methode (compositio). Die Anwendung auf konkrete Gegenstände, die erst später auch auf abstrakte ausgeweitet wurde, deutet auf die Herkunft dieser Methoden aus der Medizin hin, möglicherweise aus der galenischen Schule von Salerno. In den Regeln des *Descartes* findet man beide Verfahren. Für die *Leibniz*sche Scientia generalis, die Wissenschaft vom Denkbaren überhaupt, die aus den artes iudicandi (ars demonstrandi; méthode de la certitude; Entscheidungskunst) und inveniendi (Erfindungskunst) besteht, sind A. und S. grundlegend. Es sind sich ergänzende Methoden, wobei die A. von der Wirkung auf die Ursachen oder vom Zusammengesetzteren auf das Einfachere u. die S. von den Ursachen zur Wirkung oder vom Einfacheren zum Zusammengesetzteren übergeht. So unterscheiden sich die beiden Methoden durch ihre Richtung, weshalb sie *Kant* zurecht als regressiv-a. bzw. progressiv-s. Methode charakterisiert. Das Vorgehen in den beiden Künsten hängt vom jeweiligen Wissensstand ab, je nachdem a. und/oder s. Verfahren angewendet werden. Handelt es sich im Sinne der ars iudicandi um die Lösung eines gestellten Problems oder den Beweis eines Theorems, so führen beide Verfahren zum Ziel. Auch in der ars inveniendi geht man einerseits s. von anerkannten Prinzipien aus, u. andrerseits kann man diese hypothetisch annehmen u. durch A. begründen. Die S., vor allem, wenn sie kombinatorisch vorgeht, liefert meist mehr als zur Lösung eines Einzelproblems nötig ist; sie baut eine ganze Wissenschaft auf u. führt zur Entdeckung neuer Probleme u. Theoreme. Die A. ist mehr an der Praxis orientiert u. dient der Lösung von Einzelproblemen. Die S. ist die umfassendere wissenschaftliche Methode, doch insofern auch wieder von der A. abhängig, als diese die ↑Prinzipien, von denen die S. auszugehen hat, erst liefern soll, so z. B. einfache oder wenigstens analysierte Begriffe oder Sätze als Grundlage kombinatorischer oder anderer s. Verfahren.

A. und S. werden in allen Wissenschaften angewendet, so z. B. in der Logik: Zergliederung u. Zusammensetzung von Termini u. Begriffen mit Hilfe von Junktoren u. anderen Operatoren; in der rationalen Grammatik: A. der einfachsten Strukturen der ↑Sprache u. deren S. zu einer lingua rationalis. Heute werden beide Verfahren vor allem im Rahmen der Logik und der ↑a. Philosophie benützt, die S. im Rahmen von Kalkülen als rekursive Aufzählung, die A. als rekursive Entscheidbarkeit von Sätzen. Durch die Präzisierung u. Verfeinerung der mathematischen Logik sind sowohl A. als auch S. unverzichtbare Verfahren u. handliche Werkzeuge der a. Philosophie geworden, sei diese nun Sprach-, Theorien-, Begriffsa. oder -s.

Lit.: Aristoteles Nik. Eth. III 3, 1112b; Euklid, Elemente; Descartes, Discours de la méthode; Leibniz, De Synthesi et Analysi universali seu Arte inveniendi et iudicandi; M. Schneider, Analysis und Synthesis bei Leibniz, Bonn 1974.

H. Burkhardt

Analytisch/Synthetisch. *Kant* hatte, der Tradition folgend, die assertorischen Sätze in a. und s. eingeteilt u. sie mit dem epistemischen Begriffspaar a priori und a posteriori kombiniert. Daraus ergeben sich vier Arten von Sätzen: a. und s. Sätze a priori u. a posteriori. Die a. Sätze a priori nennt Kant auch „Erläuterungsurteile", weil sie durch den Prädikatbegriff nur das ausdrücken, was im Subjektbegriff schon enthalten ist. Die s. Sätze a priori stellen die Neuerung von Kant dar: sie sind von der †Erfahrung unabhängig, d. h. durch die Erfahrung weder belegbar noch widerlegbar und trotzdem auf die Erfahrung anwendbar, d. h. sie sind in Erfahrungsurteilen impliziert. Die grundlegenden Sätze der Mathematik und Metaphysik sind solche Urteile, wie z. B. der arithmetische Satz: $7 + 5 = 12$. Kant nennt sie „Erweiterungsurteile", weil im Prädikatbegriff mehr ist als im Subjektbegriff enthalten ist u. unsere Erkenntnis durch sie erweitert wird. Diese Kantische Unterscheidung hatte großen Einfluß u. wird von vielen Denkern u. Wissenschaftlern übernommen. So sind z. B. noch für B. Russell alle mathematischen Sätze s. und für G. Frege die arithmetischen Sätze zwar a., aber die geometrischen s. A. Sätze a posteriori gibt es bei Kant nicht. Sie werden erst durch *S. Kripke* eingeführt. So werden z. B. †Identitätsurteile wie Cicero = Tullius, also a. oder notwendige Sätze, durch Erfahrung und d. h. a posteriori erkannt. Die Theorie von der durchgehenden Analytizität aller Sätze, die man auch heute noch findet, hatte als erster *Leibniz* vertreten. Nach ihm sind alle Sätze a. oder „identisch", wie er das nennt. Der Unterschied besteht nur darin, daß die notwendigen Sätze finit-a. u. die kontingenten oder empirischen Sätze infinit-a. sind. Die Möglichkeit s. oder empirischer Allsätze hängt außerdem mit dem Problem der †Induktion zusammen.

Lit.: Leibniz, Philos. Schriften, ed. Gerhardt, Bd. VII; Kant, KrV; ders., Prolegomena; S. A. Kripke, Name u. Notwendigkeit, Frankfurt 1981.

H. Burkhardt

Analytische Philosophie. Charakteristisch für die A. P. in ihren untereinander stark divergierenden Strömungen ist das Selbstverständnis der Zeitschrift „Analysis" (Oxford, gegr. 1933): Statt spekulativer werden darin knapp formulierte Artikel über genau umrisse philosophische Probleme veröffentlicht. Die analytischen Philosophen klammern Systementwürfe im Sinn des deutschen Idealismus zugunsten von bescheideneren Zielen aus. Diese streben sie nicht im Alleingang, sondern in Zusammenarbeit mit anderen an.

Historisch gesehen war für die A. P. *Russell* hauptsächlich durch „Principia Mathematica" ausschlaggebend. *Carnap* hat – angeregt durch *Frege* – *Russells* Programm der logischen Analyse in „Der logische Aufbau der Welt" zu verwirklichen versucht: Die Sätze über unsere Welt sollen auf der Basis der Elementarerlebnisse durch logische Schritte aufgebaut werden. Ein derartiger Aufbau wird Konstitutionssystem genannt u. stellt die Erkenntnistheorie des logischen Positivismus dar. Sätze, die nicht konstituierbar und nicht auf die Basis zurückführbar sind, gelten als sinnlos, d. h. ohne kognitiven Gehalt. Dieser positivistische verifikationistische Standpunkt der frühen A. P. wurde zur selben Zeit in einer popularisierenden Form von *Ayer* in England vorgetragen, dessen „Language, Truth and Logic" (1936) nach wie vor an vielen angelsächsischen Institutionen als Einführung in die A. P. verwendet wird. In engem Kontakt mit Carnap stand *Reichenbach* (Berliner Kreis), der dem Programm der logischen Analyse entsprechend die philosophischen Probleme der Physik aufzuarbeiten suchte. Zusammen mit Carnap gründete er die Zeitschrift „Erkenntnis", in der die grundlegenden Artikel zur A. P. positivistischer Prägung zu finden sind, so z. B. Carnaps „Überwindung der Metaphysik durch logische Analyse der Sprache". Mit der Übersiedelung der Mitglieder des Wiener und des Berliner Kreises in den angelsächsischen Sprachraum hat sich die analytische Diskussion dorthin verlegt. In England hat sich allerdings der Einfluß des späten *Wittgenstein* durchgesetzt. Auf ihn u. *Moore* berufen sich die Anhänger der Oxforder Schule (*Austin* u. *Ryle*). Die philosophische Analyse besteht für sie primär in der Untersuchung des Gebrauchs der Umgangssprache. Durch die Klärung bestimmter Sprachformen relativ zu den jeweiligen Lebenswelten (oder Sprachspielen) sollen traditionelle philosophische Fragen als Scheinfragen entlarvt werden (Wittgenstein). In der zeitgenössischen analytischen Diskussion spielen die Ansichten u. die methodischen Ansätze der Normalsprachlichen Schule nur mehr eine geringe Rolle. *Geach, Strawson* und auch die Oxforder Positivisten haben sich immer schon von ihr distanziert. Die Lösung bestimmter grundlegender Fragen erfordert die Erstellung von Theorien. Dementsprechend betreibt Strawson eine Art „deskriptive" Metaphysik, um mit der Frage nach der Prädikation über die Dinge in der Welt zu Rande zu kommen. Geach fordert die Klärung der Frage nach den Identitätsprinzipien und -bedingungen, um das Phänomen des Bezugs (Referenz) durch Sprache auf die Wirklichkeit in den Griff zu bekommen.

Grundlegend für alle *gegenwärtigen analytischen Strömungen* ist das Werk *Quines*. Durch seine Angriffe gegen den logischen Positivismus sind dessen zwei Dogmen ins Wanken geraten: die Unterscheidung zwischen rein †analytischen und synthetischen Urteilen u. das Verifikationsprinzip. Die Ganzheitsbetrachtung von Sprache (Holismus), die Quine den positivistischen Konstitutionssystemen gegenüberstellt, ist aber von einem noch radikaleren Skeptizismus geprägt. Für die philosophische Diskussion sehr anregend war u. ist sein „Word and Object"

(1960). Er unterscheidet darin zwischen sprachlichen Kontexten, die transparent sind, d.h. den Bezug (Referenz) auf die Welt ermöglichen, u. Kontexten, die opak sind, d.h. den Bezug stören. Dabei behandelt er Fragen, die u.a. die ↑Modalitäten (Notwendigkeit u. Möglichkeit) betreffen. Durch Quines Aufweis der Konsequenzen der prädikatenlogischen Quantifikation in modale Kontexte wurde eine Diskussion entfacht, die Probleme aus dem Mittelalter wieder aktualisiert, wie den Essentialismus u. die Unterscheidung zwischen Modalitäten de re u. de dicto (zwischen sachlichen u. rein sprachlich-logischen Modalitäten). Wer diese Unterscheidung akzeptiert, wird die positivistische These in Frage stellen, nach der von notwendigen Eigenschaften nur aufgrund von Bedeutungspostulaten oder relativ zur Beschreibungsart des jeweiligen Gegenstandes gesprochen werden kann. Die Auseinandersetzung mit Quine wird zumeist durch semantische Überlegungen in der *Tarski*-Tradition ergänzt. Semantische Systeme sind zwar als solche rein für logische Zwecke (Vollständigkeitsbeweise z.B.) interessant. Sie werfen aber auch verschiedene philosophische Fragen auf, die im Mittelpunkt der gängigen analytischen Diskussion stehen, so die Frage nach den Wahrheitsbedingungen u. nach dem Bezug (Referenz) auf die Dinge in der Welt. Durch Erstellung von Kripke-Semantiken zu modallogischen Systemen wird die Redewendung „mögliche Welt" (Leibniz) wieder verwendet. Dabei wird zwischen Überlegungen unterschieden, die lediglich die Erkenntnis, u. solchen, die die Dingwelt betreffen. Nicht mehr alle analytischen Autoren akzeptieren daher die Gleichsetzung von ↑apriorisch u. notwendig und aposteriorisch u. kontingent. Nach *Kripke* z.B. gibt es kontingente Urteile a priori (was von allen klassischen Autoren der A.P. für unmöglich gehalten wird) u. notwendige Urteile a posteriori, die also epistemisch a posteriori aber metaphysisch notwendig sind. Auch Identitätsaussagen der empirischen Wissenschaften sind für ihn – wenn wahr – notwendig. Diese Revolution innerhalb der A.P. wird durch *Putnams* (Schüler Reichenbachs in Harvard) realistische Thesen zur Wissenschaftstheorie verstärkt. Ausdrücke mit derselben Intension können nach ihm verschiedene Extension haben. Putnam greift m.a.W. die klassische analytische These an, daß die Intension in allen Fällen die Extension bestimme. Hauptsächlich aufgrund seiner Arbeiten hat die Frage nach den sprachlichen Bezeichnungen für natürliche Arten u. Substanzen („natural kinds") an Bedeutung gewonnen. Auch die weit verbreitete These der Inkommensurabilität *(Kuhn)* wissenschaftlicher Theorien ist nicht mehr unumstritten. Bestimmte Autoren nehmen an, daß zumindest einige Termini in ihrem Bezug (Referenz) konstant seien und daß sich somit verschiedene Theorien auf dasselbe beziehen können.

Die A.P. darf in ihren vielfältigen Strömungen weder auf den Logischen Positivismus noch auf die rein sprachanalytische Philosophie (Wittgenstein) eingeengt werden. Trotz tiefgreifender Differenzen inhaltlicher u. methodischer Art ist allerdings die Diskussion u. die wissenschaftliche Forschung unter den analytischen Philosophen deshalb möglich, weil sie dieselbe Sprache sprechen, die auf die Gründerzeit des Wiener Kreises zurückgeht.

Lit.: R. Carnap, Überwindung der Metaphysik durch logische Analyse der Sprache, in: Erkenntnis 2 (1932) 219–241; A. J. Ayer, `Sprache, Wahrheit u. Logik, Stuttgart 1970; ders. (Hrsg.), Logical Positivism, London 1959, bes. Artikel 15 ff.; E. v. Savigny, Analytische Philosophie, Freiburg 1970; W. Stegmüller, Hauptströmungen der Gegenwartsphilosophie II, Stuttgart 1975, bes. Kap. II; J. Sinnreich (Hrsg.), Zur Philosophie der idealen Sprache, München 1972; M. Sukale (Hrsg.), Moderne Sprachphilosophie, Hamburg 1976; E. Tugendhat, Vorlesungen zur Einführung in die sprachanalytische Philosophie, Frankfurt 1976; W. V. O. Quine, Von einem logischen Standpunkt, Frankfurt 1979; ders., Wort und Gegenstand, Stuttgart 1980; H. Putnam, Mathematics, Matter and Method, Volume 1, Cambridge 1975; ders., Mind, Language and Reality, Volume 2, Cambridge 1975; S. Kripke, Name und Notwendigkeit, Frankfurt 1981. *E. Runggaldier*

Anamnesis ↑Platon, A priori.

Anschauung. Die verschieden-möglichen erkenntnistheoretischen oder metaphysischen Sinnbestimmungen im Gebrauch des Wortes A. sind Modi, in denen die ↑Relation der A. (als Tätigkeit) zum Angeschauten (als Objekt) gedacht wird. Entweder wird der A. das Angeschaute als transzendente Seinsgegebenheit zur Abbildung vorausgesetzt (ontologischer Modus), oder das Angeschaute ist nur durch eine formale Objektivierung repräsentierbar (transzendental-semiotischer oder zeichenkritischer Modus). Ein Kennzeichen für jede A. ist es, daß sie jeweils singulär von ↑Subjekten vollzogen werden muß, daß aber das Angeschaute in diesen verschiedenen Akten als numerisch-identisch präsent ist. Ferner gehört zu jeder A. Bewußtsein, wenn sie auch nicht als A. im Akt der A. bewußt sein muß.

Der weite Gebrauch des Wortes A. kann kombinatorisch durch eine Matrix geklärt werden: a) durch einen sinnlichen oder nicht-sinnlichen Bezug zum Angeschauten und b) durch die Alternative, ob der Inhalt des Angeschauten propositional-verbales ↑Wissen zuläßt oder nicht. Vier Kombinationen sind möglich: 1) Sinnlich anschauendes, propositionales Wissen ist erfahrbar, wenn die Proposition von der Vorlage eines Gegenstandes ausgeht, der durch Sinnesdaten (äußere Empfindungen) anschaulich repräsentiert wird (empirische äußere A.); es ist konstruierbar, wenn sich die gebrauchten ↑Regeln (Begriffe) quantifizieren und in einem anschaulichen Modell ↑schematisieren lassen („reine" äußere A.). 2) Nicht-sinnliches anschauendes propositionales Wissen; z. B. als Schauen von Selbstgegebenheiten in einer Sphäre reiner Evidenz *(Husserl),* oder als spekulative, selbstevidente Konstruktion des Verstehens des ↑Verstandes als Bild des absoluten Seins *(Fichtes* intellektuelle A.), oder als Fassen unräumlicher veränderungsunfähiger singulärer Entitäten wie ↑Zahlen oder ↑Universalien (*Frege, Russell*). 3) Sinnlich-anschauendes, nicht-propositionales Wissen, z. B. als ästhetische Rezeption und Kommunikation. 4) Nicht-sinnlich anschauendes, nicht-propositionales Wissen, wie es die Mystik erstrebt.

Die geltungstheoretische Diskussion der äußeren A., die insbesondere in der ↑Analytischen Philosophie geführt wird, betrifft vor allem Fragen nach dem mental-subjektiven Status der A., nach einem privilegierten oder privatsprachlichen Zugang zu ihr, ob sie vermögenspsychologisch der Sprache, der Kommunikation vorgeordnet werden kann. Gegenüber den behavioristischen Stimulusresponse-Modellen, welche den ontologischen ↑Dualismus eines mentalen Binnenbereiches u. eines zu ihm transzendent gegebenen Seinsbereiches kassieren, versucht die transzendentale Repräsentationstheorie (Zeichentheorie) nach Kant mittels der kategorialen Operatoren (↑Kategorien), durch welche die Formen des Anschauens als invariant in bezug auf die Sinnesdaten der verschiedenen Subjekte bestimmt werden können, die Identifikation des Angeschauten und damit seine intersubjektiv verbindliche, kognitive u. linguistische Repräsentation im Urteil zu sichern. – Der Ort der inneren A., auch ↑Vorstellung (im engeren Sinne) genannt, ist der Ort der Modi der ↑Einbildungskraft.

Lit.: Kant, KrV B 33 f., B 38 f., A 99 f., B 203 f.; Fichte, Wissenschaftslehren von 1804, 1812, 1813; E. Husserl, Ideen zu einer reinen Phänomenologie u. phänomenologischen Philosophie, Husserliana III u. IV; B. Russell, The Problems of Philosophy; W. Cramer, Das Problem der reinen Anschauung, Tübingen 1937; G. Ryle, Der Begriff des Geistes, Stuttgart 1969; zu Frege: P. Reisinger, Idealismus als Bildtheorie, Stuttgart 1979. *P. Reisinger*

An sich/Für sich/An und für sich ↑Dialektik.

Anthropologismus ↑Relativismus.

Antinomie/Widerspruch. Im Verhältnis des (logischen) W. stehen zwei *Aussagen* „a" u. „b", wenn eine derselben das Negat der anderen ist („a" u. „nicht a", „b" u. „nicht b"), oder wenn eine Folgerung aus der einen das Negat der anderen Aussage oder das Negat einer Folgerung aus dieser ist. Wer eine von zwei solchen Aussagen behauptet, widerspricht damit zugleich der anderen; wer beide als wahr behauptet, widerspricht sich selbst. Eine (einzige) Aussage enthält einen W. (ist widersprüchlich), wenn sich aus ihr mittels korrekter Schlüsse zwei einander widersprechende Aussagen folgern lassen. Zwei *Begriffe* P u. Q stehen im Verhältnis des W., wenn es eine Aussageform „A(. . .)" von der Art gibt, daß die Einsetzung von „P" u. „Q" zu einander widersprechenden Aussagen „A(P)" u. „A(Q)" führt. Ein Sonderfall ist die *contradictio in adiecto*, z. B. „unbelebtes Lebewesen". Das Verhältnis zweier sich in diesem Sinn widersprechender Aussagen oder Begriffe heißt auch *kontradiktorischer Gegensatz*. Der *Satz vom (auszuschließenden) W.* besagt, daß korrektes Schließen die Vermeidung von W.en voraussetzt. Gerät man im Verlauf einer Überlegung oder Argumentation, die von korrekt u. wahr erscheinenden Prämissen ausgeht, auf einen W., so liegt eine A. vor; für solche A.n wird dann eine „Lösung" durch Aufdeckung verborgener Fehler (formaler Inkorrektheit oder inhaltlicher Falschheit) der Prämissen oder aber von Fehlschlüssen bei der Überlegung gesucht. In der philosophischen Terminologie des deutschen Sprachraums werden *Paradoxien* als unerwartete, verblüffende u. unannehmbar erscheinende Ergebnisse durchaus korrekter Überlegungen von A.n unterschieden (im Englischen wird meist für beide der Terminus „paradox" verwendet). Die bekanntesten A.n in der philosophischen Tradition sind Kants *A.n der reinen Vernunft* (z.B. zwischen der Annahme der Endlichkeit u. der Annahme der Unendlichkeit von Raum u. Zeit, oder zwischen Handlungsfreiheit u. Naturkausalität); in der neueren Grundlagenforschung die *logischen A.n* (meist mit dem Mengenbegriff zusammenhängend, z.B. die Zermelo-Russellsche A.) u. die *semantischen A.n* (kenntlich an Begriffen wie „wahr", „definierbar" u.ä., z.B. die Tarskische A.), für deren Lösung bis heute sehr verschiedene Vorschläge kontrovers diskutiert werden. Während die genannten W.e (als „logische W.e") nur „im Denken" bestehen, finden sich in der Wirklichkeit *reale Gegensätze,* seien es zeitlich getrennte Sachverhalte u. Sachlagen, deren gleichzeitiges Vorliegen unmöglich wäre, seien es Entwicklungstendenzen in Natur und Gesellschaft, die einander widersprechenden Situationen zustreben. Dialektische Richtungen der Philosophie bezeichnen auch diese Gegensätze als „W.e". Solche *dialektischen W.e* werden, insbes. im Dialektischen Materialismus (↑Marxismus), charakterisiert durch eine Wechselwirkung einander ausschließender, aber einander bedingender Gegensätze u. dienen als Erklärungsprinzipien für gesellschaftliche u. ökonomische Geschehnisse u. Entwicklungen (z.B. der „Grundwiderspruch von Kapital u. Arbeit"). Häufig lassen sich solche Verhältnisse als das Auseinanderstreben oder die Gegenläufigkeit von Tendenzen, oder als *Realrepugranz* analysieren (die z.B. schon da vorliegt, wo ein materieller Körper dem Eindringen eines anderen Widerstand entgegensetzt: wegen der beiden zukommenden Undurchdringlichkeit u. nicht etwa aufgrund des Satzes vom W.).

Lit.: Kant, KrV, A 293 ff.; B 349 ff.; R. Heiß, Logik des W., Leipzig 1932; A. Kulenkampff, Antinomie u. Dialektik, Stuttgart 1970; G. Patzig, W., in: HphG I; G. Stiehler, Der dialektische W. Formen und Funktionen, Berlin (Ost) ²1967.   *Chr. Thiel*

Apeiron ↑Vorsokratik.

Aporie bezeichnet in den sokratischen Dialogen *Platons* meistens ein Dilemma, das sich bei der Analyse eines scheinbar klaren Sachverhalts ergibt. *Sokrates* führt in die A., indem er gängige Begriffe und Meinungen prüft, z.B. im Dialog „Menon" (80d–86c) den Begriff des Suchens: sowohl nach Bekanntem als auch nach Unbekanntem zu suchen sei unmöglich. Die A. hat bei Sokrates eine methodische u. eine existentielle Funktion. Methodisch geht es um die Gewinnung sicheren ↑Wissens, existentiell um die Befreiung von der bloßen Meinung u. die Ausrichtung auf das in Wahrheit ↑Gute. *Aristoteles,* bei dem der methodische Charakter der A. überwiegt, gibt als deren formale Ursache die gleiche Stärke von These u. Gegenthese an, worin ihm die antike ↑Skepsis folgt. Sie bleibt, sich des Urteils enthaltend, bei der A. stehen, während nach Aristoteles die forschende Vernunft solche „Knoten" (Met. III 1) sichtet, um sie im weiteren Fortgang zu lösen. Diese Einordnung der A. findet sich in neuerer Zeit bei *N. Hartmann,* insofern die Aporetik als eigene philosophische Disziplin ihm zufolge möglichst stark die gedankliche Unwegsamkeit (gr. aporia) des Widersprechenden hervortreten läßt, bevor die philosophische Theorie nach Lösungen sucht. Die *gegenwärtig* vielfach festgestellte *prinzipielle* A. in ↑metaphysischen Fragen weiß sich einer skeptischen Haltung verpflichtet, die den rational nicht mehr aufhellbaren Entscheidungscharakter einer metaphysischen Option, zumal der Annahme der Existenz ↑Gottes, betont *(H. R. Schlette).*

Lit.: Aristoteles, Topik 145 b; Sextus Empiricus, Grundriß der pyrrhonischen Skepsis I 7; N. Hartmann, Metaphysik der Erkenntnis, Berlin ⁵1965; P. Aubenque, Sur le notion aristotélicienne d'aporie, in: Aristote et les problèmes de méthode, Louvain 1961, 3–19; B. Waldenfels, Das sokratische Fragen. A., Elenchos, Anamnesis, Meisenheim 1961; H. R. Schlette, A. u. Glaube, München 1970. *K. Schanné*

Apperzeption ↑Monade, Selbstbewußtsein, Transzendentalphilosophie, Vernunft.

Apprehension ↑Innerer Sinn, Vernunft.

A priori/A posteriori (wörtl. „vom Früheren/Späteren her"). Diese Ausdrücke haben die für den gegenwärtigen philosophischen Sprachgebrauch maßgebende terminologische Fixierung im 18. Jh. erfahren. Vorher wurden sie primär auf *Argumente* angewendet. In Anknüpfung an eine Aristotelische Unterscheidung bezeichnete man in der ↑Scholastik u. in der frühen Neuzeit ein Argument als „demonstratio a priori" (oder „ex prioribus"), wenn es, von einem „der Natur nach Früheren" ausgehend, auf dessen Konsequenzen schließt, – und als „demonstratio a posteriori" (oder „ex posterioribus"), wenn es, von einem „für uns Früheren, der Natur nach aber Späteren" ausgehend, auf dessen Voraussetzungen schließt.

Es ist hauptsächlich dem Einfluß *Kants* zuzuschreiben, daß die ursprünglich argumentationstheoretischen Termini ‚a p.' und ‚a post.' zu Bestimmungen kognitiver Zustände bzw. Akte geworden sind: Primärer Anwendungsbereich ist nunmehr unser ↑*Wissen* bzw. *Erkennen,* daß etwas der Fall ist. A p. wissen wir z. B.: (1) Wenn etwas rot ist, dann ist es ausgedehnt; oder (2) Jeder Gegenstand ist mit sich identisch. A post. wissen wir hingegen: (3) Dies ist rot; oder (4) Lenin ist identisch mit Uljanow. „Wir werden", heißt es in der KrV, „unter Erkenntnissen a p. solche verstehen, die schlechterdings von aller Erfahrung unabhängig stattfinden. Ihnen sind empirische Erkenntnisse, oder solche, die nur a post., d. i. durch Erfahrung, möglich sind, entgegengesetzt." Andererseits betont Kant aber, „daß alle unsere Erkenntnis mit der Erfahrung anfange". Nicht die Existenz, sondern die *Legitimität* des Erkenntnisanspruchs ist schlechterdings von keiner Erfahrung abhängig, wenn es sich um eine Erkenntnis a p. handelt. Die Legitimität eines Erkenntnisanspruchs ist von Erfahrung abhängig, wenn es sich um ein Wahrnehmungsurteil handelt oder wenn der Anspruch nur unter Berufung auf Wahrnehmungsurteile gestützt oder erschüttert werden kann.

Es ist möglich, etwas, das a p. gewußt werden kann, a post. zu wissen. So könnte jemand seinen Anspruch zu wissen, daß es jetzt draußen regnet oder nicht regnet, rechtfertigen, indem er sich durch einen Blick aus dem Fenster davon überzeugt, daß es jetzt draußen regnet, u. daraus deduktiv korrekt auf die Wahrheit der ‚oder'-Aussage schließt. (Und wenn der mathematische Laie gefragt wird, woher er denn wisse, daß ein bestimmtes Theorem gültig ist, so kann er oft nicht mehr sagen als: Ich habe kompetente Mathematiker immer wieder sagen hören, daß es gültig ist.) Dieser Möglichkeit muß man Rechnung tragen, wenn man mit Hilfe des Begriffs ‚Wissen a p.' das Prädikat ‚a p. wahr' erklärt, das auf Aussagesätze bzw. das in ihnen Gesagte angewendet wird: x ist genau dann a p. wahr, wenn man a p. wissen *kann,* daß x wahr ist. – Wer ist ‚man'? Es empfiehlt sich wohl, eine Einschränkung auf bestimmte Wissenssubjekte (Menschen) vorzunehmen (also Marsbewohner, Götter, Engel u. Teufel auszuschließen). Was heißt ‚kann'? *So wie wir nun einmal beschaffen sind,* kann keiner von uns wissen, ob ein Konditional ‚Wenn P_1 u. P_2 ... u. P_n, dann Q' wahr ist, wenn es etliche Billionen Vordersätze hat. Gleichwohl könnte dieses Konditional logisch gültig sein, u. dann wäre es jedenfalls *im Prinzip* für uns möglich, a p. zu wissen, daß es wahr ist. Es empfiehlt sich wohl, das ‚kann' in der Erläuterung von ‚a p. wahr' in diesem weiten Sinne zu verstehen.

Von zentraler Bedeutung für Kants Vernunft-Kritik ist der Gebrauch von ‚a p.' im Kontext der Formel ‚x ist eine Bedingung a p. der Möglichkeit von Erfahrung'. Diese Charakterisierung verdient etwas nur dann, wenn wir a p. wissen können, daß gilt: Erfahrung ist nur dann möglich, wenn Bedingung x erfüllt ist.

Die Begriffe ‚a p.' und *‚angeboren'* sind deutlich auseinanderzuhalten. Wenn wir etwas a p. wissen, so ist unsere Überzeugung nicht durch Erfahrung *gerechtfertigt;* wenn uns eine Überzeugung angeboren ist, so ist Erfahrung nicht die *Ursache* dafür, daß wir sie haben. (Vielleicht ist jeder Person der Glaube angeboren, sie werde immer weiterleben. Dieser Glaube wird bekanntlich sehr bald durch Erfahrung erschüttert. Es handelt sich also weder um ein Wissen a p. noch überhaupt um ein Wissen.) Die Kontroverse um den Erklärungswert von Angeborenheitshypothesen zwischen *Leibniz* (pro) u. *Locke* (contra) hat neuerdings ein Echo gefunden im Streit zwischen *Chomsky* (pro) u. *Goodman* (contra). *Platons* Lehre von der *Anamnesis* (Wiedererinnerung) steht am Anfang der Vorgeschichte sowohl der a p./a post. – als auch der angeboren/erworben-Distinktion.

Umstritten ist, wie sich das erkenntnistheoretische Begriffspaar a p./a post. zu den semantischen Bestimmungen ↑analytisch/synthetisch u. zu den metaphysischen Bestimmungen ↑notwendig/kontingent verhält. Bis vor kurzem dominierte die Frage: Gibt es synthetische Aussagen, die a p. sind? *Kant* vertrat die Thesen, daß (a) die Sätze der Arithmetik u. (b) die der Euklidischen Geometrie u. (c) die Prinzipien der ‚reinen Naturwissenschaft' (z.B. „Alles, was geschieht, setzt etwas voraus, worauf es nach einer Regel folgt") sowohl a p. als auch synthetisch sind. *Frege* hat These (a) bestritten u. an (b) festgehalten. *Brouwer* (der Begründer des mathematischen ↑Intuitionismus) hat (b) bestritten u. an (a) festgehalten. *Schlick* u. andere ↑Logische Positivisten vertraten die Auffassung, daß die Prädikate ‚a p. wahr' u. ‚analytisch (wahr)' denselben Umfang haben, u. erklärten damit die Frage Kants „Wie sind synthetische Urteile a p. möglich?" für obsolet. These (c) ist zumindest in ihrer Kantischen Durchführung durch die Entwicklung der Physik nach Newton desavouiert worden. Für die meisten Philosophen (*Leibniz* u. *Kant* eingeschlossen) war die Annahme selbstverständlich, daß alles und nur das, was a p. wahr ist, notwendig ist.

Diese Äquivalenzannahme ist von *Kripke* mit gewichtigen Argumenten bestritten worden. Er glaubt zeigen zu können, daß es kontingente Wahrheiten a p. (z.B.: Das Urmeter ist 1 m lang) u. notwendige Wahrheiten a post. (z.B. Satz (4) oben) gibt. Die Diskussion über diese heterodoxen Thesen ist in vollem Gange.

Lit.: Platon, Phaidon, 72e–78a; ders., Menon, 80d–86c; Aristoteles, 2. Analytik I 2; Locke, Über den menschlichen Verstand, Buch I u. II 1; Leibniz, Neue Abhandlungen über den menschlichen Verstand, Einl., Buch I u. II, 1; Kant, KrV, Einl. (B); G. Frege, Die Grundlagen der Arithmetik (1884), Darmstadt 1961, bes. §§ 3, 87–91; M. Schlick, Gesammelte Aufsätze, Wien 1938, bes. 20–30; N. Chomsky, Cartesianische Linguistik (1966), Tübingen 1971; N. Goodman, Problems and Projects, New York 1972, Teil II, 2–3; S. Kripke, Namen und Notwendigkeit (1972), Frankfurt 1981; J. Pollock, Knowledge and Justification, Princeton 1974, Kap. 10; St. Stich (Hrsg.), Innate Ideas, Los Angeles 1975; W. Künne, Abstrakte Gegenstände – Semantik und Ontologie, Frankfurt 1983, Kap. 5, §§ 4–5. *W. Künne*

Arbor Porphyriana ↑Begriff.

Aristotelismus. Der tiefgreifende Einfluß des Aristoteles zeigt sich bereits daran, daß viele auf ihn zurückgehende Begriffe Allgemeingut unserer philosophischen oder Umgangssprache sind (z.B ↑Form, ↑Wesen, ↑Materie, Energie, ↑Akt, allgemein, einzeln, ↑Kategorie, ↑Qualität, ↑Quantität, aktiv, passiv) u. daß viele unserer philosophischen Disziplinen von ihm begründet wurden (z.B. Logik, Wissenschaftstheorie, ↑Meta-

Aristotelismus

physik, Naturphilosophie, Psychologie, Ethik, Politik). Das Wort ‚A.' bezeichnet weniger die Philosophie des Aristoteles als vielmehr deren Einfluß vor allem in Antike u. ↑Scholastik; ‚A.' wird dabei häufig als ↑Empirismus (miß)verstanden u. dem ↑Platonismus im Sinne von ↑Idealismus entgegengesetzt. Die verschiedenen Deutungen des Aristoteles u. seine umfassende Wirkungsgeschichte machen es schwer, den Begriff A. genauer zu bestimmen.

Bis zu W. Jaeger (1923), mit dem die *entwicklungsgeschichtliche Betrachtung* beginnt, gilt die Philosophie des Aristoteles als einheitliches, geschlossenes System. Jaeger unterscheidet drei Perioden: Akademiezeit (367–347): Aristoteles vertritt Platons Ideenlehre. Wanderjahre (347–335): Er distanziert sich von Platon u. entwickelt seine eigene realistische ↑Metaphysik. Zweite Athener Periode (335–322): Gegenüber der metaphysischen wird die empirische Einstellung bestimmend. Die entwicklungsgeschichtliche Betrachtung trennt zwei Momente, die in allen Perioden des Aristoteles miteinander verbunden sind. Er ist immer ein „denkender Empiriker" (Hegel), der sich mit scharfer Beobachtungsgabe allen Bereichen der Wirklichkeit zuwendet u. das ↑Wesen der ↑Erscheinungen zu erfassen versucht. Die systematische Auffassung läuft Gefahr, die Phänomen- u. Problemnähe seines Denkens zu übersehen.

Versucht man dennoch, eine *Grundfrage* seines Denkens herauszustellen, so ist es die nach den letzten ↑Ursachen des ↑Seienden als Seienden. Aristoteles geht dabei vom lebendigen Organismus aus. An ihm zeigen sich die Prozesse des Entstehens u. Vergehens, Wachsens u. Abnehmens. Aus ihrer Analyse gewinnt er seine ontologischen Grundbegriffe. Im Prozeß wird etwas zu etwas, d.h. ein Substrat (↑Materie) nimmt eine ↑Form an. Das Sein des Organismus ist seine Wesensform (Eidos). Sie ist Vermögen (Dynamis) zum Wirken (Energeia), zu den vegetativen u. sensitiven Lebensvollzügen. In ihnen hat sie ihre volle Entfaltung im Individuum u. ihre Erhaltung durch Fortpflanzung der Art zum Ziel, d.h. sie ist sich vollendende Wirklichkeit (Entelecheia). Die letzte ↑Ursache aller Prozesse, das göttliche Seiende (der unbewegte Beweger), ist reine Tätigkeit: sich selbst denkendes ↑Denken. Höchste Verwirklichung des Menschseins ist die geistige Erkenntnis, in der die Wesensformen als allgemeine erfaßt werden. Sie ist nur durch Einwirkung des hervorbringenden Geistes (intellectus agens), der reine Tätigkeit ist, auf das rezeptive Erkenntnisvermögen möglich. Die volle Verwirklichung der spezifisch menschlichen Vermögen ist das von der Vernunft erstrebte letzte Ziel des Menschen als Menschen, sein Glück. Da der Mensch wesensmäßig auf das Zusammenleben mit anderen hingeordnet ist, kann er dieses nur im Staat (Polis) als der vollkommenen Gemeinschaft erreichen.

Für die Schule des Aristoteles, den *Peripatos* (benannt nach der Wandelhalle, in der die Diskussionen stattfanden), ist zunächst der Rückgang der Metaphysik u. der Zerfall in empirische Einzelwissenschaften kennzeichnend. Eine Erneuerung bringt die Aristotelesausgabe des *Andronikos v. Rhodos* (1. Jh. v. Chr.), mit dem die Reihe der griechischen Aristoteleskommentatoren beginnt. Bedeutendster Kommentator des Peripatos ist *Alexander v. Aphrodisias* (um 200 n. Chr.), der eine antiplatonische Deutung vertritt (Vorrang des †Einzelnen vor dem Allgemeinen; ein einziger göttlicher intellectus agens; Sterblichkeit der menschlichen †Seele). Die griechischen Kommentatoren nach ihm sind Neuplatoniker; von großem Einfluß ist die Einführung (Isagoge) des *Porphyrius* (234–305) in die Aristotelische Kategorienschrift. In neuplatonischer Interpretation kommt Aristoteles über die Syrer zu den *Arabern*. *Avicenna* (980–1037) verbindet den A. mit der Emanationslehre des †Neuplatonismus. Bedeutendster Kommentator ist *Averroes* (1126–1198), nach dem der einzelne Mensch weder eine eigene substantielle Geistseele noch persönliche Unsterblichkeit besitzt; rezeptiver u. hervorbringender Intellekt sind einer für alle Menschen (Monopsychismus). Den A. der †*Scholastik* begründet *Boethius* (480–524), der grundlegende Begriffe der Aristotelischen Logik u. Metaphysik ins Lateinische einführt. Er ist bis zum 13. Jh. die fast ausschließliche Quelle des mittelalterlichen A. u. vermittelt vor allem die Logik. Für den gesamten mittelalterlichen A. ist sein Programm kennzeichnend, Platon u. Aristoteles in eine höhere Einheit zusammenzuführen. Der A. der Hochscholastik, durch den Einfluß Augustins u. der Araber, neuplatonisch geprägt. Nach der Reformation lebt der A., trotz der Ablehnung durch *Luther,* auch im Protestantismus in der Schulmetaphysik weiter. Für die Situation bis zum Anfang des 19. Jh. ist *Hegels* Urteil kennzeichnend, an keiner Philosophie habe sich die neuere Zeit so vergangen wie an der aristotelischen. Wichtige Faktoren eines neuen philosophischen Zugangs im deutschen Sprachraum sind: die Hochschätzung durch *Hegel;* die philologisch-philosophischen Arbeiten *F. A. Trendelenburgs* u. *F. Brentanos,* durch den Aristotelisches in die †Phänomenologie *Husserls* eingeht; die Interpretationen *Heideggers,* der einen neuen Zugang zur Grundfrage des Aristoteles sucht.

Lit.: P. Petersen, Geschichte der aristot. Metaphysik im protestantischen Deutschland, Leipzig 1921; W. Jaeger, Aristoteles, Berlin ²1955; W. D. Ross, Aristotle, London ⁵1949; R. Walzer, Greek into Arabic: Essays on Islamic Philosophy, Cambridge Mass. 1962; I. Düring, Aristoteles, Heidelberg 1966; F. Wehrli, Die Schule des Aristoteles, Basel ²1967 ff.; P. Moraux (Hrsg.), Aristoteles in der neueren Forschung, Darmstadt 1968; ders., Der Aristotelismus bei den Griechen I, Berlin 1973; K.-H. Volkmann-Schluck, Die Metaphysik des Aristoteles, Frankfurt 1979; H. Flashar (Hrsg.), Ältere Akademie, Aristoteles, Peripatos, Basel 1983. *F. Ricken*

Art †Gattung/Art.

Atheismus †Gott.

Atomismus ist eine Lehre, die die Wirklichkeit oder einen ihrer Bereiche auf die wechselnde Kombination

Atomismus

letzter einfacher Einheiten (Atome, von griech. a-tomos: nicht zu zerschneiden, unteilbar) zurückführt. – Der *ontologische* A. des Leukipp u. Demokrit (↑Vorsokratik) versucht, den Seinsbegriff des Parmenides (das ↑Seiende ist unteilbar eines, homogen, ewig u. unveränderlich) mit der Erfahrungswirklichkeit in Einklang zu bringen. Das eine Seiende zerfällt in unendlich viele ewige u. unveränderliche Atome, die nach Gestalt, Größe (folglich Masse u. Gewicht), Lage im Raum u. relative Lage zueinander unendlich voneinander verschieden sind. Sie befinden sich im leeren Raum, der dem Nichtseienden des Parmenides gleichgesetzt wird, in ewiger, unverursachter beliebiger Bewegung. Eigenschaften u. Bewegung der Atome erklären die gesamte, auch die seelisch-geistige Wirklichkeit; durch sie unterliegt alles Geschehen einer strengen mechanistischen Notwendigkeit. Dieser A. wird von Epikur (341–270 v.Chr.) u. dem lateinischen Dichter Lukrez (97–55 v.Chr.) weitergeführt u. von P. Gassendi (1592–1655) wiederaufgenommen.

Eine ↑Ontologie ist auch der *logische* A. des frühen Wittgenstein. (Der Terminus stammt von B. Russell, der seine um 1920 unter dem Einfluß Wittgensteins vertretene Philosophie so bezeichnete.) Sie beruht auf der Logik u. Semantik von Wittgensteins „Tractatus": Jeder sinnvolle Satz läßt sich in Elementarsätze analysieren, die aus Namen bestehen. Die Bedeutung des Namens ist der Gegenstand. Er muß einfach u. unzerstörbar sein, weil nur so die Bedeutung des Namens gesichert werden kann: „Was die Namen der Sprache bezeichnen, muß unzerstörbar sein: denn man muß den Zustand beschreiben können, in dem alles, was zerstörbar ist, zerstört ist" (Philos. Untersuchungen § 55). Die Gegenstände bilden die letzten Bestandteile aller möglichen Welten.

Vom ontologischen A. ist die *naturwissenschaftliche Atomtheorie* zu unterscheiden. J. Dalton (1766–1844) verbindet den Atombegriff mit dem des chemischen ↑Elements, indem er für jedes spezifische unveränderliche Atome annimmt. Ab etwa 1912 erkennt man, daß die Atome ihrerseits aus Elementarteilchen zusammengesetzt sind. Aber auch auf sie läßt der antike Atombegriff sich nicht anwenden. Die meisten Elementarteilchen verwandeln sich von selbst in andere; auch bei den stabilen ist eine Verwandlung durch äußere Einwirkung möglich; die sog. Doppelnatur der Elementarteilchen (je nach Experiment erscheinen sie als Welle oder Teilchen) u. der Satz von der Äquivalenz von Masse u. Energie sind mit dem antiken Atombegriff unvereinbar. Dennoch hat, wie z.B. v. Weizsäckers Postulat letzter Objekte zeigt, die moderne Physik die Frage des antiken A. nach letzten Bausteinen der Natur nicht aufgegeben.

Lit.: Aristoteles, De generatione et corruptione I 8; Epikur, Brief an Herodotos; Lukrez, Von der Natur der Dinge; B. Russell, Die Philosophie des Logischen A., München 1976; L. Wittgenstein, Tractatus; Tagebücher 1914–1916 (WW I); J. O. Urmson, Philosophical Analysis, Oxford 1956; A. G. M. van Melsen, Atom gestern u. heute,

Freiburg 1957; W. Büchel, Philosophische Probleme der Physik, Freiburg 1965; C. F. v. Weizsäcker, Die Einheit der Natur, München ³1972; J. M. Rist, Epicurus, Cambridge 1972. *F. Ricken*

Attribut ↑Spinozismus.

Aufklärung. Das Wort A. wird seit dem 18. Jh. zur Bezeichnung eines differenzierten gesellschaftlichen, kulturellen, politischen u. philosophischen Wandels verwendet, durch den eine neue Gestalt des Selbst- u. Weltverständnisses die vorangegangene ablöst. Die in dem Terminus A. zum Ausdruck kommende Licht-Metaphorik – noch deutlicher in „enlightenment", „les lumières", „ilustración" – zeigt ein neues Bewußtsein u. hochgesteckte Erwartungen an: Nach einer Zeit des „Dunkels", des „Obskurantismus", des Unwissens u. der Unfreiheit soll im Zeichen von „Vernunft" u. „Natur", „Autonomie" u. „Freiheit" eine neue Zeit wahrer Menschlichkeit inauguriert werden. A. bezeichnet in einem engeren, historisch gefaßten Sinn etwa die *Phase* von der Mitte des 17. bis zum Ende des 18. Jh., die durch Idealismus, Klassik, Romantik abgelöst bzw. weitergeführt wird, jedoch darüber hinaus den allgemeinen geschichtlichen *Prozeß* des Zu-sich-Kommens der menschlichen Vernunft u. Subjektivität, der in der Phase der (europäischen) A. nur seine wirkungsgeschichtlich bedeutendste Gestalt angenommen hat.

1. Betrachtet man A. als jene *Phase* in der Geschichte Europas, die nach den Vor- u. Zwischenstationen Renaissance/Humanismus, Reformation/Gegenreformation, frühneuzeitliche Skepsis das „Mittel-Alter" endgültig überwunden hat, so wird man – trotz der Problematik jeglicher Periodisierung – die zeitliche Eingrenzung der A. philosophisch auf die Formel bringen dürfen: von *Descartes* bis *Kant*. Die nähere Bestimmung dessen, was in dieser Phase als das Gemeinsame von A. gelten kann, bereitet erhebliche Schwierigkeiten; sowohl die „inhaltliche" Verschiedenartigkeit des A.-Geschehens in den Bereichen Philosophie, Politik, Religion, Literatur, (Natur-)Wissenschaft als auch der unterschiedliche Verlauf der A. in den einzelnen Ländern (vgl. des näheren F. Schalk, A., in: HWPh I 622–633) gestatten nur formale Deutungsversuche. Unter diesen kommt der von Kant 1784 in seiner Schrift „Was ist A.?" gegebenen Antwort immer noch leitmotivische heuristische Bedeutung zu: „A. ist der Ausgang des Menschen aus seiner selbst verschuldeten *Unmündigkeit*. ... Sapere aude! Habe Muth dich deines *eigenen* Verstandes zu bedienen! ist also der Wahlspruch der A." Obwohl diese Bestimmung Fragen offenläßt (z. B. die, ob die Unmündigkeit wirklich „selbst verschuldet" ist), liegt doch ihr Gewicht u. das dieser Kantschen Schrift überhaupt darin, daß sie auf den religionskritischen Ansatz der A. verweist, die Freiheit des „*öffentlichen* Gebrauchs" der Vernunft fordert u. zugleich selbstkritisch A. als ein noch unabgeschlossenes Geschehen versteht (Kant unterscheidet daher zwischen einem „*aufgeklärten* Zeitalter" u. einem „Zeitalter der A.").

Bei jedem Versuch der Kennzeichnung von A. ist zu beachten, daß die „Einheit" der A. eher durch die Gemeinsamkeit des Fragens nach einer vernunftgemäßen Neuorientierung auf allen Gebieten charakterisiert ist als durch die Gemeinsamkeit der Antworten (mit Kondylis). Die Namen bedeutender Denker der A. – Bayle, Hobbes, Hume, Leibniz, Locke, Spinoza, Voltaire, Rousseau, Diderot, Holbach, Lessing, Wolff, Mendelssohn u.a. – zeigen jene disparate Einheit dieser Phase an. Allgemein läßt sich sagen, daß die intensivierte Bemühung um sichere Erkenntnis u. verantwortete Beherrschung der hiesigen Welt als Natur, jedoch auch ein neues Verhältnis zur Geschichte (Vico, Lessing, Kant), d. h. zu deren Fortgang und „Fortschritt", für die A. kennzeichnend sind.

2. Gegenüber einem Begriff von A. als bloßer „Phase" geht ein weiter gefaßtes, geschichtsphilosophisches Verständnis davon aus, daß Motive u. Impulse der (historischen) A. nach wie vor wirksam sind. Kant hielt die A. für unabgeschlossen, Hegel sprach von der „unbefriedigten A.". Demnach ist A. als ein *Prozeß* zu denken, von dem je im einzelnen zu prüfen ist, ob, inwieweit u. aus welchen Gründen er sich bereits oder noch nicht erfüllt hat. Diese Problematik steht heute im Mittelpunkt zahlreicher Erörterungen, wobei der Begriff A. eine umfassende Bedeutung erhält, insofern er auf die geschichtliche Selbstverwirklichung der menschlichen Gattung überhaupt bezogen wird. In diesem Verständnis kann von A. z.B. schon im Hinblick auf die mythenkritische griech. Philosophie u. den Nominalismus gesprochen werden; die (heute gern als „bürgerlich" bezeichnete) A. des 17./18. Jh. wird in dieser Perspektive zu einem wichtigen Sonderfall von A., der weitere Schritte oder auch Rückschritte gefolgt sind u. folgen werden.

Während die demokratisch-liberal orientierten A.-Theorien politische u. religionskritische Radikalisierungen, die auf die historische A. folgten, zurückweisen u. moderne philosophische Strömungen mit neopositivistischer, kritisch-rationalistischer, wissenschaftstheoretischer Ausrichtung die Anerkennung der Relativität u. Fallibilität jeder vernunftgemäßen Erkenntnis als Resultat heute möglicher A. empfehlen, versteht sich der orthodoxe Marxismus-Leninismus als Erbe u. Vollstrecker sowohl der „bürgerlichen" (bzw. rationalistischen u. materialistischen) als auch der menschheitlichen A. (bis hin zum „wissenschaftlichen Atheismus" u. einer dem „objektiven" Geschichtsverlauf korrespondierenden Ethik) u. stellt die Kritische Theorie die Folgen einer in Positivismus u. Totalitarismus endenden, einseitig an Berechenbarkeit u. Nutzen interessierten A. ebenso heraus wie die im Namen von A. zu fordernde Tradierung des menschenrechtlichen Erbes u. die Errichtung sozial gerechter Verhältnisse.

3. Eine tiefgehende *Verunsicherung* hinsichtlich der öffentlichen Geltung u. Wirkung von A. (in welchem Sinn auch immer) ergab sich aufgrund der Kriege u. des Terrors (selbst noch) im 20. Jh.; auch die

neueren politischen, religiösen u. sozialen Veränderungen in der Dritten Welt zeigen, daß A. sich selbst falsch verstehen würde, wenn sie die Reflexion auf ihre rückläufigen Momente (Horkheimer/Adorno), d. h. auf ihre *Dialektik* nicht in sich aufnähme. Obwohl vor einer eurozentrischen A.-Ideologie zu warnen ist, muß festgehalten werden, daß sich Wissenschaft, Technik u. Menschenrechtsbewußtsein als immer auch (wenn auch nicht nur) durch A. vermittelte Ergebnisse in weitem Maße durchgesetzt haben; der durchaus unterschiedliche „Erfolg" von A. auf der Ebene des ethischen u. politischen „kommunikativen Handelns" liegt indes auf der Hand.

Da A. nicht notwendig mit Fortschritt, Wachstum, Atheismus usw. verbunden ist, sprechen Skepsis, Kulturpessimismus, Renaissancen von Religion u. Mystik, soziale Widersprüchlichkeiten usw. nicht generell gegen Möglichkeit und Wünschbarkeit von A., wohl jedoch gegen Einseitigkeiten u. Illusionen. Kritik an der A. kann auch insofern geübt werden, als diese dazu tendiert, die menschliche Subjektivität zu überschätzen u. von „Leben", „Natur", „Sein" zu isolieren (Nietzsche, Heidegger); diese Kritik dürfte nur dann legitim sein, wenn sie sich als A. über A., d. h. als „bessere" A. u. nicht als Gegen-A. auszuweisen vermag.

Lit.: M. Horkheimer/Th. W. Adorno, Dialektik der A. Philosophische Fragmente (1944/47), Frankfurt 1969; W. Oelmüller, Was ist heute A.?, Düsseldorf 1972; P. Kondylis, Die A. im Rahmen des neuzeitlichen Rationalismus, Stuttgart 1981. *H. R. Schlette*

Augustinismus. Augustinus hat auf das gesamte abendländische Denken einen bedeutenden Einfluß ausgeübt. Die Lehre von der Gnade u. der Prädestination (Vorherbestimmung) wurde von ihm entwickelt. In der christlichen Trinitätslehre hat er die Beziehungen der göttlichen Personen durch psychologische Analogien gedeutet. Er hat nach dem Zusammenwirken von Gnade, Erkenntnis u. Willen im Glaubensakt gefragt. Das Geschichts-, Kirchen- u. Staatsverständnis des Mittelalters wurde entscheidend durch seinen „Gottesstaat" geprägt. Unter A. versteht man jedoch nicht dieses gemeinsame Erbe des Augustinus, sondern das Fortwirken einzelner Lehren, die tatsächlich oder vermeintlich auf ihn zurückgehen.

Unter *philosophischem* A. versteht man eine Lehrrichtung im 13. Jh. (Hauptvertreter: Johannes Peckham), die den Aristotelismus des Thomas v. Aquin ablehnt. Der philosophische A. ist ein Eklektizismus, der als konservative Reaktion auf den entstehenden Thomismus sich bewußt an Augustinus anschließt, dabei jedoch zugleich wichtige Elemente aufnimmt, die in keiner geschichtlichen Beziehung zu Augustinus stehen, sondern aristotelischer, jüdischer (Avicebron) oder arabischer (Avicenna) Herkunft sind. In der ↑Metaphysik vertritt er einen auf Avicebron zurückgehenden universalen Hylemorphismus: Alle geschaffenen ↑Substanzen, auch die geistigen, sind aus ↑Materie u. ↑Form zusammengesetzt. Deshalb ist außer der körperlichen auch eine geistige Materie anzunehmen. In jeder zusammengesetzten Substanz, vor allem im Menschen, gibt es eine Vielheit der substantiellen Formen; die Geistseele des Menschen ist daher nicht, wie Thomas es lehrt, die einzige substantielle Form des menschlichen Leibes. Mit Augustinus wird in der Psychologie der Vorrang des Willens vor dem Intellekt betont; das Wesen der himmlischen Seligkeit ist deshalb nicht die Anschauung, sondern die Liebe Gottes. Die Erkenntnislehre des A. verbindet die Illuminationstheorie des Augustinus mit der Lehre des Aristoteles u. Avicenna vom tätigen Intellekt (intellectus agens). Auch die natürliche Erkenntnis kommt durch unmittelbare göttliche Erleuchtung zustande. Dabei übernimmt nach manchen Gott die Funktion des einen, von der Seele getrennten tätigen Intellekts. Andere schreiben den Menschen einen eigenen tätigen Intellekt zu u. verbinden die Illuminationslehre mit der aristotelischen Abstraktionstheorie: Die Begriffe werden durch Abstraktion aus der Erfahrung gewonnen, während die Wahrheitserkenntnis die unmittelbare Teilhabe an den „ewigen Regeln" voraussetzt.

Als *theologischen* A. bezeichnet man die Richtungen, die an die Gnadenlehre des Augustinus anknüpfen, nach der der Anfang des Glaubens u. des menschlichen Heils nur von Gott bewirkt werden kann. Auf Augustinus berufen sich die patristischen u. frühmittelalterlichen Theologen, die im Streit mit den Semipelagianern die Prädestination vertreten. Eine Radikalisierung seiner Gnadenlehre findet sich ebenfalls bei J. Wiclif. Luther beruft sich für seine Rechtfertigungs-, Calvin für seine Prädestinationslehre auf Augustinus. Einen extremen theologischen A. vertreten M. Bajus († 1589) u. C. Jansenius († 1658), die die Willensfreiheit des erbsündlichen Menschen leugnen.

Lit.: A. Schöpf, Augustinus, Freiburg 1970; C. Andresen, Bibliographia Augustiniana, Darmstadt 1973; F. van Steenberghen, Die Philosophie im 13. Jh., München 1977, Kap. 9 u. 10; A. Schindler u. a., Augustin/A., in: Theologische Realenzyklopädie IV, Berlin 1979, 646–723; K. Flasch, Augustinus, Stuttgart 1980. *F. Ricken*

Ausdehnung †Körper, Cartesianismus, Spinozismus.

Außenwelt. Unter AW. versteht man die räumlich-zeitliche, allen Menschen zugängliche Welt im Gegensatz zur Innenwelt der Sinnesdaten und Bewußtseinsinhalte. Bereits in der platonischen Tradition wird zwischen dem unterschieden, was der †Seele angehört, u. dem, was außerhalb ihrer existiert. Die Gegenüberstellung von innen und außen in der aristotelischen Tradition hat allerdings eine andere Funktion. Die innere Bestimmtheit der lebendigen Substanzen (durch ihr Wesen) darf nicht verwechselt werden mit der Innenwelt im platonischen oder neuzeitlichen Sinn.

Die Wahrnehmbarkeit und Erkennbarkeit der Gegenstände in der AW. wird erst in der Neuzeit durch *Descartes'* radikalen Zweifel u. durch seine u. *Lockes* Gegenüberstellung von primären und sekundären Eigenschaften zum philosophischen Problem. Die sekundären Eigenschaften werden zwar von den Dingen verursacht, kommen aber diesen nicht zu. Nur die primären Eigenschaften wie die geometrischen Bestimmtheiten können von den Dingen in der AW. ausgesagt werden. Von dieser Gegenüberstellung zum erkenntnistheoretischen Idealismus ist nur ein kleiner Schritt. *Berkeley* und *Hume* eliminieren die primären Eigenschaften, u. was übrigbleibt, sind lediglich „↑Ideen", d. h. Sinnesdaten oder Empfindungen. Die Dinge u. die Menschen sind lediglich Mengen solcher Daten (bei *Russell* auch möglicher Daten: sensibilia). Die letzte Konsequenz der neuzeitlichen empiristischen Philosophien ist die These der Unmöglichkeit begründeter Aussagen über die AW., ja selbst über deren Existenz. Die zeitgenössischen positivistischen Wissenschaftstheorien sind in bezug auf die Erkennbarkeit der AW. nicht minder skeptisch. Der Phänomenalismus des Wiener Kreises u. der frühen analytischen Philosophie ist erkenntnistheoretisch letztlich idealistisch geprägt. Was dem Menschen in der Sinneserfahrung „gegeben" ist, sind nicht die physikalischen, allen Menschen zugänglichen Gegenstände in der AW., sondern die subjektiven Sinnesdaten. Die Gegenstände der AW. müssen erst aus den Daten konstituiert werden. Die radikal positivistischen Philosophen (*Ayer* u. schon *Mach*) verstehen sich insofern monistisch, als für sie das „Gegebene" vorrangig zur Aufspaltung von Innen- und Außenwelt ist.

Skeptisch in bezug auf die Erkennbarkeit der AW. sind auch die Wissenschaftstheoretiker, die Theorien rein instrumentalistisch deuten. Theorien sind für sie lediglich Konstrukte, um bessere Vorhersagen machen zu können. Wir Menschen des 20. Jh. sind nicht berechtigt anzunehmen, wir wüßten aufgrund unserer Theorien über die AW. mehr als die Generationen vor uns. Wir haben lediglich effizientere Instrumente für Prognosen. Die Wahrheits- u. Existenzfrage darf nach ihnen nur theorie-immanent gestellt werden (interne Fragen: *Carnap*). Man darf nicht sagen, die eine Theorie sei wahr u. die andere falsch (es sei denn relativ zu einer umfassenderen Theorie). Darauf ist das positivistische Toleranzprinzip zurückzuführen: Die Theorien über die Götter des Olymp sind nicht falsch, sondern lediglich ineffizient für Vorhersagen.

Gegen den idealistischen Grundton der positivistischen Wissenschaftstheorien wenden sich hauptsächlich *Putnam, Kripke* und *Strawson. Quine,* der in seiner frühen Phase ausgesprochener Skeptiker in bezug auf die AW. ist, entwickelt bereits in „Word and Object" realistische Thesen. *Kutschera* versucht einen schwachen erkenntnistheoretischen ↑Realismus dadurch zu verteidigen, daß er auf das Scheitern der positivistischen Übersetzungsversuche der physikalistischen (realistischen) Sprache in eine rein phänomenalistische hinweist. Er macht auch auf den Grundfehler der empiristisch-positivistischen Philosophien aufmerksam, den wahrgenommenen Sachverhalt mit dem Sachverhalt des Wahrnehmens gleichzusetzen. Der Erfahrungs- u. Wahrnehmungsbegriff ist ein intentionaler Begriff.

Die Sinnesdaten dürfen nicht mit dem verwechselt werden, was wir durch sie wahrnehmen. Unsere Art wahrzunehmen ist zwar von unseren Zuständen u. von unseren Theorien abhängig. Was wir wahrnehmen, sind allerdings die uns vorgegebenen Gegenstände in der AW.

Lit.: Descartes, Med.; B. Russell, Our Knowledge of the External World; R. Carnap, Der logische Aufbau der Welt, Hamburg ²1961; N. Goodman, The Structure of Appearance, Cambridge/Mass. 1951; P. F. Strawson, Einzelding und logisches Subjekt, Stuttgart 1972; W. V. O. Quine, Wort u. Gegenstand, Stuttgart 1980; F. v. Kutschera, Grundfragen der Erkenntnistheorie, Berlin 1982, Kap. 4–9.

E. Runggaldier

Averroismus ↑Aristotelismus, Scholastik.

Axiom. Aristoteles hatte für die Logik u. damit auch für die Philosophie das A. als eine Aussage bestimmt, die des Beweises *weder fähig noch bedürftig* ist. Daraus folgt, daß die Wahrheit einer solchen Aussage direkt, also durch eine bestimmte Erkenntnisart, erkannt werden muß, die man Evidenz nennt. Dieser Auffassung haben sich später die Akademie, das Lyceum, die Stoa, Boethius, die Scholastik, Galilei, Pascal u. Husserl angeschlossen. Bei Euklid sucht man das Wort ‚A.' vergeblich. Er verwendet dafür statt dessen den Ausdruck ‚koinai ennoiai', d. h. *allgemein anerkannte Einsichten*. Das Wort ‚A.' wird wahrscheinlich erst durch Proklos in die euklidische Geometrie eingeführt, die das Paradigma für die Anwendung der a. ↑Methode ist, d. h. für die Ableitung von Aussagen aus A., Postulaten und Definitionen nach gewissen Schlußregeln. Schon sehr früh taucht die Forderung nach dem Beweis der A. des Euklid auf, so bei Archimedes, Proklos und Apollonius. Später fordert das vor allem Leibniz, für den die einzigen und eigentlichen A. die formalen ↑Identitäten sind. Die a. Methode wird am besten von Pascal formuliert. Er gibt zwei Regeln für die A. an, die zeigen, daß er ganz aristotelisch denkt. Diese Formulierung geht dann auch in die äußerst einflußreiche Logik von Port Royal ein.

Die entscheidende Formulierung der a. Methode für die gegenwärtige Logik und Mathematik stammt von D. Hilbert. Sie wird in allen formalen Wissenschaften, aber auch in Natur- und Sozialwissenschaften angewandt. Man postuliert von den A., daß sie widerspruchsfrei, denn aus widerspruchsvollen kann man Beliebiges ableiten, u. unabhängig sind, d. h. daß nicht ein A. aus dem anderen folgt.

Lit.: Aristoteles, 2. Analytik I 71 b 20 ff., 72 a 14 ff., 76 b 23 ff.; ders., Met. IV 3, 1005 a 20; Euklid, Elemente I 1, 1–3; Pascal, De l'esprit géometrique; O. Becker, Grundlagen der Mathematik in geschichtlicher Entwicklung, Frankfurt 1975.

H. Burkhardt

B

Basis/Überbau: Grundbegriffe des ↑Marxismus, denen zufolge die „Produktionsweise des materiellen

Lebens den sozialen, politischen u. geistigen Lebensprozeß überhaupt bedingt". Marx wollte mit diesem Theorem die „wirklichen" Triebkräfte der Geschichte angeben u. damit jene Kräfte, die „notwendig" zur kommunistischen Revolution führen: es sind das die „materiellen Produktivkräfte" u. nicht die Kräfte der ↑Aufklärung. Vorausgesetzt ist ein Verständnis von Gesellschaft u. Geschichte als dialektischer *Totalität*, deren Entwicklungsdynamik in der gegenständlichen *Produktion* begründet ist; alle Formen des gesellschaftlichen „Lebensprozesses" sind folglich „nur besondere Weisen der Produktion" (Marx 1844).

Gemäß der klassischen Formulierung (Marx 1859) wird die „reale B." („ökonomische Struktur") der Gesellschaft von der „Gesamtheit der Produktionsverhältnisse" gebildet. Sie „entspricht" der jeweils erreichten „Entwicklungsstufe ihrer materiellen Produktivkräfte". Diese Kräfte können jedoch von den Produktionsverhältnissen (juristisch ausgedrückt: von den Eigentumsverhältnissen) in ihrer weiteren Entwicklung behindert werden; die ihnen eigene Dynamik erzwingt dann die (revolutionäre) Veränderung jener Verhältnisse.

Die „Gesamtheit der Produktionsverhältnisse" „bedingt" u. „bestimmt" den Ü.: die gesellschaftlichen Institutionen (Staat, Familie) u. Bewußtseinsformen (Philosophie, Religion, Recht, Kunst, Wissenschaft): Das gesellschaftliche Sein „bestimmt" das Bewußtsein. Folglich verändert sich mit der B. auch der Ü., doch besteht dabei keine strikte Parallelität; seinerseits wirkt auch der Ü. fördernd oder hemmend auf die B. ein; in „letzter Instanz" aber liegt die entscheidende Determinante für Inhalt u. Formen des Ü. in der B. Nach Engels (1888) kann die politische u. intellektuelle Geschichte „allein" aus dieser erklärt werden. Klassengegensätze in den Produktionsverhältnissen wirken sich auch auf den Ü. aus: Es kommt zu gegensätzlichen Auffassungen bezüglich Recht, Moral, Staatsaufgaben usw. Gesellschaftliche Bewußtseinsformen, die ihr Bestimmtsein durch die ökonomische Struktur nicht wahrhaben wollen (voran die Religion) u. so die Klassenverhältnisse verschleiern, sind für Marx u. Engels „falsches Bewußtsein" (↑Ideologie).

Kritische Fragen: Ist das philosophische, religiöse, künstlerische Interesse nicht ebenso ursprünglich u. für den Menschen konstitutiv wie das ökonomische? Wie erfolgt die Bestimmung des Ü. „in letzter Instanz" durch die Produktionsverhältnisse? Sind die Produktivkräfte u. die B. nicht selbst durch Bewußtseinselemente mitkonstituiert, wenn sie den Menschen (mit seinem Selbstbehauptungs- u. Herrschaftswillen, seinen schöpferischen Fähigkeiten u. seinem Erkenntnisstreben) einschließen? Kehrt sich das Verhältnis von B. u. Ü. um, wenn Staat u. Politik zunehmend Einfluß auf die Ökonomie gewinnen? Kann unter diesen Voraussetzungen noch eine Kraft angegeben werden, die das revolutionäre Wollen u. so die Geschichte „in letzter Instanz" determiniert? Oder erschöpft sich das Theorem in der Behauptung gegenseitiger Beeinflussung u. relativer Abhängigkeit verschiedener Lebensbereiche?

Lit.: K. Marx/F. Engels, Die deutsche Ideologie, MEW Bd. 3, 37 ff.; K. Marx, Brief an Annenkow, MEW Bd. 4, 547; ders., Zur Kritik der politischen Ökonomie, MEW Bd. 13, 8; F. Engels, Brief an Bloch, MEW Bd. 37, 463; Brief an Borgius, MEW Bd. 34, 205; ders., Vorrede zum kommunistischen Manifest, MEW Bd. 21, 357.
P. Ehlen

Bedeutung ↑Zeichen.

Bedeutungspostulat ↑Postulat.

Bedingung (lat. conditio) ist dasjenige, was Voraussetzung, Grund oder Ursache für etwas (ein Ding) ist, kurz: dasjenige, wovon etwas in irgendeiner Hinsicht abhängt. Von B. spricht man u. a. in logischer Hinsicht: Geltungsabhängigkeit von einem oder mehreren anderen Sätzen (Implikation); in erkenntnistheoretischer Hinsicht: voll oder nicht voll zureichende Gründe für Gewißheit, bzw. Wahrscheinlichkeit; in naturwissenschaftlicher Hinsicht: erklärende Ursachen für ein notwendig folgendes Geschehen; aber auch „Randbedingungen" als notwendige, jedoch nicht verursachende Voraussetzungen im Umfeld für ein Geschehen; in psychologischer Hinsicht: z. B. Motive für die Ermöglichung einer Wahl; in juridischer Hinsicht: Tatbestände, von denen ein Gesetz, ein Vertrag abhängig ist oder gemacht wird; in ontologischer Hinsicht: notwendige Voraussetzungen für reales Sein und reale Seinsweisen, die ohne jene nicht möglich, aber aus ihnen nicht ableitbar sind. – B. ist demnach ein weiterer Begriff als ↑Grund, ↑Ursache oder Voraussetzung, die bestimmte Arten von B. sind. Das Bedingte ist relativ zu seiner B., aber nicht notwendig umgekehrt. Wechselseitigkeit von B.verhältnissen bedarf einer besonderen Begründung. Die B. selbst kann, auch in verschiedener Hinsicht, weiter durch andere B. bedingt oder selbst *unbedingt* u. so ↑absolut oder auch das Absolute sein. Eine notwendige B. (lat.: conditio sine qua non; negative B.) ist nicht immer auch eine hinreichende B.; obgleich selbst notwendig, ist sie nicht immer auch eine notwendig machende (determinierende) B.

Lit.: F. Grégoire, Condition, conditionné, inconditionné, in: Revue philos. de Louvain 46 (1948) 5–41; I. M. Bocheński/A. Menne, Grundriß der Logistik, Paderborn ⁴1973, § 3.5; E. Sosa (Hrsg.), Causation and Conditionals, Oxford 1975; E. Coreth, Metaphysik, Innsbruck ³1980, Sachregister.
W. Brugger

Begriff. B.e sind *allgemein* u. *zusammengesetzt,* ihre Teile sind wiederum B.e. Die Struktur von B.n kann man am besten an einem alten Lehrstück, nämlich an der Arbor Porphyriana, studieren. Die Gliederung in ↑Gattungen, Arten u. Unterarten, nämlich in ↑Substanzen, ↑Körper, Lebewesen u. Menschen, kann in zwei Richtungen verlaufen. Einmal geht man von den allgemeinsten B., nämlich den Substanzen aus, kommt bis zur untersten species und stellt fest, daß die Klasse der Menschen in der der Lebewesen, der Körper und der Substanzen enthalten ist, d. h. Substanz hat den größten *Umfang* u. schließt alle anderen ein. Man spricht auch von *Extension* oder von *klassenlogischer* Betrachtungsweise. Umgekehrt enthält der B. Mensch sowohl Lebewesen als auch Körper u. Substanz als Teilb.e, als B.*inhalt* oder *Intension.* Der am wenigsten allgemeine B., der Individuenb., ist der reichste, der die meisten ↑Bestimmungen einschließt, während der allgemeinste B. der ärmste ist, der am wenigsten Bestimmungen hat, obwohl unter ihn die meisten Individuen fallen, d.h. je allgemeiner ein B. ist, desto geringer ist sein Inhalt und desto größer sein Umfang, je individueller ein B. ist, desto geringer ist sein Umfang u. desto größer sein Inhalt. Man nennt diese Relation Reziprozitätsprinzip.

Die Arbor Porphyriana stellt die Beziehungen zwischen den natürlichen Arten als den wesentlichen Bestimmungen individueller Substanzen dar, die zu deren Definition gehören. Wie entstehen die gewöhnlichen, nämlich die aus der ↑Erfahrung stammenden, empirischen B., also z.B. Röte, Bewegung, Handlung? Diese B. erhält man durch den Vergleich der unter sie fallenden Individuen, d.h. durch ↑*Abstraktion.* Bei der Betrachtung von Farben stellt man die *Ähnlichkeit* verschiedener individueller Rotzustände fest. Für diese Abstraktion, die zur Entscheidung führt, ob ein einzelnes Rot unter den B. lachsrot fällt, wird von allen anderen Bestimmungen abgesehen, also von der Intensität, der Ausdehnung, von Ort und Zeit; verglichen wird der einzelne Farbzustand nur bezüglich der Farbart mit anderen. B. haben die Eigenschaft, Arten u. Unterarten zu bilden, sich vertikal und horizontal zu gliedern, wie scharlachrot, kirschrot, Röte, Farbe, Eigenschaft usw.

In der Tradition ist der Terminus B., conceptus, notio, mindestens zweideutig. Man bezeichnet nämlich sowohl den individuellen psychischen *Akt,* die individuelle ↑Vorstellung, als auch deren *Inhalt* mit B. oder conceptus. So ist der conceptus subjectivus vel formalis in der Scholastik und auch später der psychische Akt u. der conceptus objectivus dessen Inhalt. Auch für den frühen Frege kann B. sowohl Vorstellung als deren Inhalt bedeuten. Beide machen zusammen den Sinn aus. Der späte Frege versteht unter ‚Sinn‘ nur noch den Inhalt. Diese Unterscheidung betrifft die *repräsentative* Funktion der B. als psychologische Entitäten u. ihre Inhalte, die man seit Descartes auch als ↑Ideen bezeichnen darf.

Seit Descartes fordert man für B.e auch zwei Kriterien: sie sollen *klar* (und nicht dunkel) u. *deutlich* (u. nicht verworren) sein. Klar ist ein B., wenn er von allen anderen unterschieden werden kann, d.h. es muß für ihn eine *Nominaldefinition* geben. Deutlich ist ein B., wenn man alle seine Teilb. kennt, oder mindestens deren Möglichkeit, d.h. Widerspruchsfreiheit, feststeht. Leibniz nennt die entsprechende Definition Kausaldefinition, Kant genetische Definition. Für die Grundb. unserer Erfahrung gibt es nicht einmal eine Nominaldefinition, d.h. B. wie rot, blau, bitter, süß können nur durch Hinzeigen, d.h. durch *ostensive Definition* eingeführt werden. Diese B.

sind jedoch nicht einfach, sondern zusammengesetzt, denn sie sind z. B. möglich, zählbar, denkbar usw. Unsere Erfahrung weist damit nicht eine atomare, sondern eine molekulare Struktur auf. Leibniz hat, in der kombinatorischen Tradition stehend, versucht, ein *materiales B.system* anzugeben. Das ist nicht gelungen. Er hat deshalb auch auf die absolut ersten B. (notiones absolute primae) verzichtet u. sich mit den für uns ersten B. (notiones quoad nos primae), d. h. mit eben jenen einfachsten Sinnesqualitäten, begnügt.

Leibniz ist es auch als erstem gelungen, den *Individuenb.* oder *vollständigen* B. zu präzisieren. Einem Individuum inhärieren eine unendliche Menge von Akzidentien. Ein Individuenb. enthält alle B., unter die diese Akzidentien fallen, als Teilb.e. Jedem Individuum entspricht damit genau ein Individuenb. Man kann diesen Individuenb. logisch als maximalkonsistenten B. charakterisieren, denn jeder Teilb., der mit ihm verträglich ist, ist in ihm enthalten. Epistemisch gesehen verfügen wir nicht über vollständige B. Leibniz kennt deshalb neben *vollen* B., die alle wesentlichen Bestimmungen eines Individuums enthalten, auch *unvollständige* B., die dadurch gekennzeichnet sind, daß sie eine Bestimmung mehr enthalten als der volle u. eine Bestimmung weniger als der vollständige B. Diese Analyse enthält zugleich eine Theorie der Kennzeichnung.

Wichtig ist auch die *Beziehung zwischen B. u. Aussage*. In der †Scholastik haben die B., wie der Terminus proprietates terminorum (Eigenschaften der B.) schon besagt, den Vorrang. Das drückt sich auch bei anderen Bezeichnungen aus, denn ‚terminus complexus' heißt Satz und ‚terminus incomplexus' Ausdruck. Psychologisch gefärbt sind die Ausdrücke ‚simplex cogitabile' für B. u. ‚complexum cogitabile' für Aussage. Die Scholastik hatte außerdem ein Verfahren entwickelt, durch das man von zusammengesetzten B. auf Aussagen übergehen kann und umgekehrt. Dadurch geriet die Unterscheidung von B.n u. Aussagen ins Fließen. Auch Leibniz verwendete sowohl diese Terminologie als auch das Verfahren. Er kann deshalb auch anstelle der Aussagen die B. analysieren. Frege deutet den Prädikatb. als Satz- oder Urteilsfunktion, die, angewandt auf den Subjektb., die Werte wahr oder falsch ergibt.

Seit einiger Zeit erfährt die B.logik, auch *intensionale Logik* genannt, eine Renaissance. B.relationen sind notwendige Relationen, modale Kontexte eine Unterart von intensionalen. Für Leibniz bezieht sich die Logik auf die Eigenschaften der B., d. h. auf ihre Inklusion u. Exklusion, auf ihre Komposition u. Dekomposition, auf ihre Widerspruchsfreiheit oder Konsistenz. Heute beschäftigt man sich, nachdem der Einfluß der Gegner von intensionaler Logik und Modallogik (Russell, Goodman, Quine) keine Rolle mehr spielt, intensiv mit intensionalen Logiken und Semantiken.

Lit.: Leibniz, Phil. Schriften, ed. Gerhardt, II u. IV; Kant, Logik (Akad.-Ausg. IX); G. Frege, Funktion u. B.; Über B. u. Gegenstand; F. v. Kutschera, Einführung in die intensionale Semantik, Berlin 1976; H. Burkhardt, Logik

u. Semiotik in der Philosophie von Leibniz, München 1980. *H. Burkhardt*

Behaviorismus ↑Leib-Seele-Problem, Materialismus.

Beraubung ↑Privation.

Beschaffenheit ↑Qualität.

Bestimmung. In der traditionellen *Logik* wird durch B. (lat. *determinatio*), d. h. durch Hinzufügung eines Merkmals, ein ↑Begriff in seinem Inhalt vergrößert, dadurch der Umfang meist geringer, weil der Begriff nur mehr aussagbar ist von jenen Gegenständen, denen auch die im hinzugefügten Merkmal erfaßte Eigenschaft zukommt. Auch der *methodische Prozeß*, einen realen Gegenstand in ein begriffliches Klassifikations-Gefüge einzuordnen, wird als B. bezeichnet (vgl. z. B. Pflanzenbestimmung). B. wird *ontologisch* für jene Eigenschaften verwendet, die einem Gegenstand zukommen u. ist dann sinngleich mit ↑Form u. auch ↑Akt. Insofern eine B. eine von mehreren, einander ausschließenden Möglichkeiten, bestimmt zu werden verwirklicht, schließt die B. die Negation der anderen B. ein. Während Begriffe von vielen Bestimmungen absehen, sie offenlassen, ist das bei real existierenden Gegenständen nicht möglich; sie sind *letztbestimmt*. In der philosophischen *Anthropologie*, *Ethik* u. *Geschichtsphilosophie* wird bei einer teleologischen Betrachtung unter B. ein vorgegebenes Ziel verstanden, durch dessen Anstreben der Prozeß menschlichen Lebens oder der Geschichte getragen werden. In der *Psychologie* wurde unter B. ein Motiv verstanden, das eine Entscheidung nicht nur ermöglicht, sondern eindeutig nach sich zieht: ↑Determinismus.

Lit.: Aristoteles, Topik; Kant, Kritik der Urteilskraft, § 42; Fichte, Die B. des Menschen. *O. Muck*

Bewegung wird im engeren Sinn als Ortsveränderung, d. h. Lageveränderung eines ↑Körpers relativ zu anderen Körpern verstanden. Im weiteren Sinn ist B. jede Art von Veränderung, materieller oder immaterieller Art. Vorbereitet durch Platon teilt Aristoteles die B. ein nach den ↑Kategorien: Veränderung des Ortes, der ↑Quantität (Wachstum, Abnahme), der ↑Qualität (Veränderung von Eigenschaften wie Farbe, aber auch von Wissen), die, weil sie Veränderungen von ↑Bestimmungen aus einer der Kategorien der Akzidentien betreffen, als akzidentelle Veränderungen einer Veränderung der ↑Substanz (Entstehen u. Vergehen von Dingen, Lebewesen) gegenübergestellt werden können.

Bereits in der griech. Philosophie zeigt sich die Spannung zwischen der erfahrenen Veränderung u. dem Bemühen, in diesem Fluß des Geschehens Strukturen u. Zusammenhänge zu erkennen u. denkend festzuhalten. Für *Heraklit* ist das Werden ein Grundzug der Wirklichkeit. Verständnis des Werdens wird nicht in ausgrenzbaren Einheiten gesucht, sondern in einem ungegenständlichen u. unanschaulichen Gesetz, das die vielfältigen Gegebenheiten in ihrem Ablauf verstehen läßt, ähnlich wie der Sinnzusammenhang eines Satzes die Vielfalt der Buchstaben u. Wörter. Bei *Hegel* wird dies als Verwirklichung des Absoluten verstanden. Für *Parmenides* ist der Weg zur Erfassung der Wirklichkeit das Denken. Während die Sinne einen Ablauf vielfältiger Ereignisse bekunden, suchen wir zu verstehen, was *ist*. Das Sein aber schließt nach ihm jedes Nicht-Sein, damit Vielfalt, Wechsel u. Veränderung aus. Eine Vereinigung von beobachtbarer Veränderung u. Zurückführung dieser auf an sich unveränderlich gedachte Wirklichkeit liegt bei den Atomisten *(Demokrit, Leukipp)* vor. Die letzten Teile der Materie, die unteilbaren Atome, variieren im leeren ↑Raum ihre Beziehungen zueinander u. dadurch komme es zu den Veränderungen der beobachtbaren Körper.

Nachhaltigen Einfluß übte die Stellungnahme aus, die *Aristoteles* gegenüber den Schwierigkeiten, die B. zu denken, herausgearbeitet hat. Ausgehend von Beispielen der akzidentellen B. werden Gesichtspunkte aufgewiesen, die für das Denken der B. notwendig unterschieden werden müssen u. auch immer schon im Sprechen über B. vorausgesetzt werden: Wenn aus einem ungebildeten Menschen ein gebildeter Mensch wird oder aus Erz eine Statue, lassen sich unterscheiden: Dasjenige (der Mensch, das Erz), das dauernd am Prozeß beteiligt ist, ihm zugrundeliegt (das Zugrundeliegende, griech. hypokeimenon, lat. subiectum, also Subjekt der Veränderung). Im Resultat des Werdens kommt dem Zugrundeliegenden eine Bestimmung zu, die gerade im *Werden* erworben wurde, wenigstens in einem bestimmten Ausmaß (die ↑Form, griech. morphe; Gestalt, griech. eidos). Der Ausgangspunkt des Werdens ist gerade dadurch gekennzeichnet, daß ihm diese Bestimmung (wenigstens in dem später erreichten Ausmaß) mangelt, fehlt (Formmangel, griech. steresis, lat. privatio).

Diese Analyse der B. wird in Zusammenhang gebracht mit Modalbegriffen (↑Modalität): Die Bestimmung oder Form, die dem Ausgangspunkt des Werdens fehlt, *kann,* wie der Prozeß zeigt, dem Subjekt der Veränderung zukommen, wenn sie ihm zunächst auch noch nicht tatsächlich zukommt. Der Prozeß des Werdens besteht in der Verwirklichung dieser Möglichkeit (griech. dynamis, lat. potentia), so daß die Form dem Resultat des Werdens dann tatsächlich, wirklich zukommt (griech. enérgeia, lat. actu, oder griech. entelechéia, deutbar als das telos, Ziel, des Werdens beinhaltend). Für Aristoteles ist B. „Verwirklichung des der Möglichkeit nach Seienden als solchen".

Diese Struktur des Werdens wird zur Deutung u. Analyse verschiedener Arten von Veränderung verwendet. Aristoteles nimmt an, daß es auch eine Veränderung der Substanz gibt, d.h. daß aus einem Wesen bestimmter Art ein solches anderer Art wird: das eine Wesen vergeht und das andere entsteht daraus. *Entstehen* (griech. gignesthai, lat. generatio) u. *Vergehen* (griech. phthora, lat. corruptio) werden als B. begriffen. Daher sind auch hier ein Subjekt der B., Formmangel u. Form mit der Möglichkeit des Subjekts der B. gegenüber der Form als Verwirklichung vorauszusetzen. Verwirklicht eine Form die Fähigkeit des Subjekts der B., dann ist dies Resultat einer substantiellen Veränderung. Die Form ist dann der entscheidende Grund dafür, welcher Art das entstandene Wesen ist u. wird daher später Wesensform genannt (lat. forma substantialis). – Ein weiteres Verständnis der B. wurde in den ↑Ursachen gesucht. Eine dieser Ursachen ist das, woher die B. kommt, später Wirkursache genannt, das Bewegende oder der Beweger. Aristoteles kommt von der Erwägung, daß alles, was in B. ist, eines von ihm verschiedenen Bewegers bedarf (Kausalprinzip in Form des „B.satzes"), dazu, einen ersten Beweger als göttlichen Ursprung von B. in der Welt vorauszusetzen.

Während die angeführte Analyse der B. die ↑metaphysische Frage nach der seinsmäßigen Struktur von B. stellt, also die Gegebenheit von Werdeprozessen als Seiende zu begreifen versucht, werden auch die Verlaufsformen von B. untersucht. Dies führt dann u. a. zum Verständnis einer B. als ↑Entwicklung oder zum Herausarbeiten von Gesetzlichkeiten, nach denen der Ablauf von B. beschreibbar u. voraussehbar ist. Auch hier wird das Beobachtbare des Vorgangs mit einem begrifflichen Rahmen, z. B. durch funktionale Zusammenhänge, mit Raum-, Zeit- u. anderen Größen, verbunden.

Die begriffliche Differenzierung vermag wichtige Gesichtspunkte herauszustellen, die verschiedene Typen von B. voneinander unterscheiden. Sie kann aber nicht den Prozeß der B. auf anderes zurückführen, das uns bekannter wäre u. das die Gegebenheit des Vollzugs von B. überflüssig machen würde. Darauf hat vor allem die *Lebensphilosophie* hingewiesen.

Ruhe als Gegensatz von B. kann in beschreibender Weise als Fehlen von bestimmter B., z. B. Ortsb., oder von B. überhaupt angesehen werden. Sie kann aber auch als Besitzen des Verwirklichungszustandes verstanden werden u. besteht dann im aktiven Besitz dieses Zieles, dieser Wirklichkeit, evtl. in einem Wirken oder Vollzug ohne B., wie dies Aristoteles für das Denken des Denkens (griech. noesis noeseos) bei ↑Gott annimmt.

Lit.: Aristoteles, Physik III, VIII; Met. XII; A. Mitterer, Die Zeugung der Organismen insbes. des Menschen nach dem Weltbild des hl. Thomas v. Aquin u. dem der Gegenwart, Wien 1947; H. Bergson, Denken u. schöpferisches Werden, Meisenheim a. Gl. 1948; H. Ogiermann, Materialistische Dialektik, München 1958; M. Schramm, Die Bedeutung der B.lehre des Aristoteles für seine beiden Lösungen der zenonischen Paradoxie, Frankfurt 1962; F. Kaulbach, Der philosophische Begriff der B., Köln 1965; A. Maier, Zwei Grundprinzipien der scholastischen Naturphilosophie, Rom ³1968. *O. Muck*

Beweis ↑Methode, Wissen.

Beweisbarkeit ↑Gültigkeit.

Bewußtsein ↑Denken, Selbstbewußtsein, Cartesianismus, Spinozismus.

Beziehung ↑Relation.

Bild ist ein Grundbegriff des ↑Platonismus, der über Patristik (Augustinus) u. ↑Scholastik einen bedeutenden Einfluß auf die gesamte abendländische Philosophie u. Theologie ausgeübt hat. Platon (Rep. 509 d–511 e) stellt die ontologische u. erkenntnistheoretische Aussage des Bildbegriffs (als Urbild-Abbild-Verhältnis) anhand natürlicher B. (Schatten, Spiegelbilder im Wasser etc.) dar. Das Bild dient der Erkenntnis des Abgebildeten. Diese erkenntnismäßige Beziehung beruht auf einer ontologischen: Das Abbild ist vom Urbild verursacht u. ihm der Gestalt nach, die sichtbarer Ausdruck des ↑Wesens ist, ähnlich; es ist nur dank der Anwesenheit des Urbilds. Abbild u. Urbild versinnbildlichen das Verhältnis von Einzelding u. Allgemeinem (↑Idee): Das eine Urbild kann sich in einer Vielzahl von Abbildern in jeweils verschiedener Weise darstellen; das sinnlich faßbare Einzelne ist immer nur Abbild des intelligiblen Urbilds. Das Bild ist Erscheinung eines anderen; wird es nicht mehr in seinem verweisenden Bezug, d.h. als B., erfaßt, oder wird ihm zu Unrecht ein Verweisungsbezug zugesprochen, wird es zum täuschenden Schein. – Vom natürlichen B. ist das B. zu unterscheiden, das der Mensch sich macht. Es ist vor allem dort von Bedeutung, wo (wie in Platons ↑Mythen) mit seiner Hilfe ein diskursiv nicht mehr einholbarer Ganzheits- u. Sinnzusammenhang erfaßt werden soll (z.B. Menschenbild, ↑Weltbild).

Lit.: Fr.-W. Eltester, Eikon im Neuen Testament, Berlin 1958; G.B. Ladner, Eikon, in: Reallexikon f. Antike u. Christentum IV (1959) 771–786; L. Scheffczyk (Hrsg.), Der Mensch als Bild Gottes, Darmstadt 1969; E. Biser, B., in: HphG I. *F. Ricken*

Böse, das ↑Theodizee.

C

Cartesianismus stammt von R. Descartes (Cartesius), dem Begründer des ↑Rationalismus u. „Vater der neueren Philosophie". Der methodische Zweifel führt ihn zur ersten, unmittelbaren ↑Gewißheit: „Ich denke, also bin ich" (cogito ergo sum). Daraus folgt als Kriterium aller ↑Wahrheit u. Gewißheit „klare u. distinkte" Einsicht von mathematischer Evidenz. Sie findet sich nicht in der ↑Erfahrung, sondern nur in rein rationaler Erkenntnis, die in „eingeborenen ↑Ideen" begründet ist. Sie sind uns von Gott eingegeben, dadurch als unbedingt wahr gesichert. Durch die Forderung streng rationalen Denkens kommt es zur scharfen Trennung geistiger und körperlicher Wirklichkeit (res cogitans u. res extensa). Das Wesen des ↑Geistes ist cogitatio (Denken als Bewußtsein), das Wesen der Körperdinge ist extensio (Ausdehnung), die nicht mehr als Akzidens der ↑Quantität, sondern als Konstitutivum der materiellen ↑Substanz gedacht wird. Im Bereich der Körperdinge gelten nur noch extensive oder quantitative, exakt meßbare u. berechenbare Größen; qualitative ↑Bestimmungen scheiden aus. Damit wird die Reduktion des qualitativen auf ein quantitatives, des finalen auf ein mechanistisch-kausales

Denken philosophisch begründet. Descartes faßt alles materielle Geschehen rein mechanistisch auf; auch Pflanzen u. Tiere sind bloße Maschinen. Nur im Menschen besteht Wechselwirkung zwischen res extensa u. res cogitans, deren Annahme ein Zugeständnis an die Erfahrung ist, aber den eigenen Prinzipien widerspricht.

Die rationalist. Einseitigkeit der Phil. Descartes' wurde früh erkannt u. kritisiert, bes. von Bl. Pascal, der gegen rein rationale Erkenntnis (raison) die höhere Einsicht des „Herzens" (coeur) zur Geltung bringt. Doch wird der C. als engere Gefolgschaft in Frankreich bes. durch M. Mersenne u. Cl. de Clerselier vertreten; er wirkte auf die Jansenisten A. Arnault u. P. Nicole, fand aber auch Anhänger unter Theologen wie Bossuet u. Fénelon. In Deutschland wird er aufgenommen von J. Clauberg, B. Bekker u. a.

Noch bedeutsamer werden die Auswirkungen: Naturwissenschaftl. Denken folgt weithin der rein quantitativ-mechanist. Anschauung, die, absolut gesetzt, zum ↑Materialismus der franz. ↑Aufklärung (Lamettrie, „L'homme machine") führt. Philosophisch geht aus dem C. sowohl der Occasionalismus (Malebranche) als auch der Substanzmonismus (Spinoza, ↑Spinozismus) hervor, bes. aber, in Auseinandersetzung mit Descartes u. Spinoza, die Phil. von Leibniz u. die rationalist. Schulmetaphysik des 18. Jh. (Chr. Wolff, A. G. Baumgarten u. a.). Darin leben Grundelemente des C. deutlich nach: der Ansatz im Bewußtsein, die eingeborenen Ideen (bes. der Idee Gottes), der analytisch-deduktive Charakter der Philosophie, der strenge Gegensatz von ↑Subjekt u. ↑Objekt, ↑Geist u. ↑Materie, wie die Auffassung der ↑Metaphysik als reiner (erfahrungsfreier) Vernunftwissenschaft. Diese Denkmotive wirken noch bei Kant u. im deutschen Idealismus nach.

Lit.: F. Bouillier, Hist. de la philos. cartésienne, Nachdr. Bruxelles 1963; M. Gueroult, Descartes selon l'ordre des raisons, Paris 1968; W. Röd, Die Philosophie der Neuzeit 1, München 1978, 44 ff.; ders., Descartes, München ²1982; B. Williams, Descartes, Königstein 1981. *E. Coreth*

Causa ↑Ursache.

Causa sui ↑Spinozismus.

Chorismos ↑Platon.

Coincidentia oppositorum/contradictoriorum (= Ineinsfall der Gegensätze/Widersprüche). Dieser Begriff d. *Nikolaus v. Kues* setzt voraus, daß alles, was in der Welt existiert, wie gegensätzlich es auch sein mag, u. alles, was überhaupt sein kann, in ↑Gott in absoluter Einfachheit „eingefaltet" ist. Deswegen ist Gott jedoch nicht c. o., sondern steht jenseits von ihr, da die Gegensätze in ihm vereinigt, sondern überhaupt noch nicht vorhanden sind. Cusanus vergleicht die c. o. mit einer Mauer, welche das Paradies umgibt, in dem Gott wohnt. Die c. o. ist das Erkenntnismedium der ↑Vernunft, die, im Unterschied zum ↑Verstand, dem Widerspruchsgesetz nicht mehr unterliegt u. den Ineinsfall der konträren wie kontradiktorischen Gegensätze zu erfassen vermag. Der Kreis z. B. fällt bei unendlich werdendem Durchmesser mit der Geraden zusammen. Das absolute Sehen (Gottes) bewegt sich zugleich u. steht still u.: weder bewegt es sich noch steht es still. Will die Vernunft Gott erkennen, muß sie die Mauer der c. o. übersteigen, was nicht mehr mit begrifflichem, sondern nur noch mit schauendem Erkennen (videre) möglich ist. Damit ist die mystische Schau Gottes angesprochen! – Vorstufen der c. o. sind: die platonische Dialektik mit ihrer Ableitung des Vielen aus der Idee des Guten, der Ineinsfall der Gegensätze im transzendenten Geist bei *Plotin* (↑Neuplatonismus) u. dessen Lehre, daß das über den Geist erhabene Eine alle Dinge auch nicht als ungeschiedene hat, sondern sie ist im Sinne des „Vermögens v. allem", was bei *Ps.-Dionysius* noch erhalten ist, an dem sich die Kusanische c. o. entzündet, die ihm auch noch *Meister Eckhart* insinuierte.

Lit.: Cusanus, De visione Dei, 9–15; E. Hoffmann, Die Vorgesch. der cusanischen c. o., in: N. v. C., Über den Beryll, hrsg. K. Fleischmann, Leipzig 1938, 1–35; K. Flasch, Die Metaphysik d. Einen bei Nik. v. Kues, Leiden 1973.

K. Kremer

Common Sense ↑Gesunder Menschenverstand.

D

Dasein ↑Existenz, Realität, Wesen.

Dauer ↑Zeit.

Deduktion ↑Methode.

Definition ↑Begriff, Sein.

Deismus ↑Gott.

Demiurg ↑Platon.

Denken. „D." ist ein vieldeutiger u. vager Ausdruck ohne umfassende Definition. Gemeinsam ist der Bezug auf „geistige Leistungen", speziell menschliche. Zu unterscheiden ist zwischen D. als *Tätigkeit* bzw. *Ereignis* u. D. als *Objekt* oder *Resultat*. Letzteres liegt vor in Wendungen wie „das antike D." oder in Freges u. Husserls Rede von „Gedanken" bzw. „Noemata" im Sinne von „Proposition" (↑Tatsache). Da es sich um Objekte u. Resultate ereignishafter Denkleistungen handelt, kann der erste Sinn als der fundamentalere gelten.

1. In der *Umgangssprache* sind drei Hauptbedeutungen erkennbar: ↑Glauben („denken, daß ..."), Im-Bewußtsein-Haben („denken an", „Denkmal") u. „D." als Synonym für „intelligente Leistung" („Denksportaufgabe"). Jede ist in sich vielfältig differenziert. Betont wird der Aspekt der „Innerlichkeit", der D. als Privatbesitz des Individuums („die Gedanken sind frei") bzw. als Gegensatz zum realen Handeln oder zur Realität überhaupt hinstellt („bloßes D.", „Gedankenexperiment").

2. In der *Philosophie* zeigt sich die gleiche Bedeutungsvielfalt, bedingt z. T. durch die Nivellierung der differenzierteren altgriech. und lat. Terminologie in der dt. Übersetzung mit „D.". Als Charakteristika gelten seit der Antike der Bezug auf *Allgemei-*

nes (D. in ↑Begriffen), sowie die enge Verbindung zur ↑*Sprache* u. zum mentalen „*Inneren*" (Platons Definition des D. als stilles Sprechen). Zentral ist die Gegenüberstellung von *Glaube* u. Wirklichkeit („D. u. Sein"), die den philos. Begriff des D. mit der Frage nach seiner empirischen, nichtempir. oder inferentiellen „Richtigkeit" (↑Wahrheit) verbindet. Dabei kann nicht nur das Glauben selbst, sondern auch die es rechtfertigenden Leistungen des *Schließens*, „*Erfassens*" von ↑Axiomen oder des *Verifizierens* insgesamt „D." genannt werden. Durch die neuzeitl. Überführung der ↑Ontologie in ↑Erkenntnistheorie (vgl. Kant, KrV B 303) wird der Gegensatz von D. u. Sein revisionsbedürftig, da „D." in einem prägnanten Sinn nun als partiell (↑Kritizismus) oder durchgängig (↑Idealismus) konstitutiv für die Wirklichkeit gilt. Zugleich wird „D." synonym mit „*Bewußtsein*" und damit vollständig auf den (vom physischen prinzipiell unterschiedenen) mentalen Bereich beschränkt (↑Cartesianismus). Diese Entwicklung sucht seit Anfang des 20. Jh. vor allem die ↑Analytische Philosophie zu überwinden. Der Versuch des „logischen Behaviorismus" (Ryle, Wittgenstein), D. ohne Rekurs auf Mentales zu definieren, muß als gescheitert gelten. Aber auch moderatere behaviorist. Explikationsversuche wie die sogen. „Analogietheorien" des D. (Sellars, Aune, Geach) sind wenig befriedigend geblieben, ebenso die versuchte Identifizierung mentaler mit neuralen Denkereignissen („moderner Materialismus"). Ein adäquater Begriff des D. steht aus.

3. Der *psychologische* Denkbegriff folgt den verwendeten empirischen Untersuchungsmethoden. Die mentale „Introspektion" (Würzburger Schule) wurde ab ca. 1920 vom Behaviorismus (Watson ff.) suspendiert, dessen versuchte nachträgliche Einbeziehung des „Inneren" (Mediationstheorie) jedoch ebenfalls unbefriedigend blieb u. in jüngster Zeit zu einer partiellen Rückwendung zu „introspektiven" Methoden geführt hat („kognitive Psychologie"). Als „D." thematisiert werden Phänomene wie Urteil, Schlußfolgerung, Entscheidung u. „Kreativität", vor allem aber verschiedene Formen des „*Problemlösens*" u. (als Spezialfall hiervon) der „*Begriffsbildung*". Eine allgemeingültige Typologie fehlt.

Lit.: Platon, Theaetet 189e ff., Sophistes 263e; Aristoteles, De An. 427a ff.; Descartes, Med. II (u. Erwid. auf Einwände); Kant, KrV passim; J. B. Watson, Behaviorismus, Frankfurt ²1976, Kap. X–XI; G. Ryle, Der Begriff d. Geistes, Stuttgart 1969, Kap. 9; Collected Papers, vol. II, Oxford 1971; L. Wittgenstein, Philos. Untersuchungen, §§ 316 ff.; W. Sellars, in: Minn. Stud. I, 1956; P. T. Geach, Mental Acts, London 1957; C. F. Graumann (Hrsg.), Denken, Köln 1965; D. E. Berlyne, Structure and Direction in Thinking, New York 1965; G. Seebaß, Das Problem von Sprache und D., Frankfurt 1981.

G. Seebaß

Denotation ↑Zeichen.

Determination ↑Bestimmung.

Determinismus/Indeterminismus (lat. determinare: bestimmen, begrenzen). Der D. behauptet, das ganze Weltgeschehen sei im voraus eindeutig u. unausweichlich festgelegt. So kann die Ansicht, †Gott habe alle Ereignisse samt den menschlichen Entscheidungen von Ewigkeit her vorherbestimmt *(Prädestination), theologischer* D. heißen. *Historischer* D. ist die Lehre, die †Geschichte verlaufe in notwendigen Bahnen. Vor allem seit Beginn der Neuzeit hielt man es für eine notwendige Voraussetzung der Physik, daß alle Naturvorgänge durch vorausgehende Ereignisse eindeutig kausal festgelegt seien *(physikalischer* oder *kosmologischer* D.; †Naturgesetz/Kausalität). Würde jemand alle Faktoren eines bestimmten Weltzustandes kennen, so könnte er alle künftigen Zustände voraussagen (Laplace). Die heutige Physik nimmt auf dem Gebiet der Quanten- oder *Mikrophysik* die grundsätzliche Nichtvorhersagbarkeit künftiger Ereignisse (I.) an und erklärt den *makrophysikalischen* D. durch *statistische* Regelmäßigkeit.

D. ohne Zusatz heißt die Annahme der kausalen Nötigung des menschlichen Willens durch (voraufgehende) physikalische, biologische, psychologische, soziologische oder andere (unbewußte) Faktoren *(anthropologischer, psychologischer* oder *ethischer* D.). Selten wird auch die Ansicht, der menschliche Wille werde durch die Erkenntnis des Guten (Platon) oder im Fall eindeutigen Vorhersehens künftiger Ereignisse festgelegt, D. genannt. Wo die Eigenständigkeit des †Geistes geleugnet wird, wird meist der D. aus dem physikalischen D. bzw. den Entdeckungen u. Erforschungen unbewußter Beeinflussungen des Willens gefolgert. Eine Entscheidung richte sich nicht nach bewußten Gründen u. Motiven, sondern werde durch andere †Ursachen bewirkt. James unterscheidet einen „*weichen*" D., der irgendwie †Freiheit u. Ethik retten will (was zu Widersprüchen führt), von einem „*harten*" D., der Freiheit zur Illusion erklärt (was eigentlich in letzter Konsequenz zum Fatalismus führen müßte). Der *gemäßigte* I. verteidigt die relative Willensfreiheit, erkennt aber mehr oder weniger starke Beeinflussungen durch verschiedenste, teilweise auch unwiderstehlich nötigende Faktoren an. Der *radikale* D. wurde wie der radikale I. (absolut unumschränkte Willensfreiheit) durch die neuzeitliche schroffe Gegenüberstellung von Geist u. †Körper begünstigt.

Der radikale I. widerspricht der Erfahrung u. muß Freiheit zu einem völlig ungreifbaren, rein innerlichen Geschehen erklären. Der konsequente D. muß große Bereiche des menschlichen Selbstverständnisses (Verantwortung, Freiheit, Schuld) u. der Sprache (sollen, dürfen) als Täuschung wegerklären. Er muß zudem alle geistigen Akte u. somit auch das Erkennen zum bloßen Resultat naturgesetzlicher Prozesse machen. Dann kann aber Erkenntnis in keinem Fall mehr in der Einsicht in †Wahrheit gründen, so daß auch der D. selbst nicht mehr rational begründbar ist. Da nämlich faktisch D. u. I. vertreten werden, müßten beide notwendige Produkte unabänderlicher Prozesse sein u. stünden somit gleichrangig nebeneinander. Ferner übersah bereits der physikalische D. der beginnenden Neuzeit, daß kein

Einzelding oder Ereignis völlig darin aufgeht, Resultat verschiedener allgemeiner Gesetze zu sein (die ja immer nur durch ↑Abstraktion u. Idealisierung gewonnen werden). Oft wird unterstellt, Freiheit setze eine Art Lücke im Kausalzusammenhang voraus. Wie aber rationale Entscheidung nicht durch Fehlen von Beweggründen (Willkür), sondern durch Wahl unter mehreren Motiven zustande kommt, so ist es auch denkbar, daß eine Überlagerung verschiedener Kausalfaktoren zur Ermöglichung von Freiheit beiträgt *(Überdetermination).*

Lit.: Spinoza, Ethica II 49 Schol.; Leibniz, Prinzipien der Natur u. der Gnade; Hume, An Enquiry concerning Human Understanding 8; d'Holbach, System der Natur, Frankfurt 1978, I, Kap. 11–12; Kant, KrV B 472–479, 560–586; Fichte, Die Bestimmung des Menschen; W. James, The Dilemma of Determinism, in: The Writings of W. J., Chicago 1977, 587–610; M. R. Ayers, The refutation of determinism, London 1968; B. Welte, Determination u. Freiheit, Frankfurt 1969; S. Hook (Hrsg.), Determinism and freedom, London ³1970; B. F. Skinner, Jenseits von Freiheit u. Würde, Reinbek 1973; G. H. v. Wright, Causality and Determinism, New York 1974; U. Röseberg, Determinismus u. Physik, Berlin 1975; N. A. Luyten (Hrsg.), Zufall, Freiheit, Vorsehung, Freiburg 1975; K. Lehrer u. a. (Hrsg.), Freedom and Determinism, Atlantic Highlands 1976; U. Pothast (Hrsg.), Seminar: Freies Handeln u. Determinismus, Frankfurt 1978.

H. Schöndorf

Dezisionismus ↑das Gute.

Dialektik. Der griechische Ursprung des Wortes „D." weist von vordergründigem Hin- und Widerreden (dialegesthai) zurück auf den Tiefengrund von Bewußtsein u. Wirklichkeit, auf deren ↑Logos- oder ↑Geiststruktur, die Widersprüche erzeugt u. auflöst. Dieses Bedeutungsgefälle durchzieht die Begriffsgeschichte der D.: In ihr ist mehr auf die Sache, den tatsächlichen Denkvorgang der Philosophen, als auf den ausdrücklichen Wortgebrauch zu achten (1). Hegel hat die Methode der D. in die bis heute weithin nachvollziehbare u. maßgebliche Form gebracht (2). Die marxistische Kritik an der „totalisierenden" Erkenntnis-D. Hegels (3) kann beitragen zu einer für die Gegenmomente Wille, Freiheit u. Liebe offeneren D. (4).

1. Die *Begriffsgeschichte* der D. begann mit der Frage des Heraklit (Fragm. 51; vgl. 8, 59f., 88), „wie das Auseinandergetragen-Verschiedene mit sich selbst zusammenstimmt: gegenstrebige Vereinigung wie des Bogens u. der Leier"; alle tiefere Erfahrung der Welt stößt auf polare Einheiten wie Tag-Nacht, Leben-Tod, Krieg-Frieden, Gut-Böse. Zenon machte den unvermittelten Denkgegensatz von Sein u. Nichtsein geltend gegen den Augenschein der Bewegung; die Sophisten spielten umgekehrt die Wandelbarkeit des Sinnenhaften aus gegen die Allgemeingültigkeit geistiger Normen. Solche Pseudo-D. bloßer Negationen ließ Platon hinter sich, indem er (in den Spätdialogen) das grundlegende Zusammengehören der Begriffspaare Sein-Nichts, Eines-Vieles, Selbst-Anderes erörterte; er versuchte (in Rep. VI), den Gesamtaufbau der Ideenwelt im Auf u. Ab ihrer Ver-

Dialektik

mittlungsstufen zu begreifen. Für Aristoteles besagte D. zwar nur das Argumentieren mit Wahrscheinlichkeiten, aber sein Philosophieren über ↑Akt u. Potenz zielte dennoch voller ontologischer Spannung auf Real-D. Die ↑Stoa sah in D. nur die logische Kunst des Rede- und Antwortstehens – der ↑Neuplatonismus dagegen den angeschauten Werdeprozeß des ganzen Kosmos. Die ↑Metaphysik der ↑Scholastik u. noch markanter des Nikolaus von Kues übernahm platonische u. aristotelische dialektische Denkstrukturen, denen die christliche Glaubenslehre über Trinität und Inkarnation neue spekulative Bereiche eröffnete. Bei Kant stand das Wort „D." wieder nur für die Logik des Scheins; immerhin aber gerate die ↑Vernunft mit Notwendigkeit in deren Widerstreit. Fichte schließlich erhob den Dreischritt der D. zum organisierenden Prinzip seiner Wissenschaftslehre: Das Ich setzt das Nicht-Ich; sie begrenzen sich gegenseitig u. machen so die Wirklichkeit aus. Was Geist- als Seins-D. näherhin bedeuten kann, sei an der Entwicklung der D. durch Hegel erläutert.

2. *Hegel* bevorzugte als Paradigma der D. den Prozeß der geistigen Selbstfindung des Menschen. Das Bewußtsein des Kindes ist noch unbestimmt u. unerfüllt, offen für alles Mögliche; insofern ist es – auf leere Weise – umfassend-allgemein: ein abstraktes Ich. Der Jugendliche wendet sich entschlossen der Welt zu, läßt sich auf sie ein, verliert sich dabei gar an das Andere, Fremde. So jedoch findet er sich selber. Das Aussich-Herausgehen ist, tiefer gesehen, ein In-sich-Einkehren. Das Fremde wird angeeignet; im Andern erkennt sich das Selbst: Sein „Abstoßen von sich ist das Ankommen bei sich selbst" (IV 496). Vielerlei Besonderes bestimmt u. erfüllt nun die zuerst vage u. leere Allgemeinheit des Ich. Der derart „gebildete" Mensch ist welthaltig: nicht mehr abstrakt, sondern kon-kret (= zusammengewachsen: mit der vielgestaltigen Wirklichkeit). Er hat sich durch 1001 teilweise Vermittlungen zu neuer, höherer Ganzheit ausgearbeitet. In dieser Beschreibung sind die drei Stufen der D. zu erkennen, die man gern (was Hegel selber nicht tat) als These, Antithese u. Synthese kennzeichnet: a. die unbestimmte Unmittelbarkeit oder das leere, abstrakte Allgemeine, das „Ansich"; b. das Herausgehen, die Entäußerung aus dem Anfangszustand, als Vermittlung ins bestimmte Besondere, das „Fürsich"; u. c. durch die ↑Negation dieser Negation die neue Position, die höhere, vermittelte Unmittelbarkeit oder das konkrete Allgemeine, das „An-und-für-sich". Die Macht, die den sich selbst bewegenden Werdeprozeß der D. in Gang setzt und hält, ist das Negative, das allerdings sein Verneinen an sich selbst vollstreckt: Die jeweilige End- u. Vollendungsstufe holt – in spiralartigem Fortschreiten – die verwandelte Anfangsstufe in sich ein. Darin vollzieht sich das Hegelsche „Aufheben" im dreifachen Wortsinn von Abschaffen, Aufbewahren u. Emporheben. (Texte zur D. Hegels: II 17–37; V 332–352; VII 54–79; VIII 184–198.) – Nach den drei Momenten (von movere = bewegen) der D.

ist jeder einzelne Lebensakt des Menschen strukturiert. Ich – erkenne – etwas, d.h. die Zweiheit von ↑Subjekt u. ↑Objekt, von Ich u. gegen-ständigem Nicht-Ich, wird vermittelnd geeint in den Vollzug eben des Erkennens hinein. Eine nun wohl nicht mehr allzu rätselhafte Kurzformel der D. lautet deshalb: „die Identität der Identität und der Nichtidentität" (I 124) – im Erkennenden. Nach diesem Grundgesetz ist das System des ↑Hegelianismus im Großen wie im Kleinen durchkonstruiert.

3. Entschiedene u. ihrerseits einseitige *Kritik* an der Hegelschen D. wurde im 19. Jh. geübt von K. Marx, in der Gegenwart von Neomarxisten. Marx meinte die D. vom Kopf, den ↑Ideen des Geistes, auf die Füße, die materielle ökonomische Basis, stellen zu sollen; dadurch werde ihr „rationeller Kern" von der „mystischen Hülle" befreit. Die Geist-D. wurde materialistische D., die F. Engels zum System des Dialektischen ↑Materialismus ausbaute. Bei der Übertragung aus dem ursprünglichen Medium Geist auf den neuen Träger ↑Materie droht D. jedoch zur dogmatischen Leerformel zu verkümmern. Neuerdings will man in der Struktur von Hegels D. selber den Grunddefekt auffinden: Ihre Vollendungsstufe sanktioniere die bestehende Wirklichkeit als an und für sich vernünftig. Sie arte zur Beschwichtigungsstrategie allseitiger Versöhnung aus, zum „universalen Verblendungszusammenhang" (Th. W. Adorno, Negative [!] D., 1966: WW VI 162). Dagegen sei das eigentliche Bewegungsmoment der D., die einfache Stufe der Negation (nicht die Negation der Negation), zur anhaltend unberuhigten Wirkung zu bringen. Nur so lasse sich neue u. bessere Zukunft offen halten als das utopische Ziel permanenter Revolution. Und das leiste nur die materialistische D., weil die Materie, als das Andere des Geistes, das Prinzip der Nichtidentität u. damit der steten Veränderung sei.

4. Tatsächlich kommt in der D. Hegels das Funktionsmodell des erkennenden Geistes einseitig zur Geltung. Erkenntnis besagt Subjekt-Objekt-Identität im (erkennenden) Subjekt; das Subjekt jedoch ist wesentlich bestimmt durch die Charaktere der ↑Identität und der Notwendigkeit. Deshalb erlangt in der Erkenntnis-D. das abschließende Moment der Identität das Übergewicht. Anderseits ist der marxistische Umsprung auf die Materie als Triebkraft der D. ein Kurzschluß. Das Andere, das ergänzende Gegenprinzip des erkennenden Geistes ist zunächst u. zumeist nicht die Materie, sondern der Wille in seiner Freiheit. Das freie Wollen vollzieht sich als Subjekt-Objekt-Identität im (gewollt-geliebten) Objekt. Es vermag das Andere als Anderes zu bejahen: das Andere an und für sich, d.h. nicht als bloßes Durchgangsmoment in der Entfaltung des eigenen Selbsts, sondern unselbstisch-selbstlos in endgültigem Sinn. In der offenen *Dialektik der Freiheit* bleibt gewahrt: die Bedeutung des einmalig Einzelnen, die S. Kierkegaard dem Systemdenken Hegels entgegenstellte; die nicht verzweckte zwischenmenschliche Kommunikation, wie sie etwa M. Buber

vermeinte; die in sich ständige Wirklichkeit des Endlichen; unabsehbare Zukunft und Hoffnung auf schöpferisch Neues; sowie Liebe, die für den jungen Hegel (1800; ed. Nohl 348) „Verbindung der Verbindung und der Nichtverbindung" war – *Verbindung*, weder nur Identität noch nur Nichtidentität.

Lit.: Hegel, Werke ed. Glockner; S. Marck, Die D. in der Philosophie der Gegenwart, 2 Bde., Tübingen 1929 u. 1931; E. Coreth, Das dialektische Sein in Hegels Logik, Wien 1952; H. Ogiermann, Materialistische D., München 1958; R. Heiss, Wesen u. Formen der D., Köln 1959; E. Huber, Um eine ‚dialektische Logik'. Zur Diskussion in der neueren Sowjetphilosophie, München 1966; A. Sarlemijn, Hegelsche D., Berlin 1971; K. Weinrich (Hrsg.), Positionen der Negativität, München 1975; W. Hartkopf, [Untertitel:] Studien zur Entwicklung der modernen D., 4 Bde., Meisenheim 1972, 1975, 1976 u. 1979; A. Diemer, Elementarkurs Philosophie [:] D., Düsseldorf 1976 (Lit.: 169–203); W. Janke, Historische D., Berlin 1977; R.-P. Horstmann (Hrsg.), Seminar: D. in der Philosophie Hegels, Frankfurt 1978; H. Kimmerle (Hrsg.), Modelle der materialistischen D., Den Haag 1978; ders., Die allgemeine Struktur der dialekt. Methode, in: Zeitschr. f. philos. Forschung 33 (1979) 184–209; P. Kondylis, Die Entstehung der D., Stuttgart 1979; J. Israel, Der Begriff D., Frankfurt 1979; K. Hedwig, Negatio negationis, in: Archiv f. Begriffsgesch. 24 (1980) 7–33; J. Naeher, Einführung in die idealist. D. Hegels, Opladen 1981.   *W. Kern*

Dialektischer Materialismus ↑Dialektik, Marxismus.

Differenz ↑Identität/Differenz.

Ding an sich. Problematischer Grundbegriff der Erkenntnistheorie Kants. Der Begriff des D. a. s. ist logisch betrachtet Korrelat des für Kants ↑Transzendentalphilosophie grundlegenden Begriffs der Erscheinung. Erscheinungen werden uns als unbestimmte Vorwürfe der empirischen ↑Anschauung in den Anschauungsformen von Raum u. Zeit gegeben u. durch gewisse Grundbegriffe unseres Diskursapparats, die ↑Kategorien, als Gegenstände unserer Erkenntnis bestimmbar. Nach Kants Lehre vom transzendentalen Idealismus von Raum u. Zeit sind Raum u. Zeit jedoch keine Bestimmungen, die Gegenständen unbezüglich auf ihr Erkanntwerden an ihnen selbst zukommen, sondern die bloß subjektiven Formen, in denen uns Erscheinungen als materiale Daten unserer sinnlichen Anschauung präsentiert werden. Da diese Daten (1) nicht von uns selber erzeugt, sondern von uns als gegebene nur hingenommen werden können, u. (2) nicht mit, sondern nur in diesen Formen als etwas von ihnen Unterschiedenes gegeben werden können, bedarf es der Annahme von D.en a. s., die dem Subjekt Erscheinungen geben, indem sie es affizieren, „denn sonst würde der ungereimte Satz folgen, daß Erscheinung ohne etwas wäre, was da erscheint." (KrV B XXVI f.) Da sich die gegenstandbestimmende (objektivierende) Funktion der Kategorien auf die Deutung von Erscheinungen u. unsere Erkenntnis von Gegenständen daher auf Gegenstände möglicher Erfahrung als Dinge in Raum und Zeit bezieht u. einschränkt, sind D. a. s. über ihre Funktion hinaus, das Gegebensein sinnlicher Daten für diese Erkenntnis zu sichern, unbestimmbar u. unerkennbar. Auf D. e a. s. können Kategorien nicht angewandt werden. Die Unterscheidung zwischen D.en a. s. u. Erscheinungen als objektiv gedeuteten sinnlichen Daten führt zu dem Zweiweltentheorem der für uns unerkennbaren Welt der D. a. s. u. der für uns allein erkennbaren Welt der Dinge in Raum und Zeit. Es besitzt besondere Bedeutung für Kants Auflösung des Freiheitsproblems.

Die Diskussion des erkenntnistheoretischen u. ontologischen Status der D. a. s. bestimmt schon den Entwicklungsgang des frühen ↑Kantianismus (F. Jacobi, S. Maimon) u. gehört zu den Entwicklungsbedingungen des spekulativen ↑Idealismus (Fichte, Schelling, Hegel). Sie lebt im Neukantianismus des 19. u. 20. Jh. wieder auf. Teils wird versucht, die Annahme von D.en a. s. als einen unkritischen Restbestand aus Kants Erkenntnistheorie zu eliminieren u. diese entsprechend umzugestalten, teils verbindet sich mit der Behauptung ihrer Nichteliminierbarkeit der Vorwurf der internen Inkohärenz von Kants Transzendentalphilosophie. Besondere Probleme ergeben sich daraus, daß der die Annahme von D.en a. s. leitende Begriff der Affektion der Begriff von einer bestimmten Kausalität ist, die D.e a. s. für das Gegebensein unserer sinnlichen Anschauungsdaten haben. Er impliziert damit die Bestimmbarkeit von D.en a. s. nach Maßgabe der Kategorie der Relation von Ursache u. Wirkung, was nicht der Fall sein können soll.

Lit.: E. Adickes, Kant und das D. a. s., Berlin 1924; G. Prauss, Kant und das Problem der D. e a. s., Bonn 1974.

K. Cramer

Disposition. D. heißt eine Eigenschaft *von* oder eine ↑Relation *zwischen* Gegenständen, die nicht ständig, sondern nur unter bestimmten ↑Bedingungen in Erscheinung tritt u. nur dann feststellbar ist. Zeitlich gesehen ist die D. oder Anlage dazu, sich unter diesen Bedingungen in der durch die D. gekennzeichneten Weise zu verhalten, entweder momentan oder permanent vorhanden. – D. ist bei Aristoteles eine naturgegebene Anlage. Thomas v. Aquin unterscheidet zwischen einer d. activa und einer d. passiva. Die D. drückt eine reale Möglichkeit aus, d. h. eine potentia agendi oder patiendi. Eine spezielle Anwendung des D.begriffs in der Philosophie ist z. B. die Theorie der ideae innatae oder der eingeborenen ↑Ideen, die von Descartes u. Leibniz als D., d. h. als potentielle Denkakte verstanden werden. Die D. ist auch ein wichtiger Begriff der Psychologie und der Medizin.

D.prädikate enden im Deutschen meist auf -bar, wie denkbar, oder -lich, wie löslich. Es handelt sich um ein- oder mehrstellige ↑Prädikate. Es gibt eine Reihe von bisher unzulänglichen Versuchen, vor allem im Rahmen des logischen Positivismus, die D.prädikate extensionallogisch zu analysieren, so z. B. von Carnap und anderen. Vielversprechender sind die Bemühungen der Analyse mit Hilfe intensionaler logischer Werkzeuge, so z. B. kontrafaktischer Aussagen u. intensionaler semantischer Modelle.

Einen Ansatz dazu findet man bereits bei Meinong in Gestalt seiner Unterscheidung vollständiger u. unvollständiger Gegenstände u. heute vor allem bei Rescher.

Lit.: Aristoteles, Parva naturalia 477 b 18; A. Meinong, Über Möglichkeit u. Wahrscheinlichkeit, Leipzig 1915; R. Carnap, Der logische Aufbau der Welt, Berlin 1928; W. K. Essler, Induktive Logik, Freiburg 1970; N. Rescher, A Theory of Possibility, Oxford 1975.

H. Burkhardt

Dogma, Dogmatismus. Das griech. Wort ‚dogma' bedeutet ursprünglich: a) Festsetzung, Beschluß, Dekret; b) Verstandesurteil, praktischer Grundsatz, Lehrmeinung eines Philosophen oder einer Schule. In der *Philosophie* wird gegen ein Vorgehen, das sich einer sinnvollen Begründungsforderung entzieht, der Vorwurf des D.us erhoben. Was im einzelnen als D.us bezeichnet wird, hängt von den jeweiligen erkenntnistheoretischen Voraussetzungen ab. Die *antiken Skeptiker,* die jede über die unmittelbare Erfahrung hinausgehende Erkenntnis bestritten, bezeichneten alle Philosophen, die eine positive Lehrmeinung vertraten, als Dogmatiker. Nach *Kant* (KrV B XXXV) ist jede Erkenntnis aus reinen, d. h. nicht auf mögliche Erfahrung bezogenen Begriffen ohne vorhergehende Kritik des Vernunftvermögens D.us. *H. Albert* bezeichnet als dogmatisch ein Begründungsverfahren, das auf nicht mehr begründbare Sätze, für die der Anspruch unmittelbarer Einsichtigkeit erhoben wird, zurückgreift. – In der katholischen *Theologie* ist ein D. ein Satz, den die Kirche ausdrücklich als von Gott geoffenbart so verkündigt, daß seine Leugnung als Häresie verworfen wird. Auch nach protestantischem Verständnis ist ein Bezug zur Kirche wesentlich; D. ist „die Übereinstimmung der kirchlichen Verkündigung mit der in der Hl. Schrift bezeugten Offenbarung" (K. Barth).

Lit.: Sextus Empiricus, Grundriß der pyrrhonischen Skepsis I 1 u. 7; Diogenes Laertius IX 74; G. Söll, Dogma u. Dogmenentwicklung, Freiburg 1971; W. Pannenberg, Was ist eine dogmatische Aussage, in: ders., Grundfragen systematischer Theologie, Göttingen 1967, 159–180; H. Albert, Traktat über kritische Vernunft, Tübingen ⁴1980.

F. Ricken

Dualismus (lat. duo: zwei) kann jede Theorie genannt werden, die die ganze Wirklichkeit oder ein Gebiet in zwei gegensätzliche Bereiche (z. B. ↑Sinnes- u. Verstandeswelt) aufteilt, durch zwei verschiedene Bestandteile (z. B. ↑Materie u. ↑Geist) erklärt oder auf zwei entgegengesetzte ↑Prinzipien (z. B. Männlich u. Weiblich) zurückführt. Gegensatz: ↑Monismus oder Pluralismus (Rückführung auf eine Vielheit). Wenn die zwei entgegengesetzten Begriffe nicht mehr (oder zumindest nicht auf einsichtige Weise) in einer höheren ↑Einheit gründen, liegt D. im strengen Sinn vor. Historisch bedeutete D. zuerst den *metaphysischen* D., der die Gesamtwirklichkeit auf einen Urgegensatz zurückführt (z. B. ↑Gnosis, Manichäismus, Zoroastrismus). Später wurde das Wort oft für den *anthropologischen* D. verwandt, der (mehr oder weniger stark) da vorliegt, wo

↑Seele u. Leib ihrem Wirken oder auch ihrem Sein nach als verschieden gelten oder als Geist u. materieller ↑Körper interpretiert werden (↑Cartesianismus, ↑Leib-Seele-Problem).

Lit.: A. Vierkandt, Der D. im modernen Weltbild, Berlin ²1923; E. Noble, Il dualismo nella filosofia, Neapel ²1935; S. Pétrement, Le dualisme dans l'histoire de la philosophie et des religions, Paris 1946; G. Mensching, Gut u. Böse im Glauben der Völker, Stuttgart 1950.
H. Schöndorf

Dynamis ↑Akt/Potenz, Vermögen.

E

Eidetisch ↑Phänomenologie.

Eidos ↑Form, Phänomenologie.

Eigenschaft ↑Qualität.

Einbildungskraft. Unter Einbilden wird theoretisch die Kompetenz verstanden, ein Objekt ohne seine Gegenwart jederzeit sinnlich vorstellen zu können. In der ontologischen Weltanschauung wird sie wegen ihrer Reduktion auf „Subjektivität" unterschätzt („bloße" Einbildung). Ihr intentionales Repertoire besteht aus ↑Vorstellungen: der Produktion von Bildern u. der Repräsentation durch Bilder (1), der figürlichen (rational oder empirisch) (2), der zeitlichen (3) Schematisierung (↑Schema) von ↑Regeln, Programmen, Intensionen. Sie ist der Ort der Transformation, die den logisch-proportionalen Bereich sowohl mit dem Referenzbereich der Dinge, der Ereignisse, der formalen Strukturen als auch mit dem linguistischen Bereich vermittelt.

1. Die E. fungiert empirisch-reproduktiv als die *ikonisch-repräsentierende* semiotische Kompetenz, äußere Anschauungen als Bilder vorbewußt zu speichern u. bewußt oder unterbewußt nach Regeln der Assoziation ganz oder partiell zu reproduzieren oder zur Identifikation von gegenwärtigen Anschauungen abzurufen. Aus ihrem empirischen Bildmaterial kann sie produktiv (Phantasie) Synthesen bilden u. diese zum Zwecke der Allegorisierung u. Symbolisierung verwenden. Im zeitlichen Aufbau des äußeren Wahrnehmungsbildes ist sie als Retention (primäre, kontinuierliche Vergegenwärtigung von schon Apprehendiertem) u. Protention (Erwartung von noch nicht Apprehendiertem) unentbehrlich.

2. Die *schematisierende* (bzw. abstrahierende) semiotische Kompetenz der E. hat die Funktion, produzierte oder rezipierte äußere Anschauungen als *form-, figurenbestimmt* identifizieren zu können (als invariant bez. räumlich-anschaubarer Eigenschaften), um so die Äquivalenzklassen u. Begriffsmerkmale der Logik mit dem subsumierbaren Token (dem individuellen Zeichen) der präsenten Anschauung vermitteln zu können. Das gilt z. B. für die ideativen, rational-formalen Eigenschaften geometrischer Figuren ebenso wie für die figürlichen Eigenschaften empirischer Objekte. Es gilt allgemein für Zeichen, die nach Regeln identifizierbar sind (Ch. S. Peirce: „Legizeichen").

3. Für die erfahrbare objektive Realität der verschiedenen Gegenstandsbereiche, die in den Aussagen über diese präsupponiert wird, stellt die *zeitlich-schematisierende* E. die zeitbestimmenden Transformatoren (zeitliche Verhältnisschemata) zur Verfügung, die den kategorialen Operatoren der Gegenstandsbereiche entsprechen u. räumlich charakterisierbar sind (z. B. Dauer als figürliche Konstanz).

In der Rezeptionsästhetik produziert die E. aktiv-kontemplativ aus dem Farb-, Ton-, Wort-, Figurenmaterial eines Naturensembles bzw. Artefaktes synthetisch-variierend sinnlich-formative Verhältnisse, die als geglückte (bzw. mißglückte) Darstellung einer reflexiven Einheit die kritische Grundlage eines ästhetischen Gefühls u. damit einer pragmatisch-kommunikablen ästhetischen Valenz bilden können.

Lit.: Kant, KrV A 100 f., B 103, 151, 164, 179, 277; ders., Kritik der Urteilskraft, Einleitung VII; §§ 38 f.; Ch. S. Peirce, Collected Papers II (Elements of Logic), bes. S. 142 f.; Husserl, Zur Phänomenologie des inneren Zeitbewußtseins, Husserliana X §§ 8 ff., 25 ff.; W. Biemel, Die Bedeutung von Kants Begründung der Ästhetik für die Philosophie der Kunst, Köln 1959; H. Mörchen, Die Einbildungskraft bei Kant, Tübingen 1970. *P. Reisinger*

Eine, das ↑Monismus, Neuplatonismus.

Einheit/Vielheit. Wir finden in der Welt eine V. von Dingen u. Menschen vor. V. setzt aber in mehrfachem Sinn E. voraus: V. setzt die E. des ↑Einzelnen voraus. Jedes reale ↑Wesen (Seiende) ist in ↑Identität ganz es selbst (indivisum in se) u. hebt sich in Differenz von anderen ab (divisum ab alio). Dies besagt E. als „transzendentale" Bestimmung des ↑Seins: Sein setzt E., Seiendes als solches ist Eines (unum). Je höher die Seinsstufe, desto höher die E. des Einzelnen (Individuum). – V. setzt E. *in* der V. voraus: Gemeinsamkeit in der Verschiedenheit. Sonst wäre V. als solche gar nicht denkbar, vieles (unter gemeinsamer Rücksicht) gar nicht faßbar oder „zählbar". Die V. bräche in beziehungslose Pluralität auseinander. Jeder ↑Begriff, schon jedes Wort der Sprache faßt eine V. in der E. eines Allgemeinen zusammen. Extremer ↑Nominalismus widerlegt sich selbst – E. in der V. setzt E. *vor* der V. voraus. Nicht in der V. als solcher kann der Grund ihrer E. (Gemeinsamkeit) liegen, sondern nur in einer E. vor der V. Diese Einsicht führt schon die früheren Ionier (Thales u. a.) zur Frage nach dem einen Urgrund (arche), Platon zur Ideenlehre, vom späten Platon (Parmenides) zum Ur-Einen der Neuplatoniker (Plotin, Proklos) bis zum „henologischen" Gottesbeweis. – V. setzt E. voraus, welche die V. nicht aufhebt, sondern ermöglicht. Dieses Problem stellt sich bes. im dt. ↑Idealismus zwischen der abs. Identität Schellings u. der dialektischen Identität des ↑Absoluten bei Hegel. Richtig ist: Soll V. möglich sein, muß sie in der Ur-E. schon angelegt oder (virtuell) enthalten sein. Der neuplaton. E.lehre steht die christl. Trinitätslehre gegenüber.

Lit.: P. Hadot u. a., Eine (das), E., in: HWPh II; M. Zahn, E., in: HphG I; W. Beierwaltes, Identität und Differenz, Frankfurt 1980; K. Gloy, E. u. Mannigfaltigkeit, Berlin 1981.

E. Coreth

Einzelne, das. Das E. ist der konkrete, nicht mitteilbare Träger besonderer Bestimmtheit: „dieses" u. nicht ein anderes. Sprache u. begriffl. Denken heben vom E. das Allgemeine ab. Real existiert nur das E. als unaussagbar Einzelnes (individuum ineffabile). Es ist ungeteilt u. unteilbar (↑Einheit/Vielheit), weder austauschbar noch ersetzbar. Dies gilt um so mehr, je höher etwas in der Seinsordnung steht. Dieser Stein ist noch durch einen anderen, diese Münze durch eine gleichwertige ersetzbar; nicht ebenso diese Pflanze u. dieses Tier, erst recht nicht dieser Mensch in der Einmaligkeit des Personseins. – Was gegenüber der spezifischen (artgemäßen) ↑Bestimmung das E. als solches konstituiert, ist ein altes Problem. Nach Aristoteles u. Thomas v. Aquin ist die ↑Materie als Raum-Zeitlichkeit Prinzip der Individuation des allg. ↑Wesens. Der Mensch ist dadurch „dieser", daß er an dieser Stelle im räumlich-zeitlichen Geschehen existiert. Dagegen fordert Duns Scotus als positive Bestimmung des E. ein „Dieses-Sein" (haecceitas). Nach Leibniz muß sich real Seiendes von allem anderen qualitativ unterscheiden; ähnlich bei Kant die Letztbestimmtheit des Gegenstandes. – Besondere Bedeutung erhält das E. in der neueren Phil. der ↑Person. Dies gründet in der geistig-personalen Eigenart u. Transzendenz des Menschen, die ihn als Einzelperson auszeichnet u. in die Einmaligkeit, Unvertretbarkeit u. Verantwortung seines einzelhaften, jedoch auf Gemeinschaft bezogenen u. darin zu verwirklichenden Daseins freigibt.

Lit.: J. Assenmacher, Die Geschichte des Individuationsprinzips in der Scholastik, Leipzig 1926; E. Coreth, Metaphysik, Innsbruck ³1980; ders., Was ist der Mensch, Innsbruck ³1980.

E. Coreth

Element. Griech. ‚stoicheion' u. lat. ‚elementum' bedeuten ursprünglich Buchstabe. Aristoteles definiert E. als „Grundbestandteil, aus dem etwas zusammengesetzt ist u. der der Art nach nicht weiter in Verschiedenartiges zerlegt werden kann" (Met. V 3). Neben dem *wissenschaftstheoretischen* (E. = ↑Prinzip, ↑Axiom) ist vor allem der *naturphilosophische* Gebrauch von Bedeutung. Nach *Empedokles* (↑Vorsokratik) entstehen alle Dinge durch Mischung der vier qualitativ unveränderlichen E. Feuer, Luft, Wasser, Erde. *Platon* nimmt für jedes E. spezifische, als regelmäßige Körper gedachte ↑Atome an (Feuer: Tetraeder; Erde: Hexaeder; Luft: Oktaeder; Wasser: Ikosaeder), die sich durch Zertrümmerung u. Verbindung ineinander verwandeln können (Timaios 55 d–57 d). Dieser mathematischen stellt *Aristoteles* eine hylemorphistische Konzeption entgegen: Die E. bestehen aus der ersten ↑Materie u. jeweils zwei der vier ursprünglichen Tastqualitäten (Feuer: warm-trocken; Luft: warm-feucht; Wasser: kalt-feucht; Erde: kalt-trocken); durch Veränderung der ↑Qualitäten können sie sich ineinander verwandeln. Neben diesen nimmt er für den supralunaren Bereich als fünftes E. den ↑Äther an. – Die beginnende *neuzeitliche Chemie* führt die E. auf spezifische unveränderliche ↑Atome zurück (*D. Sennert* † 1637; *J. Dalton* † 1844); die zunächst übernommene Vierzahl wird aufgrund empirischer Beobachtungen bald aufgegeben. Da heute eine Umwandlung der E. mit physikalischen Mitteln möglich ist, definiert man E. als „Stoffe, die mit chemischen Mitteln nicht mehr in andere zerlegt werden können".

Lit.: Aristoteles, De caelo III–IV; De generatione et corruptione II; W. Ganzenmüller, Die Alchemie im Mittelalter, Paderborn 1938 (Nachdruck 1967); M. E. Weeks, Discovery of the Elements, Easton, Pa. ⁶1960; A. Lumpe, Der Begriff „Element" im Altertum, in: Archiv f. Begriffsgeschichte 7 (1962) 285–93; G. A. Seeck, Über die Elemente in der Kosmologie des Aristoteles, München 1964. *F. Ricken*

Elementarsätze ↑Erfahrung.

Emanation ↑Neuplatonismus.

Emotivismus ↑das Gute.

Empfindung ↑Sinnlichkeit, Vorstellung, Wahrnehmung.

Empirismus. Der E. kann als eine Antwort auf jene *Frage* verstanden werden, die für die ↑Erkenntnistheorie überhaupt zentral ist: Was ist die Basis und Reichweite menschlicher Erkenntnis u. wie ist deren Sicherheit zu beurteilen? Die für den E. spezifische *Antwort* auf diese Frage lautet: *Erkenntnis kann nur auf Basis von ↑Erfahrung gewonnen werden.* Mit dieser These ist der Empirismus die dem ↑Rationalismus entgegengesetzte erkenntnistheoretische Position. – Die Grundannahmen des E. lassen sich präzisieren. So charakterisiert Kambartel das Gemeinsame der unter dem Begriff „E." zusammengefaßten Positionen durch *zwei Postulate*. Gemäß dem *ersten* wird davon ausgegangen, daß sich ein vorsprachlich „unmittelbar Gegebenes" identifizieren läßt; nach dem *zweiten* sind zulässige Begriffe und Termini nur solche, die sich auf der Basis des unmittelbar Gegebenen „konstituieren" lassen. Kutschera unterscheidet zwei Typen von Empirismus, nämlich den *Begriffs-* u. den *Urteilsempirismus*. Nach der These des Urteilsempirismus kann ein Urteil, das eine Erkenntnis über die Welt ausspricht, seine Berechtigung allein aus der Erfahrung beziehen; für den Urteilsempirismus ist die These charakteristisch, daß alle synthetischen Urteile ihre Rechtfertigung allein in Erfahrung finden können. Der Begriffsempirismus zerfällt in zwei Teilthesen. Nach der ersten These sind Beobachtungsbegriffe aus der Erfahrung abstrahiert; gemäß der zweiten können als empirische Begriffe nur solche gelten, die durch Beobachtungsbegriffe definierbar sind.

Historisch läßt sich zwischen dem *klassischen E.* und dem *modernen E. (logischer E., Neopositivismus, Logischer Positivismus)* unterscheiden.

Die wichtigsten Vertreter des *klassischen E.* sind Locke, Berkeley und Hume. Schon der klassische E. ist dabei positiv an den ungefähr zeitgleich entstehenden exakten Naturwissenschaften u. negativ-kritisch an der philosophischen Tradition orientiert. Zentraler Begriff in der Erkenntnistheorie Lockes ist der der ↑Idee, wobei die Bedeutung dieses Begriffs schwankt. Nach einer ersten Interpretationsmöglichkeit sind Ideen das, was man ↑Vorstellung, Wahrnehmungs- oder Bewußtseinsinhalt nennen könnte; nach einer zweiten Interpretationsmöglichkeit lassen sich Ideen aber auch als ↑Begriffe verstehen. Zentrale These Lockes ist dabei, daß jede Idee aus Erfahrung gewonnen ist, sei es der äußeren (sensation) oder der inneren (reflection). U. a. geleitet von dem Interesse, verschiedene Ungereimtheiten in Lockes Konzeption zu beseitigen (Substanzbegriff, Unterscheidung von primären u. sekundären ↑Qualitäten), hat Berkeley eine strikt idealistische Version des E. ausgearbeitet, deren zentrale These in dem Satz „Esse est percipi" zusammengefaßt werden kann. Die wohl konsequenteste Durchführung eines empiristischen Programms (im Rahmen des klassischen Empirismus) hat Hume vorgelegt. Anders etwa als bei Berkeley, bei dem Gott als causa efficiens der Perzeptionen fungiert, zieht Hume aus dem E. in religionsphilosophischer Hinsicht agnostische Konsequenzen.

Der *moderne* bzw. *Logische E.* entstand in den zwanziger Jahren dieses Jh. aus den philosophischen Bemühungen innerhalb des sog. Wiener Kreises, der Berliner Gesellschaft für empirische Philosophie u. der polnischen Logikerschule. Wichtige Vertreter des Logischen E. sind: Ayer, Carnap, Feigel, Gödel, Hahn, Hempel, Jörgensen, Kraft, Neurath, Reichenbach, Schlick, Tarski u. Waismann. Entscheidende Anstöße verdankt der Logische E. den logischen bzw. sprachphilosophischen Arbeiten von Frege, Russell u. Wittgenstein. Vom klassischen E. unterscheidet sich der Logische E. insbesondere durch *größere Präzision,* die sich dem systematischen Einsatz der formalen Logik als eines philosophischen Analyseinstruments verdankt, u. durch eine *Radikalisierung der Kritik an der philosophischen Tradition.* So tritt neben die mit dem klassischen Empirismus geteilte These, daß Erkenntnis ihre Basis nur in der Erfahrung haben kann, die *weitere* These, daß zwischen sinnvollen und im strengen Sinne sinnlosen Sätzen (Scheinsätzen) unterschieden werden kann und muß. Wittgenstein hielt dabei nur die synthetisch-aposteriorischen Sätze für sinnvoll; Schlick zählte darüber hinaus auch noch die tautologischen Sätze, Carnap die analytischen Sätze insgesamt (also einschließlich der kontradiktorischen) zu den sinnvollen. Für die Radikalisierung der Kritik an der philosophischen Tradition ist dabei diese zweite, sinnkritische These verantwortlich: In Konsequenz dieser These werden zahlreiche traditionelle Probleme der Philosophie zu sog. *Scheinproblemen* (z. B. der Konflikt ↑Idealismus/↑Realismus). Auf der Basis der zentralen Annahmen des Logischen E. kann Philosophie lediglich als die Gedanken klärende Tätigkeit, logische ↑Analyse bzw. Wissenschaftslogik (im Sinne einer logischen Analyse wissenschaftlicher Satzsysteme) durchgeführt werden.

Gerade der Einsatz der formalen Logik zum Zwecke der Präzisierung der beiden zentralen These des Logischen E. hat große *Schwierigkeiten* deutlich werden lassen: Versteht man die These von der Erfahrungsbasis der Erkenntnis im Sinne eines Begriffsempirismus, dann müßten sich alle physikalischen Begriffsbildungen auf Beobachtungsbegriffe zurückführen lassen, sofern physikalische Theorien als paradigmatische Beispiele erfahrungswissenschaftlicher Erkenntnis gelten sollen. Eine Schwierigkeit entsteht nun dadurch, daß bereits Dispositionsprädikate (z. B.: löslich, magnetisch, leitfähig) nicht in befriedigender Weise durch Beobachtungsbegriffe definierbar sind. Was die zweite sinnkritische These des Logischen E. betrifft, so bedarf es natürlich eines Kriteriums zur Unterscheidung von sinnvollen und sinnlosen Sätzen. Alle Vorschläge für die Formulierung eines solchen Kriteriums (z. B. Verifizierbarkeit, prognostische Relevanz) erwiesen sich als zu eng (da sie Sätze der Naturwissenschaften für sinnlos erklärten) oder zu weit (indem paradigmatisch sinnlose Sätze dem Kriterium zufolge sinnvoll wurden); manche Kriterien erwiesen sich gar als gleichzeitig zu eng und zu weit.

Blickt man auf die mehr als 50jährige Geschichte des Logischen E. zurück, so kann man zum einen konstatieren, daß die Geschichte dieser philosophischen Bewegung die Geschichte der Wiederkehr zahlreicher traditioneller philosophischer Probleme ist, die gemäß dem Programm des Logischen E. zunächst als paradigmatische Scheinprobleme galten (Realismus/Idealismus, ↑Leib-Seele Problem, ontologische Fragestellungen). Ein Erkenntnisfortschritt wurde dabei insofern erzielt, als diese Probleme in präzisierter Form wiederkehren. Zum anderen kann festgehalten werden, daß es eine noch zu lösende Aufgabe ist, den haltbaren Kern des empiristischen Anliegens zu identifizieren.

Lit.: Locke, An Essay concerning Human Understanding; Berkeley, A Treatise concerning the Principles of Human Knowledge; Hume, An Enquiry concerning Human Understanding; R. Carnap/H. Hahn/O. Neurath, Wissenschaftliche Weltauffassung – Der Wiener Kreis, Wien 1929; R. Carnap, Der logische Aufbau der Welt, Hamburg ⁴1974; ders., Logische Syntax der Sprache, Wien 1934; A. Pap, Analytische Erkenntnistheorie, Wien 1955; F. Kambartel, Erfahrung und Struktur, Frankfurt 1968, 19 ff.; V. Kraft, Der Wiener Kreis – Der Ursprung des Neopositivismus, Wien ²1968; J. Bennett, Locke, Berkeley, Hume. Central themes, Oxford 1971; R. S. Woolhouse, Locke's Philosophy of Science and Knowledge, Oxford 1971; L. Krüger, Der Begriff des Empirismus, Berlin 1973; A. J. Ayer, Hume, Oxford 1980; F. v. Kutschera, Grundfragen der Erkenntnistheorie, Berlin 1982, Kap. 9.

R. Hegselmann

Energeia ↑Akt.

Entelechie ↑Akt, Teleologie.

Entstehen/Vergehen ↑Bewegung.

Entwicklung ist als Übersetzung von lat. evolutio wie auch von lat. explicatio eingeführt worden. Die Wortbedeutung von explicatio geht zurück auf die *Entfaltung* eines in ursprünglicher Einheit Eingefalteten (lat. complicatio), wie z. B. eines Fächers. Ähnlich leitet sich die Bedeutung von evolutio ab vom Aufrollen einer Buchrolle u. meint dann übertragen die Entwicklung eines Gedankens. Dieses Bild wurde vielfach abgewandelt, als gedankliche wie auch als sachliche Entfaltung.

Das in der Schule von Chartres terminologisch geprägte Begriffspaar *explicatio-complicatio* drückt einen Gedanken des ↑Neuplatonismus aus: Der Urgrund enthält in sich zusammengefaltet, was in dem von ihm Begründeten in mannigfacher Weise auseinandertritt. Abhängig davon erhält dieses Begriffspaar bei Nikolaus von Kues zentrale Bedeutung u. vielfache Anwendung, besonders auf das Verhältnis von ↑Gott u. Schöpfung. Für E. als Annahme eines nicht gleichzeitigen, sondern in zeitlicher Folge geschehenden Auftretens jeweils höherer Lebensformen finden sich bereits bei Anaximander Andeutungen. Auch könnte man hier den Schöpfungsbericht der Genesis erwähnen. Bei *E.theorien* geht es jedoch nicht nur um die Tatsache des Auftretens eines größeren Formenreichtums u. evtl. um eine allgemeine metaphysische Erklärung durch den letzten Urgrund, z. B. Schöpfer. Sie verallgemeinern das Modell der E. eines Lebewesens u. der Verwirklichung seiner Anlagen. Das Auftreten neuer Formen wird in einem Prozeß gesehen, der komplexere Zustände herbeiführt, die meist auch als vollkommener u. wertvoller angesehen werden. So nimmt Augustinus den stoischen Gedanken der Keimkräfte (griech. logoi spermatikoi, lat. rationes seminales) auf u. deutet die E. nach dem Bild des Entstehens u. Wachsens von Pflanzen auf einem Acker aus den Samen. E.theorien der Neuzeit suchen den Prozeß der Formentstehung durch ↑Naturgesetze zu erklären. Die biologischen E.theorien, die nach gedanklicher Vorbereitung u. Ansätzen bei Leibniz u. Kant entstanden sind, suchen Erklärungen für die E. im einzelnen zu geben: J. de Lamarck durch Vererbung erworbener Eigenschaften u. Darwin, der besonders wirksam geworden ist, durch natürliche Auslese erblicher Varianten. In verallgemeinerter Form suchen *Kosmogonien* die gegenwärtige Gestalt der Welt einschließlich des Lebens durch E. zu erklären. Über das Biologische hinaus wird das E.modell auch für Theorien auszuwerten versucht, die den kulturellen Formwandel erklären sollen *(kultureller Evolutionismus)* (H. Spencer) oder auch das Entstehen kulturschöpferischer u. geistiger Tätigkeit *(evolutionäre Erkenntnistheorie)* (G. Vollmer, R. Riedl.)

Gegenüber einer Überbeanspruchung der Erklärungskraft solcher Theorien untersucht eine Kritik ihre Tragweite. Bei der biologischen E.lehre wurde die Vereinbarkeit mit einem Schöpfungsgedanken herausgearbeitet, bei der evolutionären Erkenntnislehre ist wohl die begrenzte Erklärungskraft für das lebensweltliche Apriori einzuräumen.

Lit.: Nikolaus v. Kues, Docta ignorantia I u. II; Leibniz, Neue Abhandlungen

VI 6; Kant, Kritik der Urteilskraft, § 80; J. de Lamarck, Philos. zoologique, Paris 1809; Ch. Darwin, On the origin of species, London 1859; H. Spencer, The principles of sociology, London ²1877. F. Kern, Geschichte u. E., Bern 1952; W. Zimmermann, Evolution, Freiburg i. B. ²1953; G. Heberer (Hrsg.), Die Evolution der Organismen I–III, Stuttgart ³1967 f.; J. Hübner, Theologie u. biolog. E.lehre, München 1966; G. Vollmer, Evolutionäre Erkenntnistheorie, Stuttgart 1975; R. Riedl, Biologie der Erkenntnis, Berlin 1980. *O. Muck*

Epagoge ↑Induktion.

Epikureismus ↑Atomismus.

Erfahrung. Der Begriff der E. wird sowohl umgangs- wie auch bildungssprachlich-philosophisch verwandt. Der Begriff ist für die ↑Erkenntnistheorie zentral, wird aber auch in anderen philosophischen Disziplinen verwandt (z. B. in Moralphilosophie u. Ästhetik). Auch innerhalb der Erkenntnistheorie wird der Begriff der E. nicht einheitlich verwandt. In einer *ersten* Verwendungsweise ist der E.-begriff synonym mit dem Begriff der ↑Wahrnehmung, ↑Vorstellung bzw. Perzeption; so verwandt bezeichnet der Begriff also einen bestimmten Typus psychischer Erlebnisse. In einer *zweiten* Verwendungsweise ist der Begriff der E. synonym mit dem der empirischen Erkenntnis, die sich ihrerseits in bestimmten Urteilen bzw. ↑Sätzen ausspricht; E.urteile bzw. -sätze sind dabei genauer solche, die etwas über die Dinge der uns umgebenden Welt aussagen, wobei diese Dinge wiederum im Sinne des Idealismus, also als Konstellationen von Wahrnehmungen, oder im Sinne des Realismus, also als real existierende Dinge, aufgefaßt werden können. Erfahrungsurteile sind also sowohl im Rahmen idealistischer wie realistischer Konzeptionen möglich. Zentral ist der E.begriff für die Erkenntnistheorie deshalb, weil er in die Formulierung wichtiger Fragestellungen, deren Beantwortung Aufgabe der Erkenntnistheorie ist, eingeht. Solche Fragestellungen sind: Was ist überhaupt Gegenstand der E.? (↑Idealismus, ↑Realismus). Wie werden aus Erfahrungen im Sinne von Vorstellungen Erfahrungen im Sinne empirischer Erkenntnis? (↑Transzendentalphilosophie). Gibt es einen subjektiven Faktor, der auf den Erfahrungsgehalt prägend wirkt? (↑Verstand). Gibt es eine innere Erfahrung und einen inneren Sinn analog zu äußerer Erfahrung auf Basis äußerer Sinne?

Eine besondere Bedeutung gewinnt die E. im Rahmen empiristischer Erkenntnistheorien (↑Empirismus), da für diese E. *die* Basis von Erkenntnis schlechthin ist. Im Rahmen einer solchen Konzeption ist zu zeigen, auf welche Weise Erfahrungen, die durch logisch komplexe Sätze repräsentiert werden (z. B. allquantifizierte Sätze, ↑Naturgesetz), auf einfachste Sätze, die ihrerseits als Repräsentationen einfachster Erfahrungen verstanden werden können, zurückführbar sind. Der moderne Logische Empirismus hat die Frage nach der Struktur dieser einfachsten Sätze im Rahmen einer über mehrere Jahre hinweg geführten Debatte zu klären versucht. Für *Wittgenstein* galten *Elementarsätze* als die einfachsten Sätze empirischer Wissenschaften. Weil die Konzeption Wittgensteins an einer formalen Sprache orientiert ist, wurde sie von *Neurath* verworfen; an die Stelle der Elementarsätze Wittgensteins treten bei Neurath die sog. *Protokollsätze,* die aber kein sicheres Fundament liefern, sondern prinzipiell fallibel sind. Eine Art ‚vorläufiges Fundament' der Erkenntnis kann nach Neurath durch Auswahl einer Klasse konsistenter Protokollsätze gewonnen werden. *Schlick* hat gegen Neurath geltend gemacht, dessen Lösung des Problems der Erfahrungsbasis sei relativistisch. Zur Abwendung relativistischer Konsequenzen werden bei Schlick sog. *Konstatierungen* zum Erkenntnisfundament. Genauer besehen erweisen sich diese Konstatierungen als Erfahrungen im Sinne von Wahrnehmungserlebnissen und sind als solche zwar gewiß, aber nicht mitteilbar. *Carnap* nennt die Sätze, die einfachste Erfahrungen aussprechen, im Anschluß an Neurath ebenfalls *Protokollsätze.* Im Gegensatz zur Auffassung Neuraths sollten diese aber als Sätze über unmittelbar Gegebenes zugleich gewiß sein und keiner Bewährung bedürfen. Später hat Carnap seine Position dahingehend modifiziert, daß die Entscheidung über die Akzeptierung eines Protokollsatzes ein konventionelles Moment enthalte. – Der sog. Protokollsatz-Debatte liegt allerdings eine bestreitbare Voraussetzung zugrunde: In ihr wird nämlich vorausgesetzt, daß nicht prinzipiell schon Theorien (als logisch komplexe Erfahrungssätze) benötigt werden, um solche einfachen Erfahrungen sammeln zu *können,* auf die dann logisch komplexe Erfahrungssätze zurückgeführt werden könnten. Eben dies scheint aber der Fall zu sein, wenn man etwa daran denkt, daß bei jedem Einsatz von Meßgeräten implizit Theorien über deren Funktionsweise akzeptiert werden müssen, um Meßresultate überhaupt als Erfahrungen verwenden zu können.

Lit.: R. Carnap, Die physikalische Sprache als Universalsprache der Wissenschaft, in: Erkenntnis 2 (1932) 432–465; O. Neurath, Protokollsätze, in: Erkenntnis 3 (1932/33) 204–214; R. Carnap, Über Protokollsätze, in: Erkenntnis 3 (1932/33) 215–228; M. Schlick, Über das Fundament der Erkenntnis, in: Gesammelte Aufsätze 1926–1936, Hildesheim 1969, 289–310; F. Kambartel, Erfahrung und Struktur, Frankfurt 1969; F. v. Kutschera, Grundfragen der Erkenntnistheorie, Berlin 1982, Kap. 3 und 9. *R. Hegselmann*

Erkenntnistheorie gilt als der wichtigste Teil der theoretischen Philosophie der Neuzeit. Man kann den Gedanken einer E. mindestens bis Descartes u. Spinoza zurückverfolgen. Aber zu einem selbstbewußten Unternehmen wurde die E. erst durch Kant, u. zu einer selbständigen Disziplin wurde sie erst im 19. Jh. Aus dieser Zeit stammt auch das Wort ‚Erkenntnistheorie'.

Traditionell definiert sich die E. durch zwei Aufgaben: (A) Sie will die *Natur,* den *Ursprung* u. den *Umfang* menschlicher Erkenntnis aufklären. (B) Sie will die *Möglichkeit* von Erkenntnis erklären u. verteidigen. Bei der ersten Aufgabe *setzt man voraus,* daß es Erkenntnis gibt; bei der zweiten Aufgabe reagiert man auf Zweifel an der Möglichkeit von Erkenntnis u. versucht zu *zeigen,* daß es sie geben kann und faktisch gibt.

(A) Die erste Aufgabe umfaßt sehr verschiedene Themen: (1) *Die Analyse des Begriffs ‚Wissen': Was heißt* es zu wissen, daß etwas der Fall ist? Was sind die Wahrheitsbedingungen für Sätze der Form „*x* weiß, daß *p*"? Die traditionelle, auf Platon zurückgehende Auskunft nennt drei Bedingungen: (a) *p* muß *wahr* sein; *x* muß *glauben* oder *meinen,* daß *p*; (c) *x* muß seine Meinung *begründen* oder *epistemisch rechtfertigen* können (griech. episteme: Wissen). Doch diese Analyse erfaßt nicht alle Intuitionen, die mit dem Begriff des ↑Wissens verbunden sind. Manchmal kommt es intuitiv weniger auf ↑*Gründe* an als darauf, ob es einen *kausalen Zusammenhang* (↑Ursache) zwischen der Meinung und dem gemeinten Sachverhalt gibt. Eine Aufgabe der E. besteht darin, die teilweise widersprüchlichen Intuitionen sichtbar zu machen, die uns bei der Zuschreibung von Wissen leiten. (2) *Die ‚Ethik des Meinens': Wie gut* müssen die Gründe für eine wahre Meinung sein, damit sie als Wissen gelten kann? Welchen *Normen* epistemischer Rechtfertigung müssen wir genügen, um Wissen zu haben? Gibt es hier einen abstrakten Katalog von Bedingungen, oder heißt ‚epistemische Rechtfertigung' in verschiedenen Kontexten Verschiedenes? (3) *Die Struktur des Wissens:* Ist unser gesamtes Meinungssystem ein Gebäude, das auf einem Fundament von basalen Meinungen aufruht, so daß eine Meinung zu rechtfertigen heißt, sie auf basale Meinungen zurückzuführen *(Fundamentalismus)?* Oder ist eine Meinung dadurch gerechtfertigt, daß sie Bestandteil eines kohärenten ↑Systems ist, in dem sich die einzelnen Meinungen gegenseitig stützen *(Kohärenztheorie des Wissens)?* Ergibt der Gedanke von *isolierten* u. isoliert begründbaren Meinungen überhaupt einen Sinn, oder haben wir es in der Zuschreibung u. Begründung von Meinungen immer mit *ganzen Systemen* zu tun *(Holismus)?* Wenn ja: Kann es verschiedene, gleichermaßen kohärente, aber inkompatible Systeme geben? (4) ↑*Wahrheit:* Was macht es aus, daß eine Meinung *wahr* ist? Sind Meinungen *Repräsentationen,* u. ist Wahrheit die Übereinstimmung dieser Repräsentationen mit der ↑Realität *(Korrespondenztheorie)?* Oder ist das Kriterium nicht nur für die Begründung, sondern auch für die Wahrheit von Meinungen ihre Kohärenz mit anderen Meinungen *(Kohärenztheorie der Wahrheit)?* Ist Erkenntnis vielleicht nicht ein Repräsentieren der Realität, sondern einfach das Ausbilden von Meinungen, die uns helfen, die Realität praktisch zu bewältigen (↑*Pragmatismus*)? (5) ↑*Erfahrung.* Hier sind eine Reihe traditioneller Unterscheidungen Thema: Wie verhalten sich ↑*Sinnlichkeit* u. ↑*Verstand,* sinnliche Eindrücke u. ↑Begriffe zueinander? Kann man eine absolute Unterscheidung treffen zwischen Sätzen, die wahr sind aufgrund der Bedeutung ihrer Ausdrücke (*analytischen* S.) u. Sätzen, die wahr sind, weil die Welt so ist, wie sie ist (*synthetischen* S.) (↑analytisch/ synthetisch)? U. gibt es eine entsprechende absolute Unterscheidung zwischen Wahrheiten, die man unabhängig von aller Erfahrung *(a priori)* erkennen kann, u. solchen, die man durch Erfahrung *(empirisch)* erkennen kann (↑a priori/a posteriori)? Oder ist das nur die relative Unterscheidung zwischen Meinungen, an denen wir erst einmal festhalten wollen, u. solchen, die wir schneller aufzugeben bereit sind, wobei wir davon ausgehen, daß im Prinzip *alle* Meinungen dem Tribunal der Erfahrung ausgesetzt sind?

(B) Die zweite Aufgabe traditioneller E. ist die Antwort auf den ↑*Skeptizismus*. Der neuzeitliche, auf Descartes zurückgehende Skeptizismus, der das Bild von der E. als einer selbständigen Disziplin entscheidend geprägt hat, geht davon aus, daß wir nur von den Zuständen unseres Bewußtseins Gewißheit haben, u. fragt, wie wir dann von irgend etwas anderem wissen können als von diesen Zuständen. Wenn man diese Zustände ferner als *Repräsentationen* der äußeren Welt auffaßt, so lautet die skeptische Frage: „Wie sollen wir wissen können, ob unsere Bewußtseinszustände die Welt *richtig* repräsentieren?" Wäre es nicht möglich, daß die Realität ganz anders ist, als wir sie repräsentieren? Wie können wir sicher sein, daß es *nicht* so ist, da wir doch nur unsere Repräsentationen zur Verfügung haben? Durch diese Frage wird menschliche Erkenntnis zum *Problem*, u. ein großer Teil traditioneller E. besteht in dem Versuch, dieses Problem zu lösen und dem Skeptizismus zu antworten. Dadurch wurde ‚Erkenntnistheorie' zum Titel für eine nicht-empirische, allen einzelnen Wissenschaften vorgeordnete Disziplin, die die Wissenschaften *begründet,* indem sie zeigt, wie sie *möglich* sind: wie wir sicher sein können, daß die für sie spezifischen Repräsentationen mit der Realität in Kontakt stehen. Dieser Gedanke hat das Bild von der Philosophie als der ‚Grundlagendisziplin' für alle Wissenschaften hervorgebracht. Für lange Zeit schien es, als könnte die Philosophie als E. der Begründer und oberste Richter des kognitiven Teils der Kultur sein.

In den letzten Jahrzehnten – vor allem durch den ↑Pragmatismus – ist dieses Selbstverständnis der E. (u. damit der Philosophie insgesamt) ins Wanken geraten. Dadurch, daß das Bild von Erkenntnis als einem Repräsentieren der Wirklichkeit in Zweifel geriet, verlor die skeptische Frage an Gewicht, u. es ist heute nicht mehr so klar, daß es das traditionelle ‚Problem menschlicher Erkenntnis' überhaupt *gibt*. Wer an dieses Problem nicht mehr glaubt, weil er an die Voraussetzungen des Skeptizismus nicht mehr glaubt, kann immer noch an vielen Fragen über Erkenntnis interessiert sein; aber er wird unter E. etwas viel Bescheideneres verstehen, als was man in der Neuzeit lange darunter verstanden hat.

Lit.: Platon, Theaetet; Descartes, Med.; Spinoza, De Emendatione Intellectus; Kant, KrV; H. Vaihinger, Über den Ursprung des Wortes ‚Erkenntnistheorie', Philosophische Monatshefte XII, Leipzig 1876; G. Harman, Thought, Princeton 1973; K. Lehrer, Knowledge, Oxford 1974; G.S.Pappas/M.Swain (Hrsg.), Essays on Knowledge and Justification, Ithaca 1978; R.Chisholm, Erkenntnistheorie, München 1979; R.Rorty, Der Spiegel der Natur, Frankfurt 1981, Teil II; R.Nozick, Philosophical Explanations, Oxford 1981, Part 3; F.I.Dretske, Knowledge and the Flow of Information, Oxford 1981. *P.Bieri*

Erklären ↑Naturgesetz.

Erläuterungsurteile ↑Analytisch.

Erlanger Schule ↑Konstruktivismus.

Eros ↑Platon.

Erscheinung/Schein/Phänomen. E. ist das, was „sich zeigt", was unmittelbar „gegeben" ist; damit sind zumeist Inhalte der sinnlichen ↑Wahrnehmung gemeint. Doch führt die Erfahrung, daß der Sch. trügt, daß nicht alles so ist, wie es erscheint, schon in der *griech. Philosophie* (Parmenides, Platon) zur kritischen Unterscheidung zwischen Sch. und Sein. Die Sinnenwelt ist bloßer Sch., nicht wahres Sein, ihre Erkenntnis nur Meinung, nicht echtes ↑Wissen der Vernunft. Doch ist der Sch. nicht leeres Nichtsein, sondern E. des wahren Seins als Abbild u. Teilhabe an der ewigen ↑Idee (Platon). Die sinnl. E. (sensibile) muß vom denkenden Verstand durchdrungen u. überstiegen werden, soll das wahre ↑Wesen (intelligibile) offenbar werden (Aristoteles). — Der *neuzeitl.* ↑*Empirismus* (Locke, Hume) will die Erkenntnis allein vom sinnl. Ph. (griech.: phainomenon, das Erscheinende) her begründen, d. h. auf einfache Sinneseindrücke zurückführen. Dies ergibt einen Phänomenalismus, wonach wir nur (sinnliche) Ph.e, bzw. deren konstante oder regelmäßige Verknüpfung wahrnehmen, nicht aber die Wirklichkeit erkennen. — Bei *Kant* steht die bloße E. im Gegensatz zum ↑Ding an sich, das vorausgesetzt, aber unerkennbar bleibt. Wir erkennen die Gegenstände nicht, wie sie „an sich" sind, sondern nur, wie sie uns erscheinen, bedingt durch sinnl. Eindrücke, aber auch durch apriorische Formen der ↑Anschauung (Raum u. Zeit) u. des ↑Verstandes (↑Kategorien). Damit verschließt sich theoretische Erkenntnis in einer „phänomenalen" (gegenüber der „noumenalen") Welt. Doch ist die E. nicht leerer Sch., sondern der „wahre" Gegenstand, wie er uns erscheinen muß. Zum trügerischen Sch. kommt es erst, wenn wir das Ansich zu erkennen meinen, d. h. die reinen ↑Ideen der ↑Vernunft (Seele, Welt, Gott) nicht nur regulativ, sondern konstitutiv (für wirkliche Gegenstände der Erkenntnis) anwenden. — In der ↑*Phänomenologie* (E. Husserl) steht das Ph. nicht im kantischen Gegensatz zum Ding an sich. Die Frage nach bewußtseinsunabhängigem Ansich-Sein (Existenz) des Gegenstandes wird „ausgeklammert", nur das unmittelbar Gegebene beschrieben u. analysiert, aber nicht nur Inhalte sinnlicher Wahrnehmung, sondern auch intuitiv (durch Wesensschau) erfaßbare Wesensgehalte. Die Devise „Zu den Sachen selbst" führt bei Schülern bes. des frühen Husserl zu unmittelbarem ↑Realismus der Seins- u. Werterfassung (M.Scheler). Das Ph. wird zur E. der Wirklichkeit;

ähnlich in anderen Formen neuerer ↑Ontologie (N. Hartmann). – Auch die *Existenzialontologie* (M. Heidegger) ist Phänomenologie. Doch ist Ph. nicht allein das, was sich „zunächst u. zumeist" zeigt; vielmehr ist es verborgen u. muß freigelegt, zum „Sich-Zeigen" gebracht werden. Auch soll nicht das bloße Wesen (Husserl), sondern das „Sein des Daseins" u. darin der „Sinn von Sein" aufgedeckt werden. – Phil. Denken hat vom Ph. auszugehen, um zu ermitteln, ob u. wieweit das Ph. leerer Sch. oder E. des Seins ist.

Lit.: Kant, KrV; H. Barth, Philosophie der Erscheinung, 2 Bde, Basel 1947/59; K. Reinhardt, Parmenides und die Geschichte der griech. Philosophie, Frankfurt ²1959. *E. Coreth*

Erste Philosophie ↑Metaphysik.

Erweiterungsurteile ↑Analytisch/synthetisch.

Essentia ↑Wesen.

Evidenz ↑Gewißheit.

Evolution ↑Entwicklung.

Evolutionäre Erkenntnistheorie ↑Entwicklung.

Ewigkeit ↑Zeit.

Existenz ist seinem Gehalt nach ein nicht weiter aufklärbarer Begriff, der nur durch seinen Gegensatz, die Nicht-E., definiert ist. Seiner Form nach ist er abhängig von seinem Gegenstück, dem Begriff des ↑Wesens (des Wasseins, der ↑Idee, des ↑Begriffs usw.), der ihm gegenüber die Priorität hat: wir fragen, ob ein So-und-so existiere. „E." kann einen sehr weiten Sinn haben u. ist dann gleichbedeutend mit „es gibt" („Gibt es eine Primzahl zwischen 23 und 31?", „In Bayern existieren nur noch wenige Adler."). Im engeren u. eigentlichen Sinn bedeutet „E." soviel wie „als selbständiges Etwas für sich dasein"; in diesem Sinn schreiben wir Tischen, nicht aber unmittelbar bestimmten Längen u. ↑Qualitäten E. zu. (Noch weiter eingeschränkt ist die Anwendung von „E." in der ↑E.-Philosophie, wo dieses Wort aus seinem Bezug zum Wesensbegriff gelöst wird u. das Fürsichsein des menschlichen ↑Freiheits-Wirklichkeit meint. Deren Dimensionen nennt Heidegger Existenzialien, die den ↑Kategorien, den Grunddimensionen dinglich-gegenständlichen Seins, gegenübergestellt werden.)

E. wird erst in der Spätscholastik ein philosophisch wichtiger Begriff. Bei Cajetan wird sein Sinn etymologisch gedeutet: das Stehen (sistere) eines Etwas außerhalb (ex) des Nichts u. seiner Ursachen. Der Gegenbegriff ist also ein Sein, das nur im Gedachtsein (durch den schöpferisch entwerfenden Gott oder Menschen) besteht. Damit ist gesagt, daß der Ausdruck „E." seinen Ort primär in der Frage nach der Überbrückung der Differenz hat, die zwischen dem bloß Möglichen u. dem Verwirklichten besteht. Von daher erweist sich die Formulierung der Frage „Existiert Gott?" als problematisch.

Die E. von etwas kann ausdrücklich behauptet (bzw. negiert) oder wie selbstverständlich vorausgesetzt sein. Bei vielen prädikativen Sätzen wird die E. des Subjekts *voraus* gesetzt („Peter singt", „Dieses Haus ist nicht weiß", „Ich bin müde"). Der *Ausdruck* „E." darf aber nicht als Prädikat in der Linie von „weißsein", „singen" usw. verstanden werden, weil sonst negative E.-Sätze insofern zu einem widersprüchlichen Gebilde würden, als sie die E. eines Etwas zugleich voraussetzten u. verneinten. Einen Ausweg aus diesem logischen Problem bietet der Vorschlag Russells, alle Aussagesätze nach dem Modell zu rekonstruieren „Für mindestens ein (bzw. für kein, für alle) x gilt: x hat die Eigenschaft F." Damit wandelt sich das E.-Prädikat zum „Quant(ifikat)or" „für mindestens ein", – wobei allerdings die Variable x sowohl ein real existierender Gegenstand wie eine Zahl oder ä. sein kann, so daß ein Abgrenzungsproblem bleibt.

Der Wesensbegriff hat einen semantischen Vorrang vor der ausdrücklichen E.-Aussage, wird aber selbst im Hinblick auf ein erfahrungsmäßig gegebenes Seiendes gewonnen. Der schlichte Seinsbezug liegt also aller Wesenserfassung u. -konstruktion u. damit auch aller E.-Behauptung voraus. – Idealistische Theorien (wie die Platons oder Hegels) statuieren eine ontologische Priorität der ↑Idee (essentia) vor dem Seienden, dessen Sein sie als Materialisierung u. so Vereinzelung der in sich universalen Idee deuten. Gegen diesen „Essentialismus" wenden sich, je auf ihre Weise, die auf Thomas zurückgreifende Seinsphilosophie u. die an Kierkegaard anknüpfende ↑E.-Philosophie.

Lit.: E. Gilson, L'être et l'essence, Paris 1948; B. Russell, Die Philosophie des logischen Atomismus, München 1976, 178 ff.; A. Keller, Sein oder Existenz? München 1968; P. Strawson, Einzelding u. logisches Subjekt, Stuttgart 1972; A. N. Prior, Existence, in: The Encycl. of Philosophy III; P. Hadot/A. Guggenberger, E., in: HWPh II.

G. Haeffner

Existenzialien ↑Existenz.

Existenzialismus ↑Existenzphilosophie.

Existenzphilosophie ist ein Sammelname für eine Art von Philosophie, die sich primär mit den Problemen der menschlichen Existenz befaßt. „Existenz" heißt hier soviel wie „endliche, nach Sinn suchende Freiheit". Von seiner älteren, umfassenderen Bedeutung (↑Existenz = reales Dasein) kam das Wort zu dieser spezielleren Bedeutung aus polemischem Kontext: Gegen den ↑Idealismus Hegels, der alles bloß Tatsächliche u. Kontingente als Vermittlungsmoment der in sich universalen u. sinnhaften ↑Idee begriff u. dadurch der Erfahrung der Tatsächlichkeit, der Individualität u. der Geschöpflichkeit ihren Ernst zu nehmen schien, wurde das begrifflich nicht mehr Auflösbare des individuellen Daseins, das sich in der kontingenten Freiheit verdichtet, gestellt.

Die meisten Vertreter der E. beziehen sich auf das Werk von *S. Kierkegaard,* der im Willen zum philosophischen System eine Ablenkung vom Ernst der Besinnung erblickte, zu der der Einzelne, in je seiner Situation, angesichts des Anspruchs Gottes, zu dem er sich wesentlich verhält, aufgerufen ist. Aus der Angst, die dem Menschen seine Schuld, seine Sterblichkeit u. Einsamkeit bewußtmacht, darf nicht in die Sphäre des Allgemeinen (des Denkens oder der sozialen Konformität) geflohen werden; sie muß existierend übernommen werden. Kierkegaard war religiöser Schriftsteller in zugleich spekulativer u. literarischer Manier. Eine eigentliche E. hat er nicht aufgebaut. Dies versucht erst *K. Jaspers*, der Motive Kierkegaards mit einer kantischen Grundposition verband. *M. Heidegger* nimmt den Begriff der Existenz zum methodischen Leitfaden seiner Fundamental-Ontologie, deutet ihn aber als Ek-sistenz, d. h. als wesenhafte Offenständigkeit für das Lichtungsgeschehen des Seins, wobei die der E. vom Ursprung her eigenen christlichen Motive noch mehr zurücktreten als bei Jaspers. Von atheistischen Prämissen geht die E. von *J. P. Sartre* aus, in der das aussichtslose Streben der (in keine Wesensordnung eingebundenen) menschlichen Freiheit nach einer Selbstidentität dargestellt wird, die derjenigen des reflexionslosen dinglichen Seins ähnlich wäre. Sartres E., die später die Form eines politischen Aktionismus annahm, wird häufig zusammen mit dem Denken von *A. Camus* unter die engere Bezeichnung „Existenzialismus" gestellt. Eine ganz selbständige Art von E., die ihn vom ↑Kritizismus zum christlichen Glauben führte, hat *G. Marcel* entwickelt.

Alle Formen der E. sind weitgehend religiöse Reflexionen unter dem Vorzeichen des Verlustes einer Glaubensgemeinschaft oder des Gottesglaubens selbst. Die Konzentration auf die Sphäre des individuellen Erlebens u. Entscheidens u. die Reserve gegenüber der Wesensmetaphysik bezeichnen Stärke und Schwäche der E.

Lit.: S. Kierkegaard, Der Begriff Angst; ders., Die Krankheit zum Tode; ders., Entweder-Oder; M. Heidegger, Sein u. Zeit; K. Jaspers, Philosophie, 3 Bde, Berlin 1932; J. P. Sartre, Das Sein und das Nichts; A. Camus, Der Mythos von Sisyphos, Hamburg 1959; G. Marcel, Metaphysisches Tagebuch, Wien 1955. – M. Müller, E. im geistigen Leben der Gegenwart, Heidelberg ³1964; J. B. Lotz, Sein und Existenz, Freiburg 1965; W. Janke, E., Berlin 1982.

G. Haeffner

Extension ↑Abstraktion, Begriff, Prädikat.

F

Falsifikation ↑Methode.

Falsifikationismus ↑Kritischer Rationalismus.

Finalität ↑Teleologie.

Form als philosophischer Terminus geht auf die Unterscheidung gegenüber der ↑Materie bei *Aristoteles* zurück, die er in der Analyse der ↑Bewegung entwickelt, darüberhinaus aber vielfältig angewendet hat. Grundlage für den Ausdruck ‚F.' ist zunächst die äußere Gestalt (griech. eidos, morphe) eines Körpers, die in vielen Fällen Anzeichen dafür ist, um was für einen Körper es sich handelt.

Wegen der grundsätzlichen Möglichkeit des Wandels von Körpern einer Art in solche anderer Art (substantielle Veränderung) wird bei Aristoteles das Wesen von Körpern, das sich auch in der äußeren Gestalt ausprägt, als zusammengesetzt aufgefaßt: Aus Materie als Grund der aufweisbaren Selbigkeit des sich Wandelnden, die darum auch Grund für die raumzeitliche Bestimmbarkeit u. Ausdehnung u. daher Körperlichkeit des Wesens ist. Wegen der Fähigkeit zur substantiellen Veränderung ist sie aber von sich aus indifferent gegenüber der besonderen artlichen Gestaltung des Körpers. Der andere innere Grund bestimmt gerade die besondere Art des Körpers, u. das ist die F., griech. morphe, in der Scholastik die *forma substantialis, Wesensform*. Sie bestimmt also das Wesen einer Art von körperlichen Substanzen u. ist Wesensteil des realen ↑Wesens. Dieser F.-Begriff wurde verwendet, um das Lebensprinzip, die ↑Seele (griech. psyche), als Wesensform eines Lebewesens zu definieren.

Je nach der zugrunde gelegten Seinsauffassung wurden verschiedene Akzentuierungen der Wesens-F. vorgenommen. Da bei *Thomas v. Aquin* die Wesensform das Artbestimmende eines Wesens ausmacht, dieses aber das Sein abgrenzt, hat es nur Sinn von einer *einzigen Wesens-F.* zu sprechen. Versteht man F. hingegen mehr als Soseinsumschreibung, so bleiben bei einem Wesenswandel mit dem Sosein mancher Teile auch einige Formen erhalten. Dem entspricht eine Lehre von der *Mehrheit der F.n*, die von der das artliche Sosein bestimmenden F. überformt werden. Auch Eigenschaften, akzidentelle Bestimmungen u. Tätigkeiten werden als F. bezeichnet, nämlich als *akzidentelle F.* Die Verallgemeinerung des Begriffspaares Materie-F. führt dazu, in den verschiedenen Bereichen das Bestimmende als F. zu bezeichnen.

Lit.: Aristoteles, Physik I; Met. VII–IX, bes. VIII 1–5; Thomas v. Aquin, De ente et essentia, cap. 2; Leibniz, Metaphysische Abhandlungen, 10–12; Kant, KrV, B 322 f.; Hegel, Wissenschaft der Logik, 1. Teil, 2. Buch, 1. Abschnitt, 3. Kap.; J. Geyser, Eidologie oder Philosophie als F.-Erkenntnis, Freiburg i. B., 1921; H. Friedmann, Die Welt der F.n, München ²1930; N. Hartmann, Zur Lehre vom Eidos bei Platon u. Aristoteles, in: Kleinere Schriften II, Berlin 1957, 129–164; W. Wieland, Die aristotelische Physik, Göttingen ²1970.   *O. Muck*

Freiheit im philos. relevanten Sinn ist eine Idee, die, auf den Menschen bezogen, vor allem drei Bedeutungen hat: (a) die F. von äußerem Zwang (Handlungs-F.: tun können, was man will), (b) die F. von gesetzlicher oder moralischer Bindung (tun dürfen, was man will) u. (c) die F. als Fähigkeit, seinem Wollen selbst eine Richtung zu geben (Willens-F. oder Entscheidungs-F.). In der praktischen (Moral-, Staats-, Gesellschafts- u. Erziehungs-) Philosophie geht es um Recht u. Notwendigkeit der Durchsetzung oder Einschränkung der F. im Sinne von (a) u. (b). In der theoretischen (anthropologischen u. metaphysischen) Philosophie ist F.(c) Thema: wie soll F. definiert werden, gibt es F., welchen Wesen kommt F. zu? Sich auf menschliche F. beschränkend, kann F.(c) definiert werden als die (bloß prinzipielle oder effektive) Fähigkeit, mich selbst für ein bestimmtes (mir mögliches u. als sinnvoll erlebbares) Verhalten oder dessen Unterlassung (bzw. für dieses oder jenes Verhalten) zu entscheiden. Grund dieser Fähigkeit ist die Entschränktheit des Wertbewußtseins u. des Bejahungsvermögens auf das schlechthin ↑Gute hin, kraft derer echte Alternativen u. zugleich Maßstäbe zur Wahl zwischen ihnen möglich sind. F. ist nur unter der Voraussetzung einer in etwa gelungenen physischen u. psychischen Entwicklung denkbar. Sie entfaltet sich nur unter dem Einfluß der Liebe. Sie ist ihrerseits der Grund der Verantwortlichkeit, d. h. der Fähigkeit, Handlungen mir selbst zuzurechnen bzw. zugerechnet zu bekommen. F. als prinzipielle F. gehört zur Wesensausstattung jedes Menschen u. begründet dessen Würde. F. als effektive F. hängt von vielen Bedingungen ab u. läßt offenbar Grade zu.

Die grundsätzliche Bestreitung der menschlichen F. nennt man ↑Determinismus; dieser behauptet aufgrund eines für objektiv gehaltenen Wissens von Notwendigkeit den bloß illusionären Charakter des durch F. gekennzeichneten Handlungsbewußtseins. Keine Form des „harten", universalen Determinismus hat sich bisher stichhaltig begründen lassen. Mit dieser Feststellung ist freilich nur gesagt, daß F. nicht unmöglich ist; ebensowenig kann das Wesen der F. durch die bloß negative Abgrenzung von durchgängiger Vorherbestimmtheit dargestellt werden. Tatsache u. Wesen der F. lassen sich positiv nur durch transzendentale ↑Reflexion auf den (interpersonal vermittelten) Bezug menschlichen Handelns auf die ↑Idee der Wahrheit, der Gerechtigkeit usw., kurz: des mehr als bloß funktional Sinnvollen, erfassen. An der Bindung an diese innerlich unbedingten Ideen hängt die F.: sowohl als grundsätzliches Vermögen zweiter Potenz, wie wir in jeder wahrhaft überlegten Handlung bestätigen, als auch, dem Grad der Intensität solcher Bindung entsprechend, ihrem größeren oder geringeren Ausmaße nach.

In welcher Weise von einer F. höherer Tiere u. außerirdischer Intelligenzen oder von der F. Gottes gesprochen werden kann, ist ein eigenes Problem. In jedem Fall wird der dann auszuweitende Begriff der F. nur eine höchst ↑analoge Einheit haben.

Lit.: Aristoteles, Nik. Eth. III 1–8; Augustinus, De libero arbitrio; Thomas v. A., Quaestiones disputatae de malo, q 6; Kant, KrV, B 561–586; ders., Grundlegung zur Metaphysik der Sitten, 3. Abschn.; Schelling, Untersuchungen zum Wesen der menschlichen F.; H. Krings, F., in: HphG I; J. Simon (Hrsg.), F., Freiburg 1977; U. Pothast, Seminar: F. u. Determinismus, Frankfurt 1978; G. Haeffner, Philosophische Anthropologie, Stuttgart 1982, 129–159.

G. Haeffner

Fundamentalismus ↑Erkenntnistheorie.

Funktion ↑Relation.

G

Ganzes ↑Teil/Ganzes.

Gattung/Art (lat.: genus/species). Mit G. und A. meint man im philosophischen Sprachgebrauch dasjenige, was in einer sinnvollen Antwort auf die Frage: „Was ist dieses oder jenes Einzelne?" zum Ausdruck gebracht wird bzw. was bei einer Vielheit von ↑Einzelnen das gemeinsame ↑Wesen dieser Einzelnen oder einen Teilaspekt davon ausmacht. Eine G. oder A. kann man verstehen als ein selbständiges Einzelnes, z. B. als eine ↑Idee, eine Klasse oder ein Kollektivum (extremer ↑Realismus), als die im allgemeinen ↑Begriff erfaßte, aber immer nur in Vereinzelung realisierte (Wesens-)↑Form eines Einzelnen (gemäßigter Realismus) oder als einen zur bloßen Klassifizierung geeigneter Ausdruck oder Begriff, denen nichts im Einzelding auf adäquate Weise entspricht (↑Nominalismus). Im Zusammenhang mit der Lehre von den Prädikabilien, d. h. der Klassifizierung von Aussageweisen begrifflicher ↑Bestimmungen, ist die Aufteilung in G.- und A.-Begriffe in dem Sinne relativ, als ein Begriff wie „Lebewesen" als Gattung zusammen mit einem artbildenden Unterschied (lat.: differentia specifica) wie „mit-Sinnen-begabt" die Definition eines A.-Begriffes wie „Tier" ergeben, der jedoch selbst wieder als G.-Begriff verstanden werden kann, da er in Verbindung mit einem weiteren artbildenden Unterschied wie „vernunftbegabt" die Definition für einen noch näher bestimmten A.-Begriff wie „Mensch" ausmacht. In diesem Falle hat ein G.-Begriff stets einen größeren Begriffsumfang, aber einen geringeren Begriffsinhalt als der ihm jeweils untergeordnete A.-Begriff. Einem A.-Begriff, der nicht mehr durch weitere Bestimmungen spezifiziert werden kann, entspricht folglich die Gesamtheit der Bestimmungen, die das Wesen eines Einzeldings ausmachen.

Lit.: Aristoteles, Kat. 5; ders., Topik; Porphyrius, Einleitung in die Kat.; I. M. Bocheński, Ancient Formal Logic, Amsterdam 1951. *R. Carls*

Gefühl ↑Seele, Sinnlichkeit.

Gegensatz ↑Antinomie/Widerspruch, Coincidentia oppositorum, Vorsokratik.

Gegenstand ↑Objekt.

Geist. Die Rede vom G. wird weitgehend als obsolet empfunden. Ihre monierte Vieldeutigkeit besteht vornehmlich darin, daß der Ausdruck ‚G.' eine komplexe Begriffs- u. Bedeutungsmannigfaltigkeit auf sich zieht. Die mit ‚Munter- u. Regsamkeit' wiedergegebene ursprüngliche Bedeutung des deutschen Wortes ‚G.' ist erst dann richtig erfaßt, wenn die ‚ekstatische' Eigenart des G. berücksichtigt wird. In religiösen Vorstellungen, die vom Ergriffensein durch eine lebendige Kraft sprechen, u. in der Begriffsgestalt theologischer und philosophischer G.lehren, die auf Selbstexplikation im anderen (Hegel) oder auf Selbsttranszendierung (Tillich) abheben, verschafft sich dieser Bedeutungsgehalt bis heute Geltung. Die den Ausdruck ‚G.' auszeichnende Komplexität beruht jedoch auf drei weiteren Anreicherungen, die aus der Aufnahme griechischer und jüdisch-christlicher Traditionen resultieren. a) G. dient zur Übersetzung eines in diesen Traditionen vorgegebenen Ausdrucks, der im Hebräischen (ruach), Griechischen (pneuma) und Lateinischen (spiritus) gleichermaßen die objektiv-materiale Gegebenheit des *Lebensodems* bezeichnet. G. meint das stofflich vorgestellte Prinzip des Lebens, das in der jüdisch-christlichen Überlieferung auf den worthaft vermittelten G. Gottes und im griechisch-römischen Denkraum, besonders in der †Stoa, auf die göttliche Substanz bezogen wird, die Kosmos u. Individuum organisch zusammenhält. b) Die neutestamentlich-paulinische Vorstellung, daß der G. als G. Christi indikativisch auf das versöhnte ‚neue Leben' des Einzelnen u. imperativisch auf die dem G. entsprechende Weltgestaltung zielt, verselbständigt sich in der Alten Kirche zum Glauben an den *heiligen G.;* das zunächst heilsökonomisch verstandene Wirken des G. wird schließlich in die immanente Trinität (†Gott) derart integriert, daß er in einem als ‚Hauchung' (spiratio) vorgestellten Vorgang vom ‚Vater' und ‚Sohn' ausgeht. c) Die Bedeutungsvielfalt wird vollends dadurch gesteigert, daß G. auch zur Übersetzung von Ausdrücken dient, die wie †logos, nus oder animus, intellectus u. a. sowohl die Denkfähigkeit der singulären Intelligenz als auch den Vollzug des *objektiven Denkens* bezeichnen. Sofern mit G. nicht nur die Denk- u. Willenstätigkeit einer individuellen Intelligenz (mens, engl. mind) gemeint ist, die in der analytischen Philosophie (G. Ryle) syntaktisch-semantisch in den Gebrauch verschiedener Satztypen oder pragmatisch in einzelne Sprechakte aufgelöst werden kann, wird mittels seiner das an sich selbst begriffene Denken thematisiert; G. wird so zum Fluchtpunkt einer von Platon u. Aristoteles ausgehenden u. in Hegel kulminierenden G.-Metaphysik. Diese gipfelt in einer Nus-Theologie, durch die das göttliche Denken (intellectus divinus) als Sichselbstdenken so gefaßt wird, daß es im Denken seiner Inhalte sich selbst denkt u. so als Denken des Denkens (noesis noeseos) auf der Kongruenz von ‚Subjekt' (noun) und ‚Objekt' (noumenon) beruht.

Daß G. im deutschen Idealismus zum philosophischen Fundamentalbegriff avanciert, geht zunächst auf ein Konnubium von Theologie u. Ästhetik zurück, das auf dem Boden der von *Kant* ausgehenden Transzendentalphilosophie zustande kommt. *Fichte* und *Schelling* bemühen sich, eine Geschichte des menschlichen G. zu schreiben, indem sie das transzendentale †Selbstbewußtsein so fassen, daß die von Kant dem göttlichen Verstand vorbehaltene intellektuelle †Anschauung in das Eigentum des menschlichen, wenn auch transzendentalen G. überführt wird. Schelling führt die genetische Entfaltung des menschlichen G. so durch, daß die ästhetische die objektivierte intellektuelle Anschauung repräsentiert. Indem jedoch der ästhetisch objektivierte G. auf den Begriff des *Genies* zuläuft, tritt der Begriff des G. bei Schelling (u. in der Romantik) zunehmend in den Hintergrund, so daß er entweder zum Gegenbegriff der ↑Natur oder anthropo-logisch u. theo-logisch besetzt wird. Mit der Lösung des G.begriffs aus seiner ästhetischen Umklammerung kann er aber bei Hegel seine Karriere als Schlüsselbegriff der Philosophie antreten.

In *Hegels* ‚Phänomenologie des G.' bezieht sich der Ausdruck ‚G.' zunächst auf die Erfahrung des Bewußtseins, deren Einzelgestalten im Medium des Getrenntseins von Gegenstands- u. Sichselbstwissen auftreten. Die auf den Stufen des Bewußtseins, Selbstbewußtseins u. der ↑Vernunft erfolgende Bewegung macht das Werden des G. aus, der sich dann aber nicht nur in Bewußtseinsgestalten, sondern in „Gestalten einer Welt" darstellt. So als ‚wirklicher' G. erfaßt er sich im Medium des gesellschaftlichen Weltumgangs in den objektiven Gestalten der Sittlichkeit, des Rechts, der Bildung und der Moralität, so daß er als der seiner selbst gewisse G. die Einheit von Gegenstands- und Selbstbewußtsein als Selbstexplikation an der Stelle des Andersseins realisiert. Diese kategoriale Bestimmung liegt auch Hegels systematisch entfalteter G.-Philosophie zugrunde. Denn der G. als neben Logik u. Natur dritter Systemteil hebt auf die Verwirklichung der logischen ↑Idee ab, die als solche die Selbstexplikation der Subjektivität an der Stelle der Objektivität zum Inhalt hat. Die Selbstverwirklichung des G. realisiert diese Struktur so, daß der *subjektive* G. als Seele das Versenktsein in die leibliche Natur, als Bewußtsein seine Beziehung zur gegenständlichen Welt u. als Denken und Wollen seine Selbstbeziehung als freier G. offenbart, der *objektive* G. als freie Person sein äußeres Dasein im Recht, als frei entscheidendes Subjekt seine Intentionen in der Moralität u. als freie Subjektivität seine Kongruenz von allgemeinem u. besonderem Willen in der Sittlichkeit findet, und der *absolute* G. das Sich-Entsprechen von Subjektivität und Objektivität als (klassische) Kunst, (christliche) Religion und Philosophie erfüllt.

Eine ähnlich umfassende Konzeption ist nach Hegel nicht wieder erreicht worden. Der von der Natur getrennte G. wird entweder auf Vollzüge der subjektiven Geistigkeit reduziert oder unter dem Titel des objektiven G. in eine Kultur- u. Gesellschaftstheorie eingebracht. Schließlich versuchen die ‚G.wissenschaften' in kulturell geprägten Lebensäußerungen die Dimension des G. offenzulegen.

Lit.: Platon, Rep. VI 506 a–509 b; Aristoteles, Met. XII; Schelling, Philosophische Briefe über Dogmatismus und Kritizismus; ders., Ideen zu einer Philosophie der Natur; Hegel, Phänomenologie des G.; ders., Enzyklopädie der philosophischen Wissenschaften, Teil III; H. Freyer, Theorie des objektiven G., ²1928, Neudruck Darmstadt 1966; N. Hartmann, Das Problem des geistigen Seins, Berlin ²1949; W. Cramer, Grundlegung einer Theorie des G., Frankfurt ²1965; H.-J. Krämer, Der Ursprung der G.metaphysik, Amsterdam ²1967; P. Tillich, Systematische Theologie III, Stuttgart 1966; G. Ryle, Der Begriff des G., Stuttgart 1969; L. Oeing-Hanhoff u.a., G., in: HWPh III; P. Bieri (Hrsg.), Analytische Philo-

sophie des Geistes, Königstein 1981.
F. Wagner

Geltung ↑Gültigkeit.

Genus ↑Gattung.

Geschichte. Im geläufigen Sprachgebrauch versteht man unter G. das Gesamte des bislang Geschehenen sowie auch dessen Darstellung, wie sie vor allem in einer eigenen Disziplin, der Geschichtswissenschaft, erfolgt. Die Dimension des Geschehenen bzw. der Vergangenheit kann man jeglichem Seienden zuerkennen, so daß der Titel G. nicht nur auf die menschliche Gattung als ganze zu beziehen ist, sondern auch auf spezielle Regionen (z. B. G. der Religionen, der Philosophie; G. einer Stadt); gelegentlich ist auch von der „G. der Natur" die Rede.

Auf der Grundlage der in Sprache u. Tradition vorgegebenen Benennung höchst komplexer Verhalte als G. (bzw. Historie) u. geschichtlich (bzw. historisch) bemüht sich die philosophische Reflexion (nicht nur, aber insbesondere als Geschichtsphilosophie) um die Erkenntnis von Wesen u. Sinn der G. Diese Aussage bleibt aber nicht nur formal, sondern setzt mit den Worten „Wesen" u. „Sinn" Fragerichtungen als möglich u. legitim voraus, die eigens zu begründen sind, ja mehr noch: sie setzt G. selbst als wirklich voraus, obwohl erst noch zu prüfen ist, ob u. in welchem Sinne die im Vorverständnis erfaßte Phänomenalität von G. zu der philosophischen Rede von „der G." im Sinne einer (einzigen) Universalgeschichte verallgemeinert

werden darf. Wie auch immer es sich mit diesen Problemstellungen verhalten mag, das philosophische Fragen sucht zu erkennen, ob es ein die Welt als G. zusammenhaltendes Prinzip gibt u. wie dieses zu kennzeichnen ist.

Hierbei hat jede Reflexion davon auszugehen, daß sie jeweils selbst an einem bestimmten Ort des geschichtlichen Zusammenhangs sich befindet, daß sie von Rationalität nicht wie von einem meta-geschichtlichen Instrument Gebrauch machen kann, daß sie also ihre eigene G. u. die darin schon erfolgten Auslegungen von G. mitzubeachten hat, jedoch im Unterschied zur Geschichtswissenschaft nicht nur das Geschehene als solches thematisiert, vielmehr das Geschehen in allem Geschehen sowie in dem jetzt u. künftig Geschehenden auf seine allgemeinen Bedingungen u. Gründe, seine Mittel u. Ziele u. eben auf sein „Prinzip" hin befragt.

Das philosophische Denken über G. ist relativ jung, da sich nach der vorherrschenden griech. u. mittelalterlichen Auffassung Philosophie nicht mit dem Zufälligen u. Individuellen, sondern mit dem Wesenhaft-Unveränderlichen befaßt. Wird in Überwindung dieser Tradition die geschichtliche Bedingtheit aller unserer Erkenntnisse behauptet, so liegt Histori(zi)smus vor (der stets auch ↑Relativismus ist); diese Denkweise stellt G. nicht selten in einer organologischen Metaphorik vor (z. B. geschichtliches Wachstum u. ä.). Auf der anderen Seite zeigt sich eine Tendenz, G. von angeblich metageschichtlichen Kriterien aus (wie etwa „der Vernunft", „der Offenbarung") zu beurteilen bzw. sie aufgrund scheinbar zeitloser Ansprüche u. Erkenntnisse (von Logik, ↑Transzendentalphilosophie, empirischer Wissenschaft usw.) zu einem in sich irrelevanten Konglomerat von Zufälligkeiten verkommen zu lassen u. das zukünftige Geschehen mehr oder weniger deterministisch aus „Gesetzen" oder „Strukturen" ableiten zu wollen. Vor diesem Hintergrund gewinnen Fragen nach Kontinuität u. Diskontinuität, Tradition u. Revolution, Fortschritt u. ↑Dialektik, Notwendigkeit u. ↑Freiheit, Gesetz u. ↑Zufall ihre Brisanz für das philosophische Denken über G., zumal angesichts der Widersprüche u. Ärgernisse, „Erfolge" u. „Mißerfolge" usw. jede systematische oder integrierend sein wollende Aussage über „die G." in Schwierigkeiten gerät.

All diesem vorauf hat die Philosophie zu fragen, ob die Annahme der G. als eines einmaligen „Verlaufs" zwischen „Ursprung u. Ziel" *(Jaspers)* überhaupt begründbar ist. Angesichts der Tatsache der Evolution der Welt als ↑Natur versteht man G. als deren einstweilen letzte, vom Menschen mitgestaltete Phase; G. wird dabei zuweilen materialistisch-naturalistisch in den notwendigen Geschehenszusammenhang von Natur eingeordnet, obwohl dabei der hochentwickelten Spezies Mensch die Möglichkeit des Mitwirkens an ihrem eigenen (zukünftigen) Geschick konzediert wird. Ähnlich interpretieren pragmatischer denkende Anthropologen u. Soziologen Anfang u. Gehalt der G. unter Verzicht auf eine systematisch-philosophische Deutung *(Gehlen, Dux)*. Nicht unbeeinflußt vom biblisch-(heils-)geschichtlichen Anfang/Ende- u. Verheißung/Erfüllung-Modell sowie sog. Geschichtstheologien (des *Augustinus, Joachim von Fiore* u.a.) wurden im 18. u. 19. Jh. bedeutende philosophische Interpretationen der G. vorgelegt *(Vico, Lessing, Hegel)*. Während *Kant* G. als das Handlungsfeld der praktischen Vernunft versteht, in dem allerdings die weise „Natur" am Werk ist, begreift *Hegel* G. als die menschheitliche Bewegung auf einen „Endzweck" zu, in welcher sich ein Fortschreiten „im Bewußtsein der Freiheit" u. damit die Überwindung des Herr-Knecht-Gegensatzes ereignet. u. sich der „absolute Geist" selbst vollendet. Diese G.deutung wurde durch die Linkshegelianer u. vor allem durch *Marx* in einer anti-idealistischen Wende auf eine realistische u. ökonomistische ↑Basis gestellt, die alsdann in einer der Materie inhärenten Dialektik fundiert wurde.

Gegen derartige universalgeschichtliche Konzeptionen wird eingewandt, sie seien rational letztlich unbeweisbar u. leisteten ideologischem u. politischem Totalitarismus Vorschub *(Popper, Marquard* u.a.); auch scheiterten sie angesichts der Problematik des Bösen u. des Leidens entweder an den Klippen eines jeden Versuchs der Theodizee (oder Kosmodizee) oder aber an den nihilistischen u. politischen Zynismen *(Camus)*. Vielfach wird heute auch mit Berufung auf „Natur", „Leben" u. „Sein" gegen die aus der Verabsolutierung der G. sich ergebenden extremen Gefährdungen argumentiert.

Es ist indes festzuhalten, daß sich

inzwischen – trotz der historischen Verschiedenheit der „Wege" – das Bewußtsein von der „einen G." u. der Verantwortung für sie durchgesetzt hat, daß aus der Skepsis gegenüber universalgeschichtlichen Systemkonstruktionen nicht die Rechtfertigung des Status quo folgt, sondern die Aufgabe, Möglichkeiten u. Grenzen des geschichtlichen Handelns im Horizont der bisherigen Erfahrungen mit der G. nüchtern zu analysieren, u. daß also gegenüber einer (idealistischen) Freiheitseuphorie auf der einen u. einem (naturalistischen) ↑Determinismus auf der anderen Seite eine wenn auch immer schon eingeschränkte Möglichkeit freien geschichtlichen Handelns verteidigt werden muß (Sartre), wenn G. nicht mit Natur zusammenfallen oder im Getriebe der Strukturen verschwinden soll.

Lit.: K. Jaspers, Vom Ursprung u. Ziel der G., München 1949; M. Heidegger, Sein u. Zeit, §§ 72–77; K. Löwith, Weltgeschichte u. Heilsgeschehen, Stuttgart 1983; E. Bloch, Das Prinzip Hoffnung, 2 Bde., Frankfurt 1959; K. R. Popper, Das Elend des Historizismus, Tübingen 1965; H. M. Baumgartner, Kontinuität u. G., Frankfurt 1972; O. Marquard, Schwierigkeiten mit der Geschichtsphilosophie, Frankfurt 1973. *H. R. Schlette*

Gesunder Menschenverstand/Common Sense. Unter GM. versteht man nicht nur die unbeschwerte praktische Fähigkeit, sich im Alltag zurechtzufinden, sondern auch das allgemeine Gefühl (sense, feeling), daß die alltäglichen Überzeugungen, die jedermann teilt, in ihrer Gesamtheit nicht falsch sein können (Moore). Zuweilen wird GM. auch in einem technischen Sinn als „sensus communis" verstanden, der die Vereinheitlichung der Daten ermöglicht, die durch die anderen fünf Sinne gewonnen werden. – Die Berufung auf den GM. wird von verschiedenen Philosophen als unphilosophisch abgelehnt *(Kant)*. Als Reaktion auf Auswüchse anderer Philosophen beziehen sich in der Neuzeit jedoch auch Philosophen auf ihn. Bereits im 17. Jh. wurden in Frankreich durch Appell an den GM. die „ersten Wahrheiten" verteidigt, daß es eine Außenwelt gibt und daß wir auf sie einwirken können *(Buffier)*. Von Bedeutung war der GM. aber vor allem in der Auseinandersetzung mit dem englischen Empirismus. Die Humesche These, daß die Gegenstände Mengen von „ideas" sind, widerspricht so sehr den gängigen Annahmen des durchschnittlichen Menschen, daß sie zum Protest des GM. herausfordert (Schottische Schule: *Reid, Hamilton*). Auch der amerikanische Pragmatismus beschäftigt sich mit dem GM. Nach *Peirce* ist der GM. eine Art Instinkt, bestimmte Annahmen als nicht bezweifelbar anzunehmen. In der ↑Analytischen Philosophie hat *Moores* Verteidigung des GM. eine wichtige Rolle gespielt. Auch das Grundvertrauen in die normale Umgangssprache der Oxforder Schule hängt damit zusammen. – Grundsätzlich muß allerdings mit Kant gesagt werden, daß der Rekurs auf den GM. unphilosophisch ist. Der Philosophie kommt die Aufgabe zu, Grundannahmen kritisch zu hinterfragen.

Lit.: Kant, Prolegomena, A 11–13; G. E. Moore, Some Main Problems of Philosophy, London 1953; ders., Eine Verteidigung des Common Sense, Frankfurt 1969; N. Malcolm, Moore and Ordinary Language, in: P. A. Schilpp (Hrsg.), The Philosophy of G. E. Moore, Chicago 1942, 345–368; A. A. Grave, Common Sense, in: Encycl. of Philosophy II. *E. Runggaldier*

Gewißheit. G. wird in einem psychologischen u. einem epistemischen Sinn verstanden. Im ersten Fall wird G. von Bewußtseinszuständen oder Menschen ausgesagt u. besagt Ausschluß jeden Zweifels, unerschütterliches Überzeugtsein (certitudo assensus). Im zweiten Fall wird G. von Sachverhalten, Propositionen oder ↑Sätzen ausgesagt. Eine Proposition ist dann gewiß, wenn sie jenseits eines vernünftigen Zweifels liegt u. mindestens so vernünftig ist wie irgendeine andere Proposition (Chisholm). In diesem objektiven Sinn verstanden kann G. zur Legitimation von Erkenntnisansprüchen herangezogen werden (certitudo rei cognitae).

In der neuzeitlichen Philosophie kommt der G. eine grundlegende Rolle zu im Zusammenhang mit der Frage nach Möglichkeit u. Grenzen menschlichen Erkennens. Die unmittelbare G. gegebener Sachverhalte wird dabei als erkenntnisbegründend (gegenüber dem ↑Skeptizismus) verstanden. Der Sachverhalt, daß ich zweifle (Descartes' Cogito), ist, wenn er gegeben ist, für mich unmittelbar gewiß. Darauf baut Descartes die neuzeitliche ↑Erkenntnistheorie auf. Die logisch positivistischen Versuche, unsere Erkenntnisse auf das „Gegebene" der Sinnesdaten zurückzuführen, haben letztlich dieselbe Zielsetzung. Die G. des phänomenal „Gegebenen" soll unsere Wissensansprüche, ja alle wahren Sätze begründen.

Begründungen basieren letztlich auf unbewiesenen, aber evidenten Sachverhalten. Evident werden im allgemeinen die Sachverhalte genannt, die unmittelbar einleuchten, die „sich selbst präsentieren" (Meinong). Aber so wie ‚G.' wird auch ‚Evidenz' auf vielfältige Weise verwendet. Die Vernachlässigung der begrifflichen Klärung hat zu Mißverständnissen in der Begründungsproblematik geführt (Schlick). Evidenz kann so verstanden werden, daß sie die Möglichkeit von Scheinevidenz ausschließt. Evidenz wäre dann mehr als ein bloß subjektives Wahrheitskriterium. Redewendungen wie „Es war mir evident, daß p, aber p ist falsch", wären dann nicht möglich. Evidenz kann aber auch im umgangssprachlichen Sinn verstanden werden u. Scheinevidenz einschließen. Descartes geht in der Begründung der ↑Außenwelt von einer solchen Evidenzauffassung aus. Er schließt aber dann durch Rekurs auf Gott, der uns nicht täuscht, Scheinevidenz aus. Absolute Evidenz und G. gibt es in bezug auf die sich selbst präsentierenden Sachverhalte. Diese sind aber auf Bewußtseinszustände u. bestimmte logisch-mathematische Grundsätze beschränkt. Uns interessiert jedoch nicht so sehr die G. der Sätze, deren Wahrheit von unseren Bewußtseinszuständen abhängig ist, sondern die G. u. Evidenz in bezug auf die gegenständliche Welt. Hier ist allerdings eine gewisse Evidenzskepsis berechtigt. Unsere Erkenntnisansprüche beruhen letztlich auf einem Evidenzvertrauen, das sich nicht mehr rechtfertigen läßt (Kutschera). „Das Wissen gründet sich am Schluß auf der Anerkennung" (Wittgenstein); „das Element der Gewißheit ist der Glaube" (Fichte). Für die Erkenntnis in ihren letzten Grundlagen braucht es nicht nur die Vernunft, sondern auch das Herz als „Organ der Evidenz" (Pascal). Daraus folgt allerdings nicht, daß die Frage nach G. u. Evidenz nur eine willkürliche, irrationale Entscheidung zuläßt. Eine völlige Evidenzskepsis in bezug auf die gegenständliche Welt ist im Leben praktisch undurchführbar.

Lit.: F. Brentano, Wahrheit und Evidenz, Leipzig 1930; L. Wittgenstein, Über Gewißheit, Frankfurt 1970; R. Chisholm, Erkenntnistheorie, München 1979, bes. Kap. 1 f.; F. v. Kutschera, Grundfragen der Erkenntnistheorie, Berlin 1982, Kap. 1. *E. Runggaldier*

Glaube. „Glauben" bezeichnet in der *Alltagssprache* die zustimmende Stellungnahme einer Person zu einem Sachverhalt. Im Unterschied zu „wissen" ist es für die Wahrheit der Aussage ‚x glaubt, daß p' nicht notwendig, daß p wahr ist. Die Wahrscheinlichkeit des Sachverhalts für die zustimmende Person u. die Festigkeit der Zustimmung lassen Grade zu, vom bloßen Vermuten bis zur unerschütterlichen Überzeugung.

Der *philosophische Gebrauch* ist vor allem durch den Platonischen u. biblischen G.begriff bestimmt. Für Platon ist Glauben (pistis; doxa) eine gegenüber dem Wissen unvollkommene Form des Fürwahrhaltens; ähnlich unterscheidet Kant G. als nur subjektiv zureichendes, aber objektiv unzureichendes Fürwahrhalten von Wissen als subjektiv u. objektiv zureichendem Fürwahrhalten. Nach biblischem Verständnis ist der G. die entschiedene Ausrichtung des ganzen Menschen auf Gott als den Grund seiner Existenz u. auf Jesus, den Gottessohn, in Anerkennung, Gehorsam, Vertrauen u. Hoffnung. Dieser Glaubensbegriff bewirkt, daß in der christlichen Theologie sich das Verhältnis von G. u. Vernunft bzw. Wissen umkehrt: Nur unter der Leitung des G. kann der Mensch zu wahrem Wissen gelangen (credo ut intelligam); das Wissen soll dem Verstehen des G. dienen (fides quaerens intellectum).

Die *theologische Diskussion* hat oft die beiden Elemente des G.begriffs, die Beziehung zu einer Person (jemandem glauben) u. die Zustimmung zu einem Sachverhalt (etwas glauben) gegeneinander ausgespielt u. entsprechend das Vertrauensverhältnis zu Gott oder das Fürwahrhalten von Aussagen betont. Die Beziehung beider Elemente ist so zu bestimmen: Man glaubt etwas, weil man jemandem glaubt. Die Person des Zeugen ist das Motiv, das den Glaubenden bewegt, dem bezeugten Sachverhalt zuzustimmen. Wie jede Zustimmung muß auch die des religiösen G. verantwortbar sein. Die Glaubwürdigkeit des G. kann nicht wiederum Gegenstand des G. sein; sie muß, will der G. sich nicht dem Vorwurf der Willkür (Fideismus) aussetzen, der Vernunfterkenntnis grundsätzlich zugänglich sein.

In säkularisierter Form geht der theologische G.begriff in die Philosophie ein. *Kant* fordert anstelle des historisch bezeugten Offenbarungsg. einen Vernunft- oder moralischen G., dessen Inhalte Freiheit, Gott u. Unsterblichkeit (↑Postulat) sind. Der Vorrang des G. gegenüber dem Wissen findet sich wieder in seiner These vom Primat der reinen praktischen Vernunft: „Ich mußte also das Wissen aufheben, um zum Glauben Platz zu bekommen" (KrV B 30). Der „philosophische G." von *K. Jaspers* ist ein existentieller Akt, in dem der Mensch sich der Transzendenz bewußt wird; Inhalte dieses G. sind: „Gott ist. Es gibt die unbedingte Forderung. Die Welt hat ein verschwindendes Dasein zwischen Gott u. Existenz".

In der gegenwärtigen philosophischen Diskussion befassen sich mit dem G.begriff u.a. die epistemische Logik, die dessen logische Struktur für erkenntnistheoretische Zwecke festlegt; die analytische philosophy of mind, die nach der kategorialen Einordnung von „glauben" fragt (z.B. mentaler Akt oder Disposition?); die analytische Religionsphilosophie, die u.a. die kognitive Struktur des G. diskutiert.

Lit.: Platon, Rep. 509d–511e; Thomas v. Aquin, Summa theol. II II q.1–2; Kant, KrV B 848–859; ders., Die Religion innerhalb der Grenzen der bloßen Vernunft, Drittes Stück; J.H. Newman, Entwurf einer Zustimmungslehre, Mainz 1961; K. Jaspers, Der philosophische Glaube, München 1948; M. Seckler, G., in: Handbuch theol. Grundbegriffe, München ²1970, II 159–181; H.H. Price, Belief, London 1969; D.M. Armstrong, Belief, Truth and Knowledge, Cambridge 1973; P. Helm, The Varieties of Belief, London 1973; J. Meyer zu Schlochtern, G.-Sprache-Erfahrung, Frankfurt 1978; W. Lenzen, Glauben, Wissen u. Wahrscheinlichkeit, Wien 1980; F. v. Kutschera, Grundfragen der Erkenntnistheorie, Berlin 1982, § 1.1. *F. Ricken*

Gleichheit ↑Identität.

Gnosis. Mit G. im *engeren Sinn* bezeichnet man eine religiöse Bewegung der Spätantike, nach der Vollendung u. Heil des Menschen in der Erkenntnis (griech. gnosis) seiner selbst als des Gottes bestehen. Die G. antwortet auf die Fragen, „wer wir waren, wohin wir geworfen wurden, wohin wir eilen, wovon wir erlöst werden, was Geburt u. was Wiedergeburt ist" (Klemens v. Alexandrien, Excerpt. ex Theod. 78,2). Die zahlreichen ↑Mythen der G. weisen als gemeinsame Grundstruktur einen ↑Dualismus auf: zwischen der überweltlichen, geistigen, guten Gottheit u. dem niederen, unwissenden Weltschöpfer (Demiurgen), der Materie, dem Kosmos; dem göttlichen Lichtfunken u. dem vom Demiurgen geschaffenen Körper des Menschen, in dem er gefangen ist. Die gnostische Offenbarung erweckt den Lichtfunken zum Bewußtsein seiner selbst; damit beginnt der Aufstieg. – Die Frage nach dem *Ursprung der G.* ist umstritten. Als synkretistisches Phänomen verbindet sie Elemente verschiedener Herkunft. Die unterschiedlichen Hypothesen beruhen darauf, daß einzelne Bestandteile betont werden. Sie ist: die Umdeutung des Christentums in hellenistische

Denkformen (Harnack); entartete griech. Philosophie (Leisegang); eine Form altiranischer Religion (Reitzenstein) oder des synkretistischen Judentums (Quispel). Eine philosophische Interpretation in den Kategorien der ↑Existenzphilosophie Heideggers haben H. Jonas und M. Bultmann versucht.

In einem *weiteren Sinn* wird G. als allgemeiner Begriff der Religionsphänomenologie auf religiöse und philosophische Richtungen angewendet, die der historischen G. verwandte Elemente aufweisen, z.B.: einseitige Betonung der (mystischen oder rationalen) Erkenntnis gegenüber dem ↑Glauben; Reduktion der Erlösung auf Wissen u. ↑Selbstbewußtsein; Aufhebung des Unterschieds zwischen Mensch und Gott; Abwertung der sichtbaren Welt, vor allem des menschlichen Leibes u. der Sexualität. Im Sinne dieses weiteren Begriffs bezieht F.Chr.Baur, der G. mit Religionsphilosophie gleichsetzt, Böhme, Schelling, Schleiermacher u. Hegel in die Geschichte der G. mit ein.

Lit.: H. Schlier, G., in: Handbuch theol. Grundbegriffe, München ²1970, II 196–207; W. Foerster (Hrsg.), Die G., Zürich I 1969, II 1971, III 1980; K. Rudolph (Hrsg.), G. u. Gnostizismus, Darmstadt 1975; ders., Die G., Göttingen 1978.   F. Ricken

Gott. Der Ausdruck ‚G.' ist philosophischem Denken durch religiöse Traditionen vorgegeben. In der mythischen Vorstellungswelt der Griechen bezeichnet G. (theos) die Grundgestalten der Wirklichkeit, deren anthropomorphe Erscheinungsweisen (Polytheismus) Grund u. Ordnung von Natur u. Gesellschaft sichtbar machen. Die griechischen Götter gelten unbeschadet ihrer Unsterblichkeit nicht nur als geworden (Theogonie); überdies wird ihr Einfluß durch das auch über ihnen waltende Schicksal begrenzt. Die hebräisch-jüdische Überlieferung schreibt G. (elohim, Jahwe) die unbegrenzte Machtfülle eines personal verstandenen Handlungssubjekts zu, das die Geschichte der Welt u. der Menschen leitet, weil es diese selbst als seine Schöpfung hervorgebracht hat. Während die in der hebräischen Frühzeit vorherrschende zeitlich-räumlich gebundene Verehrung eines bestimmten G. (Henotheismus) allmählich durch die Hinwendung zu *einem* einzigen G. abgelöst wird (Monolatrie), setzt sich mit dem Babylonischen Exil (587 v. Chr.) der Monotheismus als Glaube an *den* einzigen u. alleinigen G. vollends durch. In diesem jüdischen Monotheismus wurzelt auch das christliche G.-Verständnis, jedoch so, daß die Vorstellung des allmächtigen Schöpfer-G. stärker mit der des liebenden Vaters verschmolzen wird.

Thematisiert die Religion mit G. den Grund des Daseins der Welt, so bemüht sich die Philosophie die vielfältigen u. häufig sich widersprechenden G.vorstellungen des ↑Mythos u. der Religion auf eine rationale Basis zu stellen. Dadurch kommt es zur allmählichen Vergeistigung u. Ethisierung der G.vorstellung, die sich bei den ionischen Naturphilosophen in der Suche nach dem Weltprinzip (arche) anbahnen u. mit der Idee des ↑Guten bei *Platon* u. der

Gott

Lehre vom unbewegten Beweger bei *Aristoteles* ihre erste grundlegende Ausarbeitung erfahren. Indem die frühchristliche Theologie die Frage nach der wahren Gestalt des Göttlichen aufnimmt u. eigenständig fortentwickelt, entsteht die einzigartige Synthese von metaphysischer u. theologischer G.lehre, die das abendländische Denken bis in die Gegenwart bestimmt. Demgegenüber ist die strikte Trennung des ‚G. der Philosophen' vom ‚G. Abrahams, Isaaks und Jakobs' *(Pascal)* erst ein Produkt der Krise des G.-gedankens in der Neuzeit.

Für die traditionelle G.lehre sind die Themen Erkenntnis, Dasein u. Wesen G. leitend. Die *G.erkenntnis* baut auf der natürlichen ↑Theologie auf, derzufolge G. dem natürlichen Licht der Vernunft zugänglich ist. Erst auf dieser Basis errichtet die Theologie das Gebäude der geoffenbarten G.erkenntnis, für die das Zeugnis der biblischen Schriften grundlegend ist. Die Frage, ob G. ist, findet ihre Ausarbeitung in besonderen *G.beweisen,* deren Pluralität auf zwei Grundtypen reduziert werden kann. Der kosmologische Typ geht von der Erfahrung der Endlichkeit u. Zufälligkeit der Welt aus u. schließt auf ein Prinzip zurück, das je nach der Art des gegebenen Weltausgangs als erster Beweger, erste Ursache, notwendig Existierendes u.a. gedacht wird. Der von *Anselm v. Canterbury* entwickelte u. von *Descartes* neu begründete ontologische G.beweis nimmt seinen Ausgang beim Begriff G. als vollkommensten (Anselm) und notwendigen (Descartes) Wesens, um darzutun, daß dieser Begriff die ‚Existenz' einschließt. Die Zurückhaltung besonders der Theologie gegenüber der Indienstnahme des ontologischen G.beweises resultiert daraus, daß eine direkte Erkenntnis des Wesens G. für nicht möglich gehalten wird. So soll das *Wesen G.* durch die Erkenntnis seiner *Eigenschaften* sichergestellt werden, die jedoch aufgrund der Differenz von Sein u. Seienden nur indirekt erfolgen kann. Folglich werden die auf das Wesen u. Wirken G. bezogenen Eigenschaften sowohl auf dem Weg der ↑Analogie als auch durch die Verfahren der Steigerung (via eminentiae), der Negation (via negationis) oder des kausalen Rückschlusses (via causalitatis) gewonnen. Die Erfassung des Wesens G. gipfelt in Bestimmungen, die wie ipsum esse, actus purus, independentia u.a. auf das transzendente Sein eines absolutselbständigen und frei handelnden Subjekts abheben. Erst im Zusammenhang der Wiederbelebung des ontologischen G.beweises versucht die neuzeitliche Metaphysik, den Gedanken der Selbständigkeit G. dadurch weiterzuentwickeln, daß im Gegensatz zum ab-alio-esse des endlich Seienden G. als ens a se, causa sui u. d.h. als sich selbst konstituierendes Wesen gefaßt wird.

Dieser zuvor skizzierte Theismus gerät in der Neuzeit in eine Krise, die sich als begründeter oder gleichgültiger Agnostizismus u. schließlich als gelebter Atheismus äußert. Nicht nur werden wie im Deismus, der eine über die Schöpfung hinausgehende Erhaltung der Welt durch G. negiert, oder wie im ‚Atheismusstreit' um *Fichte,* der die Vorstellung der Persönlichkeit G. kritisiert, tragende Einzelelemente des G.gedankens in Frage gestellt. Durch *Kants* „Revolution der Denkungsart" wird die ontologisch abgestützte G.lehre von Grund auf destruiert; G. kann nicht *erkannt,* sondern allein *gedacht* werden, weil der reinen Vernunftidee G. nur um den Preis der Erschleichung die zur Erkenntnis G. notwendigen Anschauungsdaten unterschoben werden könnten. Daß G. nicht wie ein sinnlich anschaubarer u. durch den ↑Verstand konstituierter Gegenstand konzipiert werden kann, darf allerdings nicht zu dem Mißverständnis verleiten, als werde damit der G.gedanke überhaupt verabschiedet. Denn obwohl Kant auch den ontologischen G.beweis für undurchführbar erklärt, weil der Begriff des notwendigen Wesens nicht gedacht werden könne, versucht er ausdrücklich, die *Denknotwendigkeit* G. formal- und transzendentallogisch darzutun. Das ist aber nur dann evident, wenn die von Kant destruierte Ontologie durch eine neue als Kategorien- und Strukturenlehre ausgearbeitete ‚Logik der ↑Vernunft' abgelöst werden kann.

Indem *Hegel* eine derartige ‚Logik' zur Darstellung bringt, ist er nicht nur in der Lage, den kosmologischen u. ontologischen G.beweis auf einer völlig neuartigen Basis zu reformulieren. Überdies kann er so auch eine G.lehre konzipieren, die als Lehre vom absoluten ↑Geist der Kantischen Kritik u. der späteren Religionskritik (Feuerbach u.a.) Rechnung trägt. Für sie ist die Rekonstruktion der *Trinitätslehre* grundlegend, durch die Hegel Dualismus u. Pantheismus gleichermaßen überwinden kann. Der Dualismus verkehrt mit der Trennung von Immanenz u. Transzendenz G. in ein begrenztes Wesen. Der Pantheismus macht nicht etwa aus ‚allem' G.; vielmehr zielt er auf die totale Unselbständigkeit u. Unfreiheit von Welt und Mensch. Die traditionelle G.lehre, die G. als allmächtiges, absolut selbständiges und selbstbestimmendes Wesen denkt, kann der Gefahr des Pantheismus nicht entgehen. Zu dieser Einsicht gelangt auch die Theologie gegenwärtig dort, wo sie die christliche G.lehre konsequent als Trinitätslehre durchzuführen versucht. Aber erst wenn die trinitarische auch als die notwendigerweise vernünftige G.lehre entfaltet wird, kann mit der Kritik der Religionskritik auch die Vernunftgemäßheit des G.gedankens erwiesen werden.

Lit.: Platon, Symposium 210e–211d; Rep. 505–520; Aristoteles, Physik VIIf.; Met. XII; Anselm v. Canterbury, Proslogion; Thomas v. Aquin, Summa theol. I; Descartes, Med. III, V; Kant, KrV B 349 ff.; Hegel, Wissenschaft der Logik; ders., Enzyklopädie der philosophischen Wissenschaften, Teil III; Feuerbach, Das Wesen des Christentums; W. Schulz, Der Gott der neuzeitlichen Metaphysik, Pfullingen ³1957; D. Henrich, Der ontologische G.beweis, Tübingen ²1967; W. Cramer, G.beweise u. ihre Kritik, Frankfurt 1967; F. Wagner, Der Gedanke der Persönlichkeit G. bei Fichte und Hegel, Gütersloh 1971; W. Weischedel, Der Gott der Philosophen, 2 Bde., Darmstadt 1971 u. 72; G. in HWPh III; W. Brugger, Summe einer philosophischen G.lehre, München 1979; W. Pannenberg, Grundfragen systematischer Theologie II, Göttingen 1980, 80–128.   *F. Wagner*

Gottesbeweis ↑Gott.

Größe ↑Quantität.

Grund (lat.: ratio) ist das, was Antwort gibt auf die Frage nach dem Warum. Diese Frage kann in bezug auf die Wahrheit u. Gewißheit von Aussagesätzen, aber auch in bezug auf Handlungen, auf Naturvorgänge, schließlich auch auf Seiendes u. Existierendes überhaupt gestellt werden. Die Forderung der Vernunft, daß in jedem Bereich alles seinen G. habe, wird in dem ↑Prinzip vom zureichenden G. formuliert. Folgerichtig fordert es für alles einen letzten Ursprung oder Urgrund, was den unendlichen Regreß (die Rückführung jedes G. auf andere G.e) ausschließt. Im Hinblick auf wahre u. gewisse ↑Sätze bedeutet das, daß diese zuletzt auf unmittelbaren ↑Wahrnehmungen oder bei ↑analytischen Urteilen auf der notwendigen Beziehung der Begriffsinhalte beruhen; bei den menschlichen Handlungen, daß diese sich an etwas, das als Letztwert erstrebt wird, orientieren; bei den Naturvorgängen des äußeren und inneren (psychischen) Geschehens, daß dieses nicht nur im einzelnen aus entsprechenden ↑Ursachen hervorgeht, sondern auch für dessen Gesamtheit die Frage nach einer letzten Ursache gestellt werden muß. Bei allem Seienden u. Existierenden überhaupt bedeutet es, daß es, wenn es selbst kontingent (seinem Begriff u. Wesen nach nicht notwendig existent) ist, aus dem ↑Absoluten hervorgeht. G. ist also der Ursache gegenüber der weitere Begriff. Ob etwas notwendig oder frei aus seinem G. hervorgeht, hängt von der Art des Bereiches ab, in dem nach dem G. gefragt wird.

Lit.: Leibniz, Monadologie 32, 36–38; Schopenhauer, Über die vierfache Wurzel des Satzes vom G.; M. Heidegger, Vom Wesen des G.; ders., Der Satz vom G.e; R. Laun, Der Satz vom zur. G., Tübingen ²1956; H. Stekla, Der regressus ad infinitum bei Aristoteles, Meisenheim 1970. *W. Brugger*

Grundsatz ↑Axiom, Postulat, Prinzip.

Gültigkeit. Die G. (validity) ist wie die Beweisbarkeit ein *relativer* ↑Wahrheitsbegriff. Wie beweisbar immer relativ zu einem ↑Axiomensystem definiert ist, so ist g. immer in bezug auf ein Modell definiert, d. h. z. B. in bezug auf einen Individuenbereich oder auf eine Menge möglicher Welten. Beweisbarkeit liefert einen *syntaktischen* u. G. einen *semantischen* Wahrheitsbegriff.

In der Geschichte der Philosophie verfügen wir von Anfang an über einen semantischen Wahrheitsbegriff, denn für Aristoteles u. die folgende Tradition heißt ‚wahr' immer wahr oder genauer g. in bezug auf einen Bereich von Individuen mit ihren relationalen u. nicht-relationalen Eigenschaften (vgl. Korrespondenztheorie der ↑Wahrheit). Wahr u. g. fallen zusammen, wenn die ganze Welt gemeint ist. – Auch die *Allgemeing.* kann man bezüglich eines Individuenbereichs definieren. So ist der formale Ausdruck $V_x V_y \neg (x = y)$ nur g. in einer Welt, in der wenigstens zwei Objekte existieren, während der Ausdruck $(V_x\ x = x)\ v$

($\neg\ V_x\ x = x$) selbst in der leeren Welt g., d.h. allgemeing. ist.

Im Ansatz bei Duns Scotus u. explizit bei Leibniz u. Crusius taucht die Theorie der möglichen Welten auf. Mögliche Welten sind für Leibniz u. Crusius der Geltungsbereich quantifizierter u. nicht-quantifizierter Modalaussagen: notwendig p = g. in allen möglichen Welten; möglich p = g. in wenigstens einer möglichen Welt; unmöglich p = g. in keiner möglichen Welt; kontingent p = g. in dieser u. nicht in allen möglichen Welten. Diese Theorie wurde von S. Kripke als Modell benützt, auf das er die Relationen der Reflexivität, Transitivität u. Symmetrie definierte, um damit die Korrektheit und Vollständigkeit der Modallogik zu beweisen.

Lit.: Aristoteles: De Int. 16 a 16 f.; A. Tarski, Logic, Semantics, Metamathematics, Oxford 1956; S. A. Kripke, Name und Notwendigkeit, Frankfurt 1981. *H. Burkhardt*

Gute, das. Der Ausdruck ‚das Gute' kann bezeichnen: a) den Begriff gut, der durch diese Redeweise vergegenständlicht wird; b) die Klasse der Seienden, die unter den Begriff gut fallen; c) das Seiende, das in ausgezeichneter, exemplarischer Weise gut ist; so wird gelegentlich Gott als das G. bezeichnet. Alle drei Verwendungen lassen nach Gebrauch u. Bedeutung des Prädikators gut fragen. – Aristoteles (Nik. Eth. I 4) hat darauf hingewiesen, daß ‚gut' von Seienden aller ↑Kategorien ausgesagt werden kann. Wir können sprechen von einem guten Menschen, einer guten Farbe, guten Charaktereigenschaften, einer guten Größe, einem guten Ereignis, einem guten Sachverhalt usw. Die ↑Scholastik hat deshalb den Begriff gut zu den ↑Transzendentalien gerechnet.

Die verschiedenen Theorien über die Bedeutung von ‚gut' stimmen darin überein, daß diese nur mit Hilfe des Begriffs des Strebens im weitesten Sinn bestimmt werden kann. So ist z. B. nach Aristoteles das G. das, wonach alles strebt (Nik. Eth. I 1); nach dem Sprachanalytiker R. M. Hare ist es die primäre Funktion des Wortes ‚gut', Wahlakte zu leiten. Dabei darf das G. jedoch nicht mit dem faktisch Gewollten oder Gewählten gleichgesetzt werden. Es ist das *zu* Wählende oder *zu* Erstrebende, das Wählens- oder Erstrebens*werte*. Als Gegenstand eines qualifizierten Strebens ist es vom Angenehmen als dem Gegenstand des faktischen Strebens (der Neigungen) zu unterscheiden. Wie kann diese Qualifikation genauer bestimmt werden? Wie ist das Verhältnis des Wählens zum G. zu denken: Ist x gut, weil wir es wählen, oder wählen wir x, weil es gut ist? Es ist zunächst eine zweifache Verwendung von ‚gut' zu unterscheiden. a) x ist gut (nützlich) als Mittel zu einem vorgegebenen Ziel. Aussagen dieser Art werden anhand beschreibender Kriterien (empirisch) begründet. Die Begründung verweist auf die Eigenschaften, die x für die Verwirklichung des Ziels tauglich machen. Wir wählen x, weil es gut ist, d. h. weil ihm diese Eigenschaften zukommen. b) Das Problem der Bedeutung von ‚gut' u. der Begründung von Werturteilen stellt sich erst bei Aussagen, die etwas als in sich gut cha-

Gute

rakterisieren. Hier ist vor allem der moralische Gebrauch zu nennen: eine gute Handlung, eine gute Absicht, ein guter Charakter; im außermoralischen Gebrauch sprechen wir von Gütern, die wir um ihrer selbst willen wählen. Es seien folgende Lösungsversuche genannt:

1. *Die ontologische (objektive) Theorie.* Nach *Platon* u. *Aristoteles* besteht das Gut eines Seienden in der Verwirklichung oder Erfüllung seines Wesens. Das Gut des Menschen, so verdeutlichen sie diesen Begriff, liegt wie das eines Handwerkers, Werkzeugs oder Organs in dessen spezifischer Leistung. Sie ist das vom jeweiligen Seienden in Wahrheit Erstrebte, wobei ein analoger Begriff des Strebens verwendet wird. Ein Seiendes ist in dem Ausmaß gut, als es die Fähigkeit besitzt, sein Gut zu verwirklichen. Ausgehend von der Begriffsbestimmung am Anfang der Nik. Eth. arbeitet *Thomas v. Aquin* das Verhältnis von ‚gut' u. ‚Streben' genauer heraus: ‚Gut' gehört zu den ersten Bestimmungen des Seienden; es kann daher nur durch etwas ihm Nachgeordnetes bestimmt werden. Das G. wird nicht durch das Streben konstituiert; das Streben ist vielmehr *Wirkung* des G., das dessen Ursprung u. Ziel ist. Ziel eines Seienden ist (auch) das Seiende, das es vollendet u. erhält, d. h. letztlich †Gott, der als Ursprung u. Erhalter alles Seienden aufgrund seines Wesens gut ist. Hier knüpft Thomas an *Platon* an, der die Idee des G. durch die Sonne symbolisiert, die allem Sichtbaren Werden, Wachstum u. Nahrung schenkt.

2. *Nonkognitive (subjektive) Theorien.* Das Verhältnis von ‚gut' u. ‚Streben' kann jedoch auch so verstanden werden, daß das Streben für das G. *konstitutiv* ist. Diese Position wird, wiederum im Anschluß an Nik. Eth. I 1, am Anfang der Neuzeit von *Hobbes* formuliert: „Allen Dingen, die erstrebt werden, kommt, insofern sie erstrebt werden, der gemeinsame Name ‚gut' (‚ein Gut', bonum) zu". In Aussagen kann ‚gut' nach diesen Theorien nur als zweistelliger Prädikator gebraucht werden, d. h. es kann nur von Mitteln u. personenrelativen Gütern prädiziert werden. Letzte Maßstäbe jeder Bewertung sind z. B. faktische, naturgegebene Strebungen *(Naturalismus),* etwa der Trieb nach Selbsterhaltung, Gefühle, Neigungen, Einstellungen, *(Emotivismus),* nicht mehr hinterfragbare Entscheidungen *(Dezisionismus).*

3. *Die transzendentale Theorie.* *Kant* wirft den nonkognitiven Theorien zu Recht vor, daß sie, abgesehen vom zweckrationalen Gebrauch, nicht zwischen dem Angenehmen bzw. Wohl u. dem G. unterscheiden können. Auch für ihn ist das Streben für das G. *konstitutiv;* im Unterschied zu den nonkognitiven Theorien geht er jedoch von einem *qualifizierten* Streben aus. Der schlechterdings gute Wille ist oberste Bedingung alles G.; schlechterdings gut aber ist ein Wille, der vom moralischen Gesetz, dem Kategorischen Imperativ, bestimmt wird. Kant kennt also keinen außermoralischen Begriff des in sich G. Der Begriff des G. kann nur durch den des moralischen Gesetzes, das den vernünftigen, freien Willen notwendig bestimmt, eingeführt werden.

4. *Intuitionistische Theorien* berufen sich für die Rechtfertigung von Urteilen mit dem einstelligen Prädikator ‚gut' auf *Evidenzerfahrungen*. Nach *Brentano* „nennen wir etwas gut, wenn die darauf bezügliche Liebe richtig ist. Das mit richtiger Liebe zu Liebende ... ist das Gute". Daß eine Liebe richtig u. ihr Objekt folglich nicht bloß geliebt oder liebbar, sondern liebenswert ist, ist in der Erfahrung dieser Liebe unmittelbar gegeben. Nach *Moore* bezeichnet „gut" „einen einfachen, undefinierbaren Gegenstand des Denkens", der nur durch eine geistige Wahrnehmung (Intuition) erfaßt werden kann. Die grundlegenden Werturteile sind evident. Ähnlich vertritt *Scheler* eine radikale Trennung der gegenständlich gedachten Werte, für die er eine eigene Erkenntnisweise postuliert, vom Sein.

Gegenüber den nonkognitiven Theorien ist grundsätzlich an der Kantischen Kritik festzuhalten. Kants Ansatz ist jedoch insofern nicht ausreichend, als eine Ethik auf die Begriffe des außermoralischen Gutes u. der Güterabwägung nicht verzichten kann. Das erkenntnistheoretische Problem ist, wie die entsprechenden Urteile begründet werden können. Der Intuitionismus ist dem Vorwurf des †Dogmatismus u. semantischen Einwänden ausgesetzt. Eine Theorie des G. wird daher den ontologischen Ansatz neu bedenken müssen.

Lit.: Platon, Rep. 352e–353e, 504e–509d; Aristoteles, Nik. Eth. I 1–6; Thomas v. Aquin, In I Ethicorum lectio 1 nr. 9; ders., De veritate q. 21; Hobbes, De homine, cap. 11; Kant, KpV A 100–114; F. Brentano, Vom Ursprung sittlicher Erkenntnis, Hamburg ⁴1955; G. E. Moore, Principia Ethica, Stuttgart 1970, Kap. 1; G. H. v. Wright, The Varieties of Goodness, London 1963; K. Riesenhuber, Die Transzendenz der Freiheit zum G., München 1971, Kap. 2; H. Kuhn, Das G., in: HphG II; F. v. Kutschera, Grundlagen der Ethik, Berlin 1982, § 1.2; F. Ricken, Allgemeine Ethik, Stuttgart 1983, Teil B. *F. Ricken*

H

Haecceitas †das Einzelne.

Hegel, Hegelianismus. Hegel wollte als „der moderne Aristoteles" auf dem Boden der neuen, transzendentalen Bewußtseinseinstellung Kants den ganzen Wirklichkeitsgehalt der klassischen †Metaphysik einbringen. Sein höchst anspruchsvolles System sollte die Grenzen u. Mängel eines dogmatischen †Realismus sowie eines †Idealismus, der bei Fichte u. Schelling an Schlagseite zum Subjekt- bzw. Objektpol hin litt, überwinden (vgl. Hegel, Werke VIII 99–162; I 31–168). Seine †Dialektik, „die Erkenntnis des Entgegengesetzten in seiner Einheit" (III 315), bezieht alles ein in das Reich des Geistes als der eigentlichen, all-einen Wirklichkeit. Dieses Zielprojekt hat Hegels „Leben für den philosophischen Gedanken" unbeirrt festgehalten (1) u. für die wichtigsten Bereiche der Philosophie ausgeführt (2) – nicht ohne Zweideutigkeit, die im späteren H. aufbrach (3).

1. Hegel hat – nach zumeist theologischen Entwürfen, die übers spä-

tere System hinausweisen (ed. Nohl 1907) – in den Jenaer Vorlesungen u. Schriften seine Denk-Position gefunden. Die „Phänomenologie des Geistes" (1807) steigert den Gegensatz von Bewußtsein u. Gegenstand Schritt um Schritt empor bis zu ihrem Zusammenfall auf den Standpunkt der „Wissenschaft der Logik", die ein umfassendes †Kategoriengebäude darstellt (3 Bde. 1812–1816). Die Logik u. die zwei Real-Teile seines Systems, die Philosophie der Natur u. des Geistes, faßte Hegel in die §§ der „Enzyklopädie" (1817, ³1830). Professor in Berlin 1818–1831, arbeitete er noch die Rechtsphilosophie, d. i. die Philosophie des objektiven Geistes, aus (1821). Die anderen Vorlesungen über die Geschichts-, Kunst- u. Religionsphilosophie u. über die Philosophiegeschichte wurden postum für die Werke-Ausgabe von 1832–1845 redigiert.

2. Die *Logik* Hegels geht dem Werdeprozeß des Geistes nach im Bereich des reinen Gedankens. Dennoch ist sie zugleich †Ontologie, Seinslehre: weil „das Denken in seinen immanenten Bestimmungen und die wahrhafte Natur der Dinge ein und derselbe Inhalt" ist (IV 39). Die Begriffe sind nicht nur etwas im Kopf des Menschen, sie sind die innerste „Sache" der Dinge selbst; u. „das System der Begriffe" ist „der Gang der Sache selbst", es liest diesen ab u. bildet ihn nach. Die Dialektik, die der Inhalt der Dinge „an ihm selbst hat", ist die Bewegkraft dieses ontologischen Ganges (IV 51 f.). Damit begründet Hegel, nicht ungern mit Berufung auf die christliche Lehre vom Schöpfer-Geist, die fundamentale Vernünftigkeit der Wirklichkeit.

Der Mensch hat die Wesensbestimmung der vernünftigen Freiheit. Das ist der Zentralbegriff der *Rechtsphilosophie*. Niemand wird dadurch er selbst, daß er sich dem Gemeinsamen verweigert oder dagegen revoltiert; das ergäbe eine „Freiheit der Leere" (VII 54). In der „gewöhnlichsten Vorstellung" von Freiheit, „daß man tun könne, was man wolle", finde sich „von dem, was der an und für sich freie Wille, Recht, Sittlichkeit usf. ist, noch keine Ahnung" (VII 66 f.). Wirklich frei werde der Mensch nur als „Ich, das Wir, und Wir, das Ich ist" (II 147), eingebunden in die „sittlichen Mächte" von Familie u. Staat, die „die Substantialität oder das allgemeine Wesen der Individuen" sind (VII 227).

In der Philosophie des „absoluten Geistes" wird die *Religion* aufgehoben in *Philosophie*. Der Inhalt, den die Religion in der Form der Vorstellung besitzt, erlangt die vollendete Gedankenform. Das Christentum, das die religiöse Entwicklung der Menschheit zusammenfaßt, läßt in der Lehre von der Trinität die „Geschichte Gottes" aufscheinen als dialektische Selbstverwirklichung des Geistes (vgl. XVI 218 ff.): Das ewig-allgemeine Ansich †Gottes entäußert sich im Mensch gewordenen Sohn Gottes in das Andere, Besondere der Welt; kraft Tod und Auferstehung Jesu kommt der Heilige Geist in der christlichen Gemeinde zu weltweiter Gegenwart u. Wirksamkeit.

3. Nach Hegel ist der Staat „die Wirklichkeit der konkreten Frei-

heit", andererseits aber hat er „das höchste Recht gegen die Einzelnen, deren höchste Pflicht es ist, Mitglieder des Staats zu sein" (VII 337.329); u. das Christentum ist zwar „die Religion der Wahrheit und Freiheit" (XVI 207), aber die Wahrheit Gottes muß sich restlos, ohne Geheimnis, der menschlichen Vernunft offenbaren. Das macht verständlich, daß sich schon die alte Hegelschule in Rechts- u. Linkshegelianer spaltete (1830–1840) u. daß Hegel bis heute gegensätzlich gedeutet wird: als politischer Theoretiker der freiheitlichen Demokratie oder eines Machtstaates mit totalitären Zügen; als theologischer Denker des modernen Christentums oder einer pantheisierenden †Gnosis. Dabei wird man wohl Sondierungen durchaus sachnaher Spekulation zu unterscheiden haben von der strikten Konsequenz des Systemganzen u. seiner Dialektik.

Lit.: Hegel, Werke ed. Glockner; N. Hartmann, Die Philosophie des deutschen Idealismus, Berlin ²1960, 241–575; Th. Litt, Hegel, Heidelberg 1953; J. Splett, Die Trinitätslehre G. W. F. Hegels, Freiburg 1965; E. L. Fackenheim, The Religious Dimension in Hegel's Thought, Bloomington 1967; J. Ritter, Metaphysik u. Politik, Frankfurt 1969, 181–317; H. Scheit, Geist u. Gemeinde, München 1973; F. Guibal, Dieu selon Hegel, Paris 1975; H. Ottmann, Individuum u. Gesellschaft bei Hegel I, Berlin 1977; O. Pöggeler (Hrsg.), Hegel, Freiburg 1977; J. Schmidt, Hegels Wissenschaft der Logik ..., München 1977; Ch. Taylor, Hegel, Frankfurt 1978; M. Theunissen, Sein u. Schein [zur Logik], Frankfurt 1978; C.-A. Scheier, Analyt. Kommentar zu Hegels Phänomenologie des Geistes, Freiburg 1980; K. Steinhauer, Hegel-Bibliographie, München 1980; G. Wohlfart, Der spekulative Satz, Berlin 1981; Ch. Topp, Philosophie als Wissenschaft, Berlin 1982. *W. Kern*

Hegemonikon †Stoa.

Hermeneutik. Bestimmt man (mit *Gadamer* in: HWPh III 1061) H. als „die Kunst ... des Verkündens, Dolmetschens, Erklärens u. Auslegens", so wird man folgendes hervorheben dürfen: a) H. hat es mit dem Auslegen (vergangener Zeugnisse, vorwiegend von Texten), mit dem Übersetzen aus einer vergangenen Zeit in den „Horizont" der jeweiligen Gegenwart zu tun, wobei sich das Interesse am Vergangenen über bloßes Bescheidwissen-Wollen hinaus auf das je noch mögliche Rezipieren des Früheren richtet. b) Solches „Übersetzen" ist offenbar mehr als ein lediglich um des historischen Wissens willen geschehendes Rekonstruieren dessen, was war, obwohl, wie bereits F. Ast betont hat (1808), H. ohne vorausgegangenes Verstehen oder Verstanden-Haben nicht möglich ist; H. wäre demnach nicht die „Kunst" allein des „Verstehens", vielmehr die des Auslegens oder Übersetzens, die das Verstehen voraussetzt, u. hätte nur in diesem Verhältnis auch mit „Verstehen" zu tun. Jedenfalls ist H. nicht identisch mit Historie im Sinne von Geschichtswissenschaft. c) Die besondere Problematik des Verhältnisses von H. u. Geschichtswissenschaft scheint Gadamer dadurch anzudeuten, daß er H. mehrsinnig als „Kunst" bezeichnet u. damit auf jene

Annäherungen an Vergangenes hinweist, die mit Worten wie Nachvollzug, Einfühlung, Empathie u. ä. angezeigt werden.

Von H. spricht man seit dem Späthumanismus (16. Jh.), dann besonders in der Romantik *(Ast, Schleiermacher)* u. vor allem im Anschluß an *Dilthey* u. *Heidegger*. Als Voraussetzung für H. galt der allgemeine menschliche Lebenszusammenhang auf der Basis der in der menschlichen „Natur" oder in der „Geistigkeit" vorgegebenen Gleichheit, die zuerst das Verstehen, dann das Übersetzen des „anderen" bzw. des Vergangenen u. Fremden gestattet.

Der anthropologisch-geisteswissenschaftliche Ansatz der H. mußte in dem Maße problematisch werden, als die Selbständigkeit des Subjekts sowohl im Hinblick auf den sich um H. Bemühenden als auch im Hinblick auf die Gesamtheit derjenigen, die in der Vergangenheit gedacht, gehandelt, geschrieben, gestaltet haben, der philosophischen, psychologischen u. soziologischen Kritik (z. B. durch *Marx, Nietzsche, Freud* u. a.) ausgesetzt wurde. Auch aus der Reflexion auf geschichtlich-kulturelle Tradition u. die Verwiesenheit auf Sprache ergab sich die Einsicht, daß das Subjekt nicht losgelöst dem je zu Interpretierenden u. Auszulegenden gegenübersteht, vielmehr immer schon im „Vorverständnis" das Auszulegende anfangshaft kennt, u. daß deshalb die Annahme des sog. „hermeneutischen Zirkels" zur unabwendbaren Voraussetzung von H. überhaupt wird. Unter dem Eindruck eines schärfer gewordenen Problembewußtseins sowie der sich gegen sie wendenden (↑Ideologie-)Kritik hat also die H. ihren historisch-geisteswissenschaftlichen Ansatz zu modifizieren. Gerade das über das Historische Hinausreichende der H. ist vielfacher Kritik ausgesetzt. Kernpunkt dieser (neopositivistischen, rationalistischen, wissenschaftstheoretischen, marxistischen) Kritik ist – von der Problematisierung des „Subjekts" abgesehen – die Frage nach der Legitimation u. der Bedeutsamkeit des im hermeneutischen Akt geschehenden Erinnerungsmoments; dieses wird teils für überflüssig gehalten, teils ästhetisch oder historisch entschärft, teils kritisch dem Bestehenden entgegengehalten.

Generell darf gesagt werden, daß H. eine Vollzugsform von Geschichtlichkeit darstellt, die den Anspruch auf Unmittelbarkeit als Illusion erweist, dadurch jedoch den (schon von Nietzsche formulierten) Einwand auf sich lenkt, die Fülle der Interpretationen verstelle das ursprüngliche Leben. Dieses Dilemma kann indes durch die H. selbst aufgehellt und plausibel gemacht werden, indem sie die Möglichkeit „vermittelter Unmittelbarkeit" aufzeigt u. gelten läßt.

Lit.: H.-G. Gadamer, Wahrheit u. Methode, Tübingen ⁴1975; H.-G. Gadamer/G. Boehm (Hrsg.), Philosophische H., Frankfurt 1976; (ohne Hrsg.) H. und Ideologiekritik. Mit Beiträgen von K.-O. Apel, C. v. Bormann, R. Bubner, H.-G. Gadamer, H. J. Giegel, J. Habermas, Frankfurt 1971. *H. R. Schlette*

Historismus ↑Geschichte, Relativismus.

Holismus ↑Analytische Philosophie, Erkenntnistheorie, Sprache, Wissen.

Hylemorphismus ↑Körper, Materie.

Hylozoismus ↑Materie, Vorsokratik.

Hypothese. Unter H.n werden ↑Sätze verstanden, deren ↑Wahrheit zwar nicht definitiv erwiesen ist, dennoch aber dem kognitiven oder auch nicht-kognitiven Handeln als Annahmen (zunächst) zugrunde gelegt werden. Von erkenntnistheoretischer Bedeutung ist dann die *Frage, ob nicht all unser sog. Wissen, einschließlich des wissenschaftlichen Wissens, einen nur hypothetischen Status hat.* Der hypothetische Charakter unseres empirischen Wissens ist in neuerer Zeit insbesondere von *K. R. Popper* und dem an ihm orientierten ↑*Kritischen Rationalismus* hervorgehoben worden. Gemäß der von Popper vorgelegten Konzeption ist dieses Resultat dabei deshalb zwingend, weil – so Popper – bei Naturgesetzen keine Verifikation, sondern nur eine Falsifikation möglich ist, eine mißlungene Falsifikation aber keine Wahrheitsgarantie darstellt. Da andererseits selbst die Überprüfung von einfachen Basissätzen (↑Erfahrung) nur unter Zugrundelegung von ↑Naturgesetzen möglich ist, wird dann das empirische Wissen überhaupt hypothetisch. Selbst wenn man – anders als Popper – eine induktive Bestätigung von Naturgesetzen für möglich hält, bleibt deren Status hypothetisch, da der Bestätigungsgrad der Naturgesetze bei allenfalls endlich vielen stützenden Daten jedenfalls unterhalb der Gewißheitsgrenze bliebe. Ist die These von der Theoriegeleitetheit der Beobachtung richtig, so wären bei diesem induktiven Vorgehen selbst die stützenden Beobachtungsdaten hypothetisch. – Galt bis in die jüngste Zeit das ↑analytische Wissen als ein Ort sicheren und damit nicht hypothetischen Wissens, so argumentiert Quine für die These, daß zwischen analytischen u. synthetischen Sätzen nicht streng unterschieden werden kann, was zufolge des hypothetischen Charakters der synthetischen Sätze den hypothetischen Charakter selbst der analytischen Sätze nach sich zöge.

Lit.: K. R. Popper, Logik der Forschung, Tübingen ³1969; W. V. O. Quine, Ontologische Relativität u. andere Schriften, Stuttgart 1975.

R. Hegselmann

I

Ich ↑Idealismus, Innerer Sinn, Selbstbewußtsein.

Idealismus meint im weiten, auch *vorphilos. Sinn* eine Grundüberzeugung oder Gesamtauffassung, die sich weniger am sinnlich Materiellen, handgreiflich Nächstliegenden orientiert, sondern auf übergeordnete Ziele, auf Ideale ausgerichtet ist, eine Auffassung also, die in irgendeiner Weise – mag sie sich nun mehr theoretisch differenziert oder existentiell intuitiv inspiriert präsentieren – der „geistigen" Welt das entscheidende Gewicht beimißt. Als *philos. Terminus* bezeichnet I. eine Hauptströmung bzw. einen Grundzug der abendländischen Geistesge-

Idealismus

schichte. Gegensatz ist der ↑Materialismus, nicht eigentlich der ↑Realismus, da es im I. ja gerade um ein möglichst angemessenes Verständnis der Wirklichkeit geht. Von den Vertretern des marxistischen Materialismus wird I. meist als Sammelbezeichnung für alle nichtmaterialistischen Philosophien verwendet.

Nach *Platon* sind die ↑Ideen die eigentliche Wirklichkeit. Sie werden durch die Allgemeinbegriffe erfaßt. Dagegen ist das sinnlich einzelne nur in dem Grade wirklich u. erkennbar, als es Anteil hat an den Ideen. So ist ein Mensch nur in dem Maße Mensch, als er sich auf die Ideen der Tugend, letztlich auf die Idee des ↑Guten, ausrichtet u. diese in ihm zur Erscheinung kommen. Den Vorwurf der Weltfremdheit – eine heute häufige Konnotation des Begriffs I. – kannte auch Platon schon. Mit einem Schuß Selbstironie erzählt er die Geschichte des weisen Thales, der von einer Magd ausgelacht wird, als er, die Sterne betrachtend, in den Brunnen fällt (Theaitet 174a). Obwohl nach Platon die Ideen das eigentlich Wirkliche sind, steht ihnen in unaufhebbarem ↑Dualismus die Materie gegenüber. Ein radikalerer I. wurde erst durch das *Christentum* möglich: Alles, auch die ↑Materie, ist geistgewirkt. Das Christentum nahm jedoch den platonischen I. in sich auf. Es konnte die Ideen als Gedanken Gottes verstehen, nach denen u. auf die hin er seine Schöpfung ins Sein setzt *(Origenes, Augustinus)*. Diese Auffassung bestimmte auch das Mittelalter.

Im ↑*Nominalismus* des Spätmittelalters bahnte sich eine Wende an. In Entsprechung zur Freiheit des Schöpfergottes wurde die kontingente Einzelexistenz als die entscheidende Wirklichkeit betrachtet. Den Ideen als den allgemeinen Strukturen kam nur mehr sekundäre Bedeutung zu. Sie wurden zu einem „bloß" Gedachten. Damit war der für die Neuzeit typischen erkenntnistheoretischen Fragestellung der Boden bereitet, der Frage nämlich nach der Realgeltung der nur gedachten, bewußtseinsimmanenten Ideen und Vorstellungen. *Descartes* vertrat einen strengen Dualismus zwischen dem vom erkennenden Subjekt unmittelbar kontrollierbaren, weil ihm innerlichen Bereich der Ideen u. einer nur indirekt erschließbaren materiellen (Außen-)Welt. In der Folge dieser Problematik entwickelte *G. Berkeley* einen radikalen I., nach dem es überhaupt keine bewußtseinsunabhängige Materie gibt (da eine nicht vorstellungsbezogene Wirklichkeit nicht vorstellbar sei). Es bleiben nur ↑Vorstellungen (ideas), die einerseits von Gott erzeugt, andererseits vom Menschen rezipiert werden (esse est percipi, Sein ist Aufgefaßtwerden). *Kant* stellt diesem „dogmatischen I." seinen „kritischen I." gegenüber. Zwar gibt es nach Kant ein bewußtseinsunabhängiges „↑Ding an sich". Doch ist dieses, insofern es dem erkennenden Subjekt „erscheint", schon durch dessen Erkenntnisstrukturen geprägt. Diese Strukturen (↑Kategorien) sind Einheitsfunktionen des Ich, das durch seine ursprünglich einigende Tätigkeit (transzendentale Apperzeption) jedweden Gegenstand als solchen konstituiert.

Die aus dieser Lösung sich ergebenden Probleme leiteten diejenige Epoche philos. Denkens ein, die im besondern I. genannt wird *(deutscher I.)* u. die mit den Namen *Fichte, Schelling* u. *Hegel* verbunden ist. Sie dauerte etwa von 1794 (Erscheinungsjahr von Fichtes „Wissenschaftslehre") bis 1831 (Hegels Tod). *Fichte* begnügte sich nicht mit der transzendentalen Apperzeption als letzter Antwort auf die Frage der Subjektkonstitution. Denn wie muß das Ich gedacht werden, das zu einer solchen universalen Einheitsfunktion fähig ist? Es muß jedenfalls letztlich aus sich begriffen werden, d. h. unter Ausschluß irgendwelcher äußeren Determination, – so Fichte in seiner „Wissenschaftslehre". Den ursprünglichen Akt der Freiheit, mit dem das Ich sich selbst setzt, u. zwar zugleich mit seinem Gegenüber (denn die Setzung des Nicht-Ich ist Teil der Selbstsetzung des Ich), nennt Fichte „Tathandlung". *Schelling* kritisiert an dieser Konzeption den einseitigen Hervorgang des Nicht-Ich aus dem Ich. Die Natur werde dabei in ihrer Bedeutung verkannt. Diesem „subjektiven I." stellt er zunächst seinen „objektiven I." gegenüber, nach dem die Selbstsetzung des Ich in Parallelität mit dem Hervorgang des Ich aus der Natur gesehen wird (idealistische Evolutionstheorie). Später entwickelt Schelling eine Identitätsphilos., die er auch „absoluten I." nennt: Das Subjekt-Objekt Verhältnis kommt durch einen Differenzierungsprozeß zustande aus einer ursprünglichen, göttlich absoluten, zwar geistigen aber unterschiedslosen Einheit. *Hegels* Denken steht zunächst ganz unter dem Einfluß von Schellings Identitätsphilos. In der „Phänomenologie des Geistes" kritisiert er deren Standpunkt jedoch als einen zu wenig vermittelten. Er bleibe reine „Versicherung". Hegel löst den Identitätsstandpunkt auf in einen komplizierten Prozeß der Selbstvermittlung des Subjektes durch das „Andere seiner". Horizont des Vermittlungsprozesses ist freilich auch bei ihm die Grundüberzeugung des deutschen I.: „Die Vernunft ist die Gewißheit des Bewußtseins, alle Realität zu sein; so spricht der Idealismus ihren Begriff aus" (ebd. ed. Hoffmeister 176). Prinzipielle Schranken ihrer selbst kann die Vernunft insofern nicht akzeptieren, als schon das Bewußtsein der Schranke einen Standpunkt jenseits ihrer voraussetzt. Das Bewußtsein der Überschreitbarkeit des Endlichen nennt Hegel das „Ideelle". „Der Satz, daß die Endlichkeit ideell ist, macht den Idealismus aus ... Jede Philosophie ist wesentlich Idealismus oder hat denselben wenigstens zu ihrem Prinzip, und die Frage ist dann nur, inwiefern dasselbe wirklich durchgeführt ist" (Wissenschaft der Logik, ed. Lasson I. 145). Die konkrete Durchführung bei Hegel (wie bei Fichte u. Schelling) gab allerdings Anlaß zu mancherlei Kritik, die sich bald auch – in verschiedenen Ausprägungen – gegen den Gesamtduktus der Philos. des deutschen I. richtete. Dennoch bleibt dieser Höhepunkt idealistischer Philos. – wie für ihre großen Kritiker (*Marx, Nietzsche, Kierkegaard* u.a.) – auch für heutiges Philosophieren eine fruchtbare Herausforderung.

Idee

Lit.: Fichte, Erste (u. zweite) Einleitung in die Wissenschaftslehre; Schelling, System des transzendentalen Idealismus; Hegel, Phänomenologie des Geistes (Vorrede); ders., Wissenschaft der Logik; O. Willmann, Geschichte des I., 3 Bde, Braunschweig ²1907; N. Hartmann, Die Geschichte des deutschen I., Berlin ²1960; W. Schulz, Die Vollendung des deutschen I. in der Spätphilosophie Schellings, Pfullingen ²1975.

J. Schmidt

Idee. Das griech. idea bezeichnet außerphilosophisch die sichtbare (Wurzel wid = sehen) äußere Gestalt. Aus der Geschichte des philosophischen Gebrauchs seien folgende Abschnitte hervorgehoben:

1. Bei ↑*Platon* ist die I. zunächst die *Bedeutung eines Begriffsworts*, das ↑Universale. Dieser Aspekt steht in den Frühdialogen, die nach der Definition einzelner Tugenden fragen, im Vordergrund. Das Universale ist für Platon eine ontologische Größe: Sein oder ↑Wesen eines Seienden; es *ist* unabhängig vom sichtbaren Einzelding u. der es erkennenden Vernunft. Platon denkt die I. deshalb als Gegenstände, von denen ihrerseits Universalien prädiziert werden können; so ist z. B. die I. des Gleichen selbst gleich. Sie sind das wahrhaft, ewig u. unveränderlich Seiende u. werden vorgängig zur Sinneswahrnehmung, die nur an die I. erinnern kann (Anamnesis), erkannt; die sichtbaren Einzeldinge sind nur durch ↑Partizipation an den I. Die weitere Entwicklung ist vor allem bestimmt durch die Aussage des „Timaios" (27 d–29 d), die I. seien zeitlose Urbilder, nach denen der göttliche Demiurg die sichtbare Welt schafft.

2. Während nach Platon die I. unabhängig von der sie erkennenden Vernunft *sind*, denkt der Mittelplatonismus, gefolgt vom ↑*Neuplatonismus, Augustinus* u. der ↑*Scholastik*, sie als *urbildliche Gedanken Gottes*. Menschliches Erkennen ist nach der sog. Illuminationslehre des Augustinus Teilhabe am göttlichen Erkennen der I. *Plotin* setzt die I. mit seiner zweiten Hypostase, dem Geist, gleich: Die I. ist Geist, der Geist die Gesamtheit der I. Von hier führt eine Linie zu ↑*Hegel*: Die I. ist das Absolute, die absolute Substanz des Geistes u. der Natur. Hegels „System" zeigt den in sich reflektierten Entwicklungsprozeß, in dem die absolute I. wird, was sie ist.

3. Von Urbildern der Dinge in der göttlichen Vernunft werden die I. bei *Descartes* zu *Abbildern der Dinge im menschlichen Bewußtsein* (cogitatio). Von der I. als Bewußtseinsakt (materialer Begriff der I.) unterscheidet Descartes die I. als Bewußtseinsgehalt (formaler Begriff der I.), für den der repräsentative Charakter wesentlich ist: Die I. ist Bild oder ↑Vorstellung, die Wirklichkeitsgehalt u. Sosein eines Dinges darstellt. Steht Descartes u. a. noch dadurch in der platonischen Tradition, daß er neben (aus der Erfahrung) erworbenen (u. von mir selbst gemachten) angeborene I. (z. B. „Ding", „Wahrheit", „Bewußtsein") annimmt, so gibt der ↑*Empirismus* (Locke) auch diese Bindung auf: Alle I. stammen letztlich aus der Erfahrung. Die beiden Quellen der I. sind die Affektion der Sinne durch die Dinge (sensation) u. die Wahrnehmung der Operationen, die unser Geist mit diesen Sinneseindrücken vornimmt (reflection).

4. Nach *Kant* ist die I. ein *reiner Vernunftbegriff*, dem niemals ein Gegenstand der Erfahrung entsprechen kann. Während die reinen Verstandesbegriffe (↑Kategorien), die empirische Erkenntnis ermöglichen, sich von der Form der Urteile herleiten, haben die I. ihren Ursprung in der ↑Vernunft als dem Vermögen des Schließens. Dem kategorischen Schluß entspricht die I. der Einheit des denkenden Subjekts (Seele), dem hypothetischen die der Einheit der Reihe der Bedingungen der Erscheinung (Welt) u. dem disjunktiven die der absoluten Einheit der Bedingungen aller Gegenstände des Denkens überhaupt (Gott). Obwohl den I. kein Gegenstand der Erfahrung entsprechen kann, sind sie nicht willkürlich, sondern durch die Natur der Vernunft gegeben, die zu den bedingten Erkenntnissen des Verstandes notwendig das Unbedingte sucht, um so die Verstandeserkenntnis zu einer letzten Einheit zu führen. Wurde die I. bisher als Gegenstand oder Inhalt einer geistigen oder sinnlichen Wahrnehmung gedacht, so vollzieht sich bei Kant insofern ein Wandel, als für ihn die kosmologische I. eine Regel (regulatives Prinzip) ist, die die größtmögliche Erweiterung der Erfahrung fordert (KrV B 536 ff.). Daran knüpft der ↑*Pragmatismus* an: Die Funktion der I. besteht darin, Gewohnheiten für unser Handeln zu erzeugen; „es gibt keinen Bedeutungsunterschied, der so fein wäre, daß er in etwas anderem bestünde als in einem möglichen Unterschied der praktischen Tätigkeit" (Peirce). Kants Begriff des regulativen Prinzips wird auch in der Rekonstruktion der Idee Platons durch die *Erlanger Schule* aufgegriffen: I. sind Schemata, nach denen wir uns bei der Herstellung, z.B. geometrischer Gebilde, richten, wobei die verwirklichten Gebilde, z.B. der gezeichnete Kreis, immer hinter der idealen Norm des Schemas zurückbleiben.

Lit.: Platon, Euthyphron; Phaidon; Sophistes; Plotin, Enneaden V 1; V 9; Descartes, Med. III; Locke, Essay I u. II; Kant, KrV B 368–398; Ch. S. Peirce, How to Make Our Ideas Clear, dt. Frankfurt 1968; W. Kamlah/P. Lorenzen, Logische Propädeutik, Mannheim 1967, 175 f.; H. Meinhardt u. a., I., in: HWPh IV. *F. Ricken*

Identität/Differenz. Zur Charakterisierung der I. ist die Unterscheidung von ↑Zeichen, ↑Begriffen u. Gegenständen wichtig, denn die I. ist eine ↑Relation, die sich auf Zeichen beziehen kann, so z. B. auf die Variablen a = a, das nennt man *formale I.*, oder auf Begriffe u. Gegenstände. Sind die Bezeichnungen verschieden, also z. B. a = b, doch die bezeichneten Begriffe oder Gegenstände i., dann spricht man von *materieller* oder *virtueller* I. oder von *Koinzidenz*. Die erste Präzisierung der Koinzidenz findet sich in der Topik des Aristoteles, wo es heißt, daß a u. b koinzidieren, wenn alles, was von a ausgesagt wird, auch von b ausgesagt wird oder jedes Prädikat von b auch ein Prädikat von a ist, also (a = b) → $\wedge_x$ x (a) → x (b). Dieses Prinzip, das man später auch bei Plotin u. Thomas v. Aquin findet, wird von Leibniz klar formuliert u. in seinen Kalkülen verwendet u. deshalb auch ‚Leibniz-Prinzip' genannt. Liest man es in umgekehrter Rich-

Identität/Differenz

tung, also $\wedge_x (x(a) \rightarrow x(b)) \rightarrow (a=b)$, dann erhält man das Prinzip der I. der Ununterscheidbaren, das ebenfalls auf Leibniz zurückgeht. Leibniz besitzt neben der ontologischen Formulierung dieses Prinzips auch eine logische, nämlich die Ersetzbarkeit salva veritate oder die Substitutivität: „Dasselbe oder zusammenfallend ist das, wovon man jedes für das andere einsetzen kann, wo man will, ohne Verletzung (bei Erhalt) der Wahrheit." Diese Ersetzbarkeit salva veritate ist später für die Fregeschen Analysen sehr wichtig. Leibniz hatte schon erkannt, daß es für die Ersetzbarkeit salva veritate Ausnahmen gibt, nämlich intensionale u. modale Kontexte. So können die Termini Dreiseit und Dreieck nicht in allen Fällen füreinander eingesetzt werden, obwohl sie denselben Begriff und denselben Gegenstand bezeichnen. Leibniz unterschied nämlich schon lange vor Frege zwischen Sinn (objectum formale) und Bedeutung (objectum materiale). Beide Bezeichnungen sind bedeutungsgleich, d.h. sie bezeichnen denselben Gegenstand, doch ihr Sinn ist verschieden, d.h. sie bezeichnen ihn je unter einem verschiedenen Aspekt (modus concipiendi) – einmal unter dem der Dreiseitigkeit und zum anderen unter dem der Dreiwinkligkeit. Diese Aspekte sind jeweils Teilbegriffe des zusammengesetzten Begriffs dieses geometrischen Körpers. Die intendierten Begriffe sind i., denn innerhalb der euklidischen Geometrie läßt sich die Dreiseitigkeit aus der Dreiwinkligkeit ableiten und umgekehrt.

Zusammen mit der *Reflexivität* der I., $a=a$, ist die I. durch die Ersetzungsregel als feinste Äquivalenzrelation eindeutig bestimmt, das wußte schon Leibniz. Daraus kann man dann auch die *Transitivität* der I. $(a=b) \wedge (b=c) \rightarrow (a=c)$ u. die *Symmetrie* der I. $(a=b) \rightarrow (b=a)$ ableiten. Als vollständige oder totale Gleichheit ist die I. ein Spezialfall der Gleichheit. Als partielle oder teilweise I. wiederum verlangt die Gleichheit im Gegensatz zur I. immer einen Bezug (Größengleichheit, Typengleichheit), das wußte schon Artistoteles.

Nimmt man die Theorie der *individuellen Akzidenzien* an, die weder in mehr als einer ↑Substanz inhärieren können, noch von einer individuellen Substanz zu einer anderen wandern können, dann ergibt sich eine interessante I.-These für individuelle Substanzen. Danach wären nämlich die individuellen Substanzen a und b i., wenn es *ein* individuelles Akzidens gibt, das beiden inhäriert, also $a=b \Leftrightarrow \text{def. } V_x (x \text{ in } a \wedge x \text{ in } b)$. Die durch die Ersetzungsregel bezeichneten Eigenschaften sind nicht individuell, sondern allgemein, also ↑Universalien. Für S. Kripke sind I.n notwendige Wahrheiten, auch wenn sie a posteriori erkannt werden, so etwa, wenn ein Historiker herausbringt, daß Cicero = Tullius. Dies läßt sich aus der notwendigen Reflexivität der I. $\wedge_x \Delta\, x=x$ und der Ersetzungsregel beweisen. Dies ist eine wichtige Ergänzung der Einteilung der Urteile durch Kant. Nach Kripke sind diese I.n analytische Sätze a posteriori.

Auch für Aussagen gilt die Ersetzungsregel nach Leibniz: „Aussagen fallen zusammen, wenn eine für die andere salva veritate eingesetzt werden kann u. wenn sie sich gegenseitig implizieren." Aussagen sind also i., wenn man sie wechselseitig auseinander erschließen kann.

Das *I.prinzip* (principium identitatis) wird mit dem Prinzip vom ausgeschlossenen Widerspruch u. dem Prinzip des ausgeschlossenen Dritten zu den ersten Denk- und Seinsprinzipien gerechnet. Es soll erstmals im 14. Jh. bei Antonius Andreas in der Formulierung ‚ens est ens' auftauchen. Der Erkenntniswert dieses Prinzips war u. ist umstritten. Für Leibniz, der dafür die Formulierung ‚Chaque chose est ce qu'elle est' wählt, ist es ein wichtiges Prinzip. In der Logik kann man es aussagenlogisch p ↔ p, termlogisch $\wedge_x (x = x)$ u. prädikatenlogisch $\wedge_f (f(x) \leftrightarrow f(x))$ ausdrücken.

Die beste Unterscheidung der verschiedenen Arten von D.n findet man bei Thomas v. Aquin. Er kennt 1) die *differentia accidentalis communis* als den Unterschied verschiedener veränderlicher Zustände desselben Individuums (Sokrates als Kind und Sokrates als Erwachsener). 2) die *differentia accidentalis propria* als Unterschied von Akzidenzien, die dauernd mit einem Individuum verbunden sind (z. B. verschiedene Hautfarbe bei Menschen). 3) die *differentia numerica (d.n.)* als Verschiedenheit von Individuen derselben Art. Da z. B. für Thomas v. Aquin nicht die Form, sondern die Materie das Individuationsprinzip war, nannte er die d.n. auch ‚distinctio materialis' oder ‚diversitas materialis'. 4) die *differentia specifica* als Unterschied von Arten derselben Gattung. Sie ist nicht in der Gattung enthalten, nur in der Art. Trotzdem ist sie für die Gattung divisiv u. für die Art konstitutiv. 5) die *diversitas:* Unterschied von Gattungen.

I., Verschiedenheit und Disparatheit kann man am besten mit Hilfe der Antisymmetrie unterscheiden, die besagt, daß a = b, wenn a b ist und b a ist, also a = b $\Leftrightarrow$ def. (a $\subseteq$ b) $\wedge$ (b $\subseteq$ a) (Jeder Fromme ist glücklich und jeder Glückliche ist fromm). Bei der Verschiedenheit (a div. b) ist a b aber b nicht a oder umgekehrt, also a div. b $\Leftrightarrow$ def. (a $\neq$ b) $\wedge$ (a $\subseteq$ b) v (b $\subseteq$ a) (Der Mensch ist ein Lebewesen, doch das Lebewesen nicht immer ein Mensch). Bei der Disparatheit (Fremdheit) (a disp. b) ist weder a b noch b a, also a disp. b $\Leftrightarrow$ def. $\neg$ (a $\subseteq$ b) $\wedge$ $\neg$ (b $\subseteq$ a) (Der Mensch ist kein Stein und der Stein ist kein Mensch).

Lit.: Aristoteles, Topik 152 b 27 f.; G. Frege, Über Sinn u. Bedeutung; J. Gredt, Elementa philos. aristotelicothomisticae, Freiburg 1937; Chr. Thiel, Sinn u. Bedeutung in der Logik Gottlob Freges, Meisenheim 1965; M. Dummett, Frege. Philosophy of Language, London 1973; M. Schirn, Identität u. Synonymie, Stuttgart 1975; S. A. Kripke, Identity and Necessity, Ithaca 1977; H. Burkhardt, Logik u. Semiotik in der Philosophie von Leibniz, München 1980; W. v. O. Quine, Wort u. Gegenstand, Stuttgart 1980. *H. Burkhardt*

Identitätsphilosophie ↑Idealismus.

Identitätsprinzip ↑Identität.

Ideologie. Die Bedeutung des Wortes

Ideologie

I., das um die Wende vom 18. zum 19. Jh. in Frankreich als Bezeichnung für die Lehre von der Entstehung der Ideen aus den sinnlichen Erfahrungen gebildet wurde, ist heute ebenso vage wie kontrovers. Im *alltäglichen Sprachgebrauch* ist I. weithin ein Synonym für „Weltanschauung", „Philosophie", „Theorie" u. ä., zumeist mit einem negativen Beiklang, der nicht nur der angeblichen Unbewiesenheit behaupteter Inhalte gilt, sondern auch der Art solchen Behauptens, die nicht selten Züge der Unduldsamkeit, des Fanatismus oder mangelnder Selbstkritik trägt. In der Tat ist die Problematik von Wertung u. Wertfreiheit bei der Interpretation von Begriff u. Sache der I. zentral, was sich an den philosophischen Hauptpositionen des I.-Verständnisses zeigen läßt.

In *(neo-)positivistischen u. rationalistischen* Philosophie-Konzeptionen ist I. der Inbegriff aller „wissenschaftlich" oder „rational" nicht faßbaren, allerdings auch nicht zu leugnenden Wirklichkeitsbereiche (wie z. B. Religion, Kunst, Ethik). Diese sich oft als „wertfrei" empfehlende Verwendung des I.-Begriffes insinuiert jedoch durch die Gegenüberstellung zu „Wissenschaft" die Inferiorität u. Labilität von I. Demgegenüber ist der auf *Marx* zurückgehende Wortgebrauch bewußt wertend, insofern er alle von angeblich falschen ökonomischen Strukturen abhängenden Objektivationen wie Staat, Recht, Religion usw. als Ausdruck eines von Grund auf „falschen Bewußtseins" ansieht u. in diesem Sinne als I. bezeichnet. Marx selbst verstand seine eigene Theorie als „wahres Wissen", d. h. als das Gegenteil von I.; deswegen ist die Selbstbezeichnung des heutigen („offiziellen") Marxismus-Leninismus als I. offenbar eine Konzession an die vulgarisierte internationale Terminologie. In einer gewissen Zwischenposition zwischen Positivismus/Rationalismus u. Marx versteht die sog. *Wissenssoziologie (Scheler, Mannheim)* I. sowohl als Gegensatz zu Wissenschaft als auch gleichzeitig als das von dem gesellschaftlichen Sein bedingte, „relationale" Wissen; hier wird letztlich jegliches Denken als von gesellschaftlichem Sein abhängiges zu I. Im Anschluß an *Nietzsche* u. *Freud* kann I. als „Interpretation" oder „Rationalisierung" von Unter- u. Hintergründen, die sich als solche der philosophischen Erkenntnis entziehen, aufgefaßt werden.

I. kann somit, allgemein gesehen, als Bezeichnung von theoretischen Konzeptionen u. (politischen) Entwürfen angesehen werden, die sich anderen als den rational-explizit genannten Argumentationen verdanken. Dieser Aspekt ist dem sich an Marx, Nietzsche, Freud u. a. sich anlehnenden I.-Verständnis formal gemeinsam. In dieser Perspektive läßt sich I. als ein gedanklich-kohärenter Zusammenhang bzw. als ein „Wissen" verstehen, das sich nicht „Gründen", sondern (verborgenen oder verschwiegenen) „Interessen" verdankt (Lübbe). Die Bemühung, bestimmte Wissenskomplexe als von anderen als den jeweils angegebenen Gründen abhängig zu erweisen, kann als *I.-Kritik* bezeichnet werden; diese kann als gesichert geltende Positionen, Ansprüche usw. – speziell auf politischem, religiösem, ökonomischem Gebiet – in Frage stellen u. eventuell „entlarven". Jedoch ist I.-Kritik in Gefahr, ihre eigene Ausgangsposition zu verabsolutieren u. sich insofern selbst dem I.-Vorwurf oder I.-Verdacht auszusetzen.

Lit.: K. Lenk (Hrsg.), I. – I.-Kritik u. Wissenssoziologie, Neuwied/Berlin ⁸1978; J. Habermas, Technik u. Wissenschaft als „I.", Frankfurt 1968.

H. R. Schlette

Illuminationslehre ↑Idee.

Immanenz ↑Monismus, Gott.

Individuation ↑das Einzelne.

Induktion. Kant hatte die Frage gestellt: Wie sind synthetische Urteile a priori möglich? Nach Ch. S. Peirce hätte er zuerst fragen sollen: Wie sind synthetische Urteile a posteriori, d. h. empirische Urteile möglich? Wenn Peirce empirische Allaussagen meinte, dann hatte er damit das Problem der I. angesprochen. Es ist ein altes philosophisches Problem, wie man auf kontrollierbare Weise zu empirischen Allaussagen kommt, d. h. wie man sie entweder durch den *Schluß vom Besonderen zum Allgemeinen begründet* oder durch *Gegenbeispiele widerlegt*. Um zu Aussagen wie ‚Alle A sind B' durch die unter sie fallenden Sätze ‚A_1 ist B', ‚A_2 ist B', ‚A_3 ist B' zu kommen, gibt es drei Möglichkeiten, die sich schon sehr früh in der Geschichte der Philosophie finden: 1) durch einige exemplarische Fälle, 2) durch unvollständige Aufzählung, 3) durch vollständige Aufzählung aller Fälle. Es ist zu beachten, daß sich diese Sätze auf endliche u. unendliche Kollektive beziehen können.

Das Verfahren (1) ist typisch für das Vorgehen von Platon u. stellt auch eine Form der epagoge des Aristoteles dar, so z. B.: Wenn der beste Steuermann der ist, der seine Sache versteht u. gleiches vom Wagenlenker gilt, dann ist der beste überhaupt, wer seine jeweilige Sache versteht. Aristoteles verwendet diese Art von epagoge auch zur Gewinnung von Allsätzen, die durch Subordination unter Art- u. ↑Gattungsbegriffe gewonnen werden u. als Prämissen in notwendigen Beweisen vorkommen, wie z. B. ‚Athener sind Menschen'. Das Verfahren (2) dient gewöhnlich der Ermittlung relativer Häufigkeiten, so z. B. Grauhaarigkeit von einem bestimmten Alter ab. Diese I. führt zu hohen Wahrscheinlichkeiten, die in der dialektischen Syllogistik wiederum wahrscheinliche Konklusionen ergeben. Das Verfahren (3) ist der Mathematik vorbehalten, wenn es sich um unendliche Kollektive handelt. Bei endlichen Kollektiven kann es ein triviales Problem sein.

Die *Widerlegung* zur Verwerfung empirischer Allaussagen wurde explizit vom Epikureer Philodemus eingeführt. So können die Sätze, für die es nur wenige *Gegenbeispiele* gibt, immer noch als sehr *wahrscheinlich* u. wissenschaftlich wichtig angesehen werden. Als *wahr* kann man empirische Sätze, wie ‚alle Menschen sind sterblich' bezeichnen, weil es kein Gegenbeispiel gibt. Dieses *Eliminationsverfahren* wird später auch von F. Bacon, J. St. Mill, und

G. H. v. Wright angewendet. Die unvollständige Aufzählung wird allgemein verworfen u. z. B. von F. Bacon als kindisch bezeichnet.

Intensiv wird die I. von P. Gassendi u. den englischen Empiristen studiert und als ↑Methode benützt. D. Hume verknüpft das I.sproblem mit seiner Kritik am traditionellen Begriff der Kausalität. Er hält die I. für eine unverzichtbare Methode u. will sie auf die Deduktion zurückführen. Charakterisiert man die i. Logik oder die logische Wahrscheinlichkeit von R. Carnap dadurch, daß sie kein Maß von Mengen, sondern eine reelle Bewertung von Aussagen ist, so stellt sich folgendes Problem: Ist die Wahrscheinlichkeitsverteilung w auf den Prim-, d. h. den logisch nicht komplexen Aussagen gegeben, dann soll sich w eindeutig auf alle logisch komplexen Aussagen fortsetzen lassen. Dieses Programm ist gescheitert, denn schon nach Carnap gibt es ein Kontinuum von Fortsetzungen, d. h. überabzählbar viele.

Die vollständige oder mathematische I. bezieht sich auf natürliche Zahlen und besagt: um F(n) für alle n zu beweisen, genügt es zu zeigen: Für alle n gilt: Falls F(m) für alle m < n, dann F(n). Diese vollständige I. kommt schon bei Zenon vor und ist in Euklids Nachweis unendlich vieler Primzahlen durch descent infini enthalten. In dieser Form kennt sie auch Fermat. Explizit wird sie von Pascal formuliert. Sie ist außerdem wichtigster Bestandteil der Peano-Arithmetik.

Lit.: Aristoteles, Topik 105a13, 108b 9f; G. H. v. Wright, The Logical Problem of Induction, Oxford ²1957; M. Black, Induction, in: The Encycl. of Philosophy IV; M. Swain, Induction, Acceptance and Rational Belief, Dordrecht 1970; R. Carnap, Induktive Logik u. Wahrscheinlichkeit, Wien ²1972; N. Rescher, Induction, Oxford 1980.

H. Burkhardt

Innerer Sinn. Der i. S. ist das Ich in der Funktion als Seele. Er ist nicht das spontane Ich der Intelligenz, der Ort des Urteilens. Erkenntnistheoretisch, innerhalb der Struktur des singulären Ichs (als empirisches Bewußtsein), ist er der Ort der Rezeptivität. Die Rezeptivität des i. S. kann in zweifacher Weise bestimmt werden: a) Durch Empfindungen, welche z. B. durch Affektionen der Sinnesorgane bedingt sind; b) durch die Tätigkeit der Intelligenz, deren Denkregeln dem i. S. als vorgestellte Zeitformen erscheinen (z. B. die logische Notwendigkeit p → q als zeitkausale Notwendigkeit zwischen einem Vor u. Nach). Allgemein ist der i. S. daher ein Organ des inneren Anschauens, d. h. der formierenden Aufnahme der sinnlichen Materie ins Bewußtsein. Diese korrespondiert der Urteilsintension des Denkens u. garantiert daher den Objektbezug des Urteilens (das Indentieren der Intention). In der ersten Stufe, dem Objektbewußtsein, ist die Intelligenz auf die Materie des i. S. bezogen („intentio recta"). In zweiter Stufe, in einer ↑Reflexion auf die erste Stufe („intentio obliqua"), kann es sich jener objektbestimmten Intentionen als Zustände seines Daseins bewußt werden („innere Wahrnehmung", Selbstbeobachtung, Psychologie). Sie bilden das Corpus, dessen das Ich sich selber als Objekt (als sein Dasein) in der Zeit bewußt ist („empirisches Selbstbewußtsein") u. als das es sich reproduziert.

Die Frage nach der Möglichkeit der numerischen Identität des empirischen Ichs in zeitlich verschiedenen Zuständen erledigt sich insofern, als man sich eines Wechsels u. einer Verschiedenheit von Zuständen nur bewußt werden u. sie damit als faktisch vorhanden vorstellen kann, wenn man sich im Vorstellen dieser Zustände ihnen als der Numerisch-Identische präsupponiert. Zu einer *zeitlichen* Bestimmung meiner Zustände (wozu auch die Wahrnehmungen meines Körpers zählen) u. damit meines empirischen Daseins reicht das formale Identitätsbewußtsein nicht hin. Sie ist nur möglich durch das Bewußtseinsimplikat einer Relation zur Existenzdauer äußerer Gegenstände (auch des eigenen Körpers): Ich nehme jenes Haus subjektiv zu einem Zeitpunkt wahr (mein Dasein ist durch diese Wahrnehmung zu derselben Zeit bestimmt), in dem (zu der) jenes Haus objektiv existiert. Zu Zwecken der Selbsterfahrung (Psychologie, Anthropologie) kann das Material der Selbstbeobachtung durch den i.S. u. deren Reproduktion versuchsweise unter hypothetischen Regeln geordnet werden, um sich der Prädispositionen der „Natur" des empirischen Ichs bewußt zu werden (z.B. bestimmter Denkakte als Rationalisierung von Verdrängungen).

In dem Satze „Ich bin mir etwas bewußt" bezeichnet der Dativ („mir") den Ort des i.S.: Von mir, meiner Rezeptivität, muß die sinnliche Materie formierend ins Bewußtsein aufgenommen (Apprehension) werden, als Materie des Etwas als Objekt oder meiner selbst als Person, um mir als Subjekt (als „Ich denke", als Intelligenz) intendiert und beurteilt werden zu können. Die Form der Relationen, unter denen die Materie, die dem i.S. gegeben wird, wahrgenommen wird, ist die ↑Zeit. Für die äußere Erfahrung in ↑Raum u. Zeit ist der i.S. der Ort des Schematismus als Transformation der kategorialen Operatoren in die Zeit (↑Schema).

Lit.: Kant, KrV A 33, A 142, A 358 ff.; ders., Anthropologie, Werke, hrsg. von W. Weischedel, XII 425 Anm. 5; 445, 456; F. Rademaker, Kants Lehre vom inneren Sinn, Diss. Marburg 1908; P.F. Strawson, Die Grenzen des Sinns, Königstein 1981.   *P. Reisinger*

Intellekt ↑Geist, Vernunft.

Intellektuelle Anschauung ↑Anschauung.

Intelligibel ↑Sinnes-/Verstandeswelt.

Intension ↑Abstraktion, Begriff, Prädikat.

Intersubjektivität ↑Person.

K

Kantianismus. Sammelname für philosophische Richtungen, die an Inhalt u. Methode der von I. Kant in seiner ‚Kritik der reinen Vernunft' (1781 ²1787) entwickelten kritischen Erkenntnistheorie anknüpfen. Man unterscheidet den frühen K. ausgangs des 18. u. den Neuk. ausgangs des 19. u. anfangs des 20. Jh.

1. *Der frühe K.* Die Erkenntnistheorie *Kants* ist durch zwei Haupttheoreme gekennzeichnet: (1) Der Anspruch unserer Erkenntnis, sich in gewissen Akten des Bewußtseins auf von ihrer subjektiven Gegebenheitsweise unterschiedene u. daher auch intersubjektiv verfügbare Objekte zu beziehen, läßt sich nur mit Bezug auf Objekte möglicher Erfahrung, d. h. solche Gegenstände rechtfertigen, über welche uns Informationen durch Sinnesdaten vorliegen, die uns in den Anschauungsformen von Raum u. Zeit gegeben werden. Daher ist theoretische Erkenntnis dessen, was Erfahrung transzendiert (z. B. des Weltganzen, des Daseins Gottes, der menschlichen Freiheit u. der Unsterblichkeit der Seele) grundsätzlich unmöglich. (2) Die Rechtfertigung der Objektivität unserer Erfahrungserkenntnis kann nicht mit Bezug auf unserer Anschauung gegebene Sinnesdaten allein erfolgen, sondern muß von diesen Daten unterschiedene Akte ihrer Verbindung zur Einheit in Anschlag bringen, durch deren Funktion Erfahrungsobjekte allererst als Objekte bestimmbar sind. Die Begriffe von diesen ursprünglichen Akten der Synthesis des gegebenen Mannigfaltigen unserer Sinnlichkeit besitzen nicht denselben epistemischen Status wie das durch sie Ermöglichte. Empirische Erkenntnis als synthetische Erkenntnis a posteriori impliziert die Funktion von synthetischen Erkenntnissen ↑a priori als nicht-empirische Bedingungen der Erkenntnis des Empirischen. Beiden Haupttheoremen standen bei Erscheinen der KrV der zeitgenössische ↑Rationalismus der Leibniz-Wolffschen Metaphysik u. der zeitgenössische popularphilosophische ↑Empirismus feindselig gegenüber. Der erste behauptete die Möglichkeit nicht-empirischer Erkenntnis in der Form metaphysischer Erkenntnis sowie die Koextensivität von analytischer u. apriorischer Erkenntnis, der zweite den empirischen Ursprung aller unserer Erkenntnis, d. h. er leugnete apriorische u. synthetische Quellen für Erfahrungserkenntnis.

So trifft Kants Erkenntnistheorie zunächst auf Unverständnis. Ihren Aufstieg zur beherrschenden Philosophie des ausgehenden 18. Jh. verdankt sie zu einem großen Teil der publizistischen Tätigkeit von Kants frühen Anhängern, die den Grundgedanken des Kantischen ↑Kritizismus in Darstellungen u. Erläuterungen popularisieren u. gegen die rationalistische u. empiristische Kritik abzuschirmen suchen (J. Schulz, E. Schmid, G. Mellin, J. S. Beck, vor allen K. L. Reinhold). Die Notwendigkeit, sich bei der Metakritik der von Kants Gegnern formulierten Kritik an Kants ↑Transzendentalphilosophie über interne Schwierigkeiten von deren Begründungsgang näher zu verständigen, führt bei Kants bedeutenderen Schülern rasch zu Modifikationen, Erweiterungen u. Umgestaltungen, die von Kant selber allerdings nicht akzeptiert worden sind. Von besonderer sachlicher Bedeutung u. historischer Wirksamkeit sind dabei Untersuchungen, die sich auf die subjektivitätstheoretischen

Grundlagen von Kants nicht-empirischer Theorie der Erfahrung u. den für sie zentralen Begriff der Synthesis a priori beziehen. *Reinhold* versucht, Kants Lehre von der grundlegenden Funktion des ↑Selbstbewußtseins für die Rechtfertigung von Objekterkenntnis in einer Theorie des von Kant nicht zureichend geklärten Begriffs der ‚↑Vorstellung' zu fundieren, die es ermöglichen soll, den von Kant ebenfalls nicht zureichend aufgeklärten Sachverhalt des Selbstbewußtseins einer Analyse zugänglich zu machen, die seine epistemische Funktion verstehbar macht. *S. Maimon,* der originellste Vertreter des frühen K., versucht, den Zusammenhang der für Kants Erkenntnistheorie charakteristischen Dualismen von Sinnlichkeit u. Verstand, Analysis u. Synthesis, Erscheinung u. ↑Ding an sich, Verstand u. Vernunft aufzuklären u. kommt dabei zu einer Theorie der internen Indifferenz dieser Bestimmungen für einen unendlichen Verstand, der Voraussetzung für die Funktion unseres endlichen ist. Reinholds subjektivitätstheoretische Reorganisation von Kants Bewußtseinstheorie sowie Maimons Logifizierung u. Identifizierung der dualistischen Grundunterscheidungen, mit denen Kants Erkenntnistheorie operiert, gehören zu den Entstehungsbedingungen des sog. Deutschen ↑Idealismus (insbesondere des Systems Fichtes), der den schnell steril werdenden frühen K. historisch u. sachlich ablöst.

2. *Der Neuk.* Das Absterben des akademischen ↑Hegelianismus u. der Siegeszug der empirischen Psychologie in der 2. Hälfte des 19. Jh. führen zu einer Rückbesinnung auf die Grundlagen der theoretischen Philosophie Kants („Zurück zu Kant"). *H. Cohen,* der Begründer des *Marburger Neuk.*, entwickelt eine Interpretation von Kants Transzendentalphilosophie, die sie als Theorie der nicht-empirischen Bedingungen des Geltungssinns der modernen mathematischen Naturwissenschaft u. ihres Fortschritts reformuliert. Kennzeichnend für Cohens transzendentale Wissenschaftstheorie sind das Postulat eines offenen Systems apriorischer Grundbegriffe (Kategorien) als fundierender logischer Konstituentien dieses Geltungssinns, das dem Fortschritt der modernen Physik Rechnung tragen soll („fieri" nicht „factum" der Wissenschaften), die begriffliche Deutung der Anschauung, die heuristische Bestimmung des Kantischen ↑Ideenbegriffs als „unendliche Aufgabe" der wissenschaftlichen Forschung sowie die Nichtberücksichtigung der subjektivitätstheoretischen Fundamente der KrV („objektive Begründung" der Erkenntniskritik). *P. Natorps* Einführung des Problemfeldes der Subjektivität des erkennenden Bewußtseins in Cohens Systemprogramm durch die Konzeption einer „Psychologie nach kritischer Methode", welche die Unmittelbarkeit des subjektiven Erlebens aus den Objektivationen der Wissenschaft zu „rekonstruieren" hat, führt zu kontroversem Kontakt des Marburger Neuk. mit der transzendentalen ↑Phänomenologie Husserls u. in der Folge zur Preisgabe der Grundsätze des Cohenschen Interpretationsprogramms in Natorps Spätphilosophie. Aus dem

Marburger Neuk. sind E. Cassirers Philosophie der symbolischen Formen u. N. Hartmanns Metaphysik hervorgegangen. Die durch *W. Windelband* und *H. Rickert* begründete *Südwestdeutsche Schule des Neuk.* hat Kants Erkenntniskritik durch eine Theorie der „Werte" u. eine auf ihr aufbauende Methodologie der Wissenschaften zu vervollständigen versucht. Werte sind von Kategorien, die Dinge der Natur konstituieren, unterschiedene Bedeutungseinheiten, die unserer lebensweltlichen Bezugnahme auf Individualitäten des historischen u. sozialen Prozesses zugrunde liegen u. sowohl die methodologische Eigentümlichkeit als auch die eigengeartete Objektivität der sog. Geisteswissenschaften als „wertbeziehender" Wissenschaften garantieren. Im Unterschied zu der durch Kategorien erfolgenden Subsumtion des Einzelnen unter allgemeine Gesetze vermittelt der Wertgesichtspunkt die objektivierende Bestimmung des Einzelnen als eines solchen („ideographische" vs. „nomothetische" Methode). Die damit behauptete Unterscheidung zwischen Wertbeziehung u. wertender Stellungnahme zu dem Bezogenen (Werturteil) bringt die Südwestdeutsche Schule des Neuk. in kritische Distanz zur geisteswissenschaftlichen Verstehensanalyse (↑Hermeneutik) Diltheys u. ist für die Wissenschaftslehre M. Webers von Bedeutung geworden.

Gegenwärtig kann nicht mehr von K., sondern allenfalls von kantianisierenden Theorien gesprochen werden. Insbesondere werden die logischen u. semantischen Mittel der angelsächsischen ↑Analytischen Philosophie zu rationalen Rekonstruktionen des Bedeutungsgehaltes u. der Argumentationsform der Kantischen Transzendentalphilosophie eingesetzt, deren Binnenstruktur trotz 200 Jahren Kantinterpretation noch nicht vollständig aufgeklärt ist.

Lit.: K. L. Reinhold, Briefe über die Kantische Philosophie, 1786, als Buch: 2 Bde., Leipzig 1790–92; ders., Versuch einer neuen Theorie des menschlichen Vorstellungsvermögens, Prag 1789; S. Maimon, Versuch über die Transzendentalphilosophie, 1790, in: Gesammelte Werke, hrsg. v. V. Verra, 7 Bde., Nachdr. Hildesheim 1965–76, II; ders., Versuch einer neuen Logik oder Theorie des Denkens, 1794, in: Ges. Werke V; R. Kroner, Von Kant bis Hegel, Tübingen ²1961, Nachdr. 1977; H. Cohen, Kants Theorie der Erfahrung, Berlin ²1885; P. Natorp, Einleitung in die Psychologie nach kritischer Methode, Freiburg 1888; ders., Kant u. die Marburger Schule, in: Kant-Studien 17 (1912) 193–221; W. Windelband, Präludien, 2 Bde., 1884, Tübingen ⁹1924; H. Rickert, Die Grenzen der naturwissenschaftlichen Begriffsbildung, 1896, Tübingen ⁵1929.

K. Cramer

Kategorematisch ↑Zeichen.

Kategorie. K.n sind Klassen von Gegenständen, Typen möglicher ↑Prädikate. *Aristoteles* unterscheidet in seiner K.schrift zehn K.: Substanz, Quantität, Qualität, Relation, wo (Ort), wann (Zeit), Lage, Haben, Wirken, Leiden. Er faßt die K. als Klassen von Gegenständen auf. Sie müssen als solche mindestens zwei Arten von Bedingungen erfüllen: 1) *formal:* die Anzahl der Klassen ist endlich, ihr Schnitt ist leer u. ihre Vereinigung ist das Universum. 2) *materiell:* jedes Individuum aus einer Klasse muß zu nur einer Klasse gehören, d. h. es darf nie unter eine andere Klasse fallen. Aristoteles selbst hatte schon Schwierigkeiten mit diesen Bedingungen. So gibt es keine klare Trennung von ↑Qualität u. ↑Relation u. von ↑Quantität u. Ort u. Zeit. Das Kontinuum ordnet er zunächst der Relation zu, u. später ist es ein Metaprädikat der Quantität u. des Wo u. Wann. Erste Substanzen nehmen eine Sonderstellung ein. Sie werden dadurch definiert, daß sie weder einem ↑Subjekt inhärieren (in subjecto esse) noch von einem Subjekt ausgesagt werden können (de subjecto dici). Die anderen K., von denen meist nur die ersten drei aufgeführt werden, werden mit dem Sammelnamen Akzidentien bezeichnet. Durch die Kombination von ↑Substanz u. Akzidens mit dem Begriffspaar individuell u. allgemein erhält man vier verschiedene Entitäten: individuelle u. allgemeine Substanzen u. individuelle u. allgemeine Akzidentien. Sie bilden das ganze ↑ontologische Inventar u. das ontologische Quadrat. Den individuellen Substanzen inhärieren individuelle Akzidentien wie dieses Rot, dieser Wurf, dieser Infekt, diese Schenkung. Die Inhärenz ist reales Enthalten, die konverse ↑Relation dazu ist die Subsistenz. Die zweite wichtige ontologische Relation ist die Subordination oder das Fallen unter einen ↑Begriff: rot fällt unter die Begriffe Röte, Farbe usw., Wurf unter Bewegung, Infekt unter Prozeß u. Schenkung unter Handlung. Es gibt Zustandsprädikate (rot, bitter, groß) u. Geschehnisprädikate (werfend, betend, schenkend). Auch individuelle Substanzen wie Peter fallen unter Arten wie Mensch oder ↑Gattungen wie Lebewesen. Bei der Subordination, also z. B. bei Sätzen wie ‚Rot ist eine Farbe' oder ‚Peter ist ein Mensch', handelt es sich um essentielle Prädikationen. Das ist auch der Fall, wenn man Gattungen, Arten oder ↑Differenzen von individuellen Substanzen aussagt, wie z. B. ‚Lebewesen-Sein oder Rationalität kommt Peter zu'. Die natürlichen Arten sind wesentlicher Bestandteil einer individuellen Substanz. Ihr Fehlen würde zu deren Zerstörung führen. Sie gehören zu ihrer Definition. Beispiele für akzidentelle Prädikation hingegen sind Aussagen wie ‚Peter ist groß' oder ‚Peter ist weiß'. Akzidentien können kommen und gehen, während die Substanz bleibt. Die Theorie der individuellen Akzidentien bei Aristoteles ist sehr umstritten, sie wird von Ackrill vertreten und von Owen zurückgewiesen, nach Patzig hat sie die besseren Argumente für sich. Ein Argument besteht darin, daß die Klasse der allgemeinen Akzidentien leer wäre, wenn keine individuellen unter sie fallen würden.

Nicht nur Brentano hat bemerkt, daß das Wort ‚sein' bei Aristoteles verschiedene Bedeutungen hat. So bedeutet ‚ist' im Satz ‚Sokrates ist weiß' die Inhärenz, d. h. reales Enthalten, im Satz ‚dieses Rot da ist scharlachrot' die Subordination, d. h. eine Element-Klassen-Relation, ebenso bei ‚Peter ist ein Mensch'. Die Sätze ‚die Röte ist eine Farbe' und ‚Menschen sind Lebewesen' drücken

Kategorie

Klassen-Klassen-Inklusionen aus. Die Prädikation, die sich aus Inhärenz u. Subordination zusammensetzt, sagt eine allgemeine Eigenschaft von einer individuellen Substanz aus. Das Individuum partizipiert am Allgemeinen, d.h. es handelt sich um die Relation der ↑Partizipation oder Teilhabe.

Die beiden Relationen in subjecto esse u. de subjecto dici unterscheiden sich noch dadurch, daß Bestimmungen von individuellen Akzidentien wie die Intensität eines Rots sich nicht transitiv zum Subjekt verhalten, wohl aber vom Subjekt sowohl Mensch als auch Lebewesen, Körper, Substanz u. zusätzlich vernünftig u. beseelt ausgesagt werden kann. Aristoteles präzisierte das in seiner ersten anteprädikamentalen Regel, die lautet: Das Prädikat des Prädikats ist das Prädikat des Subjekts. Man nennt das heute die ‚Iteration des Prädikats‘. In der ↑Scholastik werden die K. *Prädikamente* genannt. Die vor der Behandlung der einzelnen K. in seiner K.schrift aufgestellten Regeln werden anteprädikamentale Regeln genannt. Neben den K. u. Pn. kennen Aristoteles u. die Scholastik auch die *Prädikabilien*, es sind Allgemeinbegriffe: sie fassen alles zusammen, was vom Subjekt *allgemein* praedicabilis, d.h. aussagbar ist, nämlich Gattung (genus), Art (species), artbildender Unterschied (differentia specifica), Eigentümlichkeit (proprium) u. zufällige Eigenschaft (accidens logicum). Die Prädikamente werden auch *erste* u. die Prädikabilien *zweite Intentionen* genannt. Die K. gehören in die Ontologie und die Prädikabilien in die Logik. Interessant ist der Begriff des proprium, denn neben der Inhärenz (Peter lacht) drückt es auch eine Eigentümlichkeit aus, d.h. es bestimmt eine Art eindeutig: Menschen u. nur Menschen lachen.

Bei *Kant* haben die K. eine ganz andere Funktion. Sie sind Reflexionsbegriffe über Bewußtseinsinhalte, d.h. die ontische Ebene wird ausgeblendet, nur die epistemische bleibt übrig. Die K. Kants sollen die Möglichkeit von Erkenntnis, vor allem die empirische garantieren, indem sie dafür die Bezugsstruktur bereitstellen. Er teilt die K. in vier Gruppen ein: Quantität (Einheit, Vielheit, Allheit); Qualität (Realität, Negation, Limitation); Relation (Inhärenz, Kausalität, Gemeinschaft); Modalität (Möglichkeit, Dasein, Notwendigkeit). Jeder K. entspricht eine Urteilsart, durch die der Erkenntnis zustande kommt. Die K.lehre Kantischer Provenienz spielt im *deutschen* ↑*Idealismus* die entscheidende Rolle *(Fichte, Schelling, Hegel)*. In der Tradition des Aristoteles steht dagegen *Brentano* mit seiner K.lehre, die auch seine Schüler, vor allem Husserl, stark beeinflußte. Im 20. Jh. sind es vor allem *N. Hartmann, P. F. Strawson* u. *G. Ryle*, die sich mit K.theorie befassen. Ryle diskutiert die K.verwechslung, die schon Aristoteles kritisch erörtert hatte.

Terminologisch muß man noch *grammatische* K. (Wortklassen), *syntaktische* K. (jene Klassen von Ausdrücken, die in Sätzen ausgetauscht werden können, ohne Zerstörung der Wohlgeformtheit, salva beneformatione) u. *semantische* K. (Klassen austauschbarer Ausdrücke, die bei Einsetzung in entsprechende Kontexte die Bedeutungsstruktur nicht verändern, salva significatione) unterscheiden.

Lit.: Porphyrius, Isagoge, ed. A. Busse, Berlin 1898; A. Trendelenburg, Geschichte der K.lehre, Berlin 1846; F. Brentano, Von der mannigfachen Bedeutung des Seienden nach Aristoteles, Freiburg i.B. 1862, Nachdruck Darmstadt 1960; ders., K.lehre, Hamburg 1933; G. Ryle, Categories, in: Proceedings of the Aristotelian Society 38 (1937/38) 189–206; L. Minio-Paluello, Aristoteles Latinus. Cat. vel Praedicamenta, Bruges 1961; J.L. Ackrill, Aristotle's Cat. and De Interpretatione, Oxford 1963; E. Kapp, Der Ursprung der Logik bei den Griechen, Göttingen 1965; P.F. Strawson, Einzelding und logisches Subjekt (Individuals), Stuttgart 1972; J. Tricot, Cat., De Interpretatione, Paris 1977; L. Hickman, Modern Theories of Higher Level Predicates, München 1979; I. Angelelli, Frege u. die Tradition, München 1985.

H. Burkhardt

Kausalität ↑Naturgesetz, Ursache.

Körper. Das von lat. corpus stammende Lehnwort ‚K.' bezeichnete ursprünglich dasselbe wie Ding u. wird verwendet für die in unserer Lebenswelt unterscheidbaren, aufweisbaren u. daher sinnlich wahrnehmbaren Gegenstände. Als sinnlich wahrnehmbare Gegenstände sind sie ausgedehnt, nehmen sie jeweils einen bestimmten Ort ein u. erfüllen daher einen bestimmten Bereich des vorausgesetzten ↑Raumes. Die reale *Ausdehnung* äußert sich zunächst in der Stellung der K. im Wirkbereich menschlicher Lebenszusammenhänge. Wird die Aufmerksamkeit auf diese Eigenschaft gelenkt u. diese für sich herausgehoben, so weist sie ↑Kontinuität auf, insofern eine immer wiederholbare Teilung des Ausgedehnten in gleichartige Ausdehnungsteile denkbar ist, wenn auch der reale K. nicht endlos in gleichartige materielle Teile teilbar ist.

In philosophischer Besinnung wird ↑Seiendes oder ↑Substanz im allgemeinen abgehoben von den wahrnehmbaren K. Bei *Descartes* wurde die Ausdehnung als konstitutive Eigenschaft des K. angesehen (*res extensa* – ausgedehntes Ding, gegenüber der ↑Seele, dem ↑Geist, als „denkendem Ding": res cogitans). *Aristoteles* u. mit ihm die ↑Scholastik haben die K. als materielle Substanzen gefaßt. Diese enthalten ↑Materie u. ↑Form (griech. hyle u. morphe, daher „Hylemorphismus" als Bezeichnung dieser Auffassung) als selbst nicht dinghafte innere Gründe der Substanz. Folge des materiellen Grundes ist es, daß die betreffende Substanz als wesentliche Folgeeigenschaft Ausdehnung besitzt u. damit in einem mit vielfacher Veränderung verbundenen Wirkzusammenhang mit den anderen K. steht u. daher grundsätzlich wahrnehmbar ist. Neuere Rekonstruktionsversuche des Hylemorphismus *(K. Rahner)* führen den Begriff der körperlichen Substanz von ihrer Funktion der Ermöglichung sinnlicher Erkenntnis her ein. – Im Zusammenhang des ↑Leib-Seele-Problems erhält K. die besondere Bedeutung des im Menschen dem Geist Gegenüberstehenden.

Lit.: Descartes, Principia philosophiae II; ders., Med. VI; Leibniz, Brief an Arnauld vom 8. XII. 1686; K. Rahner, Geist in Welt, München ³1964; J. Seiler, Philosophie der unbelebten Natur, Olten 1948; F. Lieben, Vorstellungen vom Aufbau der Materie im Wandel der Zeiten, Wien 1953. *O. Muck*

Kohärenztheorie ↑Erkenntnistheorie, Wahrheit.

Konkret ↑Abstraktion, das Einzelne.

Konnotation ↑Zeichen.

Konstruktivismus. Der K. (Erlanger Schule, konstruktive Wissenschaftstheorie, konstruktive Philosophie) ist eine besonders in der Bundesrepublik einflußreiche erkenntnis- und wissenschaftstheoretische Position. Zentrales Anliegen des K. ist der *methodische Aufbau aller Wissensbereiche*, wobei sich die von diesem Interesse geleiteten Bemühungen bisher insbesondere auf Logik, Mathematik, Physik u. Ethik konzentrierten. Die Methodizität des Aufbaus soll dabei genauer durch zwei Prinzipien sichergestellt werden: Ein methodischer Aufbau hat *erstens schrittweise* u. *zweitens zirkelfrei* zu erfolgen. Unter dem Gesichtspunkt des weitreichenden Grundlegungsanspruchs, der im Rahmen des K. erhoben wird, steht dieser in der Tradition der kantischen ↑Transzendentalphilosophie bzw. der von Kant vorgelegten Kritiken; unter dem Gesichtspunkt, in welcher Weise das Grundlegungsprogramm durchgeführt wird, steht der K. in der Tradition der ↑Phänomenologie. Letzteres wird daran deutlich, daß das bei Befolgung der methodischen Prinzipien unweigerlich entstehende Problem des Anfangs durch Rückgriff auf die *Lebenswelt* gelöst werden soll: Ein elementares, lebensweltlich vertrautes Können u. Handeln soll den Anfang der Bemühungen um einen methodischen Aufbau bilden. – Als die ‚Väter' des K. sind P. Lorenzen und W. Kamlah anzusehen, deren Zusammenarbeit im Jahre 1962 einsetzte, nachdem Lorenzen einen Ruf an die Universität Erlangen angenommen hatte. Vertreter des K. sind u. a. C. F. Gethmann, P. Janich, F. Kambartel, K. Lorenz, J. Mittelstraß, O. Schwemmer u. Ch. Thiel.

Der K. steht heute in Auseinandersetzung mit verschiedenen konkurrierenden Positionen. Man kann dabei jedenfalls drei Großkontroversen angeben: a) Von seiten des K. wird das der klassischen Logik zugrunde liegende Prinzip der Zweiwertigkeit, gemäß dem jede Aussage wahr oder falsch ist, kritisiert. Grund für diese Kritik an der klassischen Logik ist, daß zunächst ↑Wahrheit als Beweisbarkeit u. Falschheit als Widerlegbarkeit verstanden wird, dann aber zufolge der Existenz von Aussagen, für die weder ein Beweis noch eine Widerlegung angegeben werden kann, gilt, daß nicht jede Aussage wahr oder falsch ist. In der Logik, die sich nach Aufgabe des Zweiwertigkeitsprinzips ergibt, ist nur eine Teilklasse der klassisch gültigen Sätze beweisbar. Insbesondere gilt das Tertium- non-datur ($A \lor \neg A$) u. das Gesetz der doppelten Negation ($\neg \neg A \rightarrow A$) nicht mehr. Mit dieser Kritik an der klassischen Logik steht der K. in der Tradition des auf Brouwer zurückgehenden Intuitionismus *(Debatte um den semantischen Platonismus).* b) Mit seinem Programm methodischen Aufbaus steht der K. in einem Konflikt mit dem ↑Kritischen Rationalismus, für den der K. eine Variante des an zureichenden Begründungen orientierten Denkens ist, das aber – so die Kritik des Kritischen Rationalismus – nur zu einem infiniten Regreß, einem Zirkel oder zu einem willkürlichen Abbruch des Begründungsverfahrens führen könne. An die Stelle der Begründung tritt daher im Kritischen Rationalismus die Idee kritischer Prüfung. Aus Sicht des K. stellt sich dies allerdings als ,voreilige Resignationslösung' dar *(Debatte mit dem Kritischen Rationalismus).* c) Der K. steht in Auseinandersetzung mit philosophischen Konzeptionen, die in der Tradition des Logischen ↑Empirismus die Wissenschaften, insbesondere die Physik, nicht methodisch grundlegen, sondern lediglich logisch analysieren wollen. Um die von seiten des K. vorgelegten, die Physik dem Anspruch nach fundierenden protophysikalischen Arbeiten hat sich eine heftige Diskussion entzündet *(Debatte mit dem Logischen Empirismus).*

Lit.: P. Lorenzen, Methodisches Denken, Frankfurt 1969; W. Kamlah/P. Lorenzen, Logische Propädeutik, Mannheim ²1973; J. Mittelstraß, Die Möglichkeit von Wissenschaft, Frankfurt 1974; P. Janich/F. Kambartel/J. Mittelstraß, Wissenschaftstheorie als Wissenschaftskritik, Kassel 1974; P. Lorenzen, Konstruktive Wissenschaftstheorie, Frankfurt 1974; P. Lorenzen/ O. Schwemmer, Konstruktive Logik, Ethik u. Wissenschaftstheorie, Mannheim ²1975; P. Lorenzen/K. Lorenz, Dialogische Logik, Darmstadt 1978; C. F. Gethmann, Protologik, Frankfurt 1979; P. Janich, Die Protophysik der Zeit, Frankfurt 1980   *R. Hegselmann*

Kontingent ↑Absolut, Modalität.

Kontinuum. Kontinuierlich (griech. syneches), von Chr. Wolff mit ,stetig' übersetzt, ist nach *Aristoteles* etwas, dessen Teile gemeinsame Grenzen besitzen. Dadurch wird es unterschieden voneinander berührenden u. von diskreten, d. h. voneinander abgehobenen Größen. Eine andere Bestimmung sieht das Kennzeichen des K. darin, daß es immer wieder in Teile von gleicher Art geteilt werden könne (bereits bei *Anaxagoras*). Die begrifflichen Schwierigkeiten, das K. zu denken, verwendet *Zenon aus Elea* als Argumente gegen die Bewegung, um die Auffassung des *Parmenides* von der Unveränderlichkeit des Seins zu stützen. Ihm gegenüber betont *Aristoteles,* daß es sich beim K. nicht um eine Zusammensetzung aus den Produkten einer ins Unendliche erfolgt gedachten Teilung handelt, etwa um die Zusammensetzung einer Strecke aus unendlich vielen Punkten. Die Teilbarkeit der Strecke u. damit das Angeben von Punkten in ihr ist wesentlich eine *potentielle Unendlichkeit,* d. h. es können immer neue Produkte angegeben werden. Damit wird die eigentümliche Ganzheit der Strecke, die nicht in eine Summe von Punkten aufgelöst werden kann, gewahrt. Dasselbe gilt für den Ablauf einer kontinuierlichen

Bewegung. So kann er mittels seiner Unterscheidung von Potenz u. ↑Akt, also zwischen Teilbarkeit u. tatsächlicher Teilung, die zenonischen Paradoxien der Bewegung lösen. In der logischen Analyse der Begriffe deutet sich dies bereits dadurch an, daß die Punktmenge, aus der die Strecke aufgebaut gedacht wird, erst unter Verwendung der Strecke oder äquivalenter Ausdrücke definiert werden kann – nämlich als Punkte, die Ergebnis einer Teilung der Strecke sind. Die Betonung der nur potentiellen Unendlichkeit findet sich auch in den Grundlagenfragen der Infinitesimalrechnung *(P. Lorenzen)*.

Vorbereitet durch den Grundsatz, die Natur mache keine Sprünge, hat *Leibniz* das *Prinzip des K.* formuliert, demgemäß bei jedem Vorgang eine Größe so klein gedacht werden kann, daß die Änderung einer davon abhängigen Größe unter eine beliebig vorgegebene kleine Zahl gedrückt werden kann. Gegenüber dieser, auf unserer Vorstellungsweise beruhenden Abstraktion ist die Diskontinuität der in physikalischen Theorien (Quantentheorie) erfaßten Vorgänge zu beachten. So muß unterschieden werden zwischen dem aus der Anschauung idealisierten Begriff der Ausdehnung, dem K. zukommt, u. der physisch möglichen Teilung, die ihre Grenze hat, z. B. beim Molekül.

Lit.: Anaxagoras, B 3 u. 6; Aristoteles, Physik III 4–8; VI; Met. XI 12; Leibniz, Neue Abhandlungen, Vorrede; ders., Theodizee III 348; Chr. Wolff, Vernünftige Gedanken (2), WW I 2, Nachdr. Hildesheim 1983, § 58; Kant, KrV A 405 ff.; H. Weyl, Das K., New York 1918; F. Kaulbach, Der philosophische Begriff der Bewegung, Köln 1965; P. Lorenzen, Differential u. Integral, Frankfurt 1965; W. Breidert, Das aristotelische K. in der Scholastik, Münster 1970; G. Ryle, Begriffskonflikte, Göttingen 1970. *O. Muck*

Konzeptualismus ↑Nominalismus.

Korrespondenztheorie ↑Wahrheit.

Kosmos ↑Welt.

Kritischer Rationalismus. Der K. R. ist eine philosophische Konzeption, die auf *K. R. Popper* zurückgeht und als Gegenbewegung zum Logischen ↑Empirismus entstand. Man kann die Kritik Poppers am Logischen Empirismus in drei Punkten zusammenfassen: a) Der Logische Empirismus beantwortet die Frage nach dem Geltungsgrund der ↑Naturgesetze induktivistisch. Es wird demnach ein ↑Induktionsprinzip benötigt, das angibt, wann von *endlich* vielen Beobachtungssätzen auf die allgemeine Geltung eines Gesetzes geschlossen werden darf. Nach Popper kann es aber ein begründetes Induktionsprinzip deshalb nicht geben, weil dieses erstens nicht als logisches Prinzip verstanden werden könnte u. sich zweitens im empirischen Verständnis im Sinne einer bewährten Hypothese deshalb verbietet, weil dann ein Zirkel entstünde, indem das Induktionsprinzip induktiv gestützt werden müßte. Dem induktiven Vorgehen, durch das Hypothesen verifiziert werden sollen, stellt Popper ein Vorgehen gegenüber, das als *deduktiv – falsifikationistisch* bezeichnet werden kann: Aus Hypothesen werden zusammen mit bestimmten Randbedingungen beobachtbare Konsequenzen hergeleitet, u. anschließend wird überprüft, ob diese Konsequenzen in der Tat eintreten. Ist letzteres nicht der Fall, dann ist die Hypothese falsifiziert; andernfalls kann vorläufig an ihr festgehalten werden. Während also gemäß dem Logischen Empirismus die Hypothesen aus der Erfahrung *gewonnen* werden sollen, gilt nach Auffassung des K.R., daß Hypothesen an der Erfahrung *scheitern* können *(induktiver Verifikationismus versus deduktiver Falsifikationismus).* b) Versucht der Logische Empirismus durch ein Sinnkriterium die sinnvollen von den sinnlosen Sätzen zu unterscheiden, so will Popper lediglich ein Kriterium formulieren, mittels dessen die Sätze der empirischen Wissenschaft von Sätzen anderer Art *abgegrenzt* werden können, *ohne daß* behauptet würde, die nichtempirischen und zugleich nichtanalytischen Sätze seien in irgendeinem Sinne sinnlos. Als Abgrenzungskriterium fungiert dabei nach Popper die Falsifizierbarkeit, wobei ein Satz genauer dann falsifizierbar heißt, wenn er an der Erfahrung scheitern kann *(Sinnvoll/Sinnlos-Disjunktion versus Abgrenzung der empirischen Wissenschaft).* c) Hatte der Logische Empirismus die Wissenschaften im Rahmen einer bloß analysierenden Wissenschaftslogik untersuchen wollen, so stellt Popper dem die Konzeption einer *normierenden* Erkenntnislogik entgegen *(analysierende Wissenschaftslogik versus normierende Erkenntnislogik).*

Insbesondere *H. Albert* hat den Kritischen Rationalismus aus der spezifischen Frontstellung gegen den Logischen Empirismus gelöst u. im Sinne einer Verallgemeinerung des die Kritik Poppers leitenden Anliegens zu einem *umfassenden Rationalitätsprogramm* weiterentwickelt. So verallgemeinert richtet sich der K.R. gegen jede Konzeption, die über Befolgung eines Prinzips zureichender Begründung an unerschütterbarer, sicherer Erkenntnis orientiert ist. Nach Albert muß jede solche Konzeption in ein Trilemma geraten, das er *„Münchhausen-Trilemma"* nennt: Entweder wird die Begründung irgendwo dogmatisch abgebrochen, oder aber es entsteht ein Begründungszirkel oder ein infiniter Regreß. Aus diesem Scheitern einer an zureichender Begründung orientierten Rationalität folgert Albert aber gerade nicht, daß die Idee einer rationalen Klärung von Geltungsfragen aufgegeben werden müsse; es gilt vielmehr, die Vorstellung einer an Sicherheit orientierten zureichenden Begründung zu ersetzen durch die *Idee einer kritischen Prüfung* an Hand von jeweils relevanten Gesichtspunkten, die ihrerseits ebenfalls kritisierbar und fallibel sind. – Ein derartig verallgemeinerter K.R. ist nicht mehr nur Erkenntnislogik, sondern eine Position, von der aus Stellungnahmen zu ganz verschiedenen, theoretischen wie praktischen Problemen ausgearbeitet werden können. – Mitte der 60er Jahre brach eine bis heute nicht beendete Debatte über die Frage aus, ob die von Popper für die Einzelwissenschaften vorgeschlagene Methodologie zweckmäßig ist.

Lit.: K. R. Popper, Logik der Forschung, Tübingen ³1969; H. Albert, Plädoyer für kritischen Rationalismus, München 1971; ders., Das Elend der Theologie, Hamburg 1979; ders., Traktat über kritische Vernunft, Tübingen ⁴1980; I. Lakatos/A. Musgrave (Hrsg.), Kritik und Erkenntnisfortschritt, Braunschweig 1974. *R. Hegselmann*

Kritische Theorie ↑Theorie.

Kritizismus. Von Kant eingeführter Terminus zur Bezeichnung der methodischen u. inhaltlichen Eigentümlichkeit seiner als ↑Transzendentalphilosophie ausgeführten Erkenntnistheorie. K. ist nicht Kritik konkurrierender Systeme, sondern die durch den Zweifel an der Berechtigung dogmatischer Positionen motivierte Bestimmung der Quellen, des Umfangs u. der Grenzen unserer Erkenntnis. Der traditionelle Begriff der Kritik gewinnt damit die Funktion eines das Wesen der Philosophie selber charakterisierenden philosophischen Grundbegriffs: K. ist die allein rechtfertigungsfähige Form des Erkennens des Erkennens selbst. Der K. wendet sich polemisch gegen den Dogmatismus der überkommenen ↑Metaphysik, gegen den naturalistischen Empirismus in der Erkenntnistheorie sowie gegen den Skeptizismus.

Unter ‚*Dogmatismus*' versteht Kant das allgemeine Zutrauen der Erkenntnis, ohne vorherige Prüfung unseres Erkenntnisvermögens synthetische Urteile ↑a priori über Gegenstände, insbesondere über solche aufzustellen u. zu beweisen, die außerhalb des Bereichs möglicher Erfahrungserkenntnis, d. h. der Erkenntnis von Dingen in Raum u. Zeit liegen. Die Sätze der Metaphysik sind synthetisch, insofern sie keine logisch wahren, d. h. keine auf Grund der bloßen Bedeutung der in ihnen auftretenden Begriffe wahren Sätze sind (z. B. ‚Gott existiert'). Sie sind a priori, d. h. sie können durch den Fortgang der Erfahrung weder bestätigt noch widerlegt werden, weil ihren Subjektbegriffen u./oder Prädikatbegriffen auf Grund ihres logischen Inhalts kein Gegenstand möglicher Erfahrung korrespondieren kann (z. B. ‚Gott'). Der K. lehrt, daß solche Sätze nicht den Status von Erkenntnissen haben können, weil der Umfang synthetischer Urteile a priori auf Grund ihrer Quelle auf Gegenstände einer uns möglichen Erfahrung von Objekten in Raum u. Zeit eingeschränkt ist. Daher ist metaphysische Erkenntnis von erfahrungstranszendenten Gegenständen unmöglich.

Unter ‚*Empirismus*' versteht der K. die erkenntnistheoretische These, daß die alleinige originäre Quelle aller unserer Erkenntnis Sinnesdaten sind, auf welche sich die diskursiven Funktionen unseres Denkens nur vergleichend, sondernd u. verknüpfend beziehen, ohne an ihnen selbst erfahrungsunabhängige Vorstellungen von diskursiver Allgemeinheit u. spezifischem Inhalt zu präsentieren. Der K. lehrt, daß sich alle unsere Erkenntnis zwar auf Sinnesdaten bezieht, diesen aber dann u. nur dann ein Objekt der Erkenntnis zugeordnet werden kann, wenn Funktionen der diskursiven Verbindung (Synthesis) von Sinnesdaten in Einsatz gebracht werden, die als Grundbegriffe von der Einheit sinnlicher Anschauungen einen ursprünglichen logischen Inhalt besitzen, kraft dessen wir die im Begriff eines Objekts zu denkende Einheit einer Mannigfaltigkeit von Bestimmungen zu begreifen u. eben damit auch zu rechtfertigen in der Lage sind. Diese Grundbegriffe (↑Kategorien) sind in genau dem Sinn von der Erfahrung unabhängig (a priori), als sie die nicht den Sinnen entspringenden epistemischen Bedingungen der Möglichkeit der Erfahrung derjenigen Objekte sind, von denen der Empirismus spricht. Die Anwendung dieser Grundbegriffe auf die uns in den Anschauungsformen von Raum u. Zeit gegebene Materie der Sinnlichkeit (Schematismus der Kategorien) führt daher zu einem System synthetischer Urteile a priori (u.a. dem Kausalitätsprinzip in der Fassung: Alle Veränderungen haben eine Ursache), deren Begründung in dem Nachweis besteht, daß ohne ihre universale Gültigkeit die Bezugnahme auf Dinge in Raum u. Zeit als subjektunabhängige u. intersubjektiv verfügbare Objekte der Erkenntnis unmöglich wäre. Der Nachweis, daß „mögliche Erfahrung" das Prinzip der Begründbarkeit synthetischer Urteile a priori ist, schränkt deren Klasse auf diese objektkonstituierenden Urteile u. die Urteile der Mathematik ein.

Der K. versucht daher nicht nur, in einem u. demselben Argumentationsgang den Dogmatismus u. den Empirismus, sondern auch den ‚*Skeptizismus*' als diejenige Position zu widerlegen, die ein allgemeines Mißtrauen gegen die erkenntnisleistende Funktion der Vernunft ohne vorhergehende Kritik ihres Vermögens richtet. Der Buchtitel ‚Kritik der reinen Vernunft' indiziert die Abweisung des Anspruchs unseres theoretischen Denkens, mit Begriffen, die durch Erfahrung nicht belegt werden können (Vernunftbegriffen), objektive Erkenntnis von den Gegenständen solcher Begriffe erwerben zu können. Diese Abweisung impliziert jedoch eine positive Theorie des ‚reinen Verstandes' durch den Nachweis der nicht-empirischen begrifflichen Bedingungen der empirischen Erkenntnis selbst u. damit auch die theoretische Destruktion des Skeptizismus. In methodischer Hinsicht ist K. als „Zweifel des Aufschubs" die Maxime des allgemeinen Mißtrauens gegen alle synthetischen Sätze a priori, bevor nicht ein allgemeiner Grund ihrer Möglichkeit in den Bedingungen unseres Erkenntnisvermögens eingesehen worden ist.

Im frühen ↑Kantianismus wird K. als Synonym für ‚kritische Philosophie' oder ‚Kritik' gebraucht, wobei das ‚Kantische System' gemeint ist. Die Konnotationen des Begriffs des K. verändern sich in der Fortbildung der Kantischen Erkenntnistheorie durch den spekulativen ↑Idealismus u. den Neukantianismus. Verwendungen des Begriffs des ‚Kritischen' in neueren Theorievorschlägen (↑‚kritischer Rationalismus', ‚kritische ↑Theorie') können sich auf den K. Kants nicht berufen, weil sie dessen Grundgedanken einer transzendentalen Begründung der Erkenntnis preisgeben.

Lit.: Kant, KrV, Methodenlehre; ders.,

Über eine Entdeckung, nach der alle neue Kritik der reinen Vernunft durch eine ältere entbehrlich gemacht werden soll, 1790, 2. Abschnitt; F. H. Jacobi, Über das Unternehmen des Kriticismus, die Vernunft zu Verstande zu bringen, 1801, in: Werke, 6 Bde., Leipzig 1812–25, Nachdr. Darmstadt 1976–80, III; A. Riehl, Der Philosophische Kritizismus, 3 Bde., Leipzig ³1924.
K. Cramer

L

Leben. Umgangssprachlich wird L. als *Zustand* (gegenüber dem Totsein), als *Prozeß* (Vorgang, Bewegung, Tätigkeit) oder als *Dauer* (zwischen Geburt und Tod) aufgefaßt. Philosophiegeschichtlich hat der Begriff „L." die verschiedensten Deutungen erfahren. Bei *Platon* wird L. als Selbstbewegung aufgefaßt, bei *Aristoteles* als seelisches Prinzip, wobei den Pflanzen nur eine vegetative, den Tieren darüber hinaus eine empfindende, dem Menschen schließlich auch eine Vernunftseele zukomme. Diese Auffassung bleibt bis in die Neuzeit vorherrschend.

Die *empirische* Beschäftigung mit den L.erscheinungen dient zunächst medizinischen Zwecken. Zum Begründer einer beschreibenden Biologie wird *Aristoteles*. Zu einer wissenschaftlichen Disziplin im modernen Sinne (mit experimentellen Verfahren, erklärenden Theorien und empirischen Tests) wird die Biologie erst nach 1850 durch Zelltheorie, Genetik u. Evolutionstheorie. In der Frage der *Entstehung* des L. haben sogar erst die letzten Jahrzehnte entscheidende Erkenntnisse gebracht.

Bei der *Erklärung* der L.erscheinungen stehen sich historisch zwei Auffassungen gegenüber. Nach der einen („Mechanismus", „Reduktionismus", „Materialismus") lassen sich die L.erscheinungen auf elementare, insbesondere physiko-chemische Gesetzmäßigkeiten zurückführen. Nach der anderen („Vitalismus") gibt es lebenseigene Kräfte, die der physikalischen Erklärung nicht zugänglich sind. Die moderne Biologie steht in dieser alten Streitfrage eindeutig auf der Seite eines *reduktionistischen* Programms.

Manchmal wird behauptet, der Begriff „L." sei ein Grundbegriff der Biologie u. deshalb undefinierbar. Richtig ist aber nur, daß eine solche Definition schwierig ist, so daß man aus pragmatischen Gründen häufig darauf verzichtet. Die biologische Forschung wird dadurch nicht beeinträchtigt, weil schon die intuitive Aufteilung realer Systeme in belebte u. unbelebte kaum zu Schwierigkeiten führt. Auch der primitivste Organismus ist ein Gebilde von wesentlich höherer Komplexität als *alle* unbelebten Systeme. Es gibt jedoch Zweifelsfälle, die eine genauere Abgrenzung erfordern: Viren, Entstehung des L. u. individueller Tod. Vier Explikationsmöglichkeiten bieten sich an: L. als *Gesamtsystem* aller Lebewesen (Biosphäre); L. als die *Eigenschaft* eines Systems, belebt zu sein (Belebtheit); L. als die *Menge* aller belebten *Systeme*; L. als die *Menge* der allen Organismen gemeinsamen *Eigenschaften.* In allen Fällen wird der Begriff des „belebten Systems" vorausgesetzt. Zur Vermeidung eines Definitionszirkels muß also der Begriff „belebt" unabhängig von L. expliziert werden. Eine solche Explikation erfolgt im allg. über *Kriterien,* die einzeln notwendig (d. h. allen Lebewesen gemeinsam) u. zusammen hinreichend sind, um belebte Systeme zu charakterisieren. Als solche Merkmale können gelten: Räumliche Abgrenzung, hohe Komplexität, Durchstrukturierung, hierarchische Kontrolle; Stoffwechsel, Fließgleichgewicht, Selbstregulation, Systemkonstanz, arterhaltende Zweckmäßigkeit (Teleonomie); programmgesteuertes Wachstum, Vermehrung (Replikation), Vererbung; Reizbarkeit, Reaktionsfähigkeit, Veränderlichkeit (Mutabilität); Evolutionsfähigkeit. Als hinreichend galten in unserem Jh. die drei Merkmale Stoffwechsel, Vererbung und Mutabilität. Da es aber Systeme mit diesen Eigenschaften gibt, die nicht evolutionsfähig sind, hat *Eigen* ein viertes Kriterium hinzugenommen: die Wechselwirkung zwischen Informationsträgern und Funktionsträgern (also zwischen Nukleinsäuren und Proteinen).

Lit.: P. Hadot u. a., L., in: HWPh V; H. Sachsse, Die Erkenntnis des Lebendigen, Braunschweig 1968, Einf., Kap. I, IX; R. W. Kaplan, Der Ursprung des L., Stuttgart ²1978, 1–75.

G. Vollmer

Lebenswelt ↑Phänomenologie.

Leib-Seele-Problem ist die Frage, ob u. inwiefern Leib (L.) u. ↑Seele (S.) in ihrem Sein u. Wirken wesentlich u. faktisch verschieden sind, voneinander abhängen, sich beeinflussen u. zueinander verhalten. Eine auf die *Pythagoreer* u. *Platon* (↑*Platonismus*) zurückgehende u. bis in die Neuzeit reichende Tradition sieht den L. als ein die S. hemmendes, aber zugleich für ihr irdisches Wirken notwendiges Instrument, so daß der Tod die Befreiung der S. vom L. ist (↑S.). *Aristoteles* u. *Thomas v. Aquin* fassen die S. als Lebensprinzip u. ↑Form des L. auf, die ihm erst Wirklichkeit u. Wirken gewährt.

Das L.-S.-P. spitzt sich dadurch in der Neuzeit zu, daß *Descartes* die S. als ↑Geist (denkende ↑Substanz) u. den mechanisch die Lebensvorgänge bewirkenden materiellen ↑Körper direkt einander entgegensetzt. L. u. S. sind substantiell voneinander unabhängig u. doch gleichsam miteinander vermischt; ihrer nur vorphilosophisch faßbaren, aber nicht philosophisch begreifbaren Einheit entspringen die Affekte u. Sinnesempfindungen. Den L.-S.-Wirkzusammenhang will Descartes durch gegenseitige Beeinflussung mittels der Zirbeldrüse im Gehirn erklären. Der ↑*Cartesianismus* spricht entweder vom natürlichen (gegenseitigen) Einfluß *(influxus physicus)* oder behauptet, Gott bewirke stets bei Gelegenheit (lat. occasio) eines körperlichen Vorgangs den entsprechenden geistigen u. umgekehrt *(Okkasionalismus: Geulincx, Malebranche). Spinoza* macht aus L. u. S. parallele Aspekte derselben Wirklichkeit (psychophysischer *Parallelismus,* ↑Spinozismus), während *Leibniz* eine von Gott im voraus verfügte *prästabilierte Harmonie* annimmt. Die drei letzteren Theorien können die innere Zuordnung von L. u. S. eigentlich nicht erklären. Für *Kant* entfällt das

L.-S.-P., da das Wesen der S. unerkennbar sei. Der ↑*Idealismus* sieht das Hervorgehen des Materiellen als dialektisch notwendigen Gegensatz zum Vollzug des ↑Geistes an.

Es gibt in der Neuzeit bis zur Gegenwart auch die Tendenz, die Eigenständigkeit des Seelischen zu leugnen oder es auf (Äußerungen über) Verhaltensweisen oder -dispositionen zu reduzieren (*Wittgenstein, Ryle, Behaviorismus* u.a.) u. so das L.-S.-P. zum Scheinproblem zu erklären oder es sonstwie auszuklammern. Durch die neuere biologische u. (gehirn)physiologische Forschung ist das L.-S.-P., speziell als Gehirn-Bewußtsein-P., vor allem im englischen Sprachbereich zum Thema der Diskussion geworden. Das L.-S.-P. dürfte nur dann einer Lösung näher kommen, wenn man zwar an der Wesensverschiedenheit von L. u. S. festhält, sie aber nicht ihrer Seinsart nach in einen unüberbrückbaren Gegensatz stellt.

Lit.: A. Geulincx, Metaphysica I, in: Opera philosophica, hrsg. von J. P. N. Land, Bd. II, Den Haag 1892; N. Malebranche, De la recherche de la vérité, Oeuvres, Bd. I–III, Paris 1962–1964; H. Feigl u.a. (Hrsg.), Concepts, Theories, and the Mind-Body-Problem, Minneapolis 1958; C. A. van Peursen, L., S., Geist, Gütersloh 1959; C. V. Borst (Hrsg.), The mind-brain identity Theory, London 1970; J. Seifert, L. u. S., Salzburg 1973; K. R. Popper/J. C. Eccles, Das Ich u. sein Gehirn, München 1980; M. E. Levin, Metaphysics and the Mind-Body-Problem, Oxford 1979; J. Seifert, Das L.-S.-P. in der gegenwärtigen philosophischen Diskussion, Darmstadt 1979; P. Bieri (Hrsg.), Analytische Philosophie des Geistes, Königstein 1981; H. Jonas, Macht oder Ohnmacht der Subjektivität?, Frankfurt 1981. *H. Schöndorf*

Lichtmetaphysik ist das Insgesamt der Lehren, die ein metaphysisches, d. h. überempirisches Licht annehmen, das als intelligible Größe die Wahrheit des Erkannten wie des Erkennens garantiert. Sie ist zu unterscheiden von der Lichtmetaphorik, die Geist- u. Erkenntnisphänomene durch Analogien aus dem Bereich des Sehens „erhellt". Die Helle des Wissens vom Sein gegenüber dem Dunkel der bloßen Meinung bei *Parmenides, Platons* lichthafte Idee des Guten, Gott als erleuchtendes Licht bei *Augustinus,* schließlich die mittelalterliche Unterscheidung zwischen dem natürlich Vernunft- u. dem übernatürlich-gnadenhaften Glaubenslicht sind Stationen der L. Im Begriff der Evidenz (↑Gewißheit), der besagt, daß Sachverhalte von sich her einleuchten, lebt das Anliegen der L. bis heute fort.

Lit.: Parmenides, B 1; Platon, Rep. 507b–509b, 514a–518b; Bonaventura, Itinerarium mentis in Deum, übers. u. erl. von J. Kaup, München 1961; M. Grabmann, Der göttl. Grund menschl. Wahrheitserkenntnis nach Augustinus u. Thomas v. Aquin, Münster 1924; W. Beierwaltes, Lux intelligibilis, Diss. München 1957.
K. Schanné

Logos ist abgeleitet vom griech. Verb legein; der vorphilosophische Sprachgebrauch wird aus den verschiedenen Verwendungen dieses Verbs u. seiner Komposita deutlich: legen, sammeln, darlegen, auseinanderlegen, aufzählen, zählen, erzäh-

Logos

len, überlegen, abwägen. L. bedeutet: Rede, Erklärung, Grund, Rechtfertigung, Beachtung, Wertschätzung.

Zum philosophischen Terminus wird L. durch *Heraklit* (Frg. 1; 2; 50). Bei ihm sind im wesentlichen drei Bedeutungen zu unterscheiden: a) Der L. ist das ewige Weltgesetz, nach dem alles geschieht. Heraklit denkt es als Proportion (L.), die Werden u. Vergehen der Gegensätze bestimmt. b) Von der Vernunft vernommen wird das Seinsgesetz zum Gedanken. Es ist Norm des Denkens. c) Der Gedanke wird in der gesprochenen oder geschriebenen Lehre geäußert. – Diese enge Beziehung von Sprache, Denken u. Wirklichkeit bleibt für das weitere griech. Verständnis bestimmend. *Platons* Gebrauch ist von der Sokratischen Forderung des Rechenschaftgebens geprägt. L. ist das Gespräch, das untersucht, wie die Sache sich verhält (Rep. 394 d). Im Unterschied zum erzählenden ↑Mythos ist L. die begründende Rede (Phaidon 61 b), als Gespräch der Seele mit sich selbst das diskursive Denken (Theaitet 189 e). L. bezeichnet auch das Vermögen zu den genannten Tätigkeiten: die Vernunft (Timaios 70 a). Einige Verwendungen bei Platon deuten an, wie es vom Wort L. zum Begriff der von Aristoteles entwickelten Logik kommt: L. ist der Beweis (Apologie 18 b), der Grund (Rep. 499 e), die Definition (Phaidros 245 e), die aus Nomen u. Verb bestehende Aussage (Sophistes 262 c). – Bei *Aristoteles* lassen sich vier Bedeutungen unterscheiden: 1. Sprache, Wort, Rede, Erzählung; 2. Denken, Gedachtes; 3. Vernunft; 4. Proportion (mathematisch). Die zweite Bedeutung wird vor allem in den Schriften zur Logik entfaltet, wo L. für die Definition, die Aussage, den Beweis u. den Syllogismus gebraucht wird. Durch den L. als Sprache u. (theoretische u. praktische) Vernunft unterscheidet der Mensch, das animal rationale, sich von den Tieren. – Zum Zentralbegriff wird L. in der ↑*Stoa*. Wie bei Heraklit ist er kosmisches Prinzip. Die drei Disziplinen, in die die Stoiker die Philosophie unterteilen, befassen sich unter jeweils verschiedener Rücksicht mit dem L. – Der *mittlere Platonismus* u. *Philon* übernehmen für ihren L.begriff Elemente der Stoa u. der Lehre des Platonischen „Timaios" von der Weltseele. Der L. ist Schöpfungsmittler; er steht in der ontologischen Rangordnung zwischen dem transzendenten Gott u. der Materie, deren Formprinzip er ist. Dieser L.begriff hat einen bedeutenden Einfluß auf die *christliche Theologie* des 2. bis 4. Jh. ausgeübt. Er wurde herangezogen für die Interpretation von Joh 1,1.14. Die johanneische L.vorstellung hat ihre stärksten Wurzeln in der spätjüdischen Weisheitsspekulation.

Lit.: A. Aall, Der L., Geschichte seiner Entwicklung in der griechischen Philosophie u. christlichen Literatur, 2 Bde., Leipzig 1896–99, Nachdruck 1968; H. Leisegang, L., in: Pauly-Wissowa, Real-Encyclopädie XIII 1 (1926) 1035–1081; E. Kurtz, Interpretationen zu den L.-Fragmenten Heraklits, Hildesheim 1971; W. Kelber, Die L.lehre, Stuttgart 1976; A. Grillmeier, Jesus der Christus im Glauben der Kirche I, Freiburg 1979; K. Held, Heraklit, Parmenides und der Anfang von Philosophie u. Wissenschaft, Berlin 1980. *F. Ricken*

M

Marxismus im engeren Sinn ist die Lehre von K. Marx, im weiteren Sinn Bezeichnung für die Anschauungen der sich auf Marx berufenden Marxisten.

Marx ging es zunächst (wie den Junghegelianern) darum, alle Mächte, die das „menschliche Selbstbewußtsein" beeinträchtigen, durch philosophische Kritik zu überwinden; er erkannte aber bald (1843), daß die „menschliche Emanzipation" (im Unterschied zur nur „politischen") nur in einer radikal neuen „Weltordnung" zu verwirklichen ist. Diese ist verstanden als Frucht der „ganzen Bewegung der *Geschichte*"; als solche kann sie nur von einer Kraft herbeigeführt werden, die selbst Resultat dieser Geschichte u. so Repräsentant der „Menschheit" ist, vom Proletariat. In seiner „revolutionären Praxis" vollzieht sich die Dialektik der Geschichte; seine „Praxis" ist somit Verwirklichung der Philosophie, indem sie diese (als philosophische Kritik u. antagonistische Dialektik) aufhebt; sie ist darum nicht „borniert" auf die Veränderung gesellschaftlicher Teilbereiche gerichtet, sondern umfaßt die ganze menschliche Wirklichkeit. Die bisherige Geschichte ist wesentlich als Kampf gesellschaftlicher Klassen gesehen.

Das Individuum genügt sich nicht selbst; auf seinem „sinnlichen" Grundbedürfnis nach Lebenserhaltung beruht das Bedürfnis nach dem anderen Menschen *(Gesellschaft)* sowie das Bedürfnis zu erkennen u. ästhetisch zu gestalten (↑Basis/Überbau). In seiner gesellschaftlichen schöpferischen *Arbeit,* die jenem Grundbedürfnis entspringt, erlebt es sich als der Natur überlegen, entfaltet sich u. gewinnt so in der praktischen Erfahrung seines Andersseins sein menschliches Selbstbewußtsein. Sofern die Arbeit, wie in der bürgerlichen Gesellschaft, *Privateigentum* u. Waren produziert u. die Arbeitskraft selbst zur Ware geworden ist, ist die wesensgemäße Einheit von Arbeit u. gesellschaftlichem Lebensvollzug zerrissen, der Mensch sich selbst *entfremdet.* Die zwischenmenschlichen Beziehungen erscheinen als Beziehungen zwischen Sachen. Die Gesellschaft ist gespalten in die *Klasse* derer, die gezwungen sind, sogar ihre Arbeitskraft zu verkaufen, u. die Klasse der sie kaufenden, gleichfalls entfremdeten Eigentümer der Produktionsmittel.

Die Aufhebung der Entfremdung u. der Klassenspaltung vollzieht das Proletariat mit der revolutionären Aufhebung des Privateigentums. Die kommunistische *Revolution* resultiert „notwendig" aus dem der kapitalistischen Gesellschaft innewohnenden dialektischen Grundwiderspruch zwischen Kapital u. Arbeit, der dem zwischen den relativ starren Produktionsverhältnissen u. den auf Entfaltung drängenden Produktivkräften entspricht. Wird deren Behinderung unerträglich, werden die Klassenstrukturen gesprengt u., im Fall der proletarischen Revolution, Ausbeutung u. Klassenherrschaft selbst beseitigt. Die bisher im Privateigentum vergegenständlichten menschlichen Produktivkräfte (Wesenskräfte) werden als gesellschaftliche Kräfte von den Individuen „allseitig" angeeignet.

In der *kommunistischen* Assoziation ist die Geschichte erstmals planmäßig vollzogene Selbstentfaltung des gesellschaftlichen Menschen. Der gesellschaftliche Verkehr ist „Verkehr der Individuen als solcher", er ist nicht mehr durch staatliche Institutionen vermittelt; deshalb darf auch die Gesellschaft nicht als institutionalisiertes Subjekt an die Stelle des *Staates* treten. Was der Mensch im Schöpfungsglauben bisher von *Gott* geglaubt hat, als das erfährt er sich jetzt selbst: als Schöpfer. Der Annahme von Gnade (Erlösung), die das Eingeständnis bedeutet, daß der Mensch nicht als schöpferischer Produzent ganz aus der Kraft der vermenschlichten Natur lebt, ist der Boden entzogen.

Freiheit kann infolge der Aufhebung aller trennenden, im Privateigentum gründenden Schranken nicht als Freiheit zur Wahl alternativer gesellschaftlicher Lebensformen verstanden werden; sie erfüllt sich vielmehr im bewußten Mitvollzug der gesellschaftlichen Selbstbestimmung. Deshalb kann es im Kommunismus auch keine *Menschenrechte* als Schutzrechte des Individuums vor gesellschaftlichen Machtträgern geben. Marx' anthropologische Prämisse (das menschliche Wesen als „ensemble der gesellschaftlichen Verhältnisse") schließt auch eine Würde des Menschen, die der Gesellschaft als anzuerkennender unantastbarer Wert vorgegeben ist, aus.

In seiner Kritik der politischen Ökonomie unternahm es Marx, die Notwendigkeit des Untergangs der bürgerlichen Gesellschaft am empirischen Material nachzuweisen: Theorie vom Mehrwert, von der Verelendung des Proletariats, von der Konzentration des Kapitals, der Verschärfung der Konkurrenz u. der sinkenden Profitrate; der Überproduktion u. der Absatzkrisen.

Marx' Werk ist trotz scharfsinniger empirischer Einzelanalysen ein zutiefst weltanschaulich-philosophisches Werk, das die Kräfte aufdecken u. ihnen Geltung verschaffen will, die die „Welt" des Menschen radikal verändern. Diese Kräfte liegen nicht im guten Willen einzelner, sondern haben ihren Grund in der „Gesellschaft" als einer dialektisch sich entfaltenden Totalität. Der M. ist deshalb wesentlich Geschichtsauffassung. Der Aufweis der Dialektik, in der allein die unabweisbare Notwendigkeit einer radikal neuen Gesellschaft begründet ist, als Grundgesetz der Geschichte, kann nicht mehr empirisch geschehen. Marx' Zentralbegriffe (das „Proletariat") sind bereits unter Voraussetzung der Dialektik konzipiert. Sein Axiom, Wesensmerkmal des Menschen sei die gegenständlich-sinnliche Produktivkraft, erkennt den geistigen Lebensvollzügen nicht die gleiche Ursprünglichkeit u. geschichtsprägende Kraft zu wie der Gegenstandsproduktion. Hierin liegt der eigentlich „materialistische" Charakter des M. Wichtige philosophische Schriften von Marx sind erst 1932 veröffentlicht worden.

F. Engels verknüpfte Marx' Geschichts- u. Gesellschaftslehre mit einer dialektisch-materialistischen Ontologie. Nach 1875 wurde der

M. zum politisch-weltanschaulichen Programm eines Teils der europäischen Arbeiterbewegung. Revisionismus u. Austromarxismus versuchten, die Gesellschaftsveränderung nicht mit der materialistischen Dialektik, sondern mit Prinzipien der Philosophie Kants zu begründen. Durch Lenin wurde der M. zur Rechtfertigungslehre für die Machtausübung einer Partei.

Lit.: K. Marx, Zur Judenfrage, Zur Kritik der Hegelschen Rechtsphilosophie, Einleitung, MEW Bd. 1, 347–377, 378–391; ders., Ökonomisch-philosophische Manuskripte, MEW Erg. Bd. 1; K. Marx/F. Engels, Die deutsche Ideologie, MEW Bd. 2; K. Marx, Das Kapital, MEW Bd. 23, bes. Vorworte u. Nachworte; F. Engels, Anti-Dühring, Dialektik der Natur, MEW Bd. 20; G. Lukács, Geschichte u. Klassenbewußtsein, Berlin 1923; K. Kautsky, Die materialistische Geschichtsauffassung, Berlin 1927; I. Fetscher, Der M. Seine Geschichte in Dokumenten, 3 Bde., München 1962–65; L. Kolakowski, Die Hauptströmungen des M., 3 Bde, München 1977–79; P. Ehlen, M. als Weltanschauung, München 1982. *P. Ehlen*

Materialismus. Unter M. versteht man jede ↑Weltanschauung, welche die körperliche ↑Materie als einzige Seinsart oder wenigstens als die letzte u. alles tragende Art der Wirklichkeit betrachtet. Außer dem *strengen* M. gibt es *materialistische* (mat.) *Tendenzen,* die in der einen oder anderen Dimension des Wirklichen (z. B. Psychologie, Ethik, Gesellschaftslehre) das Überstoffliche auf Stoffliches zurückführen u. so die Eigentümlichkeit der betreffenden Seinsart verneinen oder deren Erkenntnis beeinträchtigen. M. u. ↑Idealismus, bzw. M. u. Spiritualismus sind nicht kontradiktorische, sondern konträre Gegensätze, die ein Mittleres zulassen, das der Materie u. der ↑Idee, bzw. der Materie u. dem ↑Geist gerecht wird. Alle Arten des M., auch die auf bestimmte Seinsarten beschränkten mat. Tendenzen, sind reduktionistische Formen der Philosophie. Sie wollen die Gesamtwirklichkeit als solche, bzw. die Eigenart einer besonderen Dimension des Wirklichen erfassen, werden aber gerade dem Moment des Ganzen u. der Einheit, bzw. der ins Auge gefaßten Eigenart nicht gerecht. Das gilt auch für den *Behaviorismus,* soweit er den Menschen ausschließlich von seinem äußeren, beobachtbaren Verhalten her erfassen will. Die *Kybernetik* (vom griech. kybernetike: Steuermannskunst), d. i. die allgemeine formale Wissenschaft von der ↑Struktur, den ↑Relationen u. dem Verhalten von ↑Systemen, ist von sich aus ebensowenig mat. wie jede andere Naturwissenschaft, deren Gegenstand die Körperwelt ist. Mat. würde sie erst, wenn sie jedes übermaterielle Prinzip des Lebens, im Menschen oder in der Gesamtwirklichkeit leugnen würde, was die Kompetenz ihrer Methode überschreitet. Überhaupt braucht nicht bestritten zu werden, daß eine mat. orientierte Wissenschaft sehr fruchtbar sein kann an Erkenntnissen, soweit diese sich auf die stoffliche Seite der Wirklichkeit beziehen.

Geistesgeschichtlich gesehen, muß man zwischen den aus der *Antike* stammenden Formen des M. u. dem

M. der *Neuzeit* unterscheiden. Die uns mat. anmutenden ersten Denkversuche der ↑Vorsokratik entstanden aus dem Suchen nach den letzten Bestandteilen, der Materialursache aller Dinge, wobei andere Fragerichtungen noch nicht hervortraten. Thematisch wird der M. vertreten im ↑Atomismus von *Leukipp* u. *Demokrit:* alles Wirkliche ist ein Aggregat von Atomen, d. i. unteilbar gegebenen Elementarkörperchen, die sich mit mechanischer Notwendigkeit im Leeren bewegen. Auch die psychische Welt wird als eine in Bewegung befindliche Ansammlung von Atomen betrachtet. Nach *Platon* u. *Aristoteles* ist die Materie der ewige u. ungeschaffene Bestandteil der Körperwelt. Der *atomistische* M. wurde von *Epikur* u. seiner Schule übernommen u. zur Grundlage seines *ethischen* M. gemacht, der das Sittliche auf das Nützliche u. die größtmögliche, d. i. die auf lange Sicht Seelenruhe gewährende Lust zurückführte. Auch nach der alten ↑*Stoa* ist die ganze Wirklichkeit körperlich; selbst die wirkende, das Weltganze bewegende Gottheit ist nur ein feinerer, aber denkender Stoff: das Pneuma (daher *pneumatologischer* M.). In ewiger Wiederholung geht die Welt aus dem göttlichen Urfeuer hervor u. kehrt nach dem Weltbrand in die Gottheit zurück. – In der *indischen Philosophie* wird der M. nur in den Schulen der *Carvāka* u. der *Lokāyatika* gelehrt, die das *Karman,* die Auswirkung der guten oder bösen Taten, über das diesseitige Leben hinaus leugneten u. nur eine sinnlich wahrnehmbare Wirklichkeit annahmen. Im *Christentum* finden sich mat. Auffassungen nur in den zur herrschenden Lehre gegensätzlichen Häresien, dem *Gnostizismus* (↑Gnosis) u. *Manichäismus* mit ihrem Dualismus von Geist als Prinzip des Guten u. Materie als Prinzip des Bösen.

Der *M. der Neuzeit* ist zwar bedingt durch die großen Erfolge der Naturwissenschaften, ohne allerdings deren notwendige Folge zu sein, wie die nicht-mat. Weltanschauung vieler großer Naturwissenschaftler zeigt. Oft werden die mat. Tendenzen im Sinne des Positivismus abgeschwächt. Im Gegensatz zu *Descartes,* aber in Anschluß an dessen mechanistische Naturauffassung, hat *Th. Hobbes* die Philosophie mit der Lehre von den Körpern gleichgesetzt u. die Methodik der Naturwissenschaften auch auf den Menschen u. den Staat angewandt. Mat. Tendenzen zeigen sich in *J. Priestleys* Lehre der vollen Identität der psychischen u. physiologischen Prozesse, obwohl er die Unsterblichkeit der Seele beibehält. Zum vollen M. kam es in der französischen Aufklärungsphilosophie bei *Lamettrie,* bei Baron *v. Holbach, Helvétius* u. *Diderot.* – Eine neue Form des M. entstand durch die Umbildung des ↑Hegelianismus zum *anthropologischen* M. bei *L. Feuerbach.* Während der Deutsche ↑Idealismus die Welt aus dem ↑Geiste herzuleiten suchte, leitete der M. des 19. u. 20. Jh. alles aus der Materie u. ihren Gesetzlichkeiten ab, wobei der *mechanische* M. *(C. Vogt, J. Moleschott, L. Büchner)* diese Gesetzlichkeit nur im Sinne der Ortsbewegung unveränderlicher Teile sieht, während der *dialektische* M. (↑Marxismus; *En-*

gels, *Lenin, Stalin*) auch unkörperliche Tätigkeiten annimmt, die jedoch so von der körperlichen Materie abhängen, daß sie ohne diese in keiner Weise möglich sind. Nach dem *historischen* M. *(Karl Marx, Bucharin, Mitin)* entstehen alle soziologisch bedeutsamen Bewußtseinsformen (auch die Religion) aus den besonderen Weisen der ökonomischen Produktion. Der *biologistische* M. betrachtet das organische Leben als die allein mögliche Form des †Lebens u. unterwirft daher alle Wissensgebiete den spezifisch biologischen Begriffen u. Denkweisen. Dahin gehört der *Darwinismus* (*H. Spencer,* der jedoch das †Absolute als Jenseits des Wissens annimmt), aber auch der *rassenideologische* (*A. Gobineau, H. St. Chamberlain*) *Nationalsozialismus* (*A. Rosenberg*). – Zur *Beurteilung* des M. siehe das oben über seine reduktionistische Form Gesagte.

Lit.: J. Fischl, M. u. Positivismus der Gegenwart, Graz 1953; P. Chauchard, Wissenschaftlicher M. u. christl. Glaube, Köln 1958; A. Baruzzi (Hrsg.), Aufklärung u. M. im Frankreich des 18. Jh., München 1968; J. K. Feibleman, The new Materialism, The Hague 1970; G. A. Wetter, Dialektischer u. historischer M., Frankfurt 1971; W. Kuhn, Biologischer M., Osnabrück 1973; F. A. Lange, Geschichte des M., Frankfurt 1974 (Neudruck); W. Post/ A. Schmidt, Was ist M.?, München 1975; F. Gregory, Scientific Materialism in nineteenth century Germany, Dordrecht 1979; J. Winiger, Feuerbachs Weg zum Humanismus. Zur Genesis des anthropologischen M., München 1979. *W. Brugger*

Materie, Stoff (griech.: hyle) ist ursprünglich das Holz, u. zwar das Bauholz, aus dem etwas Dauerhaftes hergestellt wird; allgemeiner das, woraus etwas besteht. Im *übertragenen Sinn* kann man so von M. im Gegensatz zur †Form überall dort sprechen, wo etwas in der Beziehung des Bestimmbaren zum Bestimmenden steht, von M. u. Form der Logik (denkbarer Inhalt u. Denkform), einer Rede oder Abhandlung, eines Kunstwerks usw. *Konkret* u. anschaulich betrachtet, versteht man unter M. die körperlichen Teile, u. zwar zusammengenommen, die in ein Werk- oder Naturganzes eingehen, aber erst durch dessen †Struktur ein Ganzes werden. Da diese Teile aber ihrerseits wiederum Strukturen haben, entsteht für das Denken die Frage nach dem Grundsätzlichen des Gegensatzes von M. u. Struktur der M., wobei das Einheit stiftende und maßgebende Moment der Struktur †Form heißt. *Philosophisch* betrachtet ist demnach M. das an sich unbestimmte, der inneren bestimmenden Form (nicht der bloß äußerlichen Raumgestalt) bedürftige †Prinzip eines konkreten, körperlichen Ganzen. – *Ideengeschichtlich* gesehen, entstand der philos. Begriff der M. aus der Frage der †Vorsokratik nach den Ursachen der Entstehung aller Dinge. Die ersten Versuche einer solchen Frage zielten auf das ab, woraus die Dinge zuerst entstanden seien, also auf den *Urstoff.* Als solche benannte *Thales* das Wasser, *Anaximander* von Milet das Unbestimmte (apeiron), *Anaximenes* von Milet u. *Diogenes* von Appollonia die Luft, den Atem. Da die Luft von ihnen zugleich als das Prinzip des Lebens aufgefaßt wird, nennt man diese Auffassung *Hylozoismus* (griech. zoe = Leben). Die anderen Vorsokratiker sahen, daß die Frage nach dem Woraus der Dinge ihr Entstehen nicht genügend verständlich macht, u. suchten nach weiteren Ursachenarten. *Aristoteles* faßte diese Bemühungen kritisch in seiner Lehre von den vier ↑Ursachen zusammen, von denen er zwei als die inneren Prinzipien des Werdens u. der Konstitution aller Körper betrachtet: Stoff u. Form (*Hylemorphismus;* griech. morphe: Form). M. ist das, was den Dingen ermöglicht, Raum auszufüllen u. Form anzunehmen. Der unbestimmte Urstoff oder die *erste* M. ist selbst kein Körper; Körper oder *zweite* M. ist er erst mit u. durch die substantielle Form, deren Substrat er ist. Im Platonismus ist die M. als Prinzip des Unbestimmten u. des Nichtseins Prinzip des *Übels*. In u. noch mehr nach der Renaissance wird die M. zur sinnlich wahrnehmbaren Natur u. dem Geist gegenübergestellt. *Descartes* schließlich schränkte die M. ganz auf die *Ausdehnung* u. ihr Wesen auf die *Meßbarkeit* ein. Ihre Veränderung beruht auf der Bewegung ihrer Teile. Bei *Spinoza* wird die M. zum göttlichen Attribut der Ausdehnung. Nach *Leibniz* gehört zum Wesen der körperlichen M. nicht nur Ausdehnung, sondern auch *Undurchdringlichkeit*. – In *erkenntnistheoretischer* Hinsicht unterscheidet *Kant* M. u. Form, insofern M. der ↑Anschauung das Mannigfaltige der sinnlichen Eindrücke ist; die durch Raum u. Zeit geformten Anschauungen aber sind wiederum M. der durch die ↑Kategorien zu formenden Begriffe. – Mit der M. als der sinnenfälligen Körperwelt beschäftigt sich die Naturwissenschaft in der Physik (mathematische Analyse der Reaktionsweisen) u. in der Chemie (mathem. Analyse der Bestandteile). Die *Masse* eines Körpers ist das Maß seiner Schwere bzw. seiner Trägheit.

Lit.: Aristoteles, Physik I 9; ders., Met. VII 3; F. Lieben, Vorstellungen vom Aufbau der M. im Wandel der Zeiten, Wien 1953; St. Toulmin, The Architecture of Matter, London 1962; J. de Vries, M. u. Geist, München 1970; H. Happ, Hyle. Studien z. aristotel. M.-begriff, Berlin 1971; E. McMullin (Hrsg.), The Concept of Matter in Modern Philosophy, Notre Dame 1978. *W. Brugger*

Mechanismus ↑Leben, Naturphilosophie.

Meinung ↑Glaube, Platon, Pragmatismus.

Metaphysik ist die Bezeichnung für die Untersuchung der Zentralfragen der theoretischen Philosophie. M. fragt nach der ↑Struktur, dem Sinn u. dem ↑Grund des Wirklichseins als solchen: Worin besteht die vielfältige Wirklichkeit des Wirklichen (das ↑Sein des Seienden), u. warum gibt es überhaupt etwas u. nicht vielmehr nichts? Die Idee des Seins steht in einem konstitutiven Bezug zur Idee des Nicht-Seins; folglich sind auch das Nicht-Sein und die Formen des relativen u. des absoluten Übergangs zwischen beiden Thema der M.: Anderswerden u. Entstehen/Vergehen sowie die damit eng verknüpften Be-

Metaphysik

griffe der Möglichkeit u. des ↑Vermögens. Thema der M. ist auch die Frage, in welchem sachlichen Verhältnis Wertprädikate u. Seinsprädikate zueinander stehen. Eine weitere fundamentale Problematik ist, welches Identitätsverhältnis zwischen dem Seienden u. dem Gegenstand bestehe, d. h. wie die Wirklichkeit von sich her zu ihrer Vergegenständlichung im menschlichen Erkennen steht (↑Transzendentalien), besonders dann, wenn es sich um die Wirklichkeit des Erkennens und Wollens selbst handelt. Eng mit den beiden zuletzt genannten Fragekreisen hängt die Frage zusammen, wie sich Individualität u. Allgemeinheit (↑Universalien) im Wirklichen zueinander verhalten u. aus welcher ersten ↑Ursache das Wirklichsein der verschiedenen Realitäten als solcher zu verstehen sei (Thema der mannigfaltigen Formen des ↑Materialismus, ↑Idealismus u. ä.). Die Methode der M. ist weder induktiv noch deduktiv, sondern reduktiv: transzendentaler Aufweis u. spekulative Entfaltung der Überzeugungen, die wir immer schon voraussetzen, um überhaupt erkennen u. handeln zu können.

Der Ausdruck ‚M.' findet sich zum ersten Mal in der Aristoteles-Ausgabe des Andronikos v. Rhodos (1. Jh. v. Chr.); er bezeichnet dort die 14 Abhandlungen, die buchtechnisch (u. wohl auch didaktisch) „nach" (griech. meta) den Büchern über die Natur (Physika) kommen. *Aristoteles* selbst zählte derartige Untersuchungen zur „Ersten Philosophie", weil in ihnen die Grundgesetze der theoretisch thematisierten Wirklichkeit untersucht werden, die den Forschungen aller anderen Wissenschaften (Physik, Ethik, Mathematik) vorausliegen. Dennoch ist die M. keine bloß formale Wissenschaftstheorie. Sie hat ihren eigenen Sachbezug; das drückt sich darin aus, daß sie nicht nur universale ↑Ontologie, sondern zugleich auch ↑Theologie ist, wobei sich das Element des Allgemeinsten (des Seins) u. des Höchsten (des Vollkommenen; ↑Gott) gegenseitig bestimmen (↑Aristotelismus). Zusammen mit einigen Platonischen Dialogen, deren idealistische Ansätze Aristoteles verwandelnd aufnimmt, blieb die „M." des Aristoteles das Grundbuch der M., von seiner kreativen Kommentierung durch islamische u. christliche Theologen (hier bes. *Thomas v. Aquin*), bis hin zum ersten eigenständigen M.-Buch, den Disputationes metaphysicae des *Suárez* (1597), u. der daran anschließenden Schul-M. (↑Scholastik). Dieser gelang es, sogar den Neuansatz der M., den *Descartes* gemacht hatte, indem er das Problem des wahren Seins von der Seite der evidenten Erkenntniswahrheit anging, mit der Tradition zu einer Synthese zu vermitteln (insbes. bei *Chr. Wolff*), die Kant für die schlechthin klassische Form der M. hielt.

Bei *Kant* kommt die prinzipielle Kritik an der Erkenntnismöglichkeit der M., die deren ganze Geschichte begleitet, zu einem gewissen Höhepunkt (↑Kantianismus). Kant wollte aufzeigen, daß es grundsätzlich nicht möglich sei, zu einer rationalen Entscheidung der Fragen zu kommen, ob es einen Gott, eine Freiheit des Willens, eine unsterbliche ↑Seele gebe; M. als Wissenschaft sei uns unmöglich, weil wir nicht über die ↑Anschauung des Geistigen verfügen, durch die allein die Hypothesen der M. getestet werden könnten. Bei Kant zeigt sich aber auch, daß jede Kritik einer metaphysischen These oder gar der Möglichkeit einer M. unweigerlich selbst eine neue metaphysische Position bezieht. Denn der negative Teil seiner Kritik beruht auf einer metaphysischen These über das Verhältnis von Geist u. Sinnlichkeit, u. der positive Teil begründet die M. neu als die Theorie der ↑Postulate, d. h. der theoretischen Überzeugungen über das letzte Sein, die der sich sittlich verstehende Mensch notwendig als wahr voraussetzen muß. Die Meta-physik wird zur Meta-moral u. zur Meta-wissenschaft, bleibt aber eben darin, formal gesehen, M. Die kritische Untersuchung der Grundsätze, Grundbegriffe und Argumentationsfiguren, die der M. eigen sind, – ihre Abgrenzung gegen die Logik der Physik u. Mathematik u. anderer Wissenschaften, gehörte seit Anfang an begleitend u. absichernd zur M. Seit Kant hat sich das Verhältnis der Gewichte mehr und mehr umgekehrt, bis dahin, daß die Philosophie ihren metaphysischen Charakter zeitweise zugunsten eines rein logisch-wissenschaftstheoretischen zu verlieren schien. Diese Entwicklung, die folgerichtig zu einer Instrumentalisierung der Philosophie zugunsten der – daran gar nicht interessierten – Einzelwissenschaften führte, zeigt, daß die Philosophie in irgendeiner positiven Weise der M. verbunden bleiben muß, solange sie Philosophie sein will. Daß es nach der mit dem Namen Kant verknüpften Reflexionsbewegung nicht mehr möglich ist, die kontingente Bedingtheit in aller Theoriebildung zu überspringen, die durch die Struktur unserer Sinnlichkeit, die Geschichtlichkeit unserer Verstehensmöglichkeiten, die Interessengebundenheit der Wissenschaft usw. gegeben ist, kompliziert die Aufgabe der M. zwar, macht sie aber nicht aussichtslos. So hat gerade die postanalytische Philosophie einen neuen Zugang zur klassischen Ontologie gefunden, u. *Heideggers* Versuch, die Theorie des Seins so verwandelnd zu verabschieden, daß dadurch eine neue Erfahrung von Wirklichkeit sich öffnet, setzt das lebendige Verständnis der Grundprobleme u. Lösungswege der M. voraus, welche, wie Leibniz es empfand, untereinander mehr Gemeinsames als Gegensätzliches haben.

M. entspricht einer Naturanlage des Menschen, des „metaphysischen Lebewesens" (Schopenhauer). Diese kann so ausgelebt werden, daß die empirische Wissenschaft mit metaphysischem Impuls u. Anspruch getrieben wird (↑Szientismus, ↑Pragmatismus), oder so, daß der metaphysische Anspruch seine ihm gemäße theoretische Form findet, in der M. als Wissenschaft, die trotz ihrer prekären Natur die zentrale Aufgabe einer Vernunft-Kultur bleibt.

Lit.: Platon, bes. Phaidon, Symposion, Sophistes, Parmenides, Rep. VI; Aristoteles, Met.; Thomas v. Aquin, Metaphysik-Kommentar; Suárez, Disputationes metaphysicae; Descartes, Med.; Leibniz, Monadologie; Kant, die drei Kritiken; Hegel, Enzyklopädie der philos. Wissenschaften; A. N. Whitehead,

Process and Reality; M. Heidegger, Nietzsche, Bd. II; M. Müller, Sein u. Geist, Freiburg ²1982; H. Heimsoeth, Die sechs großen Themen der abendländischen M., Berlin ⁶1974; E. Coreth, M., Innsbruck ³1981; E. Vollrath, Die These der M., Ratingen 1969.

G. Haeffner

Methode. Ursprung des Wortes aus dem Griechischen: durch Vernunft geleitetes Forschen, Weg der Wahrheit. Für *Platon* ist die ↑*Dialektik* die M., die zwei Aufgaben hat: a) die Rückführung der Vielheit gleichnamiger Phänomene aus dem Bereich der Erfahrung auf die Einheit der ↑Idee (Synagoge), d. h. Einzelnes wird unter Allgemeines subordiniert, u. b) die Einteilung der allgemeinsten Idee u. obersten ↑Gattungsbegriffe in ihre Arten und Unterarten (durch Dihairesis bzw. durch Dichotomie). Bei *Aristoteles* M.n-Vielfalt, die sich an ihrem Untersuchungsgegenstand orientiert. Er verwendet die *Definition* (Begriffsanalyse), die *Syllogistik,* die *Dialektik,* die bei ihm Argumentationskunst ist, und die ↑*Induktion* als M.n. Zentrale Rolle der Begriffsanalyse, die er glänzend beherrscht. Bei ihm auch erstmals Reflexion über die M. Etwa zu gleicher Zeit Entwicklung der axiomatischen M. durch *Euklid* in seinen „Elementen". Nach dieser M. werden aus ↑*Axiomen, Definitionen* u. ↑*Postulaten* mit Hilfe von Schlußregeln Theoreme abgeleitet. Die „Elemente" werden zum Musterbeispiel eines deduktiven Systems und zum Paradigma einer beweisenden Wissenschaft bis in unsere Tage.

Im Mittelalter wird ‚M.' durch verschiedene Termini übersetzt (ars, scientia usw.). Der terminus technicus lautet via procedendi (Thomas v. Aquin) oder modus procedendi (R. Bacon), später auch wieder ‚M'. Von Platon wird die divisive M. (Teilung der Gattung in Arten durch Differenzen), von Aristoteles die definitive M. (definitio fit per genus proximum et differentiam specificam) sowie die deduktive M. (Syllogistik) übernommen. Neu ist die Betonung von ↑analytischen (M. resolutiva) u. *synthetischen* Verfahren (compositio), wobei die erstere vom Zusammengesetzteren zum weniger Zusammengesetzten u. damit Einfacheren fortschreitet u. die compositio den umgekehrten Weg geht. Beide sind also komplementäre, sich ergänzende Verfahren. Die M. resolutiva war zunächst nur auf natürliche Gegenstände bezogen, so z. B. wegen ihrer Herkunft aus der Medizin auf den menschlichen Körper. Sie wird später jedoch durch eine logische und mathematische Analyse ergänzt, d. h. sie wird auch auf *abstrakte* Gegenstände angewandt. Das Mittelalter kennt die Suche nach nur einer M. nicht.

Im 13. Jh. Entwicklung der kombinatorischen M. durch *R. Lullus,* der mit Hilfe der Kombination von Grundbegriffen Sätze bildet u. dazu auch mechanische Verfahren verwendet. Er vertritt bereits den Gedanken einer Scientia generalis, die er als Realwissenschaft versteht, d. h. sie formuliert Sätze über die Welt. Ihre Grundlage soll ein *materiales Begriffssystem* einfachster Begriffe sein, durch deren Kombination alle zusammengesetzten Begriffe hergestellt werden. Im 17. Jh., bedingt durch die Entwicklung der mathematischen Disziplinen, Vorherrschen der axiomatischen M. *(mos geometricus).* Übernahme dieser M. durch Juristen (Leibniz), Philosophen (Spinoza) u. Theologen (Mersenne). Für *Descartes* ist die M. der Geometrie u. der Algebra auf alle anderen Wissenschaften erfolgreich anwendbar. Es entsteht der Gedanke einer *mathesis universalis.* Auch die Logik ist in die Algebra eingebettet. Descartes vertritt einen M.n-Monismus; Wissen wird alleine durch *Intuition* (klare u. deutliche Ideen, die für ihn Denkakte sind) und *Deduktion* erworben und garantiert. Das axiomatische Verfahren wird von *Pascal* ausgebaut und erfährt durch ihn seine beste u. gültige Formulierung. Sie wird in die Logik von Port Royal aufgenommen u. durch deren große Verbreitung auch allgemein bekannt.

Weiterentwicklung des Gedankens einer mathesis universalis durch *Leibniz,* die bei ihm nicht nur deduktive, sondern auch induktive Verfahren enthält. Beeinflußt durch die juristische Tradition von inventio u. iudicium, unterscheidet er eine *ars inveniendi* u. eine *ars iudicandi.* Erstere ermittelt durch ein progressiv-synthetisches Verfahren, das sich der Kombinatorik bedient, alle möglichen Kombinationen, so z. B. alle möglichen Modi der Syllogistik. Die ars iudicandi sondert dann durch ein regressiv-analytisches Verfahren (m. des exclusions) die 24 gültigen Modi aus. Durch die ars inveniendi wird eine ganze Wissenschaft dargestellt, durch die Analytik werden Einzelprobleme gelöst. Leibniz bedient sich auch einer im 17. Jh. sehr verbreiteten Idee, nämlich der einer *allgemeinen Charakteristik,* d.h. eines Zeichensystems, das ↑Begriffe direkt abbilden soll samt ihren Verbindungen. Voraussetzung dafür ist ein materiales Konstitutionssystem, ein *Alphabet der menschlichen Gedanken.* Die *scientia generalis* hat bei ihm die Aufgabe, den Wissenschaften mögliche, d.h. widerspruchsfreie Begriffe zur Verfügung zu stellen. Für Leibniz ist im Gegensatz zu den Cartesianern die Logik nicht ein Teil der Algebra. Beide sind Proben einer übergeordneten Wissenschaft, nämlich der *Theorie allgemeinster* ↑*Relationen.* Die *Enzyklopädie* soll einen axiomatischen Charakter haben. Die Anwendung der axiomatischen M. durch Leibniz führt zu den ersten logischen Kalkülen in der Geschichte.

Aus einer *deskriptiven M.,* nämlich der der deskriptiven Psychologie, die sich mit der Beschreibung psychischer Entitäten u. Prozesse beschäftigt (Brentano, Wundt, Stumpf), entwickelt *Husserl* die ↑*phänomenologische* M., die sich in der Folge nicht auf die rationale Psychologie beschränkt, sondern auch auf allgemeine Gegenstände u. Sachverhalte ausgedehnt wird, so z. B. auch auf ↑Ideen, u. zur *Wesensschau* wird. Für die Methodologie der Naturwissenschaften, in denen vor allem die induktive M. angewandt wird, die durch P. Gassendi, die englischen Empiristen u. Port Royal entwickelt wurde, stellt sich die Frage der *Verifikation* von induktiv gewonnenen ↑Hypothesen. Nach *Carnap* ist diese Verifikation möglich, nach *Popper* nur die *Falsifikation*

Modalität

von Konkurrenzhypothesen. Dieses Verfahren setzt einen Theorienpluralismus voraus, der dann in letzter Konsequenz zum Theorienanarchismus von *Feyerabend* führt, nach dem Motto: everything goes. In Mathematik und Logik herrscht heute die *axiomatische* M. vor. Axiomatisch werden nicht nur Geometrie (Pasch, Hilbert), Mengenlehre (Zermelo, Fraenkel), Arithmetik (Dedekind, Peano) behandelt, sondern auch Aussagen- u. Prädikatenlogik (Frege), Modallogik (C. I. Lewis) u. Wahrscheinlichkeitstheorie (v. Mises, Kolmogorov). Axiomatische M.n werden in Form von Kalkülen auch in originär philosophischen Disziplinen verwendet wie ↑Ontologie, ↑Erkenntnistheorie u. Ethik.

Lit.: Euklid, Elemente; Descartes, Discours de la méthode; Pascal, De l'esprit géometrique et de l'art de penser; A. Arnauld u. P. Nicole, La logique ou l'art de penser, Paris 1662; Husserl, Logische Untersuchungen; K. Popper, Logik der Forschung, Tübingen ³1969; J. M. Bocheński, Die zeitgenössischen Denkm., Bern 1954; H.-G. Gadamer, Wahrheit u. M., Tübingen ⁴1975; P. K. Feyerabend, Wider den Methodenzwang, Frankfurt 1976.

H. Burkhardt

Modalität. Als Bezeichnungen für Modalbegriffe oder Modalisatoren kommen in der Sprache vor: Eigenschaftswörter wie ‚möglich' (∇ p), ‚unmöglich' ($\neg \nabla$ p), ‚notwendig' ($\triangle$ p), ‚nicht notwendig' ($\neg \triangle$ p), Adverbien wie ‚möglicherweise' usw., Substantiva wie ‚Möglichkeit' usw., aber auch Hilfszeitwörter wie ‚können', ‚müssen' usw., und außerdem sind sie in dem Suffix -bar enthalten, denn lösbar heißt möglich zu lösen. *Aristoteles* hatte als erster bemerkt, daß die M. *interdefinierbar* sind, d. h. hat man einen M.begriff, so kann man die anderen damit definieren, denn möglich p ist nicht notwendig nicht p u. notwendig p ist nicht möglich nicht p. Neben diesen vier M. kommt in De Int. schon die wichtige zusammengesetzte M. *kontingent* vor, die durch $\neg$ notwendig p u. möglich p oder durch möglich p und möglich $\neg$ p definiert ist. Es handelt sich um die *strikte* Kontingenz. Eine Folge der Interdefinierbarkeit ist, daß verschiedene sprachliche Oberflächenstrukturen dieselbe logische Tiefenstruktur aufweisen; so ist $\neg$ möglich p äquivalent zu notwendig $\neg$ p. Daraus ergibt sich dann auch das *Modalquadrat,* das sich homolog zum logischen Quadrat verhält und in der Scholastik präzisiert wird. In De Int. sind die M. schon so etwas wie *Operatoren.* Aristoteles hatte dann in der 1. Analytik eine Modalsyllogistik mit 111–3 gültigen Syllogismen entwickelt.

Kompliziert wird die M.syllogistik durch das gleichzeitige Vorkommen von *de re* und *de dicto* M.n. *Semantisch* gesehen sind de re Sätze modale Aussagen über die Welt, wie $\wedge_x a(x) \rightarrow \nabla b(x)$; $\wedge_x a(x) \rightarrow \triangle b(x)$; $V_x a(x) \rightarrow \nabla b(x)$; $V_x a(x) \rightarrow \triangle b(x)$; d. h. sie schreiben Gegenständen mögliche oder notwendige Eigenschaften zu. De dicto Sätze hingegen sind modale Aussagen über Sätze, d. h. sie bezeichnen einen Satz als notwendig oder möglich, wie z. B. $\nabla (\wedge_x a(x) \rightarrow b(x))$; $\triangle (\wedge_x a(x) \rightarrow b(x))$; $\nabla (V_x a(x) \rightarrow b(x))$; $\triangle (V_x a(x) \rightarrow b(x))$. *Syntaktisch* gesehen

Modalität

steht der Modalisator entweder beim Subjekt u. modalisiert damit den ganzen Satz (de dicto) oder beim Prädikat u. modalisiert damit nur das Prädikat (de re).

In der 1. Analytik sind die M. *Reflexionsbegriffe* über die Inhärenz vom Prädikat im Subjekt oder die Inklusion vom Prädikatbegriff im Subjektbegriff. Dieses Enthalten wird im Falle der Inklusion als notwendig oder unmöglich qualifiziert, im Falle der Inhärenz als kontingent, d.h. sowohl das Prädikat als auch sein Gegenteil sind mit dem Subjekt verträglich. Aristoteles hatte im Buch IX seiner Metaphysik die M. gegen die Eleaten verteidigt, die die Wirklichkeit mit der Möglichkeit gleichgesetzt (p ↔ ∇ p) u. damit die M.n eliminiert und eine Modaltheorie unmöglich gemacht hatten. Ein wichtiges Prinzip, das dem Dialektiker Diodoros Kronos zugeschrieben wird, das aber Aristoteles schon kannte, ist das *Prinzip der Fülle* oder der *Modalanstieg*, der besagt, daß jede echte Möglichkeit zu irgendeiner Zeit, bei unendlichem Zeitablauf, realisiert werden wird (∇ p → p). Aristoteles verwendet auch das *Modalgefälle*, ein Gesetz der m. Aussagenlogik, nämlich △ p → p → ∇ p.

In der ↑*Scholastik* spielten M.theorie u. M.logik eine große Rolle. Das zeigt sich schon daran, daß der nicht-m. Satz als privativer, d.h. seiner M. beraubter Satz angesehen wurde. Ein Schritt zur Präzisierung der M.n ist die Konzeption von W. von Shyreswood, der sie als Operatoren wie die Quantoren auffaßt, d.h. als rein syntaktische Gebilde wie schon im Ansatz Aristoteles. Bei Duns Scotus findet man erstmals das *possibile logicum,* d.h. die Möglichkeit wird als Widerspruchsfreiheit definiert; ein zusammengesetzter Begriff ist danach möglich, wenn er nicht einen Teilbegriff zusammen mit seiner Negation enthält; unmöglich ist er, wenn es der Fall ist. *Leibniz* ist der erste, der Notwendigkeit mit *Beweisbarkeit* gleichsetzt. Notwendige Aussagen sind finit-analytische Aussagen, d.h. die Inklusion des Prädikatbegriffs im Subjektbegriff kann durch endlich viele Analyseschritte nachgewiesen werden. Leibniz setzt diese logische ↑Analyse in Analogie zu mathematischen Verfahren, z.B. zu Kettenbrüchen. Das ist die *syntaktische* oder *beweistheoretische* Konzeption der M.n. Sie wird erst 1934 von Carnap neu formuliert. Dazu kommt noch eine *semantische* oder *modelltheoretische*. Sie sagt etwas über den *Geltungsbereich* m. Aussagen aus. Dieser Geltungsbereich sind mögliche Welten. Notwendig p ist dann durch: ‚wahr in allen möglichen Welten' definiert u. die anderen M. entsprechend. Wichtig ist auch der Begriff der *Kompossibilität* bei Leibniz. Kompossibel ist das, was zusammen mit anderem möglich ist. Von den absolut möglichen Entitäten werden nur die kompossiblen verwirklicht.

Kant benützt die M.n zur Charakterisierung des *Erkenntnistypus*. Die M.n werden von der ontischen auf die epistemische Ebene verlagert u. dazu benützt, unsere Urteile ihrer epistemischen Herkunft nach zu kennzeichnen. Die Allgemeinheit und Notwendigkeit der synthetischen Urteile a priori z. B. sind nicht absolut (kategorisch), sondern relativ (hypothetisch). Sie werden auf den menschlichen Verstand relativiert, speziell auf die charakteristische Struktur oder besondere Konstitution unserer kognitiven Fähigkeiten. Auch das Modalgefälle kommt bei Kant vor, er schließt oft damit. Im Schematismus der reinen Verstandesbegriffe findet sich die seit den Megarikern bekannte Definition der M.n durch Zeitkonstanten: das Schema der Möglichkeit ist die Bestimmung der Vorstellung eines Dinges zu irgendeiner Zeit, das Schema der Notwendigkeit ist das Dasein eines Dinges zu aller Zeit usw. Eine interessante Neuerung bringt die *Meinong* sche Theorie vom Bestand. Meinong faßt wie Leibniz die ↑Existenz als ↑Prädikat auf. So *gibt es* Gegenstände, die nicht existieren $V_x \neg$ Ex. In diesem Fall kann man einem Gegenstand das Prädikat unmöglich zusammen mit dem Existenzquantor zuschreiben. Es gibt Gegenstände, die unmöglich sind $V_x \neg \nabla_x$, z. B. runde Vierecke. Der Quantifikationsbereich ist für Meinong nicht gleich dem Erfahrungsbereich. Er kann daher über mögliche Gegenstände quantifizieren.

Nach dem Vorläufer H. McColl hat C. I. Lewis zusammen mit Langford 1918 fünf *M.kalküle* entwickelt, die durch die Bezeichnungen S_1-S_5 bekannt wurden. Diese Kalküle haben für die M.logik eine kanonische Funktion, d. h. die Stärke anderer M.kalküle wird an ihnen gemessen. In den Kalkülen S_4 und S_5 kommen auch iterierte M.n vor, also z. B. notwendigerweise möglich oder notwendigerweise notwendig. Es handelt sich um rein syntaktisch fixierte Kalküle ohne Semantik. Eine Methode zur Reduzierung iterierter M.n gab O. Becker im Rahmen seiner statistischen Deutung an. Nach Vorarbeiten von Carnap, Kanger und Montague ist es S. Kripke gelungen, die Vollständigkeit u. Korrektheit der m. Aussagen- und Prädikatenlogik nachzuweisen. Modell ist die Leibnizsche Theorie der möglichen Welten, die Kripke als intuitiv adäquat ansah. Diese Leistung von Kripke hat zu einem merklichen Ansteigen des Interesses an m.logischen Problemen aller Art sowie an Problemen verwandter Logiken, wie epistemischer, deontischer u. pragmatischer Logik, geführt.

Lit.: Aristoteles, De Int. Kap. 9, 12, 13; 1. Analytik I 3, 8–22; A. Becker, Die Aristotelische Theorie der Möglichkeitsschlüsse, Berlin 1933; O. Becker, Untersuchungen über den M. kalkül, Meisenheim 1952; R. Carnap, Bedeutung u. Notwendigkeit, Wien 1972; J. Hintikka, Time and Necessity, Oxford 1973; G. E. Hughes/M. J. Cresswell, An Introduction to M. Logic, London 1968; K. Jacobi, Die M. begriffe in den log. Schr. des W. von Shyreswood, Köln 1980; S. A. Kripke, Name und Notwendigkeit, Frankfurt 1981; C. I. Lewis/C. H. Langford, Symbolic Logic, New York 1932; A. Meinong, Über Möglichkeit und Wahrscheinlichkeit, Leipzig 1915; H. Poser, Die Theorie der M. begriffe bei Leibniz, Wiesbaden 1969; U. Wolf, Möglichkeit und Notwendigkeit bei Aristoteles u. heute, München 1979; G. Seel, Die Aristotelische Modaltheorie, Berlin 1982.

H. Burkhardt

Möglichkeit ↑Akt/Potenz, Modalität.

Monade. Das griechische Wort monas bedeutet bei den *Pythagoräern* die Einheit, aus der das ganze Zahlensystem abgeleitet wird. Durch *Platon*, der den Terminus auf die ↑Ideen anwendet, gelangen Wort u. Begriff in den ↑Neuplatonismus u. den christlichen Platonismus u. bedeuten eine einfache, irreduzible, unzerstörbare u. sich selbst bestimmende Entität, deren Aktivität die Quelle aller zusammengesetzten Dinge ist. *Leibniz* übernimmt Wort und Begriff wahrscheinlich von seinen Vorgängern G. Bruno, H. More u. F. H. van Helmont. Für ihn sind M. einfache, d. h. rein geistige ↑Substanzen, denen eine unendliche Anzahl von *Perzeptionen,* d. h. von individuellen psychischen Akten kognitiven u. nicht-kognitiven Inhalts inhärieren. Diese Perzeptionen sind entweder aktiv oder handelnd, dann heißen sie ‚*Apperzeptionen*‘, oder passiv oder leidend. Ihr Ablauf wird durch die series rerum (= mögliche Welt) definiert. Mit Hilfe ihrer Perzeptionen spiegelt die M. als Mikrokosmos den Makrokosmos, d. h. das ganze Universum oder die Gesamtheit aller anderen M. wider. Diese Widerspiegelung ist *konstant* und *geregelt*. Die Geregeltheit ist verschieden u. auch mit verschiedenen Erkenntnisgraden identisch. Sie bestimmt die *Hierarchie* unter den M., von der höchsten M., nämlich Gott, der nur Apperzeptionen hat u. damit über eine cognitio intuitiva verfügt, über die M., denen nicht nur Apperzeptionen inhärieren u. die die Welt dadurch mehr oder weniger verworren abbilden, bis zu den schlummernden M., die die Welt nur in äußerst konfuser Weise widerspiegeln.

Die M. sind fensterlos, sie haben keine ↑Relationen zu anderen M., d. h., daß alle zwei- oder mehrstelligen Prädikate auf einstellige oder Perzeptionen zurückgeführt werden können. Die *Monadologie* ist somit ein metaphysisches System, das die Welt als kosmische Einheit interpretiert, die eine *maximal-konsistente* Menge solcher einfacher, sich selbst bestimmenden, rastlos tätiger geistiger Substanzen, also M., umfaßt. In diesem System gibt es nur *Ordnungsrelationen,* die von Anfang an bestehen, weil sie mit ihm zusammen entstanden sind: die *prästabilierte Harmonie*. Anstelle eines gegenseitig wirkenden Einflusses besteht zwischen den M.n eine Harmonie. Es ist wichtig, zwischen *Kompossibilität* u. prästabilierter Harmonie zu unterscheiden. Die Kompossibilität, von Leibniz dadurch definiert, daß der Begriff einer Entität mit einer maximalen Anzahl von Begriffen anderer Entitäten keinen Widerspruch impliziert, ist ein modallogischer Begriff. Die Kompossibilität ist die logische Grundlage für jede mögliche Welt. Die prästabilierte Harmonie dagegen ist ein metaphysischer Begriff u. regelt die Ordnungsrelationen zwischen den M. in dieser aktuellen Welt.

Während Leibniz die M. als einfache, d. h. als rein geistige Substanzen auffaßt u. die Körper als zusammengesetzte Entitäten keine Substanzen, sondern nur substantiata sind, die eine rein phänomenale Existenz haben, wird dieser Gedanke bereits durch Wolff aufgeweicht, der damit den Weg für das System einer *physischen* Monadologie des jungen *Kant* frei macht. Auch nach Kant gab u. gibt es noch Monadologien. Der Leibnizschen am nächsten kommt die von *A.N. Whitehead*, für den M. geistige Entitäten von beschränkter Dauer sind, denen er größere Spontaneität u. Kreativität zuschreibt als Leibniz. Seine prehensions entsprechen den Leibnizschen Perzeptionen. In der Kantischen Tradition stehen die physischen Monadologien von J.F. Herbart, H. Lotze, G.Th. Fechner u. Ch. Renouvier. Heute gibt es die Monadologien von D. Mahnke, H.W. Carr u. W. Stern.

Lit.: Leibniz, Principes de la Nature et de la Grace, fondés en raison; Monadologie; ed. Gerhardt Bd. VI; Kant, Gedanken von der wahren Schätzung der lebendigen Kräfte; A.N. Whitehead, Prozeß u. Realität; N. Rescher, Leibniz. An Introduction to his Philosophy, Oxford 1979. *H. Burkhardt*

Monismus (griech. monos: allein, einzig) kann jede Lehre genannt werden, die (das von ihr behandelte Gebiet oder) die ganze Wirklichkeit als bloße Entfaltung, Modifikation oder ↑Erscheinung(sweise) eines einzigen, allem zugrunde liegenden Wesens oder ↑Prinzips betrachtet, wovon sie nicht substantiell (↑Substanz) oder wesenhaft verschieden ist *(All-Einheits-Lehre)*. M. kann auch bedeuten, daß die Wesensverschiedenheit der Elemente der Wirklichkeit bestritten u. alles nur auf eine einzige (substantielle) Seinsart zurückgeführt *(Reduktionismus)* u. durch sie allein erklärt wird: ↑*Materialismus* u. *Spiritualismus* (Berkeley: Nur geistige Wesen existieren); vgl. ↑*Idealismus*. Gegensatz: ↑*Dualismus* oder *Pluralismus* (Vielzahl letzter Prinzipien oder Wesensarten). Ein M. im strengen Sinn liegt vor, wenn die Weltwirklichkeit als notwendiges Produkt ↑Gottes oder als notwendiges Ausströmen *(Emanation)* aus dem höchsten Einen (griech. *Hen*) betrachtet wird: *Pantheismus* (↑*Spinozismus*, ↑*Neuplatonismus*). Wenn jedoch die ↑Welt als freie Schöpfung Gottes betrachtet u. somit die ↑*Transzendenz* (absolute Weltüberlegenheit u. -unabhängigkeit) Gottes behauptet wird, handelt es sich nicht um M. im eigentlichen Sinn. Diese von der christlichen Philosophie vertretene Lehre teilt mit dem M. die Überzeugung, daß alles in Gott gründet u. daß Gott allem innewohnt *(Immanenz)*, hält aber gegen den M. zugleich an der Transzendenz Gottes u. der (relativen) Eigenständigkeit der Welt fest.

Lit.: A. Drews (Hrsg.), Der M., dargestellt in Beiträgen seiner Vertreter, 2 Bde, Jena 1908; R. Eisler, Geschichte des M., Leipzig 1910; A. Drews, Geschichte des M. im Altertum, Heidelberg 1913; F. Klimke, Der M. u. seine phil. Grundlagen, Freiburg ⁴1919. *H. Schöndorf*

More geometrico ↑Methode.

Morphe ↑Form.

Münchhausen-Trilemma ↑Kritischer Rationalismus.

Mythos bedeutet im Griech. ebenso

wie ↑logos das Wort. Ursprünglich wird logos für das überlegte, belehrende u. auch überredende Wort gebraucht, während m. den Wirklichkeitsbezug betont: M. ist „Geschichte" im Sinne des tatsächlich Geschehenen oder Geschehenden. Im Unterschied zur Sage liegen dem M. keine historischen Ereignisse zugrunde. Er berichtet von einem urzeitlichen Geschehen, das die gesamte Wirklichkeit bestimmt. Indem er erzählt, wie es ursprünglich war, drückt er aus, was eigentlich ist u. auch gegenwärtig gilt. „ ‚Ursprung' in der Mythologie ist, was ‚Sein und Wesen' in der Philosophie, in einem urzeitlichen Geschehen ausgebreitet" (Kerényi). Die Ereignisse des M. transzendieren die reale Geschichtszeit. Als Ursprung, Norm und Ziel des Menschen und der gesamten Wirklichkeit sind sie zugleich vergangen, gegenwärtig und zukünftig. Mittelpunkt der „Geschichten" sind die Götter. Die Wirklichkeit wird als das Göttliche erfahren: als Geschenk, der Verfügung des Menschen entzogen, staunen- und ehrfurchterregendes Wunder. Die sog. Primitiven unterscheiden ihre ursprünglichen M. von belehrenden Erzählungen, denen geringere Glaubwürdigkeit zukommt. Der ursprüngliche M. erhebt uneingeschränkten Anspruch auf Wahrheit; er wird als absolut verbindlich für Lebenseinstellung und Handeln des Menschen betrachtet. Der M. fordert und deutet den Kult. Die kultische Handlung ist nicht bloß Erinnerung; sie ist das göttliche Geschehen, das in ihr gegenwärtig und wirksam wird.

Die Philosophen haben den M. unterschiedlich beurteilt. Die griechische Aufklärung des 5. Jh. v. Chr. wertet den M. gegenüber dem begründenden Logos ab. In ihr zeigen sich zwei für die weitere Philosophiegeschichte grundlegende Richtungen der M.-kritik. Die eine, von *Xenophanes* begonnen und von *Platon* und *Aristoteles* weitergeführt, wendet sich gegen das anthropomorphe Gottesbild des M., das sie durch den metaphysischen Begriff des vollkommensten Seienden ersetzt; die radikalere lehnt mit den M. die Gottesvorstellung ab. Trotz aller Kritik behält bei Platon der M. gegenüber dem Logos seine eigene Bedeutung. Er dient dem Ausdruck letzter intuitiver Gewißheiten, die der argumentierende Dialog allenfalls annäherungsweise einholen kann. Neuzeitliche rationalistisch-positivistische Richtungen sehen im M. eine naive Welterklärung, die die wahren Kausalzusammenhänge verkenne und durch die Wissenschaft zu überwinden sei, den Ausdruck von Gefühlen oder die Spiegelung sozialer Verhältnisse. Ein tieferes Verständnis beginnt mit der Romantik. Nach *F.W.J.v.Schelling* entstehen die M. durch einen notwendigen Prozeß des Bewußtseins, dem sich weder Individuen noch Völker entziehen können. Die in ihm wirksamen Mächte seien dieselben, die in der Natur wirken. Im mythologischen Prozeß erzeuge Gott sich selbst. Für *C.G. Jung* sind die Motive der M. identisch mit den Archetypen des kollektiven Unbewußten und als solche der Willkür und Konstruktion entzogen. Jede Tendenz, den M. zu eliminieren, sei eine Verarmung, ja Zerstörung der menschlichen Seele. Nach C. *Lévi-Strauss* beruht der M. auf der Selbstkonfrontation des Geistes, der „der Pflicht, mit den Gegenständen zu operieren, enthoben, in gewisser Weise sich darauf beschränkt, sich selbst als Objekt zu imitieren". Die Logik des mythischen sei ebenso anspruchsvoll wie die des wissenschaftlichen Denkens.

Lit.: Schelling, Einleitung in die Philosophie der Mythologie, WW II 1; ders., Philosophie der Mythologie, WW II 2; E. Cassirer, Philosophie der symbolischen Formen II, Darmstadt ²1953; C.G. Jung/K. Kerényi, Einführung in das Wesen der Mythologie, Zürich 1951; W.F. Otto, Die Gestalt und das Sein, Darmstadt 1955; M. Eliade, Mythen, Träume u. Mysterien, Salzburg 1961; K. Kerényi (Hrsg.), Die Eröffnung des Zugangs zum M., Darmstadt 1967; C. Lévi-Strauss, Strukturale Anthropologie, Frankfurt 1967; ders., Mythologica, 4 Bde, Frankfurt 1971–1975; M. Fuhrmann (Hrsg.), Terror u. Spiel, München 1971; H. Blumenberg, Arbeit am M., Frankfurt 1979. *F. Ricken*

N

Namen ↑Zeichen.

Natur. Das lateinische Wort natura ist die Übersetzung des griechischen physis; beide Ausdrücke haben ihrer Herkunft nach mit Wachsen, Erzeugen, Geborenwerden zu tun. Als Kernbedeutung könnte man festhalten: N. ist alles, was sich nach eigenen Triebkräften und Gesetzen entwickelt. Im Laufe der Philosophiegeschichte hat ‚N.' eine Vielfalt von Bedeutungen erhalten. Während bei den Griechen die N. eher analog zu einem lebendigen Organismus gesehen wird, entsteht in der Neuzeit gleichzeitig mit den empirischen N.wissenschaften ein neues Leitbild: die Maschine. Die Formulierung mathematischer ↑N.gesetze erweist sich als erfolgreiches Hilfsmittel bei der N.beschreibung. Die Überzeugung setzt sich durch, daß das Buch der N. in mathematischer Sprache geschrieben ist. Dem entspricht die Auffassung der Welt als Uhrwerk. Die neuzeitliche Physik ist eine Erfahrungswissenschaft, die keine wertenden Aussagen macht und die sich immer weniger an Alltagsvorstellungen orientiert. Zwar ist die stürmische Entwicklung der N.wissenschaft historisch mit ihrer technischen Anwendung verbunden, aber die Beherrschung der N. ist weder für den einzelnen Forscher ein durchgehendes Motiv, noch ist die Methode der Wissenschaft primär durch ein technisches Interesse bestimmt. Der rein deskriptive Charakter der N.wissenschaften bedeutet jedoch nicht, daß der Forscher die technischen Anwendungen nicht verantworten müßte. Der Siegeszug der neuen Physik führt zu einer mechanistischen Philosophie (↑N.philosophie), die eine bis heute andauernde Diskussion ausgelöst hat. Es geht dabei etwa um das Verhältnis von N. u. ↑Geist oder um die Frage, ob der Gegenstandsbereich der N.wissenschaften schon die ganze Wirklichkeit darstellt. Erwähnt sei noch, daß mit N. zuweilen das ↑Wesen eines Dinges gemeint ist (als Prinzip, das die innere Beschaffenheit festlegt: „es liegt in der Natur der Sache"). Im folgenden sollen einige Problemfelder dargestellt werden, in denen die N. eine zentrale Rolle spielt.

N. u. Kunst. In einem klassischen Gegensatz steht das Natürliche zum Konventionellen u. Künstlichen: N. ist hier das, was durch die Tätigkeit des Menschen nicht verändert, geformt, geregelt, normiert, was nicht durch Überlegung, Kultur und Erziehung hervorgebracht wurde. So stellen die Sophisten die göttliche Physis dem von Menschen geschaffenen Gesetz gegenüber. Hier zeigt sich schon, daß die auf den ersten Blick unproblematische Unterscheidung ihre Bedeutung durch die *Bewertung* von Natürlichem u. Künstlichem gewinnt. So beschreibt Hobbes den Naturzustand als Krieg aller gegen alle, während andererseits Rousseau ein paradiesisches Bild vom Naturzustand entwirft (wobei dann die Aufgabe der Erziehung im Fernhalten der schädlichen Einflüsse einer kranken Zivilisation besteht). Das Verhältnis von unwandelbarer N. des Menschen u. wandelbarer Kultur ist ein wichtiges Thema der Anthropologie.

N. und Übernatur. Oft identifiziert man N. mit der Gesamtheit der materiellen Gegenstände u. Prozesse, d.h. mit dem Objektbereich der empirischen Wissenschaften. Nach der Auffassung des Naturalismus ist damit schon die gesamte Realität erfaßt. Gegenpositionen nehmen von der N. unabhängige Seinsbereiche an u. grenzen etwa Geist, Seelenleben u. Bewußtsein aus der materiell verstandenen N. aus. Das Übernatürliche (Hyperphysische) – als über die natürliche Welt hinausgreifende höhere Wirklichkeit – wird z.T. in gänzlicher †Transzendenz angenommen, z.T. geht man von Wirkungen in der N. aus, die sich etwa in der Verletzung von N.gesetzen zeigen. Während ein übernatürlicher Bereich Bestandteil vieler klassischer metaphysischer Systeme ist, werden gegenwärtig insbesondere von sprachanalytisch u. naturwissenschaftlich orientierten Philosophen die Schwierigkeiten einer solchen Annahme betont, da die N. kausal abgeschlossen u. ohne übernatürliche Einflüsse verstehbar erscheint.

N. und Geist. Auch die Thematisierung dieses Gegensatzes kann als Reaktion auf die mechanistische Wissenschaftsauffassung verstanden werden, wobei die Bedeutung des Geistes, der Vernunft, der Geschichte u. des menschlichen Handelns hervorgehoben wird. In methodologischer Hinsicht werden N.- u. Geisteswissenschaften gegenübergestellt. N. ist dann der Bereich des Gesetzmäßigen, kausal Bestimmbaren, während die Geisteswissenschaften mit eigenen Methoden die geschichtliche und gesellschaftliche Wirklichkeit zu verstehen suchen. Die Schwierigkeit besteht dabei im Verhältnis von N. als kausaler Gesetzlichkeit u. der Welt der Werte, des Sinns, der Freiheit u. der Vernunft. Kant schlägt eine erkenntnistheoretische Lösung vor. Danach ist uns die N. notwendig als gesetzmäßiger Zusammenhang gegeben, dies betrifft jedoch nur die N. als Phänomen, d.h. insofern wir sie aus den Erfahrungen rekonstruieren. Auf diese Weise wird freies Handeln möglich, wenn auch nicht im Bereich der N. Der Naturalismus lehnt eine solche Einschränkung des Erkenntnisanspruchs der Erfahrungswissenschaften ebenso ab wie die Annahme einer Übernatur. Der Fortschritt der Biologie hat die prinzipielle Trennung zwischen anorganischer u. organischer Natur aufgehoben. An vielen Beispielen kann gezeigt werden, wie sich auf natürlicher Basis komplexe Systeme mit neuen Eigenschaften entwickeln. Es muß sich erweisen, wie weit das Programm, den Menschen ganz als Teil der N. zu betrachten, mit solchen neuen Hilfsmitteln durchführbar ist.

N. und Werte. Die Frage, ob die N. Werte setzen u. Sinn stiften kann, findet je nach N.bild verschiedene Antworten. Die †Stoiker z.B. sahen in der N. eine Realisierung der Weltvernunft, an deren Ordnung man auch sein Leben orientieren sollte. Nach der durch die N.wissenschaft geprägten Auffassung lassen sich jedoch aus der N. keine Normen gewinnen. Im Anschluß an die Evolutionstheorie und an die Verhaltensforschung werden zwar moralphilosophische Probleme diskutiert, aber auch hier ist zu beachten, daß ohne zusätzliche normative Voraussetzungen ein Übergang von deskriptiven Sätzen (Seinssätzen) zu normativen Sätzen (Sollsätzen) nicht möglich ist. Davon unabhängig findet man in der Geschichte u. auch gegenwärtig eine Vielfalt von N.vorstellungen, die Wertungen voraussetzen u. die praktische Konsequenzen haben: N. als Ansammlung von Atomen im Raum u. N. als lebendiger Organismus (oft in Analogie zu Personen bis zur Identifikation mit Gott); N. als Schöpfung Gottes u. N. als Grund aller Übel; N. als Schäferidylle u. N. als Material für die menschliche Tätigkeit. Das Verhältnis der N.auffassungen von Alltag, Kunst, Technik u. Wissenschaft ist selbst ein philosophisches Problem. Die Frage nach der N. ist so immer auch die Frage nach der Herkunft des Menschen, nach seinem Selbstverständnis u. nach den Möglichkeiten und Grenzen seines Handelns.

Lit.: Aristoteles, Met. V 4; ders., Physik II 1 u. 8, III; J. S. Mill, Nature, in: Three Essays on Religion, London 1874; R. G. Collingwood, The Idea of Nature, Oxford 1945; W. Heisenberg, Das N.bild der heutigen Physik, Hamburg 1955; E. J. Dijksterhuis, Die Mechanisierung des Weltbildes, Berlin 1956; A. Danto, Naturalism, in: Encycl. of Philosophy II; R. Lenoble, Esquisse d'une histoire de l'idée de nature, Paris 1969; R. Spaemann, N., in: HphG II; H. Schipperges, N., in: O. Brunner u. a. (Hrsg.), Geschichtliche Grundbegriffe, Stuttgart 1978; K. M. Meyer-Abich (Hrsg.), Frieden mit der N., Freiburg 1979; G. Großklaus u. a. (Hrsg.), N. als Gegenwelt, Karlsruhe 1983. *M. Stöckler*

Naturalismus †Natur, das Gute.

Naturgesetz/Kausalität. Der Begriff des N. wird innerhalb der Naturwissenschaften in problemloser Weise verwendet. Paradigmatisches Beispiel für ein Naturgesetz wäre etwa das Fallgesetz. Als *äußerst schwierig* hat sich hingegen erwiesen, auf *wissenschaftstheoretischer* Ebene jene Kriterien anzugeben, die Gesetze von Aussagen anderer Art zu unterscheiden erlauben. Man kann zunächst davon ausgehen, daß die mit Naturgesetzen intendierte Universalität sich syntaktisch darin niederschlägt, daß Naturgesetze Aussagen sind, denen ein Allquantor vorangestellt ist (Forderung nach Universalität). Da mit Naturgesetzen ein empirischer Gehalt intendiert ist, ist weiterhin zu fordern, daß ein gesetzesartiger Satz nicht schon aus logischen Gründen wahr oder falsch ist (Forderung nach Nicht-Analytizität). Weiterhin sollen Naturgesetze wahre bzw. als wahr akzeptierte Sätze sein (Forderung nach Wahrheit). Eine *einfache Form eines Gesetzes* wäre dann $\wedge x(F(x) \supset G(x))$. Die zentrale Schwierigkeit bei der Explikation des Begriffs des N. besteht darin, daß mit den genannten Forderungen nicht zwischen in der Tat als Naturgesetze akzeptierten Sätzen und einer bloß akzidentellen, nicht-analytischen, wahren Allgemeinheit, wie sie z. B. durch den Satz „Alle Äpfel in diesem Korb sind rot" zum Ausdruck gebracht wird, unterschieden werden kann. Alle Versuche, durch Verschärfung der Anforderungen über die oben angegebenen hinaus zu einer brauchbaren Klärung des Begriffs der Gesetzesartigkeit einer Aussage zu kommen, haben sich bisher als nicht befriedigend erwiesen.

Eine Klärung des Problems der Gesetzesartigkeit ist dabei deshalb von besonderer Dringlichkeit, weil die wissenschaftstheoretische Explikation anderer Begriffe sehr häufig nicht ohne Rückgriff auf den Gesetzesbegriff durchgeführt werden kann. So wird etwa die *wissenschaftliche Erklärung* als ein Spezialfall der durch die Wissenschaften möglichen Systematisierungsformen (neben Prognose und Retrodiktion) grob gesagt wie folgt expliziert: Ein Ereignis E ist dann wissenschaftlich erklärt, wenn eine Menge wahrer Sätze angegeben werden kann, die aus Beschreibungen von Randbedingungen u. mindestens einem N. bestehen, u. der das Ereignis E beschreibende Satz aus dieser Menge logisch folgt.

Unabhängig vom Problem der Ausarbeitung von Kriterien für die Gesetzesartigkeit von Aussagen, lassen sich verschiedene Gesetzes*typen* unterscheiden: So kann man deterministische Gesetze von indeterministischen oder statistischen Gesetzen abgrenzen. Koexistenzgesetze können von Sukzessionsgesetzen unterschieden werden. Je nach Realitätsstufe können Makro- und Mikrogesetze unterschieden werden. Je nach der Sprache, in der Gesetze formuliert sind, können qualitative, komparative oder quantitative Gesetze voneinander abgegrenzt werden. Vor dem Hintergrund der Unterscheidung von Gesetzestypen u. der oben angegebenen Skizze des Erklärungsbegriffs läßt sich der mit dem sog. *Kausalitätsprinzip* in der erkenntnistheoretischen Tradition häufig verbundene *Sinn* wie folgt rekonstruieren: Das Kausalitätsprinzip besteht in der These, daß jedes Ereignis so erklärt werden kann, daß nur auf *deterministische* Gesetze zurückgegriffen wird. Was die Frage nach der *Geltung* dieses Prinzips betrifft, so muß diese Frage nach heutigem Wissensstand negativ entschieden werden, denn gerade die Grundgesetze der Physik haben sich als indeterministische erwiesen. Es lassen sich nun naheliegende Abschwächungen des Kausalitätsprinzips angeben wie z. B. die These, daß alle Ereignisse überhaupt erklärbar seien, gleichgültig auf welchen Typus Gesetz dabei zurückgegriffen wird. Eine solche These wäre eine empirische Hypothese höherer Art. Selbst diese These wäre allerdings noch zu stark, als daß sie als eine notwendige Präsupposition wissenschaftlicher Erklärungs*suche* verstanden werden könnte, denn für die Suche nach einer wissenschaftlichen Erklärung wird die Annahme, daß nicht alles unerklärbar ist, als im Handeln unterstellte Annahme völlig ausreichend sein.

Lit.: E. Nagel, The Structure of Science, New York 1961; C. G. Hempel, Aspects of Scientific Explanation and other Essays in the Philosophy of Science, London 1965; W. Stegmüller, Wissenschaftliche Erklärung und Begründung (Probleme und Resultate der Wissenschaftstheorie u. Analytischen Philosophie I), Berlin 1969, Kap. I, II, V, VII. R. Hegselmann

Naturphilosophie. Die Vorstellungen über Inhalte, Methoden u. Ziele der N. gehen wie bei kaum einer anderen Disziplin auseinander. Die *Geschichte der N.* beginnt mit den *ionischen Philosophen* des griechischen Altertums, die versuchten, die Vielfalt der Naturerscheinungen durch die Annahme eines einheitlichen materiellen ↑Prinzips (Urgrund, Urstoff, ↑Elemente) zu erklären. Eine Trennung zwischen Spekulation, empirischer Forschung u. Reflexion über ↑Methoden wird hier noch nicht vollzogen. Dies gilt z. T. selbst noch für die N. des *Aristoteles,* für seine Suche nach den ↑Gründen des Seienden. Bei ihm finden sich Untersuchungen über n. Grundbegriffe wie ↑Raum, ↑Zeit, ↑Materie, ↑Ursache u. ↑Bewegung. Auch terminologisch werden ‚N.', ‚Physiologie' u. ‚Physik' weitgehend gleichbedeutend verwendet (im Sinne einer Wissenschaft von der gesamten ↑Natur, ihrem Wesen u. ihren Seinsgründen).

Die Situation ändert sich grundlegend, als im 17. u. 18. Jh. die neuzeitlichen Naturwissenschaften entstehen. Sie verstehen sich als Erfahrungswissenschaften (Kontrolle durch Experimente) u. entwerfen durch ihre quantitativen Methoden (etwa bei der mathematischen Formulierung von ↑Naturgesetzen) ein neues Wissenschaftsideal. In der Folge ist jede Standortbestimmung einer N. durch ihr Verhältnis zur Naturwissenschaft gekennzeichnet.

Der Siegeszug der neuzeitlichen Physik ist ein Erfolg der neuen Mechanik, die die Bewegung materieller ↑Körper unter dem Einfluß von Kräften beschreibt. *Descartes* u. *Hobbes* machen die Mechanik zum Grundmodell für die Erklärung der gesamten Natur, die sie aus der Ortsbewegung in sich unveränderlicher Teilchen aufbauen. Die Welt wird zum großen Uhrwerk, lebende Organismen werden als (entsprechend komplizierte) Maschinen angesehen. Die Kritik am mechanistischen ↑Weltbild stützt sich oft auf die ganzheitliche ↑Struktur u. die zweckmäßige Organisation von Organismen, die als mechanisch unerklärbar angesehen wird. Der Organismus wird dann als Gegenmodell zur Maschine häufig selbst zum Paradigma für Strukturbildungen u. Entwicklungsvorgänge in Natur u. ↑Geschichte. So interpretiert *Schelling* (u. vergleichbar *Hegel*) die Natur als planvolles Ganzes, als lebendigen Organismus, wobei insbesondere der ↑Entwicklungsgedanke betont wird. Weiter wird hier in der Vielfalt der Naturerscheinungen vom Magneten u. Kristall bis hin zum Menschen das Prinzip der Polarität nachgewiesen (ähnlich wie sich nach Kant die Materie aus dem Gleichgewicht von anziehenden und abstoßenden Kräften konstituiert (Attraktion und Repulsion)). Wegen ihres spekulativen Charakters stößt diese Art von N. unter Naturwissenschaftlern auf allgemeine Ablehnung (obwohl von ihr starke heuristische Impulse ausgingen, z.B. für die entstehende Elektrizitätslehre). Z.T. ist man im 19. Jh. sogar der Auffassung, daß die positiven Wissenschaften die Philosophie überflüssig machen würden. Die „induktive Metaphysik" hält demgegenüber an einem eigenen Bereich philosophischer Fragen fest, die sie allerdings unter Verwertung naturwissenschaftlicher Erkenntnisse u. durch „Zu-Ende-Denken" der Forschung zu beantworten sucht. Im 20. Jh. führt die Metaphysikkritik des Logischen ↑Empirismus zu einer Ablehnung von allen inhaltlichen philosophischen Ansprüchen, die über eine Sprachanalyse hinausgehen. N. wird dadurch auf Methodologie der Forschung reduziert. Gleichzeitig führt die Struktur der großen physikalischen Theorien des 20. Jh. (Relativitätstheorie u. Quantenmechanik) zu einem Konflikt mit klassischen Vorstellungen über Raum und Zeit, ↑Substanz und ↑Kausalität. Dies bringt eine Wiederbelebung der N. mit sich, die zunächst hauptsächlich von Physikern „nebenberuflich" betrieben wird. Gegenwärtig sind es zwei Entwicklungen, die zu einer Aufwertung der N. auch innerhalb der philosophischen Schuldisziplinen beitragen: Die ↑Analytische Philosophie beschränkt sich nicht mehr nur auf die logische Untersuchung der Wissenschaftssprache, u. die Auseinandersetzung mit der Wissenschaftsgeschichte macht die Bedeutung nichtempirischer Annahmen und orientierender Weltbilder für den Forschungsprozeß bewußt. Wenn es auch heute aussichtslos erscheint, ohne Rückgriff auf die empirischen Naturwissenschaften gesichertes Wissen über die Natur zu gewinnen, so bleiben der N. doch Fragen, die weder von den empirischen Wissenschaften beantwortet werden können noch alleine von der Wissenschaftstheorie, die die Methoden der Forschung analysiert. In diesem Zusammenhang sind die klassischen Themen der N. zu nennen: die Natur des Raumes, die Richtung der Zeit, die Kausalstruktur der Welt, der Aufbau der Materie, die Struktur u. die Entwicklung des Kosmos. Auch im Bereich der organischen Natur wurden durch den Fortschritt der Biologie n. Diskussionen über Evolution, ↑Leben, ↑Zufall, ↑Teleologie u. über das ↑Leib-Seele-Problem ausgelöst.

Zwischen ↑Metaphysik, logischer ↑Analyse und empirischer Naturforschung stellen sich der N. heute *drei*

Aufgaben: a) Die Untersuchung nichtempirischer philosophischer Elemente in den materialen Aussagen etwa der Physik. Da die N. immer auch Vorstufe naturwissenschaftlicher Theorien ist, gilt es, die in Form eines Weltbildes (etwa der ↑Atomistik) von einer physikalischen Theorie heuristisch übernommenen inhaltlichen Aussagen herauszuarbeiten u. zu prüfen. b) Das Zusammenfügen der spezifischen Ergebnisse der aspektabhängigen Einzeldisziplinen zu einem kohärenten Bild von der Natur in ihrer Gesamtheit. Auf eine solche interdisziplinäre Fragestellung führt z. B. die Diskussion um die Richtung der Zeit. c) Die Untersuchung philosophischer Konsequenzen von naturwissenschaftlichen Einzelergebnissen (etwa in der biologischen Anthropologie, in der evolutionären Erkenntnistheorie oder in der Frage, ob die Quantenphänomene eine Abänderung der Logik erfordern). Hier werden einzelwissenschaftliche Erkenntnisse zur Lösung philosophischer Probleme verwendet.

Wenn die N. auch keine geschlossene und einheitliche Disziplin darstellt, so übernimmt sie doch als Brücke zwischen Naturwissenschaft u. Philosophie eine wichtige Funktion, die uns hilft, die Wissenschaft, die Welt u. uns selbst besser zu verstehen.

Lit.: B. Bavink, Ergebnisse und Probleme der Naturwissenschaften, Zürich ⁹1949; H. Margenau, N., in: F. Heinemann, Die Philosophie im XX. Jh., Stuttgart 1959; F. Dessauer, Naturwissenschaftliches Erkennen, Frankfurt ²1961; A. Diemer, Grundriß der Philosophie II, 5. Teil, Meisenheim 1964; H. Sachsse, Naturerkenntnis und Wirklichkeit, Die Erkenntnis des Lebendigen, Braunschweig 1967 u. 1968; A. G. M. van Melsen, The Philosophy of Nature, in: R. Klibansky, Contemporary Philosophy II, Firenze 1968; H. Weyl, Philosophie der Mathematik und Naturwissenschaft, München ⁴1976; B. Kanitscheider, Wissenschaftstheorie der Naturwissenschaft, Berlin 1981; F. Kaulbach u. a., N., in: HWPh VI; B. Kanitscheider (Hrsg.), Moderne N., Würzburg 1984.

M. Stöckler

Negation (Verneinung). Man erzeugt aus einem Aussagesatz seine N., wenn man auf ihn den satzbildenden Operator ‚*Es ist nicht der Fall, daß*‘ anwendet. In der Umgangssprache kann die N. eines Satzes oft auch auf andere (weniger umständliche) Weise gebildet werden: So sind ‚Er hat *keine* Schulden‘, ‚Es ist *nie* zu spät‘ u. ‚Sie ist *un*bekannt‘ die N. von ‚Er hat Schulden‘, ‚Es ist manchmal zu spät‘ u. ‚Sie ist bekannt‘. Zu erkennen ist die N. eines Satzes A in ihren mannigfachen stilistischen Variationen immer daran: Sie ist wahr, wenn A nicht wahr ist, u. sie ist nicht wahr, wenn A wahr ist. N. u. negierter Satz stehen in kontradiktorischer Opposition: Es ist unmöglich, daß beide wahr sind, *und* es ist unmöglich, daß beide falsch sind.

Manchmal ist die Paraphrase einer N. in die kanonische Form mit ‚Es ist nicht der Fall, daß‘ nützlich, um Fehlschlüsse aufzudecken. Sehr zu Recht tadelt Hume das folgende Argument für die universale Kausalität, das er Locke zuschreibt (und das sich auch bei Wolff findet): Wenn etwas keine Ursache hätte, so wäre es durch nichts verursacht; nun kann *nichts* aber keine Ursache sein; also hat alles eine Ursache. Hier wird der Ausdruck ‚nichts' als Bezeichnung eines Gegenstandes (das Nichts?) mißverstanden! ‚x wird durch nichts verursacht' bedeutet aber: ‚es ist nicht der Fall, daß x durch etwas verursacht wird'. (Das kritisierte Argument ist keinen Deut besser als das folgende: ‚Wer ist auf dem Weg hierher von dir überholt worden?' ‚Niemand.' ‚Dann geht *niemand* also langsamer als du.' (Carroll, Alice hinter den Spiegeln, Kap. 7).)

Was oben schlicht ‚N.' genannt wurde, wird manchmal in Anlehnung an Russell als ‚externe N.' bezeichnet u. von ‚interner N.' unterschieden. Versteht man den Satz (a) ‚Der König von Frankreich im Jahre 1983 ist nicht weise' im Sinne von (b) ‚Folgendes ist nicht der Fall: Der K... ist weise', so handelt es sich um die *externe* N. von (c) ‚Der K... ist weise'. Da (c) nicht wahr ist, ist (b) wahr. Wenn (a) jedoch soviel heißen soll wie (d) ‚Was den K... angeht, so ist es nicht der Fall, daß er weise ist', dann handelt es sich um die *interne* N. von (c). Da Frankreich 1983 keine Monarchie ist, ist (d) genausowenig wahr wie (c). Also ist (d) auch nicht im anfangs erläuterten Sinne *die* N. von (c).

Kann das, was mit Hilfe der N. eines Satzes ausgedrückt wird, stets auch ohne einen N.-Operator formuliert werden? In einigen Fällen ist eine disjunktive Analyse (so Ryle u. a.) möglich, wie sie durch das folgende Beispiel illustriert wird: ‚Heute ist nicht Montag' ⇆ ‚Heute ist Di *oder* Mi ... *oder* So'. Die folgenden Explikationsvorschläge sind durch Platons „Sophistes" inspiriert. Sätze wie (e) ‚Es ist nicht der Fall, daß Sokrates feige ist' und (f) ‚Es ist nicht der Fall, daß jemand demütig ist' werden bei Sigwart, Cook Wilson u. a. so analysiert: (e') ‚Alle Eigenschaften des S. sind von der Feigheit *verschieden*', (f') ‚Von jedem gilt, daß alle seine Eigenschaften von der Demut verschieden sind'. Hegel, Bergson u. a. schwebt diese Analyse vor: (e") ‚S. hat eine Eigenschaft, die Feigheit *ausschließt*', (f") ‚Jeder hat irgendeine Eigenschaft, die Demut ausschließt'.

Lit.: Platon, Sophistes 254 b–259 d; Aristoteles, Kat. 10, 11; ders., De Int.; C. Wolff, Philosophia prima sive Ontologia, WW II 3, Nachdr. Hildesheim 1962, §§ 66–70; D. Hume, Traktat I 3; Hegel, Wissenschaft der Logik, 2. Teil, 1. Abschnitt, 2. Kap.; C. Sigwart, Logik, Freiburg ²1889, 1. Teil, Abschn. 4; B. Russell, On Denoting; ders., The Philosophy of Logical Atomism, T. III; beides in: Logic and Knowledge, bes. 52–53, 211–216; H. Bergson, Schöpferische Entwicklung, Kap. 4; G. Frege, Die Verneinung, in: Logische Untersuchungen; J. Cook Wilson, Statement and Inference, Oxford 1926, Bd. 1, Kap. 12; G. Ryle, Negation, in: Collected Papers II, London 1971; R. M. Gale, Negation and Non-Being, Oxford 1976. *W. Künne*

Neopositivismus ↑Empirismus.

Neukantianismus ↑Kantianismus.

Neuplatonismus bezeichnet die letzte Epoche des antiken ↑Platonismus von *Plotin* (bzw. Ammonios Sakkas,

†243) bis zur Schließung der Akademie in Athen i. J. 529 n. Chr. Der Ausdruck ‚N.' kann irreführend wirken, weil die Neuplatoniker sich nicht als Erneuerer, sondern als Interpreten der Platonischen Lehre verstanden. Die enge Verbindung zu *Platon* zeigt sich darin, daß fast alle ontologischen, psychologischen u. kosmologischen Lehren aus Platonischen Gedanken entwickelt werden. Außer Platon wirken auf Plotin *Aristoteles, Speusipp* u. *Xenokrates,* stoisches, neupythagoreisches u. mittelplatonisches Gedankengut. Neben der philosophischen Tradition greift Plotin die im 2./3. Jh. erstarkende religiöse Grundströmung auf. Solchem Impuls kam das religiös gefärbte orientalische Ideengut entgegen, für das Plotin u. bes. seine Nachfolger sich stark interessierten. Plotins gedanklicher Bau steht jedoch auf hellenischem Grund u. ist überwiegend aus Material der gleichen Herkunft errichtet. – Die Bedeutung u. Lebenskraft des N. erhellt aus der Verbreitung seiner Schulen in allen Zentren der hellenistischen Kultur. In Alexandrien haben wir die Schule des *Ammonios Sakkas,* aus welcher *Plotin,* der Gründer der römischen Schule, hervorgeht. Plotins Schüler *Amelios* gründet die syrische Schule zu Apameia, bekannt vor allem durch *Jamblich,* dessen relig. Spekulation in der pergamenischen Schule fortgeführt wird. Gegen Ende der neuplat. Epoche ragt die athenische Schule durch *Proklos* hervor, während jetzt in der alexandrinischen die exegetische Gelehrsamkeit gepflegt wird. – Philosophische Hauptthemen des N. sind: a) Wie geht das Viele aus dem Einen hervor? b) Anzahl der Hypostasen u. Beschaffenheit des mundus intelligibilis (†Sinnes-/Verstandeswelt). c) Stellung der menschl. Seele im Aufbau der Wirklichkeit. d) Möglicher Weg des Menschen zu dem mit dem Einen identischen Gott.

Entgegen dem Anschein der ersten Frage ist nicht das *Eine,* sondern das „der Natur nach Spätere" der sinnenhaften Welt Ausgangspunkt, um von hier erst zum Einen zu gelangen. Für Hervorgehen sagt Plotin gelegentlich „gleichsam Überfließen" (Emanation). Daraus folgt kein Emanationspantheismus, weil das Überfließen durch das „gleichsam" u. durch die Lehre entschärft wird, daß das Eine, immer als dasselbe in sich verharrend, keine Verminderung u. keinen Zuwachs erfahren kann. Die von Plotin gegen die †Gnosis verteidigte Dreizahl der intelligiblen Hypostasen wird im späteren N. ausgeweitet. Inbegriff der Ideenwelt ist der transzendente *Nus,* zugleich die Stufe der Selbsterkenntnis u. des -bewußtseins. Die *Seele* ist Dolmetsch vom Intelligiblen zum Irdischen u. umgekehrt, weswegen ihr grundsätzlich der als Rückwendung ins eigene Innere verstandene Aufstieg zum Geist möglich ist. Aufgrund der „liebenden Vernunft" auch zu Gott! Die hierbei tangierte Mystik Plotins meint weder ein Aufgehen der Seele in Gott noch eine Preisgabe der rationalen griechischen Denkbewegung. Denn Voraussetzungen für die unio mystica sind das mittelbare Erfassen des Einen an u. aus den Gegebenheiten dieser Welt sowie ein in Reinigung, Tugend u.

Läuterung geführtes Leben. Die Einheit v. Philosophie u. Theologie im N. zeigt sich vorrangig an dieser Stelle. Aber der theologische Grundzug ist ein auch dem philosophischen Denken immanenter.

Lit.: Plotin, Enneaden I 6,7; II 9,1; III 8,9 f.; IV 3,11; IV 4,3; IV 8,8; V 1,8; V 2,1; V 3,14 u. 15; VI 7,35; VI 8,11; VI 9,4–11; K. Praechter, Richtungen u. Schulen im N., in: Genethliakon f. C. Robert, Berlin 1910; H. R. Schwyzer, Art. Plotinos, in: Pauly-Wissowa, Real-Encyclopädie XXI, 1 (1951) 470–592 u. Supplem. XV (1978) 311–328; Les Sources de Plotin. Entretiens sur l'antiquité classique V, Genève 1960; W. Theiler, Forschungen zum N., Berlin 1966; C. Zintzen (Hrsg.), Die Philosophie d. N., Darmstadt 1977. *K. Kremer*

Nichts ↑Negation.

Noema ↑Phänomenologie.

Noesis ↑Platon, Phänomenologie.

Noesis noeseos ↑Geist.

Nominaldefinition ↑Begriff, Sein.

Nominalismus im weitesten Sinne ist jene Lehre von der Erkenntnis, wonach den allgemeinen Namen (↑Zeichen) als solchen bzw. den durch sie ausgedrückten ↑Begriffen nichts in der ↑Realität entspricht, was unabhängig von ↑Sprache u. menschlichem ↑Denken ist. Der N. in verschiedenen Formen war im mittelalterlichen Streit um die ↑Universalien u. auch in der neueren Zeit die Gegenposition zum (Begriffs-)↑Realismus. Auch in der modernen logisch-mathematischen Grundlagenforschung unterscheidet man zwischen N., Konzeptualismus u. Realismus, jedoch gewöhnlich ohne direkten Bezug auf die mittelalterliche Diskussion.

In seiner *extremsten Form* soll der N. im Frühmittelalter z. B. von *Roscellinus* einem extremen Begriffsrealismus entgegengesetzt worden sein. Danach haben die allgemeinen Namen nicht einmal im menschlichen Denken, geschweige denn in der denkunabhängigen Wirklichkeit eine adäquate Entsprechung. Das Allgemeine gibt es bloß als Wort, als Name, weswegen diese Auffassung „N." genannt wird. Es ist fraglich, ob ein so extremer N. je vertreten worden ist. Jedoch finden sich ähnliche Auffassungen z. B. bei *Abaelard* u. im 17. Jh. bei Hobbes. Der N. kann dahingehend *abgeschwächt* werden, daß man allen oder wenigstens einem Teil der allgemeinen Sprachausdrücke nichts anderes entsprechen läßt als gewisse Ähnlichkeiten zwischen den Einzeldingen u. deren individuellen Eigenschaften u. Relationen (*Hume*, Wittgensteins „Familienähnlichkeiten"). Auch der vom englischen ↑Empirismus inspirierte ↑Sensualismus in der neueren Psychologie, der zwischen anschaulichem Vorstellen u. eigentlichem Denken nicht genügend unterscheidet, mündet in eine Art N. aus, da er den allgemeinen Ausdrücken höchstens anschauliche Bilder oder sinnliche ↑Schemata, aber keine echten Allgemeinbegriffe und noch weniger etwas Denkunabhängiges in der Wirklichkeit entsprechen läßt. In neuester Zeit hat man im Rahmen der Sprachanalyse u. der mathematisch-logischen Grundlagenforschung eine Art *konstruktivistischen* N. vertreten (*Goodman, Quine*) u. versucht, allgemeine ↑Prädikate und ↑abstrakte Klassennamen als sprachliche Konstruktionen zu verstehen, denen nichts Allgemeines im Denken oder in der Wirklichkeit entspricht.

Oftmals nennt man den im Spätmittelalter entstandenen *Konzeptualismus* oder *Terminismus* auch „N.", obwohl er über den extremen N. insofern hinausgeht, als er den allgemeinen Namen echte Allgemeinbegriffe im Verstande entsprechen läßt. Dem Realismus gegenüber behauptet der Konzeptualismus jedoch, daß den Allgemeinbegriffen in der denkunabhängigen Wirklichkeit nichts entspricht, was irgendwie allgemein d.h. vielen Dingen gemeinsam wäre u. eine genügende Grundlage für das abstrahierende Erfassen (↑Abstraktion) eines allgemeinen Begriffsinhaltes sein könnte. Für den Konzeptualismus ist das Allgemeine primär begrifflicher Natur, u. es kommt als solches nur im Verstande vor, wo es freilich als praktisch nützliches oder als notwendiges Hilfsmittel zur Strukturierung einer ungeordneten oder nicht entsprechend geordneten Wirklichkeit dienen kann. Diese Auffassung ist immer noch verschieden von der ihr sehr nahestehenden des gemäßigten Realismus, da nach dieser die Wirklichkeit selbst so beschaffen ist, daß man im Verstande begriffliche Hilfsmittel bilden kann, um sie in ihrer vorgegebenen Struktur zu erfassen. Die Allgemeinbegriffe können im Konzeptualismus auf sehr verschiedene Weise verstanden werden. Für den Spätscholastiker *Ockham* waren sie eine Art natürlicher Zeichen, die im Verstande durch einen naturnotwendigen Prozeß entstehen u. die im Denken für jedes Einzelne einer Vielheit auf eindeutige Weise stellvertretend eintreten. Schon von den *Stoikern* u. später wieder von *Locke* und Mitgliedern der *Schottischen Schule* wurden die Allgemeinbegriffe verstanden als vom Menschen in rein subjektiver Weise entstandene oder hervorgebrachte Hilfsmittel zum ordnenden Klassifizieren der Wirklichkeit. In einem rationalistischen Konzeptualismus (↑Kantianismus) geht man davon aus, daß Begriffserkenntnis wenigstens in ihrer allgemeinsten Form allein in apriorischen Funktionen des erkennenden Subjekts ihren Grund hat, so daß den Begriffen in der Wirklichkeit nichts adäquat entspricht. In der modernen mathematischen Grundlagenforschung ist ein *konzeptualistischer Intuitionismus (Brouwer, Heyting)* bzw. ↑*Konstruktivismus* in bezug auf die mathematischen Gegenstände vertreten worden, denen nichts in der objektiven Wirklichkeit entsprechen soll. Auch findet sich im Empirismus wie auch in der Lebensphilosophie eine Art Konzeptualismus, insofern man in diesen Systemen die starren abstrakten Begriffe als menschliche Hilfsmittel betrachtet, die für die Erfassung der lebensvollen und sinnlich erfahrbaren Welt eine sehr geringe oder gar keine Bedeutung haben.

Lit.: J. Reiners, Der N. in der Frühscholastik, Münster 1910; M.H.Carré, Realists and Nominalists, London

²1961; K. Grube, Über den N. in der neueren englischen und französischen Philosophie, 1890; H. Veatch, Realism and Nominalism Revisited, Milwaukee 1954; I. M. Bocheński (Hrsg.), The Problem of Universals, Notre Dame/Ind. 1956; H. Putnam, Philosophy of Logic, London 1972.　　　　*R. Carls*

Notion ↑Begriff.

Notwendigkeit ↑Modalität.

Noumenon ↑Sinnes-/Verstandeswelt, Objekt.

Nus ↑Geist, Vernunft.

O

Objekt. Abgesehen von der grammatischen Bedeutung bezeichnet O. (griech. antikeimenon, lat. obiectum) bis zum 18. Jh. diejenigen Vorstellungen des Bewußtseins, die dem ‚Realen' des zugrundeliegenden ↑Subjekts entgegengestellt (objiziert, d. h. entgegengeworfen) werden. Erst seit dem 18. Jh. setzt sich die Umkehrung dieses Sprachgebrauchs durch, so daß der O.begriff den Gegenstand im weitesten Sinne bezeichnet, auf den sich ein Bewußtsein beziehen kann. O. ist so durch Bestimmbarkeit überhaupt gekennzeichnet. Wenn die moderne Logik alles das zum Gegenstand erklärt, dem ein Prädikator zugesprochen werden kann oder auf das man sich mit Eigennamen, Kennzeichnungen oder deiktischen Ausdrücken beziehen kann, so kommt sie der weiten Verwendungsweise des Ausdrucks O. entgegen.

Eine höhere Präzision erhält der O.begriff durch die ↑*Erkenntnistheorie*. *Kant* unterscheidet im Sinne seines ↑Kritik-Begriffs die *gegebene* ↑Anschauung, die den formalen Bedingungen des ↑Raumes und der ↑Zeit untersteht, vom Verstandesbegriff, durch den die mannigfaltigen Anschauungsdaten aufgrund der synthetischen Einheit des ↑Selbstbewußtseins als verbunden *gedacht* werden. Indem die Verstandesbegriffe allein durch ihren empirischen, auf mögliche Anschauungen bezogenen Gebrauch Bedeutung gewinnen, wird das O. der Erkenntnis auf Gegenstände möglicher Erfahrung eingeschränkt. So stiftet der ↑Verstand mittels der der Einheit des Selbstbewußtseins unterstehenden ↑Kategorien die Erkenntnis des O. als Einheit in der Anschauungsmannigfaltigkeit. Aus dem empirischen Gebrauch des Verstandes folgt, daß sich die O.-erkenntnis allein auf ↑Erscheinungen (Phaenomena) als auf Gegenstände möglicher Erfahrung bezieht. Damit stellt das ↑Ding an sich selbst (Noumenon) kein mögliches O. der Erkenntnis dar; als O. einer nichtsinnlichen Anschauung kann es nur Gegenstand der intellektuellen, d. h. dem göttlichen Verstand vorbehaltenen Anschauung sein. Gleichwohl läßt Kant den negativen Gebrauch des Dinges an sich selbst in der Weise zu, daß die bloß problematisch genommenen Noumena den grenzenlosen Anspruch der sinnlich vermittelten Erkenntnis einschränken. Diese Einschränkung verschafft sich im regulativen Gebrauch der Vernunftideen so Geltung, daß diese, ohne auf ein mögliches O. der Erfahrung bezogen zu sein, zur systematischen Einheit der empirisch geleiteten Verstandeserkenntnis anleiten. Die von Kant begründete Unterscheidung zwischen Phaenomena und Noumena, zwischen O.en als Gegenständen möglicher empirischer Erkenntnis und reinen Gedankendingen als Vernunftideen besitzt bis heute Gültigkeit, z. B. dort, wo die Sphäre realer Gegenstände von der Sphäre irrealer ‚Werte' abgegrenzt wird. Indem *Fichte* die Differenz von Anschauung und Begriff aus der Einheit des alles gründenden ↑Selbstbewußtseins generiert, erhebt er das O. zum Implikat der Selbsttätigkeit des Ich: das tätige Ich bestimmt in Bestimmung des O. sich selbst, so daß das O. eine Bestimmtheitsweise des sich selbst begrenzenden Ich darstellt. *Hegel* bemüht sich um die Klärung der strukturellen Verfaßtheit des O; O. als das dem Begriff gegenüber Unbestimmte wird an sich selbst so entwickelt, daß es an seiner Stelle als Begriff, die Selbstexplikation an der Stelle des Andersseins, aufschließbar ist. An die Stelle des entsinnlichten O. tritt so das O. als Bestimmtheitsweise des sich selbst thematisierenden Denkens.

Lit.: Kant, KrV; Fichte, Grundlage der gesamten Wissenschaftslehre (1794); Hegel, Wissenschaft der Logik, III. Buch, 2. Abschnitt; H. Rickert, Der Gegenstand der Erkenntnis, Tübingen ⁶1928; A. Veraart, Gegenstand, in: HWPh III; W. Schulz, Ich und Welt, Pfullingen 1979, Kap. 10.   *F. Wagner*

Okkasionalismus   ↑Leib-Seele-Problem.

Ontologie. Das Wort ‚O.' findet man erstmals im Jahre 1613 im Lexicon philosophicum des Marburger Philosophen R. Goclenius. Dort steht unter dem Stichwort ‚abstractio' auch ontologia = philosophia de ente. Das Wort ‚O.' (auch Ontosophia) wird in der ↑Scholastik des 17. Jh. für die metaphysica generalis verwendet, d. h. für die Lehre vom *ens qua ens* oder *vom ↑Seienden im allgemeinen*. Sie wird von der metaphysica specialis oder der theologia naturalis abgegrenzt, der Wolff später noch die rationale Psychologie u. Kosmologie hinzufügt.

Das Wort ist zwar eine Erfindung des 17. Jh., doch keineswegs der Begriff. Schon *Aristoteles* hatte seine ↑Metaphysik in ↑Theologie u. Lehre vom ens qua ens unterteilt. In der ↑Kategorienlehre hatte er das gesamte o. Inventar und seine Beziehungen (Inhärenz, Subsistenz u. Subordination) dargestellt. Neben den individuellen und ersten ↑Substanzen gibt es auch individuelle Akzidenzien. Sie sind bei Aristoteles nur einstellige Prädikate, in der Scholastik kennt man dann auch individuelle ↑Relationen. Die grundlegenden Denkprinzipien sind bis Kant o. formuliert, so das Nicht-Widerspruchsprinzip u. das Tertium non datur. *Leibniz* hatte den Terminus ‚O.' aus der Schulphilosophie übernommen u. beschreibt die O. als die Wissenschaft vom Etwas u. Nichts, vom Ding u. der Weise des Dings, von der Substanz u. vom Akzidens. Er versucht, die O. von Logik u. Metaphysik abzugrenzen. Während die O. Aussagen über die Dinge u. ihre Eigenschaften im allgemeinen macht, formuliert die Logik Aussagen über ↑Begriffe u. deren Eigenschaften im allgemeinen. O. u. Metaphysik unterscheiden sich bezüglich ihrer ↑Methoden. Während die Methode der O. deskriptiv, wenn nicht, wie man heute sagen würde, ↑phänomenologisch ist, ist die Methode der theologia naturalis beweisend oder deduktiv, weil ihr Gegenstand, nämlich Gott, nicht erfahrbar ist u. man nicht deskriptiv vorgehen kann. Bei *Kant* gibt es keine O. mehr, es sei denn, man zählt seine Analyse der Bewußtseinsinhalte zur O. Das tut dann die Schule von *Brentano*, in der sich aus der deskriptiven Psychologie, d. h. aus der Beschreibung eines speziellen Bereichs von Entitäten, eine allgemeine Gegenstandslehre entwickelt, die mit Hilfe der phänomenologischen Methode erarbeitet wird. Sind die o. Gegenstände einmal durch Analyse freigelegt, dann kann man ihre Beziehungen mittels Kalkülen weiter erforschen u. klären. Das geschieht heute im Rahmen der formalen O., indem z. B. die verschiedenen Arten der Relation ↑Teil-Ganzes analysiert werden, von denen Aristoteles in seiner Physik schon acht unterschieden hatte.

O. wurde in unserem Jh. von verschiedenen philosophischen Schulen betrieben, so außer von den *Neuthomisten*, den britischen *Neurealisten* u. von Philosophen wie *N. Hartmann* auch von der Schule um *G. Bergmann* in den USA. Sie argumentierte auch gegen die sog. O. von *Quine*, die man besser als *syntaktische Reduktion des O.-problems* kennzeichnet u. nach der man die o. Voraussetzungen einer Theorie an der Art der in ihr vorkommenden gebundenen Variablen erkennen kann, d. h. daran, ob es außer Variablen für Individuen auch solche für ↑Universalien gibt. Doch diese O.-auffassung ist rein *extensiv* u. vernachlässigt den *intensiven* Aspekt, nämlich die verschiedenen o. Interpretationsmöglichkeiten für die Entitäten, die in den Bereichen der Variablen enthalten sind.

Lit.: Aristoteles, Kat.; ders., Physik IV 3, 210 a 14–24; Petrus Hispanus, Tractatus, ed. de Rijk, Assen 1972; R. Goclenius, Lexicon philosophicum, Frankfurt 1613; G. Martin, I. Kant, Ontologie u. Wissenschaftstheorie, Berlin 1969; R. Trapp, Analytische Ontologie, Frankfurt 1976; B. Smith (Hrsg.), Parts and Moments, München 1982; H. Hochberg, Logic, Ontology and Language, München 1984.

H. Burkhardt

Organismus ↑Form, Naturphilosophie, Teleologie.

Ort ↑Raum.

P

Pantheismus ↑Gott, Monismus.

Paradoxie ↑Antinomie.

Partizipation (griech. methexis) ist der von *Platon* geprägte Begriff, um das Verhältnis der Einzeldinge zu den ↑Ideen als ihren wahren Gründen, aber auch der Ideen untereinander, ontologisch wie gnoseologisch auszudrücken. Wie die Sinneswahrnehmungen auf die apriorischen

Ideen in unserem ↑Geist bezogen u. durch diese sozusagen gelesen werden, um verstanden werden zu können, so vermag das Einzelseiende nur durch P. an den objektiven Ideen zu sein. Eng verwandt mit P. sind die Platonischen Begriffe: Urbild-Abbild (↑Bild), Anwesenheit, Gemeinschaft u. Ähnlichkeit. Trotz der Aristotelischen Kritik, wonach P. „leeres Gerede" sei, fällt dem P.-Begriff in der Spätantike u. im Mittelalter bis zu Descartes u. z.T. auch in der Gegenwart eine Schlüsselposition im metaphysischen Denken zu. P. kommt bes. in zwei Formen vor: als P. des Geschaffenen an ↑Gott bzw. des endlichen Seienden am unendlichen Sein Gottes u. als P. der geschaffenen Wesenheiten an den im Geist Gottes oder in einem transzendenten Nus angesiedelten Ideen. P. schließt sowohl die totale ↑Identität wie totale Differenz von Idee u. Ideat aus u. meint auch keine Partialidentität u. -differenz, sondern Identität in der Differenz bzw. Differenz in der Identität. P. bedeutet eine Einschränkung des Partizipierten, wobei die Einschränkung nicht dieses, sondern das Partizipierende betrifft, da letzteres ersteres nachahmt, es daher noch u. doch nicht mehr ist. P.-Denken geht von einem ontologisch u. logisch Früheren als dem Vollkommenen aus, um von ihm her alles Einzelne begründen u. verstehen zu lassen.

Lit.: Platon, Phaidon 74c–75b; 99d–102a; Sophistes 253a–259e; C. Fabro, La nozione metafisica di partecipazione sec. S. Tommaso d'Aquino, Torino ³1963; L.-B. Geiger, La participation dans la philosophie de S. Thomas d'Aquin, Paris ²1953; J. Hirschberger, Geschichte der Philosophie I, Freiburg i. Br. ¹¹1978, 94f., 480–483; E. Ennen, Platons Erkenntnismetaphysik, Bonn 1974. *K. Kremer*

Peripatos ↑Aristotelismus.

Person. P. bezeichnet zunächst als lateinische Übersetzung (persona) des griechischen Wortes prosopon nicht nur die Maske, sondern auch die Rolle des Schauspielers u. von da aus die soziale Rolle u. den individuellen Charakter. Im römischen Recht wird die P. von ‚Sachen' (res) so unterschieden, daß die Rechtsfähigkeit jener in freier Selbstverfügung u. Selbstbestimmung gründet; seit der Französischen Revolution gelten nicht nur privilegierte, sondern alle Menschen als Rechtsp.en.

Als philosophisch-theologischer Terminus wird der P.begriff von der frühchristlichen ↑Theologie im Zusammenhang der Trinitätslehre (↑Gott) u. Christologie ausgebildet; trinitarisch manifestiert sich das eine ‚Wesen' (substantia) Gottes als drei P.en, u. christologisch vereinigt die gottmenschliche P. zwei ‚Naturen'. Die Schwierigkeit der so gedachten Konzeptionen resultiert daraus, daß das antike Denken nicht in der Lage ist, P. u. selbständige Individualität zu unterscheiden. Das zeigt die einflußreiche Definition des *Boethius,* der P. als den individuellen Selbststand einer vernünftigen Natur (rationalis naturae individua substantia) faßt. Trotz einzelner Modifikationen behält diese Definition auch im Mittelalter Gültigkeit. Im Kontext der Trinitätslehre wird aber seit *Augustin* versucht, das *substanzon-*

tologische durch ein *relationales* Verständnis der P. zu überwinden, demzufolge *Richard v. St. Viktor* die Unvertauschbarkeit einer P. darin erblickt, daß sie ihr Bestehen im Gegenüber zu einer anderen hat (incommunicabilis ek-sistentia). Durch *F. H. Jacobi, Feuerbach* u. a. vermittelt, setzt sich die relationale Fassung der P. im P.alismus des 20. Jh. durch (*M. Buber, F. Ebner* u. a.): Eine P. existiere nur in ↑Relation zum ‚Du'. Indem aber dieser P.alismus die Sach- u. moderne Sozialdimension weitgehend ausblendet, sieht er sich dem ↑Ideologieverdacht ausgesetzt. Auf die im Gefolge der wissenschaftlich-technisch-industriellen Zivilisation fortschreitende Funktionalisierung des Menschen als Rollenträger reagiert der P.alismus durch Flucht in die weltlose Idylle der Ich-Du-Beziehung. Kategorienkritisch gewendet, besagt dieses Argument, daß die Relationskategorie für sich genommen untauglich ist, um P.alität zu begründen. Der Charakter der P. als unverwechselbar-unverfügbar-selbstzwecklich-freies Individuum macht es notwendig, P. nicht aus Beziehungen, diese vielmehr aus dem Begriff der P. abzuleiten, wie auch Intersubjektivität nicht Grund, sondern Folge des Begriffs einer freien P. ist. Für einen derartigen Versuch ist die von *Kant, Fichte* und *Hegel* entwickelte Struktur der *selbstbewußten* P. (↑Selbstbewußtsein) entscheidend; ihr zufolge untersteht nicht nur das Selbst-, Sach- (Welt-) u. Sozialverhältnis der P. der Bedingung ihres Wissens-Könnens. Darüber hinaus gründet auch die Beziehung zur Sach- und Sozialdimension im subjektivitätstheoretisch begriffenen Selbstverhältnis der P., insofern dieses die manifeste Einheit von Allgemeinheit u. Besonderheit repräsentiert. Aufgrund dieses Begriffs der als frei sich wissenden P. kann diese in Überschreitung ihrer selbst ihre Erfüllung in den Sach- u. Sozialdimensionen finden. Diese subjektivitätstheoretische Struktur der P. hat zugleich den Vorteil, daß das moralische u. rechtliche P.sein als Dasein der inneren u. äußeren ↑Freiheit Implikate desselben P.begriffs sind. Damit ist auch die Unverfügbarkeit der P., die theologisch im exzentrischen Gottesbezug festgemacht wird, vernünftiger Einsicht insofern zugänglich, als die Sach- und Sozialbeziehungen Manifestationen der der P. eigenen Selbstexplikation sind.

Lit.: Boethius, De duabis naturis 3; R. v. St. Viktor, De Trinitate IV, 22, 24; Fichte, Grundlage der Naturrechts; Hegel, Enzyklopädie der philosophischen Wissenschaften, Teil III; F. Ebner, Das Wort und die geistigen Realitäten, in: Schriften I, München 1963; M. Buber, Ich und Du, in: Das dialogische Prinzip, Heidelberg 1965; H. Rheinfelder, Das Wort „Persona", Halle 1928; M. Theunissen, Der Andere, Berlin 1965.   *F. Wagner*

Perzeption ↑Vorstellung, Monade.

Phänomen ↑Erscheinung.

Phänomenalismus ↑Erscheinung.

Phänomenologie (griech. phainomenon: das Erscheinende, ↑logos: Wort oder Lehre) ist die Lehre von den ↑Erscheinungen. Der Begriff Ph.

Phänomenologie

stammt aus dem 18. Jh. *(J.H. Lambert)*, wird auch von *Kant* gebraucht (Metaph. Anfangsgründe der Naturwiss. 1786) u. geht in den Titel des ersten Hauptwerkes *Hegels* ein (Phänomenologie des Geistes, 1807), einer Wissenschaft der ↑Erfahrung des Bewußtseins; das Wort Ph. bleibt aber auf den Buchtitel beschränkt, ohne zu einem Sachbegriff zu werden. Später wird der Begriff von *F. Brentano* im Sinne „deskriptiver Psychologie" aufgegriffen u. von seinem Schüler Husserl übernommen.

Erst durch *Husserl* erhält der Begriff Ph. seine volle Bedeutung: als Programm einer philosophischen ↑Methodenlehre u. als Bezeichnung einer Schule. Für Husserl ist Ph. die phil. Grundwissenschaft. Sie hat das reine Phänomen (↑Erscheinung/Schein/Phänomen), wie es sich als objektiver Inhalt intentionalen Bewußtseins „zeigt", in den Blick zu bringen, zu analysieren u. zu beschreiben: Ph. ist „deskriptive" Wissenschaft. Doch steht das Phänomen nicht im Kantischen Gegensatz von Erscheinung u. ↑Ding an sich. Von der Frage nach bewußtseinsunabhängigem An-sich-Sein der Gegenstände wird abgesehen, die mögliche Existenz „ausgeklammert". Allein das ↑„Wesen" (eidos), die Wesensgehalte u. -strukturen, sollen erforscht werden: Ph. ist „eidetische" Wissenschaft. Was sich so zeigt, sind nicht nur sinnliche Eindrücke (↑Empirismus), sondern Sinngehalte, Sinngestalten, auch logische Denkgesetze, die mit apriorischer Notwendigkeit in objektiver Geltung vorgegeben u. nicht auf subjektive, empirisch psychologische Vorgänge (wie assoziative Ideenverknüpfung) zurückzuführen sind. Husserl widerlegt schon in den „Logischen Untersuchungen" (1900 f.) den Psychologismus (J. St. Mill, W. Wundt), den er als Subjektivismus u. ↑Relativismus erweist. Dagegen will Husserl die Objektivität der Gegenstände intentionalen Bewußtseins vor jeglicher Subjektivierung bewahren. Das Prinzip „Zu den Sachen selbst" bewirkt eine Wende im philosophischen Denken; es wird bei Schülern des frühen Husserl zum Ansatz eines unmittelbaren ↑Realismus der Seins- u. Werterfassung.

Husserl selbst geht einen kritischeren Weg, er bleibt beim Methodenproblem. Wie kann das reine Phänomen in objektiver Gegebenheit, frei von allen Auslegungen u. Verstellungen, aufgezeigt werden? Dazu entwickelt Husserl in den „Ideen zu einer reinen Ph. u. phänomenologischen Philosophie" (1913) die Methode *„phänomenolog. Reduktion"*. Sie hat zwei Stufen: Die *„eidetische"* Reduktion erfordert die Beschränkung auf das bloße Wesen oder Sosein (eidos). Das Dasein, die ↑Existenz, wird ausgeschaltet (eingeklammert). Somit wird die „Grundthese der natürlichen Einstellung zur Welt" aufgehoben, d. h. die spontane Annahme eines von mir unabhängigen Ansichseins der Gegenstände. Zugleich ist auch die Existenz meines Ich u. seiner realen Akte ausgeschaltet. Die *„transzendentale"* Reduktion geht noch weiter: Nicht nur die Existenz „an sich", sondern jegliche Bewußtseinsunabhängigkeit wird ausgeschaltet. Das Phänomen wird nur als objektiver Bewußtseinsinhalt betrachtet, d. h. als Gegenstand eines „Bewußtseins überhaupt". In einem derart „reinen" Bewußtsein zeigt sich die Zweiheit von Inhalt u. Akt, Bewußthaben u. Bewußtsein, „*Noema*" u. „*Noesis*". Nur weil der Gegenstand (Noema) durch den Akt (Noesis) konstituiert u. repräsentiert wird, kann er in unmittelbarer „*Wesensschau*" erfaßt werden. Hierin vollzieht H. eine transzendentale Wende: Wie bei Kant geht es um die Möglichkeit der Konstitution eines Gegenstandes im Bewußtsein. Es gelingt H. nicht, die methodischen Ausschaltungen wieder aufzuheben u. zum Ansichsein vorzudringen. Ph. verschließt sich dadurch (mit H. Worten) in einem „transzendentalen Idealismus" im Sinne Kants, aber einem Realismus nicht widersprechend, nur methodisch von ihm absehend.

Später erkennt Husserl die „Horizontstruktur der Erfahrung" (Erfahrung u. Urteil, 1939), d.h. daß das Einzelphänomen nie isoliert gegeben ist, sondern in einem Umfeld oder Horizont eines vor- u. mitgegebenen Zusammenhangs steht, durch die Sinnganzheit der „*Lebenswelt*" bedingt. Daher gibt es weder ein reines, objektfreies †Subjekt noch ein reines, subjektloses †Objekt der Erkenntnis; reine Objektivität, das Ideal neuzeitlicher Wissenschaft, gerät in eine grundsätzliche Krise (Die Krise der europäischen Wissenschaften, 1936). Diese Erkenntnis wirkt bis in die neuere †Hermeneutik u. Wissenschaftstheorie nach.

Die Methode der Ph. wird (bes. von Schülern des frühen Husserl) auf verschiedene Sachgebiete angewendet: auf Logik u. Psychologie *(A. Pfänder)*, †Ontologie *(H. Conrad-Martius, E. Stein)*, Ethik, Wertphilosophie, Wissenssoziologie u. philosophische Anthropologie *(M. Scheler* u.a.), Ästhetik, Kunstphilosophie *(R. Ingarden)* u.a. Am bedeutendsten wird *M. Scheler,* der gegen den „Formalismus" der Ethik Kants eine „materiale Wertethik" vertritt, die u. durch Ph. der Wertqualitäten entwickelt. Im Gefolge der Wertphilosophie (H. Lotze, H. Rickert, Fr. Brentano u.a.) lehrt er einen †Dualismus zwischen Sein u. Wert u. spricht dem Wert „letzte Unabhängigkeit" vom Sein zu. Der Wert wird nicht rational erkannt, sondern emotional durch „intentionales Fühlen" erfaßt. Dies wird bes. durch *D. v. Hildebrand* dahin korrigiert, daß die Werte im realen Sein fundiert sind u. nicht emotional gefühlt, sondern durch intellektuelle Intuition erkannt werden. Bestehen bleibt, für die Ph. typisch, der Anspruch auf unmittelbare Einsicht (Husserls Wesensschau), die keiner vermittelnden Begründung bedarf. Die Ph. steht im Hintergrund neuerer Ontologien. *N. Hartmann* will durch „Kategorialanalyse" eine Ontologie erstellen. Auf dem Boden der Ph. steht auch die Existenzialontologie von *M. Heidegger:* „Ontologie ist nur als Phänomenologie möglich". Doch geht es ihm (gegen Husserl) nicht um eine Ph. des Wesens, sondern des Seins. Durch eine Ph. der ontologischen Konstitution menschlicher Existenz soll aus dem „Sein des Daseins" (In-der-Welt-Sein, Zeitlichkeit, Geschichtlichkeit) der „Sinn des Seins" (als Zeit) offenbar werden. Die Ph. wirkt im franz. Raum weiter.

Phaenomenon

M. Merleau-Ponty geht einer Ph. der ↑Wahrnehmung, aber auch psychischer u. sozialer Strukturen nach. *P. Ricoeur* kommt von der Ph. zur Hermeneutik, vor allem einer Philosophie des „↑Symbols".

Dem berechtigten Anliegen, daß philosophisches Denken vom Gegebenen auszugehen habe, steht der Anspruch auf unmittelbare Schau entgegen. Nur als Ph. ist ↑Metaphysik nicht möglich.

Lit.: A.-T. Tymieniecka (Hrsg.), Analecta Husserliana, Dordrecht 1971 ff.; M. Heidegger, Sein u. Zeit, § 7; J. Kraft, Von Husserl zu Heidegger, Leipzig 1932; F. J. Brecht, Bewußtsein u. Existenz, Bremen 1948; L. Landgrebe, Ph. u. Metaphysik, Hamburg 1949; H. Spiegelberg, The Phenomenological Movement, Den Haag ²1965; O. Pöggeler, Der Denkweg Martin Heideggers, Pfullingen ²1983; M. Merleau-Ponty, Ph. der Wahrnehmung, Berlin 1966; P. Ricoeur, Geschichte u. Wahrheit, München 1974; H. Lipps, Untersuchungen zur Ph. der Erkenntnis, Frankfurt 1976. *E. Coreth*

Phaenomenon ↑Sinnes-/Verstandeswelt, Objekt.

Phantasie ↑Einbildungskraft.

Physis ↑Natur, Metaphysik.

Platon, Platonismus. 1. *Die Dialogform:* P. hat für die Darstellung seiner Philosophie die Form des Dialogs gewählt. Sie soll auf die Unzulänglichkeit des geschriebenen Wortes hinweisen u. zugleich versuchen, ihr abzuhelfen. Das Wort lebt nur im Gespräch. Der geschriebene Text, der sich nicht selbst erklären u. verteidigen kann, ist nur totes Abbild (vgl. Phaidros 274 b ff.). Die Dialogform erlaubt, den Lebenszusammenhang einer philosophischen Frage darzustellen u. auf Phänomene hinzuweisen, die sich der begrifflichen Fassung entziehen. Sie macht die Differenz zwischen sprachlicher Formulierung u. uneinholbarer Sache deutlich. Gegenüber dem Ergebnis wird das Philosophieren als Weg betont. Jeder Versuch, eine „Lehre" P. darzustellen, steht unter diesem Vorbehalt.

2. *Ontologie:* Ausgangspunkt ist die Frage des Sokrates nach dem guten Leben. Wer gerecht, tapfer usw. leben will, muß wissen, was das ↑Wesen des Gerechten, der Tugend usw. ist. Nach der Interpretation des Aristoteles hat P. in seiner Ideenlehre den Allgemeinbegriffen, nach denen Sokrates fragte, ein von den Einzeldingen unabhängiges Sein zugesprochen (Met. 1078b30). Die ↑Idee ist die Bedeutung eines Begriffsworts. P. Trennung (chorismos) von Idee u. Einzelding läßt sich am einfachen prädikativen Satz erläutern, z. B. „Dies ist ein Stuhl". Der logische Eigenname referiert auf ein Individuum aus dem Seinsbereich der vielen zusammengesetzten, veränderlichen, vergänglichen Einzeldinge, das ↑Prädikat auf die eine einfache, unveränderliche, unvergängliche Idee, an der die vielen gleichnamigen Einzeldinge teilhaben (↑Partizipation). P. Seinsbegriff ist vom Prädikat her gedacht. Es gibt an, was etwas ist; es bezeichnet die Seiendheit oder das Wesen (usia). Etwas ist, was es ist; nicht daß, sondern was es ist, macht sein Sein aus. Wie in der Ordnung des Seins, so kommt der Idee auch in

der des Guten der Vorrang vor den Einzeldingen zu; sie ist Ziel oder Norm. Das Einzelding ist in dem Ausmaß vollkommen, als es den Gehalt des ihm zugesprochenen Prädikats verwirklicht. Die Ideen weisen ihrerseits eine teleologische Struktur auf. P. setzt jenseits der Ideen als Ursache des Was-Seins das Gute (Rep. 509 b): als das, worum willen etwas ist, bestimmt es, was etwas ist.

3. *Erkenntnistheorie:* Das Liniengleichnis (↑Bild) (Rep. 509 d–511e) unterscheidet zwischen der Meinung (doxa), die das Veränderliche, Wahrnehmbare, u. der Verstandes- (dianoia) u. Vernunfterkenntnis (noesis), die das Unveränderliche, Intelligible zum Gegenstand hat. Von der bloßen Wahrnehmung unterscheidet die Meinung sich dadurch, daß sie dem Wahrgenommenen Prädikate zuspricht; insofern sie dazu deren Bedeutung kennen muß, schließt sie Vernunfterkenntnis ein. Im Unterschied zur Meinung ist das Wissen unfehlbar. Wenn A weiß, daß p, ist p wahr; meint er es nur, kann p wahr oder falsch sein. P. ordnet diesen Begriffen bestimmte ontologische Bereiche zu. Vom Wahrnehmbaren, Veränderlichen gibt es kein Wissen; „empirisches Wissen" wäre für P. ein widersprüchlicher Begriff; Gegenstand des Wissens können nur unveränderliche, notwendige Sachverhalte sein. Sie finden sich nur im Bereich der Prädikate. Den Begriff der Verstandeserkenntnis erläutert P. am Beispiel der mathematischen Wissenschaften (Arithmetik, Geometrie u.a.). Sie sind erstens an die sinnliche Anschauung gebunden; der Geometer z.B. kann die Gesetze des idealen nur mit Hilfe des gezeichneten Kreises entdecken; sie setzen zweitens Grundbegriffe u. Existenzannahmen voraus, die sie selbst nicht mehr hinterfragen können. Die Vernunfterkenntnis bedient sich der ↑Methode der ↑Dialektik, die nach dem Liniengleichnis die Prädikate auf einen voraussetzungslosen Anfang, die Idee des ↑Guten, zurückführt, während sie nach dem „Sophistes" das Verhältnis der obersten Begriffe („seiend", „Stillstand", „Bewegung", „Verschiedenheit", „Selbigkeit") zueinander untersucht.

4. *Seelenlehre:* Im „Phaidon" nimmt die Seele als Prinzip der Erkenntnis eine Zwischenstellung zwischen den beiden Seinsbereichen ein. Sie besitzt apriorische Kenntnis der Ideen, an die sie durch die Wahrnehmung erinnert wird (anamnesis). Sie kann sich jedem der beiden Seinsbereiche zuwenden u. angleichen: Erkenntnis u. sittliche Läuterung sind untrennbar. Wegen der erkenntnisu. seinsmäßigen Beziehung zu den Ideen ist sie unsterblich. Der „Staat" unterscheidet zwischen begehrendem, affektivem u. vernünftigem Seelenvermögen, die einander widerstreiten können, bezeichnet diese Sicht jedoch als vordergründig u. betont wie der „Phd." Einfachheit u. Unsterblichkeit der S. Das „Symposion" entwickelt eine Metaphysik des Eros (begehrende Liebe). Sein Gegenstand ist das Absolute, das die verschiedenen Formen des E. in der ihnen jeweils möglichen Weise erstreben, z.B. als ewige Erhaltung der Art (Zeugungstrieb) oder Unvergänglichkeit durch Ruhm (Ehrgeiz). Vollkommene Erfüllung ist die in der

Sprache der Mystik beschriebene Schau des Urschönen. „Phaidros", „Timaios" u. „Nomoi" schreiben der S. auch eine kosmische Funktion zu: Als sich selbst bewegende Bewegung ist sie Ursprung aller Bewegung (u. folglich unsterblich); die Prozesse der Natur sind von ihrer Vernunft bestimmt.

5. *Naturphilosophie:* Der „Timaios" übernimmt von Empedokles die Lehre von den vier Elementen. Platons Leistung liegt in ihrer mathematischen Beschreibung durch ideale Dreiecke. Von großem Einfluß auf die christliche Theologie ist der Demiurg, der die beseelte sichtbare Welt nach dem Vorbild der Ideen ordnet; damit ist eine teleologische Naturbetrachtung grundgelegt. Ob der Mythos vom Demiurgen im Sinne eines zeitlichen Anfangs der Weltordnung oder als symbolische Darstellung ihrer zeitlosen Geltung zu verstehen ist, ist seit der Antike umstritten.

6. *Wirkungsgeschichte:* In der Antike wird P. Philosophie vor allem in der von ihm gegründeten *Akademie,* die bis 529 besteht, tradiert. P. unmittelbare Nachfolger *Speusipp* u. *Xenokrates* entwickeln ein System im Anschluß an die sog. ungeschriebene Lehre, die P. in der nur fragmentarisch überlieferten Vorlesung „Über das Gute" vorgetragen hat. (P. leitet dort die gesamte Wirklichkeit einschließlich der Ideen aus zwei Prinzipien, dem Einen u. der unbegrenzten Zweiheit, ab.) Der eklektische *Mittlere Platonismus* nimmt peripatetische, neupythagoreische u. stoische Elemente auf u. beeinflußt die frühe christl. Theologie. Der durch ihn vorbereitete mystisch-religiös geprägte ↑*Neuplatonismus* ist letzter Höhepunkt der antiken Philosophie u. einer der bestimmenden Faktoren der ↑Scholastik. Für die Neuzeit sind die *Platonische Akademie von Florenz* (15. Jh.) u. die *Platoniker von Cambridge* (17. Jh.) zu nennen. Die neuzeitliche Physik *(Galilei)* u. Astronomie *(Kepler)* greift über die aristotelisch bestimmte mittelalterliche Naturphilosophie auf die mathematische Naturwissenschaft des „Timaios" zurück. In der modernen Grundlagendiskussion wird P. Begriffsrealismus von *Cantor, Frege* u. *Russell* vertreten. – Die P.-Interpretation steht bis zum 18. Jh. weitgehend unter dem Einfluß des neuplatonischen Systems; die Geschichte der modernen P.-Forschung beginnt mit *Schleiermacher* (1804), der die philosophische Bedeutung der Dialogform wiederentdeckt.

Lit.: E. Hoffmann, P., Reinbek b. Hamburg 1961; J. Moreau, Le sens du Platonisme, Paris 1967; H. Gundert, Dialog u. Dialektik, Amsterdam 1971; G. v. Bredow, Platonismus im Mittelalter, Freiburg 1972; J. Wippern (Hrsg.), Das Problem der ungeschriebenen Lehre P. s, Darmstadt 1972; J. N. Findlay, P., London 1974; H. Dörrie, Platonica minora, München 1976; J. Dillon, The Middle Platonists, Ithaca, N. Y. 1977; H.-G. Gadamer, Die Idee des Guten zwischen P. u. Aristoteles, Heidelberg 1978; W. Wieland, P. u. die Formen des Wissens, Göttingen 1982.   *F. Ricken*

Pneuma ↑Geist, Seele, Materialismus.

Positivismus ↑Analytische Philosophie, Empirismus.

Positivismusstreit ↑Szientismus.

Postulat (griech. aitema; lat. postulatum) bedeutet wörtlich Forderung. *Aristoteles* gebraucht das Wort abwertend für eine Aussage, die bei einer Beweisführung vorausgesetzt wird, obwohl sie es nicht dürfte, da sie selber des Beweises bedarf. Dadurch unterscheidet er P. von ↑Axiomen, ↑Hypothesen u. Definitionen, die ein Beweis zu Recht voraussetzt. Bei *Euklid* ist P. eine Aussage über die Möglichkeit einer geometrischen Konstruktion, z. B. das Parallelenp. *Kant* verwendet P. in der theoretischen u. vor allem in der praktischen Philosophie. Die „P. des empirischen Denkens" sind apriorische Grundsätze des reinen Verstandes, die die Modalbegriffe ‚möglich', ‚wirklich' u. ‚notwendig' auf Erscheinungen anwenden („Grundsätze der Modalität"). Unter einem P. der reinen praktischen Vernunft versteht Kant „einen theoretischen, als solchen aber nicht erweislichen Satz ..., sofern er einem a priori unbedingt geltenden praktischen Gesetz unzertrennlich anhängt". Die praktische Vernunft fordert die ↑Freiheit als Bedingung des selbst a priori als schlechterdings notwendig erkannten Sittengesetzes u. ↑Gott u. Unsterblichkeit als Bedingungen des notwendigen Objekts eines durch dieses Gesetz bestimmten Willens. Die theoretische Vernunft kann nur die Widerspruchsfreiheit dieser drei Begriffe aufweisen. Im *gegenwärtigen wissenschaftstheoretischen Sprachgebrauch* wird P. meistens bedeutungsgleich mit „Axiom" verwendet. Eine Ausnahme ist z. B. *Carnap,* der unter P. oder „Bedeutungsp." Festsetzungen versteht, die in semantischen Sprachsystemen die logischen Beziehungen zwischen Begriffen bestimmen.

Lit.: Aristoteles, 2. Analytik I 10; Kant, KrV B 265–274; ders., KpV A 219 ff.; R. Carnap, Bedeutung u. Notwendigkeit, Berlin 1972, 278–288; Meyers Handbuch über die Mathematik, hrsg. von H. Meschkowski, Mannheim ²1972; L. W. Beck, Kants „Kritik der praktischen Vernunft", München 1974, Kap. XI 14 u. XIV. *K. Schanné*

Potenz ↑Akt/Potenz, Vermögen.

Prädikabilien ↑Kategorien.

Prädikamente ↑Kategorien.

Prädikat ist alles, was die prädikative (aussagende) Kraft einer Aussage trägt oder ausdrückt, sofern man es als Bestandteil in einem einfachen (Aussage-)↑Satz bzw. in der diesem entsprechenden Aussage verwendet. Ein grammatisches P. ist ein Ausdruck verbaler, adjektivischer oder substantivischer Form wie „schläft", „liebt", „ist rot", „ist ein Pferd", der stets ein generelles (Sprach-)↑Zeichen enthält u. in einem einfachen Satz mit einem grammatischen Subjekt u. bisweilen mit einem oder mehreren grammatischen Objekten verbunden ist. Ein logisches P. wird zwar oft, aber nicht immer durch ein grammatisches P. ausgedrückt u. dient im Gegensatz zu einem logischen Subjekt nicht der Identifizierung eines ↑Einzelnen, sondern seiner begrifflichen Charakterisierung (↑Begriff). Ein logisches P. charakterisiert insofern je-

Präexistenz

des Element einer bestimmten Klasse von Einzeldingen (Extension oder Umfang des P.), als es von ihnen u. nur von ihnen wahrheitsgemäß ausgesagt werden kann, u. zwar auf Grund seines begrifflichen Inhaltes (Intension des P.). Obwohl dieser begriffliche Inhalt eines P. durch ein generelles Sprachzeichen zum Ausdruck gebracht wird, darf dieses nicht einfach als Name dafür angesehen werden. Man kann den prädikativen Charakter auch jener generellen Sprachzeichen deutlich machen, die etwa als Bestandteile in komplexen grammatischen Subjekten wie „alle Menschen", „der Mensch", „der älteste Mensch" verwendet werden. Man sollte unterscheiden zwischen einstelligen P. wie „geht", „ist ein Pferd", die jeweils nur von einem einzigen Ding, und mehrstelligen P. (↑Relation) wie „liebt", „ist ein Schüler von", „liegt zwischen ... und ...", die jeweils von einem Paar, einem Trippel usw. von Dingen ausgesagt werden können.

Lit.: G. Frege, Funktion u. Begriff, Über Begriff u. Gegenstand; P. T. Geach, Reference and Generality, Ithaca 1969; P. F. Strawson, Subject and Predicate in Logic and Grammar, London 1974.   *R. Carls*

Präexistenz ↑Seele.

Prästabilierte Harmonie ↑Monade.

Pragmatik ↑Zeichen, Sprache.

Pragmatismus (griech. pragma: Handlung) ist eine Interpretation menschlicher Erkenntnis, die zu Beginn dieses Jh. in Amerika entwickelt wurde. Mit dem Titel ‚Pragmatismus' sind vor allem die Namen *Ch. S. Peirce, William James* u. *John Dewey* verbunden. Diese Autoren formulierten teilweise sehr verschiedene Theorien über ↑Wahrheit, über die Bedeutung sprachlicher Ausdrücke u. über die Natur u. Funktion von Wissenschaft. Viele Elemente dieser Theorien spielen in der heutigen Diskussion keine Rolle mehr. Aber die Theorien hatten einen Grundgedanken gemeinsam, der in der angelsächsischen Philosophie bis heute eine zentrale Rolle spielt u. der die ursprünglichen Autoren des P. mit neueren Autoren wie dem späteren *Wittgenstein,* mit *W. V. Quine, Wilfrid Sellars, Nelson Goodman, Donald Davidson* u. *Richard Rorty* verbindet.

Dieser Grundgedanke ist eine radikale Kritik am traditionellen Bild von Erkenntnis und Erkenntnistheorie. Diesem Bild zufolge ist Erkenntnis ein System von *Repräsentationen (R.)* – ↑Vorstellungen oder Sätzen. Wahrheit ist definiert als die Übereinstimmung unserer R. mit der Wirklichkeit, u. die Suche nach Erkenntnis ist die Suche nach R., die die Bedingung dieser Übereinstimmung (Korrespondenz) erfüllen. Zu einem *Problem* wird Erkenntnis, weil dieses Bild den philosophischen ↑*Skeptizismus* möglich macht: den Gedanken, daß unser gesamtes System von R. *falsch* sein könnte. Es gilt dann als die Aufgabe philosophischer ↑Erkenntnistheorie, zu erklären, wie sich diese Möglichkeit ausschließen läßt: wie wir wissen können, daß unsere R. die ↑Realität treffen, auch wenn sie immer nur durch R. zugänglich ist. Man hat dabei häufig angenommen, daß es *ausgezeichnete* R. gibt, die den Kontakt mit der Realität nicht verfehlen *können:* R. der unmittelbaren sinnlichen ↑Erfahrung (Beobachtungssätze) u. R., die unabhängig von aller Erfahrung ↑Gewißheit mit sich führen (↑a priori wahre Sätze). Diese R. galten als das unverrückbare *Fundament* aller Erkenntnis. ‚Erkenntnistheorie' wurde dadurch zum Titel für eine nicht-empirische, allen einzelnen Wissenschaften vorgeordnete Disziplin, die die Wissenschaften *begründet,* indem sie zeigt, wie sie *möglich* sind: wie die für sie spezifischen R. mit den ausgezeichneten R. so verbunden werden können, daß der Kontakt mit der Realität auch für sie sichergestellt ist. So schien es, als könnte die Philosophie als Erkenntnistheorie der Begründer u. oberste Richter des kognitiven Teils der Kultur sein.

Allen Formen von P. ist nun die Überzeugung gemeinsam, daß Erkenntnis nicht die Entwicklung von R. ist, die die Realität richtig abbilden. Das Hauptargument des P. ist einfach die Beobachtung, daß es in der gesamten Geschichte dieses Gedankens niemals wirklich gelungen ist, den klassischen Formeln von der ‚Übereinstimmung' oder ‚Korrespondenz' zwischen R. u. Wirklichkeit, von der ‚Abbildung' der Realität durch R., vom ‚Kontakt' der R. mit der Realität usw. einen klaren Sinn zu geben. Pragmatisten sind überzeugt, daß es sich hier um unbrauchbare Metaphern für Wahrheit u. Erkenntnis handelt.

Die neue Konzeption hat drei Aspekte: (1) Im traditionellen Bild ist ein erkennendes Subjekt durch die R., die es sich bildet, eine Art passiver *Spiegel* der Welt, u. es kommt nur auf sein *Bewußtsein* als den Ort der R. an. Im P. wird das erkennende Subjekt wieder zu einer *handelnden Person,* die ihre Meinungen in einem Handlungskontext ausbildet u. danach bewertet, wie weit sie bei der Bewältigung der Realität helfen. (2) Der P. ersetzt den Begriff der *Repräsentation* durch den gewöhnlichen Begriff von *Meinungen,* die in Sätzen ausgedrückt werden. Die leitende Frage ist dann nicht mehr: „Spiegeln unsere R. die Realität richtig?", sondern: „Wie weit helfen uns unsere Meinungen, mit der Realität zurechtzukommen?" (3) Natürlich leugnet auch der P. nicht die Trivialität, daß ein Satz wie „Schnee ist weiß" genau dann wahr ist, wenn Schnee weiß ist. Das ist ein harmloser, aber auch nichtssagender Sinn von ‚Übereinstimmung mit der Realität'. Was dagegen bestritten wird, ist, daß die Wahrheit des Satzes darin besteht, daß er den Sachverhalt *abbildet.* Der P. nimmt hier einen *Perspektivenwechsel* vor: Wahrheit gilt nicht mehr als eine Frage der Anpassung an die Realität, sondern als eine Frage der Anpassung an die Gemeinschaft kommunizierender Personen. Eine Meinung ist dann wahr, wenn sie von den anderen als begründet *anerkannt* wird, nicht dann, wenn sie einen Sachverhalt richtig abbildet. Sie ist wahr, wenn sie zu den übrigen Meinungen der Gemeinschaft paßt, u. der Satz, der sie ausdrückt, ist wahr, wenn er ‚begründet behauptbar' ist *(Dewey).* Anpassung von R. an die Realität wird durch Kohärenz von Meinungen ersetzt. Das Wahre (wie das ↑Gute) ist eine Sache sozialer Praxis. Man sagt deshalb manchmal entweder, daß der P. die Korrespondenztheorie der Wahrheit durch eine Kohärenztheorie ersetzt habe, oder man spricht von einer spezifisch ‚pragmatistischen Theorie der Wahrheit'. Beides ist falsch: Der P. hat *keine* neue Theorie der W. Pragmatisten sind der Meinung, daß W. nicht etwas ist, über das es etwas Interessantes u. Tiefes *herauszufinden* gibt. Einen Satz ‚wahr' zu nennen heißt einfach, ihn zu bekräftigen: zu bekräftigen, daß er zu dem Rest der Sätze paßt, an die wir als Mitglieder einer Gemeinschaft glauben.

Konsequenzen: (1) Da der Skeptizismus das alte Bild von Erkenntnis voraussetzt, wird ihm vom P. der Boden entzogen. Man kann Zweifel an bestimmten Meinungen haben; aber der spezifisch *philosophische* S. kommt gar nicht erst in Gang. (2) Wir sind dann auch nicht zu der Annahme ausgezeichneter, für immer feststehender Meinungen gezwungen. Für den P. gibt es keine ‚Fundamente der Erkenntnis'.

Einwände: (1) Wenn Wahrheit einfach eine Sache sozialer Praxis ist: was wird dann aus der Intuition, daß es die *Welt* ist u. nicht unser Konsens, der Meinungen wahr *macht?* Antwort des P.: Das heißt entweder, daß die Welt unsere M. *verursacht,* u. das wird nicht bestritten; oder die Intuition zeigt einfach die Macht des alten Bildes von Erkenntnis, u. von ihm müssen wir uns lösen. (2) Impliziert der P. nicht einen ↑*Relativismus?* Ja, insofern es keine unveränderlichen Meinungen gibt. Nein, insofern das nicht die *Willkürlichkeit* unserer M. bedeutet: Sie müssen kohärent sein u. sich im Umgang mit der Welt bewähren.

Im P. verändert sich das Selbstbild der Philosophie: Sie ist, weil sie keine Fundamente der Erkenntnis mehr festschreiben kann, nicht mehr die *Grundlegung* der Kultur, sondern einfach ein *Teil* von ihr.

Lit.: Ch. S. Peirce, Collected Papers V; W. James, Pragmatism, New York 1907; J. Dewey, Experience and Nature, La Salle 1925; ders., The Theory of Inquiry, New York 1938; A. J. Ayer, The Origins of Pragmatism, London 1968; W. V. O. Quine, Ontologische Relativität u. andere Schriften, Stuttgart 1975; L. Wittgenstein, Über Gewißheit; N. Goodman, Ways of Worldmaking, Hassocks 1978; R. Rorty, Der Spiegel der Natur, Frankfurt 1981; ders., Consequences of Pragmatism, Minneapolis 1982. *P. Bieri*

Prinzip (lat.: principium, griech.: arche) ist das Erste, wovon etwas in irgendeiner Ordnung den Anfang nimmt. Aus der Frage nach den archai entstand die Philosophie. Die so gesuchten P. waren aber nicht beliebige Anfänge wie der Anfang einer Linie oder einer Zeitreihe, sondern Anfänge, die eine Ordnung des Denkens oder der Wirklichkeit in einer allgemeinen Hinsicht u. umfassend bestimmen. Sprachlich formuliert heißen Erkenntnisp. *Grundsätze.* Beherrschendes P. in der formalen Logik ist das logische *Widerspruchs-P.,* besser das P. vom Nicht-Widerspruch, das verbietet, daß etwas von etwas in derselben Hinsicht ausgesagt und zugleich verneint wird; es wurde schon von Aristoteles formuliert. In ontologischer Hinsicht bedeutet das Nicht-Widerspruchs-P., daß etwas nicht in derselben Hinsicht zugleich sein u. nicht sein kann. Es gilt ↑absolut u. uneingeschränkt, während das Existenz-P., daß etwas, das existiert, nicht statt dessen nicht existieren kann, nur eingeschränkt gilt: nämlich unter der Voraussetzung, daß es tatsächlich existiert. Aus ihm folgt, daß Geschehenes nie ungeschehen werden kann. – Das *P. vom zureichenden Grund* besagt in erkenntnistheoretischer Hinsicht, daß jede Anerkennung heischende Behauptung einen erkennbaren ↑Grund haben muß, der die Falschheit der Behauptung ausschließt. In ontologischer Hinsicht bedeutet es, daß jedes Seiende, in dem Maße es seiend ist, den Grund seines Seins in sich, u. wenn das nicht zureicht, noch in einem anderen haben muß. Aus ihm folgt das ontologische *Kausalitäts-P.,* das für jede ihrem Wesen nach kontingente Wirklichkeit eine ↑Ursache in einem anderen Wirklichen, für alles Kontingente aber im ↑Absoluten fordert. Im Bereich der Naturwissenschaft verlangt das *Kausal-P.,* daß jedes beobachtbare Geschehen aus einem anderen Geschehen folgt u. so in seiner Möglichkeit verstehbar wird.

In einer ontologisch orientierten ↑Metaphysik spricht man von P. auch im Sinne der inneren Konstitution eines Seienden, insofern die eine ↑Gattung oder Art kennzeichnenden Eigenschaften auf dessen innere, nicht mehr selbst beobachtbare P. zurückgeführt u. aus ihnen verstanden werden. So führen *Aristoteles* u. die ↑*Scholastik* die spezifischen Akzidentien der Dinge auf deren ↑Substanz zurück, aus der sie entspringen; das bestimmte Sosein der Substanz auf deren ↑Form und das Moment der unbestimmten Vielheit auf die erste ↑Materie. Die menschlichen Handlungen u. Tätigkeiten haben ihr konkretes P. im Menschen als einem Ganzen, ihr je formales P. aber in den besonderen aktiven Fähigkeiten. – In der ↑Transzendentalphilosophie *Kants* sind Raum u. Zeit die formalen P. der ↑Anschauung, die ↑Kategorien die bestimmenden P. der ↑Erfahrung. – Die Rechtfertigung der P. ergibt sich daraus, daß ihre Verneinung folgerichtig jeweils die ganze angesprochene Ordnung unmöglich macht.

Lit.: Aristoteles, Met. V 1; Thomas v. Aquin, Summa theol. I q 33 a 1; L.Baur, Metaphysik, München ³1935, § 44; J.Geyser, Das P. vom zur. Grund, Regensburg 1929; L.Fuetscher, Die ersten Seins- u. Denkprinzipien, Innsbruck 1930; P.Gohlke, Die Entstehung der aristotelischen P.-lehre, Tübingen 1954; J.Ortega y Gasset, Der P.-begriff bei Leibniz, München 1966.

W.Brugger

Privation (vom lat. privare, berauben; griech.: steresis) oder *Mangel* ist der verneinende Gegenbegriff zur relativen ↑Vollkommenheit. Die P. setzt zwar die Endlichkeit dessen, woran sie sich befindet, voraus, ist aber nicht mit der Endlichkeit identisch, da sie nicht bloße, teilweise Verneinung möglichen Seins oder Wertes ist, sondern das Fehlen dessen bedeutet, was einer Sache oder Person ihrer Natur oder Seinsstufe nach zukommen müßte, aber tatsächlich nicht vorhanden ist. Über die bloße Verneinung hinaus setzt sie ein reales Subjekt mit dessen Norm voraus, zu der die P. im Gegensatz steht, der deshalb der *privative Gegensatz* heißt. Das deutsche Wort *Beraubung* hat den Nebensinn des erzwungenen Mangels. Das Übel als Mangel an Wert, das Böse als freiwillig gewollter oder in Kauf genommener Mangel an Übereinstimmung mit der sittlichen Norm, das Häßliche als Mangel an Schönheit gehören je auf ihre Weise unter den analogen Begriff der P. – In der aristotelischen Naturphilosophie ist die physische P. ein Nebenprinzip des Werdens, da eine Sache nur eine andere werden kann, wenn die Materie der vorigen Sache noch nicht die Form oder Qualität der folgenden hat, sie aber durch das Wirken der Ursache bekommen soll.

Lit.: Aristoteles, Kat. 10; ders., Physik I 7 (dazu Kommentar von Thomas v. Aquin, in I lect. 13); ders., Met. V 22 (dazu Thomas v. Aquin, in V lect. 20); L. Baur, Metaphysik, München ³1935, §§ 25, 59; A. Brunner, Der Stufenbau der Welt, München 1950, 13. Kap.
W. Brugger

Prolepsis ↑Stoa.

Proposition ↑Satz, Tatsache.

Proprium ↑Kategorien.

Protokollsätze ↑Erfahrung, Wissen.

Psychologie ↑Seele.

Psychologismus ↑Relativismus.

Psychophysischer Parallelismus ↑Leib-Seele-Problem.

Q

Qualität in einem allgemeinen Sinne ist alles, was in einer sinnvollen Antwort auf die Frage: „Wie beschaffen ist das und das?" ausgedrückt werden kann. Eine Q. ist daher stets auf das bezogen, dessen Q., Eigenschaft, Attribut, Beschaffenheit sie ist. So ist die weiße Hautfarbe eine Q. in bezug auf einen bestimmten Menschen, die Bitterkeit in bezug auf das Schmecken (Sinnesq., ↑Sinnlichkeit), die Schnelligkeit in bezug auf einen bestimmten Lauf, die Teilbarkeit durch 2 in bezug auf eine bestimmte Zahl. Q. in mehr philosophischem Sinne sind alle jene Eigenschaften, Attribute, Beschaffenheiten, die Q. von konkreten Dingen sind, sei es, daß sie als artbildende Unterschiede zusammen mit einem ↑Gattungsbegriff zur Charakterisierung des Artbegriffes eines Dings verwendet u. somit zu dessen ↑Wesen gerechnet werden, sei es, daß sie einem Ding in anderer Weise notwendig zukommen (Eigentümlichkeiten, lat.: proprium), sei es, daß sie einem Ding zwar zukommen, aber nur in zufälliger Weise, so daß sie auch fehlen könnten (lat.: accidens). Im Rahmen der ↑Kategorienlehre versteht man die Q. zusammen mit den Gegebenheiten anderer Kategorien als ↑Bestimmungen des zur Kategorie der Einzeldinge (↑Substanzen) gehörenden konkreten ↑Einzelnen, u. man grenzt sie gleichzeitig als qualitative Eigenschaften der Dinge von jenen Beschaffenheiten der Dinge ab, die zu anderen Kategorien wie den ↑Quantitäten und den ↑Relationen gerechnet werden. Umstritten ist, ob die sinnlich erfahrbaren Q. wirkliche Eigenschaften der Dinge (primäre Sinnesq.) sind oder nicht (sekundäre Sinnesq.) u. inwiefern sie aufgrund apriorischer Funktionen des erkennenden Subjekts den Dingen zugelegt werden.

Lit.: Aristoteles, Kat. 8; ders., Met. V 14; Locke, An Essay Concerning Human Understanding II; Kant, KrV, Transzendentale Ästhetik.   *R. Carls*

Quantität in einem sehr allgemeinen Sinne ist alles, was in einer sinnvollen Antwort auf die Frage: „Wieviel bzw. wie groß ist das und das?" erwähnt werden kann. Innerhalb der ↑Kategorienlehre sind die Q. als Bestimmungen der Einzeldinge (↑Einzelne, das) von den Bestimmungen zu unterscheiden, die zu anderen Kategorien (↑Qualität, ↑Relation) gerechnet werden. Freilich kann eine Q. nicht als eine direkte ↑Bestimmung für ein einzelnes konkretes Ding betrachtet werden, sondern höchstens als eine Bestimmung einer Bestimmung von Einzeldingen. So wird als Antwort auf die „Wieviel"-Frage die numerische Q. (↑Zahl, Anzahl) einer durch einen ↑Begriff festgelegten oder festlegbaren Vielheit (Klasse, Menge, ↑Gattung) angegeben, während man auf die „Wiegroß"-Frage mit der sogenannten metrischen Q. (Maßgröße) einer Qualität eines Dings antwortet, die ein Mehr oder Weniger zuläßt, wie die Länge, das Gewicht, das Alter oder die Temperatur eines Dings. In den modernen mathematischen Naturwissenschaften hat man die Q. als so fundamental angesehen, daß man die qualitativen Beschaffenheiten der Dinge auf Q. zurückführen wollte, um sie exakt beschreiben zu können.

Lit.: Aristoteles, Kat. 6; ders., Met. V 13; Kant, KrV, Transzendentale Analytik; G. Frege, Die Grundlagen der Arithmetik.   *R. Carls*

Quidditas ↑Wesen.

R

Rationalismus (lat. ratio ↑Verstand) ist nicht dasselbe wie Intellektualismus (lat. intellectus ↑Vernunft). Dieser betont allg., erkenntnistheoretisch u. ontologisch, einen Vorrang der Vernunft oder des Geistes; er wird in verschiedenen Abwandlungen seit der griech. Philosophie (Platon, Aristoteles) über die ↑Scholastik des Mittelalters (Thomas v. Aquin) bis zur Übersteigerung im dt. ↑Idealismus (Fichte, Schelling, Hegel) vertreten. Wird dagegen nur streng begrifflich-logisches Denken gefordert, abgehoben von der ↑Erfahrung, der Geschichte u. Überlieferung, auch von den Kräften menschl. Strebens, Fühlens u. Wollens, u. nur anerkannt, was einsichtig, beweisbar u. begreifbar ist, so kommt es zum R., der in verschiedenen Gestalten, wenn auch nicht immer ausdrücklich, auftritt.

Als philosophische Lehre wurde der neuzeitliche R. durch den franz. Philosophen, Mathematiker u. Physiker *Descartes* begründet. Der methodische Zweifel an allem, was bezweifelbar ist (Meinungen, Sinneserkenntnis, sogar Vernunfteinsicht) führt zur unmittelbaren, nicht mehr bezweifelbaren Einsicht: Ich denke, also bin ich (Cogito ergo sum). Daraus ergibt sich als Kriterium aller gültigen ↑Wahrheit u. ↑Gewißheit die „klare u. distinkte" Vernunfteinsicht von mathematischer Evidenz, die nicht in äußeren (unscharf bleibenden) Eindrücken, sondern allein in „eingeborenen Ideen" (ideae innatae) zu begründen ist. Damit nimmt Descartes die platonische Tradition, einseitig verschärft, wieder auf. Doch sind die ewigen ↑Ideen nicht Gedanken einer Urvernunft (Plotin), auch nicht Gedanken im Geist Gottes (Augustinus), sondern Gedanken im Verstand des Menschen, wenn auch von Gott eingegeben u. durch Gottes Wahrhaftigkeit als unbedingt wahr u. gewiß garantiert. Aus diesem Ansatz folgt die Abwertung der Erfahrung gegenüber dem ↑Empirismus, die Absolutsetzung rein rationaler Einsicht aus eigener Vernunft, inhaltlich die scharfe Trennung zwischen geistig-bewußten u. körperlich-ausgedehnten ↑Substanzen (res cogitans u. res extensa) (↑Cartesianismus).

Der Ansatz des R. bei Descartes führt sowohl zum Occasionalismus (*Malebranche*) als auch zum Substanzmonismus u. ↑Determinismus (*Spinoza*), der den R. in das letzte Extrem eines universal-mechanistischen Weltbildes treibt (↑Spinozismus). In Auseinandersetzung damit, aber im R. verbleibend, übt *Leibniz* Kritik am Wahrheitskriterium Descartes', weil die klare u. distinkte Idee selbst nicht klar u. distinkt sei, u. setzt an ihre Stelle das Prinzip des ↑analytischen Urteils: Jedes wahre u. sichere Urteil muß direkt oder indirekt (durch Rückführung) analytisch sein. An die Stelle der einen göttlichen Substanz (Spinoza) treten unendlich viele ↑„Monaden", die nicht quantitativ, sondern qualitativ bestimmt u. unterschieden sind, weil jede auf ihre Weise das Universum „perzipiert"; sie werden also nach Art geistiger oder seelischer Wesen gedacht, entsprechend der res cogitans, nicht der res extensa (Descartes'). Obwohl nicht aufeinander wirkend, stehen sie in „prästabilierter Harmonie" u. bilden die bestmögliche Welt, unter deren Bedingung dem einzelnen u. kontingenten Sein u. Geschehen zwar nicht absolute, jedoch hypothetische Notwendigkeit zukommt. Leibniz wirkt bestimmend auf den dt. Schul-R. des 18. Jh., der bes. von *Chr. Wolff* u. seiner Schule (*A. G. Baumgarten* u. a.) ausgebildet wird u. den Hintergrund der Kritik Kants an der „dogmatischen Metaphysik" ausmacht. Darin halten sich Grundlehren des R. durch: die eingeborenen Ideen, vor allem die Idee ↑Gottes, die einen „ontologischen Gottesbeweis" aus dem Begriff auf das Dasein Gottes erlaubt, das analytische Urteil, somit die analytisch-deduktive ↑Methode der ↑Metaphysik als reiner Vernunftwissenschaft, d. h. die einseitige Absolutsetzung rationalen Denkens gegenüber der Erfahrung. Gerade dieser R., von dem Kant herkommt, wird durch seine Kritik getroffen u. überwunden.

Nicht nur dem philosophischen R., sondern ebenso dem engl. Empirismus, allgemeiner dem wissenschaftlichen Bewußtsein jener Zeit entstammt ein R. im weiteren, auch theologischen Sinn. Die Vernunfteinsicht des autonomen Subjekts wird zur höchsten Instanz. Geschichtliche u. gesellschaftliche Bindungen, Tradition, Autorität u. Dogmenzwang werden abgelehnt; nur das „vernünftig" Einsichtige u. Begreifbare gilt. Darin liegt ein Grundzug des Liberalismus der ↑*Aufklärung*. Er führt theologisch zur Leugnung des „übernatürlichen" Offenbarungs- u. Geheimnischarakters des ↑Glaubens, zu Bibel- u. Religionskritik, vor allem zur Reduktion des biblisch-christlichen Glaubens auf „natürliche" Vernunftreligion. Ein R. in diesem weiteren Sinn wirkt auch im ethischen, rechtlichen, sozialen u. politischen Bereich vielfach fort.

Er gewinnt eine neue Form im ↑*Kritischen R.* der Gegenwart. Begründer u. Hauptvertreter ist K. R. *Popper*, der von der Kritik am Neupositivismus des „Wiener Kreises" herkommt, dessen Verifikationsprinzip er früh als unhaltbar aufweist. An seine Stelle setzt er das Prinzip der Falsifikation: Jede wissenschaftliche u. philosophische Aussage (oder Theorie) muß grundsätzlich falsifizierbar oder korrigierbar, rationaler Kritik zugänglich sein. In diesem Sinn betreibt Popper Erkenntnis- u. Wissenschaftstheorie, nicht nur der Natur-, auch der Geschichtswissenschaft, Ethik u. a., vor allem im Bemühen, eng positivistische Auffassungen kritisch-rational zu hinterfragen. Radikaler ist *H. Albert,* der ausdrücklich einen kritischen R. vertritt, sich mit wissenschaftstheoretischen Problemen im ökonomischen, sozialen und politischen Bereich auseinandersetzt, aber auch scharfe Metaphysik- und Theologiekritik übt. Kritische Rationalität ist ein berechtigtes Anliegen philosophischen Denkens, muß aber in die gesamtmenschliche Erfahrungs- u. Verständniswelt eingeordnet bleiben, worin reine Ratio nicht alles ist, wohl aber eine notwendige vermittelnde Funktion hat.

Lit.: K. Girgensohn, Der Rationalismus des Abendlandes, 1926; M. Wundt, Die dt. Schulphil. im Zeitalter der Aufklärung, Tübingen 1945; C. Giacon, La Causalità nel razionalismo moderno: Cartesio, Spinoza, Malebranche, Leibniz, Milano 1954; J. Maréchal, Le Point de départ de la métaphysique II, Paris ⁴1965; K. Popper, Logik der Forschung, Tübingen ³1969; H. Albert, Traktat über krit. Vernunft, Tübingen ⁴1980; Th. W. Adorno, Der Positivismusstreit in der dt. Soziologie, Darmstadt 1969. *E. Coreth*

Raum ist das Ordnungsgefüge, in dem wir spontan die als ausgedehnt wahrgenommenen ↑Körper in den durch ihre Ausdehnung begründeten u. daher auch *räumlich* genannten Beziehungen auffassen.

Der *Anschauungs-R.* der einzelnen Sinne u. besonders ihre Vereinigung im lebensweltlichen dreidimensionalen R. ist nach *Kant* ein Apriori der Sinnlichkeit, das überhaupt erst Wahrnehmung ermöglicht u. damit das Auffassen bestimmter Inhalte, konkreter ausgedehnter Körper. Sinnesphysiologisch wird als Erklärung dafür auf die Struktur der Sinnesorgane verwiesen u. auf die drei Bogengänge des Gleichgewichtsorgans. In einer evolutionären Erkenntnistheorie wird die Evolution der Organismen als Grund dafür angesehen, daß diese räumliche Anschauungsform den realen Verhältnissen der Körper unserer Lebenswelt angepaßt ist.

In mechanistischen Systemen von *Demokrit* bis *Gassendi* wird der unendliche *leere R.* für die freie Bewegung der ↑Atome vorausgesetzt. In der philosophischen Besinnung wurde gegenüber einer Verselbständigung des R. bei *Aristoteles* die Aufmerksamkeit zunächst auf den *Ort* gelenkt. Dieser wird verstanden als „die erste unbewegliche Grenze des Körpers gegenüber seiner Umgebung", also als Stellung des Körpers zu den anderen. „Unbeweglich" kennzeichnet die abstrakte Charakterisierung des Ortes gegenüber einer konkreten Begrenzung, die ja beweglich sein kann, wie etwa ein Krug, in dem Wasser ist. Als Bezugsrahmen für diese Ortsbestimmung nimmt Aristoteles die Gesamtheit der Körper, von seinem Weltbild her repräsentiert durch die Himmelssphäre. In seiner Sicht streben die Körper einem bestimmten, ihrer Eigenart entsprechenden, Bereich zu, ihrem *„natürlichen Ort"*, werden aber durch andere daran gehindert. So schien ihm auch ein leerer R., ein Vakuum, unmöglich. Diese Scheu vor dem leeren R. *(horror vacui)* wurde empirisch erst durch die Herstellung des Vakuums im Barometer durch Torricelli (1608–1647) erschüttert. In der Ablehnung des leeren R. kam aber auch die Betonung des abstraktiven Charakters des R.-Begriffs zum Ausdruck, der die Ordnungsmannigfaltigkeit von Ausgedehntem unter Absehen von der tatsächlichen Erfüllung entwirft, aber gegenüber den realen ausgedehnten Körpern nicht selbständig ist. Aristoteles betonte die Beziehung des R. auf die Ausdehnung der Körper u. die dadurch gegebenen Beziehungen der Lage u. Entfernung eines Ortes eines Körpers zu anderen. Diese reale Grundlage des R. führte in der ↑Scholastik dazu, den R., insofern er nach dem Modell eines Zimmers u. der darin anordenbaren Möbelstücke gleichsam als ein Behälter der Orte bzw. der an ihnen möglichen Körper aufgefaßt wird, ontologisch als Gedankending (ens rationis) mit sachlicher Grundlage (cum fundamento in re) zu bestimmen.

Trotz dieses Bezugs des R. auf die realen Körper bestand die Tendenz, den R. als *absoluten R.* aufzufassen: als eindeutig vorgegebenes Beziehungsgefüge, das bei *Aristoteles* durch die Himmelssphäre bestimmt ist, bei *Newton* als „Sensorium Gottes" aufgefaßt wird – wie also Gott die Dinge in ihren räumlichen Beziehungen sieht. Demgegenüber wird der Beziehungscharakter des R. bei *Leibniz* herausgestellt u. bei *Kant* der R. als Voraussetzung für die Erfahrung ausgedehnter Körper aufgefaßt. Damit kann auch der konstruktive Charakter des Sprechens von der Unendlichkeit dieses R. als abstrakte Extrapolation deutlicher gefaßt werden u. die Abhängigkeit dieses R. von bestimmten Konstruktionsschritten *(Janich, Mittelstraß)*.

Die abstrakte Fassung des *mathematischen R.* betrachtet nur das Ordnungsgefüge u. sieht von der Interpretation der R.-Punkte ab. R. ist hier eine Menge mit bestimmter

↑Struktur, nämlich der topologischen für die Lagebeziehungen u. einer metrischen für die Abstandsbeziehungen.

Der in physikalischen Theorien angenommene R. mit einer bestimmten Interpretation der Elemente der Menge u. der Meßvorschriften wird als *physikalischer R.* bezeichnet. So wird in der Einsteinschen Relativitätstheorie jedem Punkt einer vierdimensionalen Mannigfaltigkeit (R.-Zeit-Kontinuum) eine bestimmte metrische Struktur zugeordnet, je nach der Verteilung von Materie u. Energie. Dieser R. erscheint als positiv gekrümmt, endlich aber unbegrenzt, ähnlich wie auf der zweidimensionalen Kugeloberfläche keine Begrenzung gefunden werden kann, die Fläche aber endlich ist.

Lit.: Aristoteles, Physik IV 7 f.; Descartes, Principia philosophiae II 10–19; Newton, Philosophiae Naturalis Principia Mathematica, Erklärungen, Anm.; Leibniz, Neue Abhandlungen II; Kant, KrV, Transzendentale Ästhetik, 1. Abschn.; H. Reichenbach, Philosophie der R.- u. Zeitlehre, Leipzig 1928; H. Dingler, Die Grundlagen der Geometrie, Stuttgart 1933; E. Fink, Zur ontologischen Frühgeschichte von R., Zeit u. Bewegung, Den Haag 1957; M. Jammer, Das Problem des R., Darmstadt 1960; F. Kaulbach, Die Metaphysik des R. bei Leibniz u. Kant, Köln 1960; B. Kanitscheider, Vom absoluten R. zur dynamischen Geometrie, Zürich 1976; A. Gosztonyi, Der R., Freiburg i. Br. 1976; P. Janich/J. Mittelstraß, R., in: HphG II.   *O. Muck*

Realdefinition ↑Sein.

Realismus im allgemeinen ist jene Lehre von der Erkenntnis, wonach (1) wenigstens ein Teil dessen, was erkennbar ist oder erkannt wird, als real (↑Realität) gilt, d. h. als unabhängig vom menschlichen ↑Denken existierend u. zwar entweder selbständig oder aber in den Dingen, u. wonach (2) das Erkennen darin besteht, daß das real Existierende (↑Existenz) wenigstens in bestimmten Grenzen u. in gewisser Hinsicht in objektiver Weise vom Denken erfaßt u. so Gegenstand des Erkennens wird. Im R. wird gewöhnlich auch eine Korrespondenztheorie der ↑Wahrheit vertreten, wonach eine Erkenntnis dann wahr ist, wenn sie mit der objektiven Wirklichkeit übereinstimmt. Dem R. entgegengesetzt sind die Auffassungen des ↑Idealismus und des Phänomenalismus (↑Erscheinung/Schein/Phänomen).

Der *Außenwelt-R.* vertritt die Auffassung, daß die in der ↑Sinnlichkeit gegebene ↑Außenwelt unabhängig von der menschlichen ↑Wahrnehmung u. dem menschlichen Denken existiert u. als solche erkannt werden kann. In einer älteren naiven Form hat dieser R. in der Erkenntnis der Außenwelt keinerlei Probleme gesehen, da er in den Sinnesgegebenheiten die unzweifelhafte Garantie für die Realität der (↑Körper-)Welt erblickte. Demgegenüber bemüht sich der kritische R., die natürliche Überzeugung von der Realität der Außenwelt durch rationale Argumentation zu bestätigen.

Der *Begriffs-R.* (R. der ↑Scholastik) geht davon aus, daß die allgemeinen ↑Begriffe (↑Universalien) bzw. die damit gegebenen Begriffsinhalte oder -umfänge unabhängig vom Denken existieren oder daß ihnen wenigstens etwas in der denkunabhängigen Wirklichkeit auf adäquate Weise entspricht. Dem Begriffs-R. ist nicht so sehr der Idealismus entgegengesetzt, als vielmehr der ↑Nominalismus in seinen verschiedenen Formen. Der Begriffs-R. macht gegenüber dem eigentlichen Nominalismus geltend, daß nicht nur Namen (↑Zeichen) allgemein sind, sondern daß in einer genauen Analyse des Bewußtseins auch allgemeine Denkinhalte aufgewiesen werden können. Er vertritt gegenüber dem ↑Sensualismus die Auffassung, daß sinnliche Wahrnehmungsgegebenheiten und -schemata nicht in allen Zusammenhängen die echten Allgemeinbegriffe ersetzen können. Er behauptet gegenüber dem Konzeptualismus, daß ausschließlich begriffliche Konstruktionen weder eine Erfassung der objektiven Wirklichkeit zulassen noch für den Aufbau der Wissenschaften (z. B. der gesamten Mathematik) ausreichend sind.

Nach dem *extremen Begriffs-R.* existiert dasjenige, was den allgemeinen Namen oder Begriffen entspricht, in der Wirklichkeit auf ganz ähnliche Weise wie im Verstande, nämlich als ein einheitliches u. von den konkreten Einzeldingen (↑Einzelnes) wohlunterschiedenes Einzelnes, das entweder als idealer Gegenstand (↑Idee) „vor" den konkreten Einzeldingen u. getrennt von ihnen oder als eine selbständige ↑Form oder Wesenheit „in" ihnen vorkommt. Als solches kann es direkt erfaßt werden, sei es durch Anamnesis, Wesensschau oder aufgrund von Illumination. Ein extremer Begriffs-R. findet sich schon bei ↑*Platon*. Er ist von Frühscholastikern *(Scotus Eriugena, Anselm)* aufgenommen u. auch in moderner Zeit mit Modifikationen vertreten worden, z. B. von *Descartes, Lotze, Bolzano, Husserl, Meinong*. Ein partieller Platonismus in bezug auf mathematische Gegebenheiten wie Mengen u. Zahlen ist in der neueren Grundlagenforschung von *Frege, Cantor* u. a. für unvermeidbar angesehen worden.

Nach dem *gemäßigten Begriffs-R.* entspricht den allgemeinen Begriffen zwar etwas Denkunabhängiges, aber es existiert in den konkreten Einzeldingen auf sehr verschiedene Weise als im Denken, da es immer nur in konkreter Vereinzelung u. als etwas Unselbständiges ungetrennt von den übrigen ↑Bestimmungen eines Einzeldings realisiert ist. Nach diesem gemäßigten R. ist das Fundament für das begrifflich Allgemeine in der Seinsordnung zwar primär, da es als ↑Wesen der Einzeldinge für sie konstitutiv ist u. eine echte Wahrheitserkenntnis der Wirklichkeit ermöglicht, aber das begrifflich Allgemeine ist selbst in der Erkenntnisordnung sekundär, da es erst durch ↑Abstraktion aus dem in der ↑Erfahrung primär gegebenen Einzelnen gewonnen wird. Der gemäßigte R. findet sich schon bei *Aristoteles*, u. er ist später in der Hochscholastik *(Thomas, Duns Scotus)* und von der nachfolgenden Schulphilosophie übernommen worden. Auch in der neueren mathematisch-logischen Grundlagenforschung gibt es konstruktivistische Theorien, die als gemäßigter R. anzusprechen sind.

Lit.: Platon, Phaidon, Rep., Parmenides; Aristoteles, Met. XIII; ders., 2. Analytik II 19; J. Reiners, Der aristotelische R. in der Frühscholastik, 1907; O. Külpe, Die Realisierung, Leipzig 1912–1923; M.H. Carré, Realists and Nominalists, London ²1961; V. Schönfelder, Der kritische R., 1964; J. Thyssen, Grundlegung eines realistischen Systems der Philosophie, 2 Bde., Bonn 1966 u. 1970; R. Carls, Idee u. Menge, München 1974. *R. Carls*

Realität (lat. realitas). Als R. bezeichnen wir das Reale selbst oder den ihm als solchem zukommenden Status oder die Gesamtheit des Realen. Real aber nennen wir gewöhnlich, was auch unabhängig vom Gedachtsein besteht u. sich entweder als das Wirkliche vom Schein oder als das außerhalb des ↑Denkens Existierende vom bloß Gedachten oder Idealen unterscheidet.

Der mittelalterliche Terminus realitas leitet sich in Wortlaut u. Bedeutung von res (wörtl. ↑Sache) ab: Wird jedwedes, was überhaupt ist, sofern es *ist*, ein ↑Seiendes (ens), u. sofern es *etwas* ist, d.h. eine Washeit hat, eine Sache (res) genannt, dann meint r. die Sachhaftigkeit im Sinn der Sachhaltigkeit, durch die etwas überhaupt als Etwas, eben als res, erkannt werden kann, im Unterschied zu dem seinem sachlichen Gehalt nach Widersprüchlichen, das schlechthin nichts ist, weil es nicht einmal gedacht werden kann. R. erscheint als transkategoriale Bestimmung, die der Einteilung in die nur gedachte u. die auch außerhalb des Denkens bestehende, in die mögliche u. die wirkliche res voraufgeht u. die nach *Duns Scotus* jedwedem zukommt, das an sich selbst so bestimmt ist, daß es nicht zugleich gesetzt u. aufgehoben werden kann, dem aufgrund seiner inneren washeitlichen Disposition die ↑Existenz nicht widerstreitet. Die R. als (mögliches) Dasein wird damit zurückgeführt auf die R. als Sachhaltigkeit, die sich ihrerseits im Denken als das dem Denken Vorgängige, formal aus sich Bestehende erweist. Das erlaubt, den in bestimmten Allgemeinbegriffen erfaßten Sachgehalten wie denen der Gattungs- oder Artbestimmtheit (↑Gattung/Art) R. zuzuerkennen (↑Universalien; ↑Realismus) u. sie als solche zu bezeichnen.

Dieser Sprachgebrauch hält sich durch bis in die Neuzeit: *Descartes* bezeichnet den Sachgehalt eines Gegenstandes, sofern er „objective", nämlich durch eine repräsentierende ↑Idee, im Denken ist, als objektive R. (r. obiectiva) im Unterschied zur aktuellen Wirklichkeit des Gegenstandes, die er formelle R. (r. formalis) nennt. Wird nun der ↑Begriff des Gegenstandes nicht mehr (wie noch bei Descartes) als das vom Gegenstand selbst Verursachte betrachtet, sondern wie bei *Kant* als Leistung des ↑Verstandes, dann muß die objektive R. des Begriffs zu dem Gegenstandsbezug des Begriffs werden, der (zumindest) in seiner Möglichkeit eigens ausgewiesen werden muß. Da wir nach Kant über eine geistige Anschauung der washeitlichen Gehalte nicht verfügen, läßt sich diese Möglichkeit nicht über die Erkenntnis der inneren Vereinbarkeit der einfachen Gehalte sichern, sondern nur über die Erkenntnis der Vereinbarkeit des Begriffs mit den Prinzipien möglicher Erfahrung. Die Frage nach der R. des Realen wird zur Frage nach der R. des Begriffs, die ihrerseits nur als Frage nach der objektiven Gültigkeit des Begriffs beantwortet werden kann. Auch bei Kant umfaßt der Begriff der R. alle Seinsweisen. Als reiner Verstandesbegriff besagt er die „Sachheit", durch die Gegenstände etwas sind, u. fällt daher in die ↑Kategorie der Qualität. Auf diese Weise drückt er zwar „an sich selbst schon ein Sein" aus, meint aber nicht das Dasein; denn Dasein bezieht sich nicht auf die Bestimmung des Gegenstandes, sondern auf dessen Setzung u. fällt deshalb unter die Kategorie der ↑Modalität.

Ist Reales nur in Form sprachlich vermittelten Denkens erkennbar, dann kann sich R. nur im Denken selbst als jene Unabhängigkeit des Gedachten vom jemeinigen Denken ausweisen, die sich im Anspruch auf intersubjektive Zustimmung niederschlägt. Als R. kann nach *Peirce* deshalb gelten, was mit der definitiven Meinung der unbegrenzt gedachten Forschergemeinschaft übereinstimmt. Nicht der Rückgriff auf Reales begründet R., sondern die Explikation der Bedingungen, die mit dem Anspruch der Erkenntnis auf R. im jeweiligen Zusammenhang unterstellt werden.

Lit.: Thomas v. Aquin, De Veritate 1,1; I Sent. 25,1,4 c.; Duns Scotus, Quodlibet 3,2; Ordinatio u. Lectura I, 36,1; Descartes, Med. III; I^{ae} u. IV^{ae} Resp.; Kant, KrV A 80/B 106, A 143/B 182, A 175/B 217, B 602 ff., A 571 ff./B 599 ff.; Ch. S. Peirce, Schriften zum Pragmatismus u. Pragmatizismus 32 f., 65–138, 201–214, 253–265, 375–383, 445–453, 466–473, 508 f., 578 f.; C. F. Gethmann, R., in: HphG III.

L. Honnefelder

Reduktion ↑Phänomenologie.

Reduktionismus ↑Monismus, Leben.

Referenz ↑Zeichen.

Reflexion (lat.; Zurückbeugung) bezeichnet den Rückbezug des erlebenden, erkennenden, wollenden ↑Subjektes auf diese seine Vollzüge, auf deren Inhalte u. darin auf sich selbst. Zunächst sind die Vollzüge „nach außen" gewandt, unmittelbar gegenstandsbezogen (erste Intention). Doch kann sich das Subjekt von ihnen distanzieren u. sie zum Gegenstand machen (zweite Intention). Jedes Vergleichen, begriffliche Zusammenfassen, Nachdenken setzt eine solche Distanzierung durch R. voraus. Doch indem das Subjekt seine Vollzüge als die eigenen erfaßt, erfaßt es in ihnen sich selbst als den Ursprung seiner Tätigkeiten. *Thomas v. Aquin* nennt dies „reditio completa in se ipsum (vollkommene Rückkehr in sich selbst)". Zu ihr ist der Geist in seinem „Bei-sich-Sein" (Hegel) fähig. In der Neuzeit wurde am Leitfaden der R. ein Innenraum der Subjektivität erschlossen. Nach *Locke* stehen die „reflections" als innere Wahrnehmungen den „sensations" als den äußeren, sinnlichen gegenüber, u. bei *Leibniz* heißt es: „Die Reflexion ist nichts anderes als die Aufmerksamkeit auf das, was in uns ist" (Nouveaux Essais, Préface). Doch trat dieser Innenraum in zunehmende Spannung zur äußeren Welt. Nach *Kant* steht eine differenzierte Subjektivität einem unerkennbaren „An sich" gegenüber. *Hegel* verurteilt diesen Standpunkt als „Reflexionsphilos.": Nur im „Anderen seiner" ist das Subjekt bei sich, d. h. seine Innerlichkeit hat es nur im Maße, als es imstande ist, das „Außerhalb" seiner anzuerkennen u. sich zu ihm in Beziehung zu setzen.

Lit.: H. Wagner, Philosophie und Reflexion, München 1959; W. Schulz, Das Problem der absoluten Reflexion, Frankfurt 1963; J. Heinrichs, Reflexion als soziales System, Bonn 1976.

J. Schmidt

Regel 1. Konzipiert man Normen als Aussagen mit (als einstelligen Junktoren gefaßten) Deontoren δ (‚es ist erlaubt' / ‚geboten' / ‚verboten' usf.), dann lassen sich R.n bestimmen als *Normen der Art: Immer wenn A, dann* δ *B;* dabei beschreibt die durch A mitgeteilte Aussage den *Zuständigkeitsfall,* die durch B mitgeteilte Aussage die *Endsachlage* der R. (Das Sprechen von Endsachlagen läßt sich stets, die Rede von Zuständigkeitsfällen häufig durch Rückgriff auf die jeweils herbeiführenden Handlungen ersetzen; viele R.n folgen z. B. dem Schema: Immer wenn ein Subjekt geXt hat, ist es erlaubt/verboten/geboten usf., daß dieses Subjekt Yt.) – 2. *Reglements* sind nichtleere R.mengen; das Darzulegende ist – mit passenden Zusätzen – auf Reglements übertragbar. – 3. Mit Blick auf das Handeln (Tun oder Unterlassen) von Subjekten (Personen, Gruppen, Institutionen usf.) stellen R.n Vorschriften dar, die für Zuständigkeitsfälle das Herbeiführen jeweiliger Endsachlagen erlauben/gebieten/verbieten usf. – Die Betrachtung von R.n in ihrer handlungs-, subjekt- u. sachlagenbestimmenden Rolle liefert – für die Gebotsregeln beispielhaft dargelegte – Unterscheidungen im Subjekt-R.-Bezug: 3.1. Ein Subjekt *erfüllt (verstößt gegen)* eine R. gdw es in einem Zuständigkeitsfall eine Endsachlage herbeiführt (nicht herbeiführt). – Ein Subjekt *untersteht* einer R. (*verstößt unwissentlich gegen* eine R.) gdw es die R. nicht kennt u. sie erfüllt (u. gegen sie verstößt). – 3.2. Ein Subjekt *befolgt* eine R. gdw es die Erfüllung der R. beabsichtigt u. sie auch erfüllt. Ein Subjekt *verstößt mit Absicht gegen* eine R. gdw es gegen die R. zu verstoßen beabsichtigt u. dies auch tut. – 3.3 Ein Subjekt *scheitert bei der Befolgung* einer R. gdw es bei der Herbeiführung der Endsachlage scheitert oder die R. fehlanwendet oder die R.anwendung versäumt. Ein Subjekt *scheitert bei der Endsachlagenherstellung* einer R. gdw es trotz Beabsichtigung der Erfüllung gegen die R. verstößt. Ein Subjekt *fehlanwendet* eine R. gdw es deren Erfüllung beabsichtigt, eine Sachlage fälschlich als Zuständigkeitsfall unterstellt u. demgemäß die Endsachlage herbeiführt. Ein Subjekt *versäumt die Anwendung* einer R. gdw es die Erfüllung beabsichtigt, einen Zuständigkeitsfall als solchen nicht erkennt u. demgemäß keine Endsachlage herbeiführt. – Befolgen, absichtsvolles Verstoßen u. Scheitern bei der Befolgung erfordern R.kenntnis. – 4. Eine

(Gebots)R. ist *in einer Gruppe in Kraft* gdw die (meisten) Gruppenmitglieder in den (meisten) Zuständigkeitsfällen die Endsachlage herbeiführen; davon unterschieden sind die (im einzelnen sehr vielfältigen) Formen, wie eine R. *in Kraft kommt* („Genesis"), *in Kraft gehalten wird, außer Kraft gerät.* – 5. Eine R. ist (in einer Theorie) *begründbar* gdw sie aus (in dieser Theorie) wahren Aussagen folgerbar ist. – Hingegen ist eine R. *rechtfertigbar* bzgl. eines Zieles gdw die Regelerfüllung zielführend ist. Wer eine R. rechtfertigt, begründet also die Aussage, daß die Erfüllung dieser Regel zielführend ist. – Praktisch bedeutsamer als die angeführte starke Rechtfertigbarkeit sind plausibilistische u. komparative Rechtfertigbarkeiten. – 6. R.n lassen sich aus Handlungen bzw. aus handelnd hergestellten Sachlagen *erschließen.* – Sie *helfen beim Erwerb von Fertigkeiten* u. können, einmal angenommen, den Handelnden *entlasten.* Im Konfliktfall taugen sie als *Berufungs-* u. *Entscheidungsinstanz.* R.n dienen (gemeinsam mit weiteren Aussagen) zur *Kontrolle* u. *Beurteilung* von herbeigeführten Sachlagen, von Herbeiführungsakten u. von agierenden Subjekten. – 7. Der jeweilige Deontor, die Beschaffenheit von Zuständigkeitsfall u. Endsachlage, die Formen des Inkraftkommens/Außerkraftgeratens, die Techniken der Inkrafthaltung, der Begründungs- u. Rechtfertigungsstatus usf. liefern *Klassifikationsmerkmale.* – 8. Der *beschreibenden Erkenntnisphilosophie* kommt es zu, die dem (lebensweltlichen u. wissenschaftlichen) Erkennen zugrundeliegenden R.n zu *erschließen.* – Aufgabe der *vorschreibenden Erkenntnisphilosophie* ist es, allgemein(st)e R.n für das kognitive Handeln (=Argumentieren, Definieren, Überprüfen, Experimentieren usf.) *aufzustellen* u. als erkenntniserzeugend *zu rechtfertigen.* Die besondere Aufmerksamkeit gilt dabei den R.n, ohne deren Erfüllung ihre *eigene* Rechtfertigung scheitert.

Lit.: J.S.Ganz, Rules. A Systematic Study, The Hague 1971; E. Morscher, Norm, in: Handbuch wissenschaftstheoretischer Begriffe II; F. Waismann, Logik, Sprache, Philosophie, Stuttgart 1976, Kap. VII. *G.Siegwart*

Regressus in infinitum ↑Grund, Wissen.

Regulativ ↑Idee.

Relation. R. sind als *Mengen geordneter Paare* definierbar; was für Mengen i.a. gilt, trifft mithin auch auf R. zu. – 1. Gibt es ein z, das zu x/ zu dem x in der R. S steht, dann ist x *Nachglied/Vorderglied* von S. *Glieder* bzw. *Relata* (nicht: Elemente) von S sind Vorder- oder Nachglieder. Die Klasse der Vorderglieder/Nachglieder/Glieder von S bildet den *Vorbereich/Nachbereich/das Feld* von S. x ist *Anfangs-/End-/Doppelglied* von S gdw x Vorder-, aber nicht Nachglied von S /x Nachglied, aber nicht Vorderglied von S /x Vorder- u. Nachglied von S ist. – Die Kleinerrelation mit dem Feld {1, 2, 3, 4} hat {1, 2, 3} als Vorbereich, {2, 3, 4} als Nachbereich, 1 als Anfangs- u. 4 als Endglied sowie 2 u. 3 als Doppelglieder. – 2. Definiert man das *cartesische Produkt* aus A u. B als Klasse aller geordneten Paare mit der Vorderkomponente aus A u. der Nachkomponente aus B, dann ist das cartesische Produkt eine R. mit A als Vor-, B als Nachbereich u. der Vereinigung aus A u. B als Feld; umgekehrt ist jede R. Teilmenge des cartesischen Produkts aus ihrem Vor- u. Nachbereich. – 3. Die *Konverse* von S „verkehrt" S, so daß der Vorbereich/der Nachbereich/das Feld der Konversen identisch ist mit dem Nachbereich/Vorbereich/Feld von S; die Konversenkonverse einer R. fällt mit dieser zusammen. Die Inhärenz-R. ist z. B. die Konverse der Subsistenz-R. – Die *Verkettung* zweier R.en S und S' ist die Klasse aller geordneten Paare [x, y], so daß es ein z mit xSz u. zS'y gibt. So lassen sich Bedingungs- u. Möglichkeits-R. zur Bedingung-einer-Möglichkeits-R. verketten. – Das *Bild* von S bez. einer Menge M ist die Klasse der y, für die es ein z aus M mit ySz gibt; so ist die Klasse der Bedürfnisse der Menschen das Bild der Bedürfnis-R. bez. der Menge der Menschen. – Eine auf M *vor-/nach-/vollbeschränkte* R. S ist die Menge aller geordneten Paare von S, deren Vorderglieder/Nachglieder/Glieder M angehören. Ist eine R. S auf M vollbeschränkt, dann ist S. eine R. *in* M. So kann man die Erkenntnis-R. auf Philosophen vor- u. auf metaphysische Sachverhalte nachbeschränken; so kann man die Ursache-R. auf physikalische Gegenstände vollbeschränken. – 4. Eine R. S ist *links-/rechtseindeutig* gdw höchstens eine Gegebenheit zu einer Gegebenheit in S steht/eine Gegebenheit zu höchstens einer Gegebenheit in S steht; links- u. rechtseindeutige R.en sind *eineindeutig*, links- oder rechtseindeutige R.en sind *eindeutig*, nicht eindeutige R.en sind *mehrdeutig*. Die Identitäts-R. ist eineindeutig u. damit links- u. rechtseindeutig, die Vater-R. ist links-, jedoch nicht rechtseindeutig, die auf die Menge der Frauen nachbeschränkte Kind-R. ist rechts-, aber nicht linkseindeutig. Die Begründungs-R. zwischen Aussagenmengen u. Aussagen ist mehrdeutig: zu einer Aussage gibt es mehrere begründende Aussagenmengen, eine Aussagenmenge begründet mehrere Aussagen. Teilmengen links-, rechts-, eineindeutiger R.en sind ebenfalls links-, rechts-, eineindeutig. – 5. *Funktionen* f sind linkseindeutige (bei manchen Autoren: rechtseindeutige) R.en. Beim Vor-/Nachbereich einer Funktion spricht man vom *Wert-/Argumentbereich* u. entsprechend von *Werten* u. *Argumenten*. So ist 4 der Wert der Quadratfunktion für das Argument 2. Allgemein wird definiert: Ist f eine Funktion mit x aus dem Argumentbereich, dann ist der *Wert* von f für x identisch mit y gdw yfx. – 6. Eine R. S ist *totalreflexiv* gdw für alle x xSx gilt; Beispiel: die Identitäts-R. *Reflexivität* wird von einer R. S, z. B. der Synonymitäts-R., ausgesagt gdw alle S-Glieder zu sich in S stehen. Trifft – wie bei der Verschiedenheit – auf keine Gegebenheit xSx zu, so ist S *irreflexiv*. Stehen einige Gegebenheiten zu sich in S, andere nicht, dann ist S *partimreflexiv*. Als *selbstbezüglich* i. e. S. kann eine Entität charakterisiert werden, die in einer partimreflexiven R. zu sich steht. Faßt man die Bestimmungs-R. in der Klasse der Menschen als partimreflexiv – einige Menschen bestimmen sich selbst, andere nicht –, dann kann man von jedem Mitglied der ersten Gruppe Selbstbezüglichkeit aussagen. – 7. *Symmetrie/Asymmetrie/Antisymmetrie/Partimsymmetrie* wird von S prädiziert, falls mit xSy auch ySx statthat/nicht statthat/bei Verschiedenheit von x u. y nicht statthat/falls für einige x,y mit xSy auch ySx gilt, für andere nicht. Die R. der Wertgleichheit ist symmetrisch, die Fortschritts-R. asymmetrisch, die Größergleich-R. antisymmetrisch, die Liebes-R. partimsymmetrisch. – Asymmetrische R.en sind irreflexiv. – 8. Eine R. ist *transitiv/intransitiv* gdw mit xSy u. ySz auch xSz besteht/nicht besteht; transitiv ist die Größer-R., intransitiv die Vater-R. *Komparativ* bzw. *drittengleich* ist eine R. gdw mit xSz u. ySz auch xSy gilt; daß transitive R.en nicht notwendig komparativ sind, läßt sich an der Größer-R. ablesen. Gibt es x, y, z, für die mit xSy u. ySz auch xSz besteht, aber auch solche, für die xSz nicht gilt, so ist S *partimtransitiv;* als Beispiel diene die Freundschafts-R. – 9. Eine R. S ist *konnex/totalkonnex/ streng konnex* gdw für je zwei verschiedene S-Glieder x, y xSy oder ySx gilt/für je zwei verschiedene Gegebenheiten xSy oder ySx gilt/für je zwei S-Glieder xSy oder ySx gilt. Die Größer-R. ist konnex, aber nicht streng konnex, für die Größergleich-R. gilt beides; (trivial) totalkonnex ist die Verschiedenheit. *Partimkonnex* ist eine R. S gdw es verschiedene x, y mit xSy oder ySx gibt, aber auch solche, für die weder xSy noch ySx gilt; Beispiel: die Schüler-R. – 10. *Ordnungs-R.en* im weitesten Sinn sind transitiv, aber nicht symmetrisch; verschiedene Arten ergeben sich aus der Kombination von Transitivität mit (Total)Konnexität, strenger Konnexität, Asymmetrie, Antisymmetrie, (Ir)Reflexivität usf. (u. Eigenschaften des Feldes). So ist z. B. S eine *partielle Ordnung* gdw S reflexiv, transitiv u. antisymmetrisch ist; vgl. etwa die Teilmengen-R. – 11. G ist eine *Äquivalenz-R.* oder *Gleichheit* gdw G symmetrisch u. transitiv ist. Gleichheiten sind zugleich reflexiv u. komparativ. Sie zerlegen ihr Feld in disjunkte Klassen, deren Vereinigung mit dem Feld identisch ist. Die einzelnen Klassen – *Äquivalenzklassen* unter G – sind durch jedes ihrer Elemente x repräsentierbar: die durch x repräsentierte Äquivalenzklasse unter G ist die Klasse aller y mit yGx. Allgemein: K ist Äquivalenzklasse unter G gdw (i) Zwei beliebige Elemente x, y von K stehen zueinander in G. (ii) Ist x Element von K, dann ist y Element von K gdw xGy. Zwei Äquivalenzklassen unter G sind identisch gdw die sie repräsentierenden Elemente zueinander in G stehen. – Führt man Funktoren u. Prädikate durch Gleichsetzung mit Äquivalenzklassen ein, so spricht man von *Definition durch Abstraktion* (vgl. als Beispiel ↑Struktur 2.1., 2.2.). – 12. Verfügt man über die natürlichen Zahlen, dann lassen sich *n-Tupel* einführen als Funktionen mit dem auf n begrenzten positiven Zahlabschnitt als Argumentbereich; *n-stellige Beziehungen* bzw. *Attribute* sind Mengen mit n-Tupeln als Elementen; *Eigenschaften* lassen sich als einstellige Beziehungen betrachten. – 13. Mit der

Einführung von *n-argumentigen* R.*en,* von R.en, deren Nachglieder n-Tupel sind, wird die Rückführung n + 1-stelliger Beziehungen auf n-argumentige Relationen möglich; in diesem Sinn wird die dreistellige Summenbeziehung als zweiargumentige Summen-R. aufgefaßt, wobei Zweitupel als Nachglieder auftreten.
– Linkseindeutige, n-argumentige R.en sind *n-stellige Funktionen.* Da das geordnete Paar aus 9 u. dem Zweitupel aus 5 u. 4, also [9, ⟨5, 4⟩], Element der zweistelligen Summenfunktion ist, ist 9 der Wert dieser Funktion bez. des Arguments ⟨5, 4⟩. – 14. Es scheint aussichtsreich, mittels des angedeuteten Apparates die (zumindest formale) Aufarbeitung der klassischen R.-Themen (z. B. R. in der aristotelisch-thomistischen Substanzmetaphysik, Debatte um inner- u. intermonadische R.en, Streit um externe u. interne R.en usf.) zu vertiefen.

Lit.: Aristoteles, Kat. 7; ders., Met. V 15; Thomas v. Aquin, Summa theol. I q 13 a 7; In Metaphysicam V lect. 17; Leibniz, Nouveaux Essais, 2. u. 3. Buch; Kant, KrV A 80; Ch. S. Peirce, Collected Papers III; B. Russell/A. N. Whitehead, Principia Mathematica, Part I, Section C, D, E; R. Carnap, Einführung in die symbolische Logik mit besonderer Berücksichtigung ihrer Anwendungen, Wien ³1968, Teil C; J. R. Weinberg, Abstraction, Relation and Induction, Madison 1965, 61–119; E. Paisseran, La Logique des Relations et son Histoire, Albi/France 1973; G. Patzig, Relation, in: HphG III; C. Cavarnos, The classical Theory of Relations, Belmont 1974; P. Schulthess, Relation u. Funktion, Berlin 1981, Kap. 2 u. 3. *G. Siegwart*

Relativismus. Die verschiedenen Formen des erkenntnistheoretischen R. bestreiten, daß „wahr" von einer Aussage uneingeschränkt ausgesagt werden kann; sie behaupten folglich, dieselbe Aussage könne wahr u. falsch sein. Nach dem *Wahrheitsr.* werden die Begriffe ‚wahr' u. ‚falsch' in verschiedenen Theorien in verschiedener Weise bestimmt; dieselbe Aussage kann folglich nach dem einen Wahrheitsbegriff wahr, nach einem anderen falsch sein. Andere relativistische Theorien verstehen „wahr" als zweistelligen Prädikator: Eine Aussage p kann immer nur in bezug auf x wahr sein. Dieses x kann sein: das urteilende Individuum (Protagoras: „Aller Dinge Maß ist der Mensch"); die Denkgesetze einer Spezies (Anthropologismus; Psychologismus); eine bestimmte Zeit (Historismus); eine Gesellschaftsschicht (Wissenssoziologie); ein Sprachspiel, Weltbild oder naturwissenschaftliches Paradigma. Der zuletztgenannten Form des R., die v. Kutschera als *empirischen R.* bezeichnet, kommt in der gegenwärtigen Diskussion besondere Bedeutung zu. Danach kann die Wahrheitsfrage für eine Aussage nur innerhalb eines Weltbildes oder Paradigmas entschieden werden. Es kann aber miteinander unverträgliche Weltbilder oder Paradigmen geben, deren Wahrheit weder mit logischen noch mit empirischen Mitteln entschieden werden kann, da es keine von den Weltbildern oder Paradigmen unabhängige Wahrheitskriterien gibt.

Eine Kritik des R. muß davon ausgehen, daß keine relativistische Theorie umhin kann, zumindest für bestimmte Aussagen, z. B. daß für Weltbilder die Wahrheitsfrage nicht mehr gestellt werden kann, einen uneingeschränkten Wahrheitsanspruch zu erheben. Sie muß unterscheiden zwischen der Relativität (Abhängigkeit von einem Weltbild; Perspektivität) der menschlichen Erkenntnis u. dem R. Aus der vielfachen Bedingtheit der menschlichen Erkenntnis würde die These des R. erst dann folgen, wenn die unterschiedlichen Weltsichten einander ausschlössen, wenn keinerlei Möglichkeit bestände, sie miteinander zu vergleichen, u. wenn der Mensch ein überkommenes Weltbild nicht wenigstens teilweise kritisch hinterfragen könnte.

Lit.: Platon, Theaitet; Aristoteles, Met. IV 3–8; Husserl, Logische Untersuchungen I Kap. 7; W. Stark, Die Wissenssoziologie, Stuttgart 1960; F. v. Kutschera, Grundfragen der Erkenntnistheorie, Berlin 1982, Kap. 9.7.
F. Ricken

Religion ↑Theologie.

Repräsentation ↑Vorstellung.

Res cogitans/Res extensa ↑Cartesianismus, Sache.

Rezeptivität ↑Sinnlichkeit.

Ruhe ↑Bewegung.

S

Sache meint wie andere Ausdrücke, die auf Gegenstände von Denken (Ding – das Gedachte) u. Sprechen (*res* – lat. Wurzel reor, sprechen) verweisen, zunächst den Gegenstand eines Rechtsstreites. Meist wird S. gleichbedeutend mit Ding verwendet. S. stellt oft einen Gegensatz zur Person heraus.

S. wird weitgehend sinnverwandt mit ↑Körper verwendet, oft aber auch in einem übertragenen Sinn von Gegenstand überhaupt, auch bloß gedachtem (Gedankending) oder im Sinn von „Angelegenheit". „Der S. nach" weist auf den Unterschied hin gegenüber der Weise, wie wir eine S. denken.

S. als Körper oder materielle ↑Substanz entspricht bei *Descartes res extensa* (ausgedehnte S.). Dabei wird allerdings die Ausdehnung zur Definition des Körpers gebraucht u. nicht nur als Folgeeigenschaft aufgefaßt, so daß sich ein ↑Dualismus ergibt. Für *Aristoteles* hingegen war die ↑Form u. damit auch die Seele ein Wesensteil der körperlichen Substanz. Der andere Wesensteil, die erste ↑Materie als Grund der Materialität, wurde nicht als schon ausgedehnter Körper aufgefaßt, wohl aber als Grund der Ausdehnung der resultierenden körperlichen Substanz. Der lat. Ausdruck *res* wird viel allgemeiner verwendet. So wird bei *Descartes* der Geist auch als res, nämlich als denkende S. *(res cogitans),* bezeichnet. In der ↑*Scholastik* wurde res als ein Aspekt angesehen, der – wenn auch in unterschiedlicher Weise – jedem Seienden zukommt, nämlich insofern es einen Was-Gehalt hat, ein „Etwas" ist, u. daher zu den ↑Transzendentalien gehört.

Lit.: Thomas v. Aquin, De veritate I 1; Descartes, Med. II 5–8; Principia philosophiae I 48–54.
O. Muck

Sachverhalt ↑Tatsache.

Satz im allgemeinsten Sinne ist jedes Gebilde der ↑Sprache, welches einen vollständigen (↑Denk-)Inhalt zum Ausdruck bringt, sowie oftmals auch die jeweilige fragende, wünschende, befehlende oder einfach aussagende Einstellung eines Sprechers zu diesem Denkinhalt, aufgrund welcher man zwischen Frage-, Wunsch-, Befehls- und Aussage-S. unterscheidet. Nur bei einem Aussage-S. kann sinnvollerweise nach der ↑Wahrheit des in ihm ausgedrückten Denk- bzw. Aussageinhaltes (engl.: proposition) gefragt werden. Wegen der ↑Antinomien ist es fraglich, ob jeder Aussage-S. bzw. der in ihm ausgedrückte Inhalt entweder wahr oder falsch u. in diesem Sinne wahrheitsdefinit ist. Man kann davon ausgehen, daß ein Aussage-S. als konkrete Sprachgegebenheit u. alle ihm sprachlich gleichen Aussage-S. sowie alle ihm sprachlich gleichwertigen Aussage-S., etwa solche die durch wechselseitige exakte Übersetzung ineinander übergehen, denselben Aussageinhalt zum Ausdruck bringen. Ein isolierter Aussage-S., bei dem der Sprecher u. die Sprechsituation nicht beachtet werden, gibt niemals eindeutig an, welcher Art die Einstellung des Sprechers zum ausgesagten Gedankeninhalt ist. Erst wenn man beachtet, z. B. ob ein bestimmter Aussage-S. in einem Vortrag oder in einem Märchen ausgesprochen wird, ob er in einem Lehrbuch oder in einem Roman vorkommt, kann man Aufschluß darüber erhalten, ob dieser Aussage-S. urteilend, d. h. aufgrund der Wahrheitsüberzeugung des Sprechers, behauptend, d. h. mit dem Anspruch des Sprechers auf Wahrheit, annehmend, d. h. unter bloßer Voraussetzung der Wahrheit, oder rein erzählend, d. h. ohne jeden direkten Wahrheitsbezug geäußert wird. Deshalb ist es weniger angebracht, wenn man von Urteils- oder Behauptungs-S. oder sogar von Urteilen oder Behauptungen statt von Aussage-S. spricht.

Einfache Aussage-S. enthalten keine einfacheren Aussage-S. als Bestandteile. Komplexe Aussage-S., die nur einen einzigen einfacheren Aussage-S. als Bestandteil enthalten, sind vor allem die verneinten Aussage-S., aber auch solche, die mit Hilfe von modalen, epistemischen, deontischen u. a. Operatoren wie „es ist notwendig, möglich, daß", „es ist wahrscheinlich, evident, daß", „es ist geboten, erlaubt, daß" gebildet werden, welche ihrerseits durch Adverbien wie „möglicherweise", „vermutlich" oder durch Hilfsverben wie „dürfen", „sollen", „müssen" ersetzt werden können. Zu solchen Aussage-S. können auch S. mit intentionalen Verben wie „wissen, veranlassen, beabsichtigen, daß" gerechnet werden. Komplexe Aussage-S. mit zwei einfacheren Aussage-S. als Bestandteilen sind vor allem die für logische Zusammenhänge wichtigen mit „und", „oder", „weder-noch", „wenn-dann" u. a. gebildeten S.-Gefüge sowie andere S.-Gefüge von kausaler, finaler, irrealer u. a. Beschaffenheit. Einfache Aussage-S. u. deren Verneinungen, die zusammen auch „kategorische S." heißen, können aufgrund ihrer sprachlich-logischen Struktur untergliedert werden in subjektlose S. oder aber in singuläre, partikuläre u. generelle S., je nachdem ob sie kein eigentliches Subjekt besitzen wie z. B. der Satz „Es schneit" oder ob das Subjekt singulär, partikulär oder generell ist. Je nachdem ob einfache Aussage-S. als logisches †Prädikat ein einfaches Eigenschaftswort oder einen Relationsausdruck enthalten, rechnet man sie zu den Eigenschafts- oder Relationen-S.

Lit.: Aristoteles, De Int.; B. Bolzano, Wissenschaftslehre; F. Brentano, Psychologie vom empirischen Standpunkt, II, 7 u. Anh.; G. Frege, Über Sinn u. Bedeutung; E. Husserl, Logische Untersuchungen II; A. Meinong, Über Annahmen; E. Tugendhat/U. Wolf, Logisch-semantische Propädeutik, Stuttgart 1983. *R. Carls*

Schein †Erscheinung/Schein/Phänomen.

Schema. Für eine Semiotik als *bewußtseinstheoretische Erkenntniskritik*, in der alle Arten von †Vorstellungen als Repräsentationen von ... fungieren (Kant), vollzieht der Schematismus allgemein die Transformation des logischen Ortes einer †Regel (Begriff) in den für ihren Vollzug notwendig nicht-logischen Ort der sinnlichen Darstellung. Die Schemata sind die Transformatoren (invariante kognitive Handlungsanweisungen), welche das Regelprogramm in einer möglichen Anschauung methodisch, identifizierbar darstellen.

1. Die durch empirische oder formale Regeln (Begriffe wie Hund, Dreieck) gedachten *Intensionen* (Sinn) müssen in der †Anschauung identifizierbar sein, bzw. gegebene Anschauungen müssen durch solche Regeln intensional interpretierbar sein. Dazu dienen der Begriffsregel zugeordnete Schemata der †Einbildungskraft, welche die mittels der Begriffsmerkmale gedachten Eigenschaften durch ein Bild sinnlich zur Repräsentanz bringen.

2. *Extensional,* d. h. in Beziehung auf intendierte mögliche Objekte, generieren die kategorialen Operatoren (die Regeln der Intelligenz, des logischen Selbstbewußtseins) über die korrespondierenden Schemata der Zeitstrukturen die Gegenstandsbereiche der Operatoren (z. B. der Quantifizierbarkeit, des kausalen Bedingungsverhältnisses in der Anschauung). Parallel hierzu kann, wenn man linguistisch von der intensionalen Semantik ausgeht, auch die Darstellung in einer Sprachstruktur als eine extensionale Schematisierung in der Zeitfolge aufgefaßt werden. Der Schematismus operiert daher bewußtseinstheoretisch (also nicht im Sinne von Ch. W. Morris) innerhalb einer Semiose, d. h. im Rahmen einer vollständigen Zeichenstruktur innerhalb des Bewußtseins (a) eines beurteilbaren Objektes in dem Bezug der Urteilsintension (des Gedankens) zur Extension der raumzeitlichen Relationen u. der Empfindungsmaterie (dem Gegenstandszeichen), parallel zur (b) linguistischen Darstellung der Urteilsintension in einer Syntax, repräsentiert durch Sprachzeichen (Phoneme, Grapheme).

Der Schematismus des bewußtseinstheoretischen u. auch eines spekulativen Begriffs (Fichte, Hegel) der

Semiose darf nicht mit dem *sprachanalytischen Verfahren* gleichgesetzt werden, einem Kalkül durch Interpretation, Anwendungsregeln, Korrespondenzregeln sein Modell zu sichern. Denn der Kalkül geht nicht vom Bewußtsein u. seiner Intentionalität als semiotischem Fundament aus, sondern von einer Tabelle von „toten Zeichen" u. Formregeln. Die Lehrmethode, Begriffe exemplarisch einzuführen, scheint sich unter der Frage der Begriffsanwendung auf neue Fälle sowohl unter dem realistischen als auch unter dem pragmatischen Ansatz in einer Aporie zu verfangen. Der Versuch, sie durch Rekurs auf die Funktion oder den Effekt als die „Bedeutung" der Sprach*handlung* zu entschärfen (v. Kutschera), ist nichts anderes als die Wiederaufnahme des Kantischen Schematismusgedankens.

Lit.: Kant, KrV, B 176 ff.; W. Stegmüller, Hauptströmungen der Gegenwartsphilosophie I, Stuttgart ⁶1978, 416–422; F. v. Kutschera, Sprachphilosophie, München ²1975, bes. 3.4.5.

P. Reisinger

Schöpfung ↑Welt.

Scholastik kommt von lat. schola, scholasticus (Schule, Schüler) u. bedeutet (die in den Schulen des Mittelalters ausgebildete) Schulwissenschaft. Die Philosophie der Sch. erhält Motivation u. Fragestellungen aus dem Glauben, der nach der auf Augustinus zurückgehenden Auffassung der Sch. eine der Vernunft übergeordnete Erkenntnisquelle ist (credo ut intelligam), u. will zu einem rationalen Verstehen des Glaubens hinführen; darüber hinaus entwickelt sie sich durch Kommentierung des Aristoteles zu einer von der Theologie unabhängigen Wissenschaft. Die Sch. sieht ihre Aufgabe in der verstehenden, selbständigen Aneignung des Tradierten. Autoritative Überlieferung (auctoritates) sind zunächst die Hl. Schrift u. die Lehre der Konzilien, Päpste u. Kirchenväter, später auch Philosophen, vor allem Aristoteles, den Thomas v. Aquin einfach als „den Philosophen" zitiert. Das Bewußtsein, nur gestützt auf die großen Meister Fortschritte machen zu können, macht das Studium der Texte unumgänglich: „Wir sind Zwerge auf den Schultern von Riesen" (Bernhard v. Chartres). Die Ausrichtung an Autorität u. Vernunft bringt die Gefahren eines bloßen Tradierens u. eines phänomenblinden Rationalismus mit sich, wobei jedoch die Beziehungen zur Mystik und die Naturbeobachtung (Albert d. Große, Roger Bacon) als Gegengewicht nicht übersehen werden dürfen.

Aus dem Schulbetrieb hat sich die *Methode* der Sch. entwickelt. Grundformen des Unterrichts sind lectio (Vorlesung) und disputatio (Übung). In der lectio erklärt der Lehrer die überlieferten Texte; aus ihr entsteht der Kommentar. Die disputatio erörtert nach festen Regeln in Rede u. Gegenrede eine bestimmte Frage. Auf sie gehen die Sammlungen der quaestiones (Fragen) zurück. Sie enthalten die gründlichste Untersuchung philosophischer u. theologischer Probleme. In der quaestio folgt der Formulierung der Frage eine Reihe von Argumenten für u. wider, die sich meistens auf Autoritäten berufen. Danach wird die eigene Antwort formuliert u. begründet. Schließlich werden die ihr entgegenstehenden Einwände gelöst. Die Methode der quaestio zwingt zu eindeutiger Fragestellung, logischer Beweisführung u. präziser Terminologie.

Für die *geschichtl. Entwicklung* ist die Rezeption neuer Quellen ein bestimmender Faktor. Die gesamte Epoche steht unter dem Einfluß des Augustinus, der seit der Mitte des 12. Jh. vor allem vermittelt wird durch die Sentenzen des Petrus Lombardus, die als Textbuch der theologischen Vorlesung dienen u. zu fast vier Fünfteln aus Augustinuszitaten bestehen. Der ↑Neuplatonismus wirkt durch Ps. Dionysios Areopagita, der im 9. Jh. durch Johannes Scotus Eriugena ins Lat. übersetzt wird, den auf Proklus zurückgehenden Liber de causis (Buch von den Ursachen) u. die islamische (Avicenna, Averroes) u. jüdische (Avicebron, Moses, Maimonides) Philosophie. Einen entscheidenden Einschnitt stellt die um die Mitte des 12. Jh. beginnende lat. Übersetzung der Werke des Aristoteles aus dem Arabischen u. Griech. dar, von dem bis dahin nur einige logische Schriften in der Übersetzung des Boethius bekannt waren. – Man unterscheidet innerhalb der mittelalterlichen oder *ersten* Sch. die Vor-, Früh-, Hoch- u. Spätsch. Herausragende Gestalt der *Vorsch.* ist *Johannes Scotus Eriugena,* der unter dem Einfluß des Neuplatonismus ein idealistisches, pantheisierendes System entwickelt. Im 11. Jh. formuliert *Anselm von Canterbury,* der „Vater der Sch.", im Geist des Augustinus deren Programm: fides quaerens intellectum (Glaube, der Einsicht sucht). Er ist vor allem durch seinen ontologischen Gottesbeweis bekannt. *Peter Abaelard* fördert die Diskussion der Universalienfrage. Die Beziehung zur Mystik kennzeichnet die Schule von St. Viktor, während die Schule von Chartres mehr naturwissenschaftlich orientiert ist. Die *Hochsch.* wird ermöglicht durch die Aristotelesrezeption, das Aufblühen der Universitäten, vor allem der von Paris, u. die wissenschaftliche Arbeit der Bettelorden. Hauptrichtungen sind: die vor allem an Augustinus orientierte ältere Franziskanerschule *(Alexander v. Hales, Bonaventura);* die Dominikaner *Albert d. Große,* ein universaler Gelehrter, u. sein Schüler *Thomas v. Aquin,* der als überragender Systematiker der Hochsch. Aristoteles mit dem augustinischen Erbe verbindet; der lat. Averroismus *(Siger von Brabant),* der durch seine Thesen (Einzigkeit des Intellekts in allen Menschen, Ewigkeit der Welt, Leugnung der Willensfreiheit) in Konflikt mit der kirchlichen Lehre kommt; die jüngere Franziskanerschule, deren Begründer *Johannes Duns Scotus* die Fähigkeit der natürlichen Vernunft zu metaphysischer Erkenntnis einschränkt u. ihr den Willen vorordnet. Die enge Verbindung zur Mystik zeigt neben *Bonaventura* vor allem *Meister Eckhardt.* Die von der *Spätsch.* entwickelte neue Naturphilosophie sucht eine von aller Autorität unabhängige Erkenntnis *(Johannes Buridan).* Mit dem ↑Nominalismus u. Empirismus des *Wilhelm v.*

Ockham zerbricht die sch. Einheit von Glaube u. Wissen: Gottes Wille ist absolut frei u. an keine Wesensordnung gebunden; Theologie ist deshalb nur als positive Wissenschaft möglich. – Nach einer Zeit des Niedergangs erlebt die Sch. im 16. Jh. in Spanien u. Portugal eine neue Blüte *(zweite Sch.)*. Sie ist vorbereitet durch die ital. Thomaskommentatoren *Thomas de Vio Cajetanus* u. *Franciscus de Sylvestris v. Ferrara*. Zu nennen ist vor allem *Franz Suarez*. Seine Disputationes metaphysicae sind wohl die ausführlichste systematische Darstellung der ↑Metaphysik, die es überhaupt gibt. In De legibus (Über die Gesetze) vertritt er neuzeitliche Thesen wie Volkssouveränität u. Widerstandsrecht. In Form der von Suarez abhängigen Schulmetaphysik des 17. Jh. lernen dann Descartes, Spinoza, Leibniz u. Chr. Wolff die Sch. kennen.

Zur *Beurteilung:* Auch für modernes analytisches Denken ist das Bemühen der Sch. um differenzierte begriffliche Unterscheidungen vorbildlich. Für die christl. Theologie ist die metaphysische Fragestellung der Sch. unverzichtbar. Wie jede Schulphilosophie ist die Sch. in der Gefahr, sich zu isolieren u. sich ausschließlich innerhalb überlieferter Fragestellungen zu bewegen. Das gilt auch für die sog. *Neusch. (dritte Sch.)* des 19. u. 20. Jh. Kaum entwickelt ist ein Verhältnis zur Geschichte. Das abwertende Urteil des Humanismus u. der Aufklärung über die Sch. ist nur insofern berechtigt, als es sich gegen Verfallsformen richtet.

Lit.: M. Grabmann, Die Philosophie des Mittelalters, Berlin 1921; E. Gilson, Der Geist der mittelalterlichen Philosophie, Wien 1950; J. Pieper, Sch., München 1960; ders., Hinführung zu Thomas v. Aquin, Freiburg 1967; F. Copleston, Geschichte der Philosophie im Mittelalter, München 1976; F. van Steenbergen, Die Philosophie im 13. Jh., München 1977; J. Hirschberger, Geschichte der Philosophie I, II 70–85; J. de Vries, Grundbegriffe der Sch., Darmstadt 1980. *F. Ricken*

Seele (griech. psyche; daher *Psychologie:* S.lehre; lat. anima) ist jenes den Menschen auszeichnende ↑Prinzip, das sein innerstes (aber nicht ganzes) Wesen ausmacht, auf Grund dessen er ein lebendes, erlebendes, wahrnehmendes u. denkendes, sich seiner bewußtes u. über sich verfügendes Wesen ist. S. als Prinzip des ↑Lebens kommt allen Lebewesen zu, aber in verschiedener Art. Die menschliche S. ist darüber hinaus ↑Geist, weshalb der Mensch ein Ich, eine leib-geistige ↑Person ist.

Nach klassischer Ansicht ist die S. substantieller Natur u. wesentlich vom Leib verschieden, aber doch so mit ihm geeint, daß erst Leib u. S. zusammen die volle ↑Substanz des ganzen Menschen ergeben (↑Leib-Seele-Problem). Da Geistigkeit eine Raum u. Zeit übergreifende Einheit voraussetzt, ist die menschliche S. immateriell u. einfach (d. h. nicht zusammengesetzt) u. daher nicht durch Auflösung oder Umwandlung zerstörbar, was ihre Unsterblichkeit ermöglicht. Aus ihrer substantiellen Einheit entspringt eine Vielheit von Fähigkeiten, Vermögen, Schichten oder „Teilen", denen die verschiedenartigen Äußerungen des gesamten seelischen Lebens entstammen. Nach ihren Objekten lassen sich die S.vermögen in theoretische (erkennende) u. praktische (begehrende, strebende) gliedern. Zu letzteren kann auch das Gefühl gerechnet werden, wenn es, wie durchgängig vor Kant, intentional verstanden wird. Den rein geistigen (höheren) Vermögen (↑Verstand, ↑Vernunft) stehen die niederen (sinnlichen) gegenüber, wozu zum Teil auch der Bereich des Gefühls- u. Gemütslebens gerechnet wird, der nicht rein geistig ist, sondern in der leib-seelischen Verfaßtheit des Menschen gründet. Da die S. von diesen Regungen zunächst passiv betroffen ist u. sie erleidet, werden sie traditionell Affekte oder Passionen (griech. pathe: Leidenschaften, Emotionen) genannt. Die Lehre von den Arten der Affekte u. ihrer Beherrschung war von der Antike bis zur Neuzeit (z.B. ↑Stoa, ↑Scholastik, Descartes, Spinoza) ein wesentlicher Teil der Ethik, bis Kant alles Empirische aus dieser verbannte. Die Affekte wurden nun der empirischen Psychologie zugewiesen, sind aber bei Schopenhauer, Nietzsche, in der Lebens- u. Existenzphilosophie wieder philosophisch von Bedeutung.

Die S. ist für *Platon* immateriell u. existiert vor ihrem Eingehen in den menschlichen Leib im Reich der ↑Ideen (Präexistenz), wo sie die ewigen Wahrheiten schaut, derer wir uns darum erinnern können (Anamnesis). Der Philosoph ersehnt den Tod als Befreiung der S. aus dem Gefängnis des Leibes u. des Irdischen zur wahren, unsterblichen Existenz. Platon unterscheidet den vernünftigen (logistikon), den muthaften (thymoeides) u. den triebhaft-begehrenden (epithymetikon) S.teil, von denen der erstere, wie ein Wagenlenker zwei Pferde, die anderen zu lenken hat. *Aristoteles* sieht in der S. die „erste Entelechie" (↑Form, Ziel u. vollendende Verwirklichung als Prinzip aller Tätigkeit) des Leibes. Soweit sie nur Lebensprinzip ist, ist sie an den Körper gebunden u. geht mit ihm zugrunde, was aber nicht für den „von außen" in sie gelangten Geist gilt. Die *Stoa* übernimmt aus Platons „Timaios" den Gedanken einer Welts., die das rechte Zusammenspiel der verschiedenen Elemente der Welt regelt. Sie kehrt bei *Bruno* u. *Schelling* wieder. Die menschliche S. wird meist aus einer Art feinster ↑Materie (pneuma) bestehend gedacht; ihr oberster Teil heißt das „Führende" (hegemonikon). *Augustinus* stellt die Bezogenheit der S. auf ↑Gott u. das ↑Selbstbewußtsein heraus, das aber erst in der Neuzeit zum entscheidenden Merkmal der S. wird. *Thomas v. Aquin* sieht in der S. die einzige Form des Leibes u. betont so die Einheit des Menschen. Die S. kann zwar nach dem Tod vom Leib getrennt existieren (anima separata), ist aber nach wie vor wesentlich auf ihn bezogen, so daß der Mensch erst durch die Auferstehung seine Vollendung erlangt. Für *Descartes* ist die S. nicht mehr Lebensprinzip, sondern nur noch Geist, der sich in der Unbezweifelbarkeit des Selbstbewußtseins manifestiert (↑Cartesianismus). *Spinoza* sieht in der S. eine Idee, d.h. einen Modus des Attributs Denken (↑Spinozismus). *Leibniz* betrachtet alle ↑Monaden als beseelt; die menschliche S. ist Zentralmonade des Organismus. Für *Hume* ist die S. keine Substanz, sondern nur ein Bündel von ↑Vorstellungen. *Kant* lehnt die metaphysische S.lehre ab, da die S. ihrem Wesen nach unerkennbar sei, hält aber an ihrer Unsterblichkeit als einem ↑Postulat der praktischen Vernunft fest. Seit dem *Deutschen* ↑*Idealismus* treten mehr u. mehr Begriffe wie Ich, (Selbst)-Bewußtsein u. Geist an die Stelle von S. Der frühe *Fichte* u. die *Aktualitätspsychologie* lehnen einen substantiellen Träger der seelischen Akte ab. ↑*Empirismus* u. *Positivismus* halten die S. für unerkennbar oder für ein bloßes Produkt der Materie. *Klages* sieht im Geist den Widersacher der S.

Die moderne *Psychologie* verzichtet auf Aussagen über das Wesen der S., gliedert sie aber oft in verschiedene Schichten oder Instanzen. So spricht *Freud* von Über-Ich, Ich u. Es u. *Jung* von kollektiv-unbewußten Archetypen wie Animus (männlich) u. Anima (weiblich), die jeder in sich trage. Die heutige Philosophie hat die philosophische („rationale") Psychologie weithin durch die Anthropologie (Lehre vom Menschen) oder eine reine Bewußtseins- u. Geistphilosophie ersetzt u. spricht statt von der S. entweder vom Geist o. ä. oder von der Person, um den Menschen in seiner Ganzheit zu bezeichnen. Aber überall, wo von der Eigenart u. Würde des Menschen oder von seiner inneren Differenziertheit die Rede ist, geht es der Sache nach um Fragen, die die S. betreffen.

Lit.: Platon, Phaidon, Phaidros, Rep., Timaios; Aristoteles, De an.; Augustinus, Confessiones, Soliloquia, De immortalitate animae; Thomas v. Aquin, Quaestiones disputatae de anima; Quaestiones disputatae de veritate; Summa theol. I II; Descartes, Med. II, VI; Les passions de l'âme; Spinoza, Ethica II–V; Leibniz, Monadologie, Discours de Métaphysique; Hume, Treatise of Human Nature I, IV, 5; Kant, KrV B 399–432, KpV, 1. Teil II, 2, IV; Schelling, Von der Weltseele; Wittgenstein, Philosophische Untersuchungen; S. Freud, Das Ich u. das Es, in: Studienausg. III, Frankfurt 1975, 273–330; C. G. Jung, Gesammelte Werke IX 1, Olten 1976; A. Willwoll, S. u. Geist, Freiburg ²1953; L. Klages, Der Geist als Widersacher der S., 2 Bde, München ³1954; S. Strasser, S. u. Beseeltes, Wien 1955; H. Conrad-Martius, Die Geists. des Menschen, München 1960; G. Ryle, Der Begriff des Geistes, Stuttgart 1969; C. Tresmontant, Le problème de l'âme, Paris 1971.

H. Schöndorf

Sein, Seiendes. 1. Aus dem Postulat „daß IST ist" u. daß es eines, unteilbar u. homogen ist (Fragmente 2, 7, 8), folgerte Parmenides, daß es nichts innerhalb oder außerhalb des IST geben könne, was nicht mit ihm identisch wäre, daher auch keinen leeren Raum, keine Bewegung u. kein Werden. Demokrit ging aus von der empirischen Gegebenheit „es gibt bewegtes Seiendes" u. folgerte (mit Hilfe weiterer Voraussetzungen über die Bewegung), daß es nur bewegte Urelemente (↑Atome) u. einen leeren Raum gäbe. Aristoteles kritisierte die Undifferenziertheit an beiden Auffassungen u. machte einen Vorschlag, die verschiedenen Bedeutungen von ‚seiend' u. ‚sein' zu unterscheiden (Met. V 7, 8) u. zwar in Anlehnung an eine Analyse des Wortes ‚ist'. So bedeutet ‚ist' in ... *ist* ein Lebewesen, ... *ist* gebildet, ... *ist* 2 m lang, ... *ist* ein Doppeltes, ... *ist* auf dem Markt, ... *ist* bewaffnet, entsprechend „sein" im Sinne von WAS (Substanz im 2. Sinne), von Qualität, Quantität, Relation, Ort, Haben (das sind 6 der 10 ↑Kategorien oder allgemeinen Prädikationsformen, die restlichen sind Zeit, Lage, Wirken, Leiden, vgl. Kat. 4). Neben dem „ist", das im Sinne der 10 Kategorien von der Substanz im 1. Sinne, d. h. dem Individuum, prädiziert wird, unterscheidet Aristoteles das „ist" im akzidentellen Sinne, weiters im Sinne von „ist wahr" („ist so", „ist der Fall"), „ist falsch" („ist nicht so") u. im Sinne von „ist potentiell etwas" bzw. „ist aktuell etwas" (↑Akt/Potenz). Im Sinne von „WAS" kann die Kopula ‚ist' in notwendig wahren Propositionen wieder vierfach gebraucht werden: nämlich (1) als Verknüpfung bei der Definition, weiters wenn (2) Gattung oder (3) Differenz oder (4) notwendige Eigenschaften prädiziert werden, wobei mindestens in den ersten drei Fällen eine Prädikation vorliegt, die das Wesen ganz (Definition) oder teilweise trifft. S. (seiend) im eigentlichsten u. ersten Sinne heißt nach Aristoteles schließlich als Individuum existieren, bzw. Substanz (im ersten Sinne) sein (↑Substanz/Akzidens). – Diese Unterscheidungen des Aristoteles stellen auch heute noch ein hohes Niveau an sprachphilosophischer u. ontologischer Analyse dar.

2. Die moderne Logik und Wissenschaftstheorie hat (etwa seit Frege) ein Werkzeug zur Verfügung gestellt, die meisten dieser Unterscheidungen u. noch andere durch präzise Aussageformen darzustellen.

2.1 So werden drei Formen des prädikativen „ist" mit den Aussageformen Px (x hat die Eigenschaft P), $x \varepsilon y$ (x *ist ein Element* der Klasse y) u. $x \subseteq y$ (Klasseneinschluß) wiedergegeben. Die prädikative Kopula kann auch eine Form der ↑Identität bedeuten: $a = b$, Identität zwischen Individuen, normalerweise verstanden als Leibniz-Identität, d. h. Übereinstimmung in allen Eigenschaften: $a = b \leftrightarrow (F)(F(a) \leftrightarrow F(b))$; Identität zwischen Eigenschaften u. Klassen entweder extensional als $F = G \leftrightarrow (x)(Fx \leftrightarrow Gx)$ bzw. $a = b \leftrightarrow (x)(x \varepsilon a \leftrightarrow x \varepsilon b)$ oder intensional als $F = G \leftrightarrow (H)(H(F) \leftrightarrow H(G))$ bzw. $a = b \leftrightarrow (x)(a \varepsilon x \leftrightarrow b \varepsilon x)$; Identität zwischen einem durch Deskription gekennzeichneten u. durch Namen bezeichneten Gegenstand: $a = (\cap x) \Phi x$ (Schiller *ist* derjenige, der Wallenstein geschrieben hat) oder zwischen zwei durch Deskriptionen bezeichneten Gegenständen (der Vater der Logik = der Lehrer Alexanders). Schließlich kommt eine Bedeutung von ‚ist' auch bei definitorischen Verknüpfungen vor, entweder in einer Nominaldefinition, hier verknüpft ‚ = df' zwei Zeichenreihen mit der gleichen Bedeutung im Sinne einer metasprachlichen Regel, oder in einer Realdefinition, wo ‚ = ' oder ‚ ↔ ' eine echte objektsprachliche Identität oder Äquivalenz bedeutet u. der entsprechende Identitäts- oder Äquivalenzsatz ein wahrer Satz ist. Eine adäquate Interpretation jener Prädikationen, die nach Aristoteles ein Wesen aussagen, ist bisher nicht in befriedigender Weise gelungen. Die von der Modallogik entwickelten Notwendigkeitsbegriffe reichen hier deshalb prinzipiell nicht aus, weil nach Aristoteles zwar alles, was wesentlich zukommt, auch notwendig zukommt, aber das Umgekehrte nicht generell gilt.

2.2 Nach Parmenides führen Aussagen, in denen behauptet wird, daß etwas nicht sei, in die Irre (Fragment 2). Auch hier haben die moderne Theorie der Deskription (Kennzeichnung) u. die sog. existenzfreien Logiksysteme eine weitgehende Klärung herbeigeführt. Russell machte einen Vorschlag, die Aussage „der so und so existiert nicht" (z.B. „der Autor der Ilias existiert nicht" oder „einen viereckigen Kreis gibt es nicht") zu interpretieren, der nicht zu logischen Widersprüchen führt (vgl. seine Theory of Description). Die existenzfreien Logiksysteme weisen das Prinzip „das, wovon etwas in Wahrheit prädiziert werden kann, existiert", d.h. den Schluß von „*a* hat die Eigenschaft *F*" auf „ein Ding mit der Eigenschaft *F* existiert" zurück u. verlangen zur prädikativen Aussage über *a* eine zusätzliche Prämisse, die die Existenz von *a* anerkennt. Damit werden Schlüsse von „Pegasus ist ein geflügeltes Pferd" auf „Es gibt ein Ding, das ein geflügeltes Pferd ist" ungültig.

Um zu entscheiden, welche ontologischen Voraussetzungen eine Theorie macht, hat Quine ein Kriterium angegeben: „S. heißt Wert einer gebundenen Variablen sein". Oder: eine Theorie setzt diejenigen (ontologischen) Entitäten voraus, auf die sich die gebundenen Variablen der Theorie beziehen können müssen, damit die Aussagen der Theorie wahr sind. Das Kriterium sagt uns nicht, was *ist,* sondern was eine Theorie sagt (voraussetzt), daß es sei. So legt man sich mit der Aussage „Einige Philosophen sind weise" darauf fest, Dinge (als Werte von Variablen) anzunehmen, die Philosophen sind u. weise sind; in diesem Fall nimmt man nur Individuen (Substanzen) als Entitäten an, u. das ist auch noch mit einem nominalistischen Standpunkt verträglich. Wenn man hingegen sagt, daß einige zoologische Arten gekreuzt werden können, legt man sich darauf fest, Arten selbst als Entitäten (bzw. als Werte der Variablen) anzuerkennen. Ähnlich ist es, wenn man sagt, daß es Primzahlen *gibt,* die größer als 1 000 sind. Aristoteles hat deshalb bereits Entitäten unterster Stufe (Individuen, Substanzen im ersten Sinne) unterschieden von solchen höherer Stufe (Eigenschaften, Eigenschaften von Eigenschaften) u. hat damit den ersten Ansatz zu einer Typentheorie gemacht, die schließlich von Whitehead u. Russell in ihren Principia Mathematica angewandt wird, um die Entitäten verschiedener (ontologischer) Stufen zu unterscheiden u. dadurch mengentheoretische Widersprüche zu vermeiden.

Der ontologische Status dieser Entitäten höherer Stufe ist der Kern des mittelalterlichen ↑Universalienproblems, das heute insbesondere in der Diskussion um die Grundlagen der Logik u. Mathematik wieder neu aufgeflammt ist. Den Positionen des ↑Nominalismus, ↑Realismus u. Konzeptualismus entsprechen hier der Formalismus, Logizismus u. Intuitionismus. Die mittlere Position des Thomas v. Aquin in De ente et essentia ist bisher noch nicht mit modernen logischen Mitteln interpretiert und weitergeführt worden; dort wird in Hinsicht auf die Universalien (wie Art und Gattung) kein Platonismus oder naiver Realismus, sondern eher ein Konzeptualismus vertreten: der menschlichen Natur kann der Sinn von Art (die das Wesen als Ganzes ausdrückt) nur gemäß jenes S.s zuerkannt werden, das sie im menschlichen Denken hat (Kap. IV); andererseits ein (gemäßigter) Realismus insofern das Wesen als Teil (z. B. als Menschhaftigkeit) im Einzelindividuum (z. B. im Sokrates) ist (Kap. III u. IV). Es ist das eine Kombination des *ist* der prädikativen Beziehung (u. der Element-Klasse bzw. Teilklassen-Beziehung) einerseits u. jenes der ↑Teil-Ganzes-Beziehung andererseits, wobei die „logischen Teile" (Arten, Gattungen, Universalien) konzeptualistisch, die Teile des Individuums realistisch interpretiert werden. Obwohl fast die ganze moderne Logik (seit Frege) sich auf die Analyse der prädikativen Beziehungen gestützt hat, gibt es auch Ansätze der Teil-Ganzes-Beziehung: Lesniewski hat seine Mengenlehre u. Ontologie auf die Teil-Ganzes-Beziehung gegründet. Bunge hat eine anspruchsvolle Ontologie auf Urelementen (die nicht der aristotelischen Substanz, dem Individuum, sondern atomaren substantiellen Teilen entsprechen) aufgebaut u. bis zur Systemtheorie (biologische Individuen sind nach ihm komplizierte ↑Systeme) weiterentwickelt. Für die verschiedenen ontologischen Kategorien (Substanz, Form, Ding, Zustand, Werden) verwendet er dabei sowohl prädikative u. Element-Klassen-Beziehungen als auch Teil-Ganzes-Beziehungen.

3. Einige Unterscheidungen von Aristoteles in bezug auf S. und Seiendes durchziehen die gesamte Geschichte der Philosophie u. der Wissenschaften und haben durch neuere Forschung eine neue Interpretation erfahren.

3.1 Die Unterscheidung des Seienden im Sinne des Wahren und Falschen von anderen Bedeutungen des Seienden: Die Interpretation der Welt als einer Welt von Dingen (Seienden im Sinne der Substanz, mit Eigenschaften u. im modalen Zustand des Potentiellen oder Aktuellen) einerseits u. als einer Welt der Tatsachen (vgl. Wittgenstein, Tractatus) andererseits geht auf die aristotelische Abgrenzung des ‚ist' im Sinne von „ist der Fall", „ist so", „ist wahr" von allen anderen Bedeutungen von „seiend" zurück. Diese Unterscheidung wird auch von zahlreichen Wahrheitstheorien im Laufe der Geschichte bis zu Tarski widergespiegelt: Seine Wahrheitsbedingung „der Satz X ist wahr genau dann, wenn *p*" (wobei ‚X' der metasprachliche, strukturell deskriptive Name des Satzes u. ‚*p*' seine Übersetzung in die Metasprache ist, vgl. Tarski, Wahrheitsbegriff, S. 305), ist eine präzise Interpretation des aristotelischen Seienden im Sinne des Wahren, des augustinischen „Verum est id quod est" (Sol. 2, 5) oder des Peirceschen „that something is SO" (Coll. Papers II 135); wobei im Sinne von „ens et verum convertuntur" das Wahre mit dem was der Fall ist bzw. mit dem Seienden im Sinne der Tatsache „ausgetauscht" wird. Tarskis Wahrheitsdefinition (Wahrheitsbegriff S. 313) verknüpft das Seiende im anderen Sinn (insbes. das nach den Kategorien) mit der wahren Aussage, sofern ein Modell (d. h. eine Klasse von Objekten, Dingen) eine Satzfunktion genau dann erfüllt, wenn bei Substitution der Namen dieser Dinge für die Variablen der Satzfunktion aus ihr ein wahrer Satz wird. Je nachdem ob die Klasse von Dingen, die das Modell bilden, echte Individuen (Substanzen im ersten Sinne) oder Eigenschaften erster oder höherer Stufe sind, liegt ein „ens et verum convertuntur secundum substantiam" oder in einem schwächeren Sinne vor (vgl. Thomas v. Aquin, Summa theol. I 16,3 ad. 1).

3.2 Seiendes im ersten Sinne u. im analog darauf bezogenen Sinne: So wie die Gesundheit der Nahrung, der Gesichtsfarbe, des Spazierganges usw. nach Aristoteles auf die „Gesundheit" bezogen sind, sind die verschiedenen Arten (insbes. Kategorien) des akzidentellen Seienden auf das Seiende im Sinne der Substanz bezogen, u. zwar ist diese Beziehung eine mehreindeutige Attributionsanalogie (plurimum ad unum). Die von Thomas v. Aquin u. Cajetanus weiterentwickelte ↑Analogielehre (sie enthält vor allem eine Analyse der Proportionalitätsanalogie neben der der Attributionsanalogie) kann auch mit modernen Hilfsmitteln interpretiert werden (vgl. Bocheński, Weingartner) u. dadurch eine präzise Weiterführung erfahren.

Lit.: Aristoteles, Met.; ders., Kat.; Thomas v. Aquin, De ente et essentia; ders., Summa theol. I; A. Tarski, Der Wahrheitsbegriff in den formalisierten Sprachen, in: Studia Philosophica 1 (1935/36) 261–405; I. M. Bocheński/A. Church/N. Goodman, The Problem of Universals, Notre Dame, Indiana 1956; I. M. Bocheński, Über die Analogie, in: ders., Logisch-philosophische Studien, Freiburg 1959, 107–129; C. Lejewski, Zu Lesniewskis Ontologie, in: Ratio 2 (1957/58) 50–78; W. V. O. Quine, Was es gibt, in: ders., Von einem logischen Standpunkt, Frankfurt 1979, 9–25; W. Stegmüller, Das Universalienproblem einst u. jetzt, Darmstadt 1965; P. Weingartner, Der Gegenstandsbereich der Metaphysik, in: Th. Michels (Hrsg.), Heuresis, Salzburg 1969, 102–140; ders., Analogie, in: G. Patzig/E. Scheibe/W. Wieland (Hrsg.), Akten des 11. Deutschen Kongresses für Philosophie, Hamburg 1977, 500–511; ders., Ens et Verum convertuntur?, in: Freiburger Zeitschrift für Philosophie u. Theologie 26 (1979) 145–162; M. Bunge, Ontology I, The Furniture of the World, Dordrecht 1977; ders., Ontology II, A World of Systems, Dordrecht 1979.

P. Weingartner

Selbstbewußtsein. S. als Schlüsselbegriff der neuzeitlichen Philosophie ist von dem alltäglichen Sprachgebrauch abzugrenzen, demzufolge S. das bloß eingebildete oder durch Verhalten faktisch bezeugbare Selbstwertgefühl einer Person ausdrücken soll. Der philosophische S.begriff wäre von vornherein mißverstanden, wenn er mit mundanen Entitäten psychischer oder sozialer Art verwechselt oder gar gleichgesetzt würde. Da mit S. auf die oberste Bedingung oder gar den Grund welthafter Erfahrung abgehoben wird, kann es nicht auf der Ebene der in der Erfahrung gegebenen Entitäten erklärt werden, da diese ihrerseits schon durch das S. bedingt sind. Das S. als Bedingung jeden möglichen Wissens von etwas ist von dem durch es bedingten Gewußten strikt zu unterscheiden, so daß die Erklärung des S. unter der methodischen Voraussetzung steht, daß es nicht aus gegebenen Instanzen erklärt werden kann, insofern diese immer schon seiner Bedingung unterstellt sind. Bezeichnet man die kognitive Instanz, der beliebige Sachverhalte gegeben sind, als Bewußtsein, so ist dieses beliebig Gewußtes wissende Gegenstandsbewußtsein vom S. so abzuheben, daß dieses die Bedingung für jenes darstellt. Das bedeutet zugleich, daß es, wie die sprachanalytische Kritik hervorhebt, S. in der Tat so wenig ‚gibt‘ wie es Gott oder Freiheit ‚gibt‘; S. ist nicht eine positive Weltentität. Damit ist zugleich der sprachanalytischen Reduktion gewehrt, die im S. nichts anderes als das Indexwort ‚ich‘ sehen will. Mittels der sprachlichen Verwendungsweise des Pronomens ‚ich‘ kann nicht über die sinnvolle Bedeutung des Ausdrucks ‚S.‘ entschieden werden, da mit dem S.-begriff innerhalb der gesprochenen Sprache die transmundane Bedingung thematisiert wird, der auch die gesprochene Sprache untersteht.

Obwohl S. besonders unter den Gesichtspunkten der Selbsterkenntnis, Selbstbeobachtung u. des Gewissens dem antiken u. mittelalterlichen Denken nicht unbekannt ist, avanciert es erst in der mit *Descartes* anhebenden neuzeitlichen Philosophie zum Fundamentalbegriff. Indem dieser die Selbstgewißheit des denkenden Ich zum nichthintergehbaren Ausgangspunkt jeden möglichen Wissens von etwas erklärt, nimmt er die neuzeitspezifische Weichenstellung vor. Während *Leibniz* diesen Ausgang ontologisch als Monadologie ausarbeitet, zieht *Kant* seine erkenntnistheoretischen Konsequenzen zur ‚Kopernikanischen Wende‘ aus: Damit das gegenständliche Bewußtsein von etwas nicht in so viele Bewußtseine zerfällt, wie ihm Daten gegeben sind, geht jedem Gegenstandsbewußtsein das allgemeine S. als Bedingung der Möglichkeit voraus. Das als ursprünglich-synthetische Einheit der transzendentalen Apperzeption betitelte S. stellt die apriorische Instanz des Wissen-Könnens dar, durch die in der Anschauung gegebene Vorstellungen als Gegenstände der Erkenntnis konstituiert werden. Allen Vorstellungen eignet so die Qualität, einem Ich angehören zu können. Da die synthetische Einheit der Apperzeption als der Gedanke „Ich denke", der „alle meine Vorstellungen begleiten können" muß, auf mögliche Anschauungsdaten bezogen ist, ist sie von dem rein logisch-spontanen Akt des Ichdenkens zu unterscheiden, durch den der an sich selbst inhaltslose Gedanke ‚Ich‘ gedacht wird. Diese „einfache und für sich selbst an Inhalt gänzlich leere Vorstellung: *Ich*" kann nicht zum Gegenstand der Erkenntnis gemacht werden, da sie dafür schon vorausgesetzt werden müßte. Die Selbstthematisierung des logischen Aktes ‚Ich‘ ist nicht durchführbar, weil sie zirkulär ausfiele. Demgegenüber vollzieht sich die durch die synthetische Einheit der Apperzeption geleistete Erkenntnis als Selbstanschauung des transzendentalen oder Meta-Ich. Denn die auf mögliche Anschauungsdaten bezogene Objektkonstitution stellt als Selbstaffektion des transzendentalen S. dessen Selbstanschauung dar. Sie beruht auf der Verbindung der Denk- u. Anschauungsfähigkeit innerhalb des Ich als S., so daß in dessen Selbstaffektion das Denk-Ich den inneren Sinn so bestimmt, daß sich das Denk-Ich in Affektion des Anschauungs-Ich selbst anschaut (↑Einbildungskraft). Die Selbstanschauung des transzendentalen S. hat also so an der Stelle des inneren Sinnes als des empirischen S. statt, daß es, indem es das Anschauungs-Ich bestimmt, sich selbst bestimmt.

Indem *Fichte* das S. zum Grund aller Erfahrung erklärt, muß das bei Kant offengelassene Problem der Selbsterfassung des reinen Ich in das Zentrum seiner S.-Theorie rücken. So kann die Begründung des S. nur als dessen Selbstbegründung durchgeführt werden. Diese gilt aber nicht der synthetischen Einheit der Apperzeption, sondern dem reinen Akt des Ichdenkens, aus dem allererst jene Apperzeption als Einbildungskraft generiert wird. Indem Fichte die zirkulär ausfallende Reflexionstheorie des S. verabschiedet, will er das S. als den ursprünglichen Akt des Selbstsetzens erfassen. In dieser ‚Tathandlung' fallen Tun u. Tat, Subjekt u. Objekt ursprünglich zusammen. Soll sie jedoch nicht nur bewußtseinslose Spontaneität sein, d. h. soll das S. sich selbst wissen können, so müßte es sich teilen, damit es sein spontanes Tun auch als Tat empfangen kann. Dann aber würde das selbstsetzende S. die Differenz von Spontaneität u. Rezeptivität schon voraussetzen, obschon sie allererst seinem Setzen entstammen soll. Aufgrund dieser Aporie geht Fichte in seinen Wissenschaftslehren nach 1800 dazu über, das S. als Erscheinung des ↑Absoluten (Sein) zu denken. Allein das Absolute *ist*; außerhalb des Absoluten ist nichts, jedoch nichts, das sich als dieses weiß u. sich so als Bild seiner selbst erfaßt. Damit wird die Selbstbegründung des S. nicht aufgegeben, aber sie setzt sich mit dem Absoluten ihre uneinholbare Faktizität voraus, die jedoch auf dem Boden des sich als Bild wissenden S. nach genetischer Konstitution verlangt.

Hegel geht von der Klärung des Verhältnisses von Allgemeinheit u. Besonderheit des S. aus, so daß es ihm gelingt, die soziokulturelle (rechtliche, moralische, sittliche, religiöse) Dimension in die S.theorie zu integrieren. Das bedeutet jedoch nicht, daß Hegel die Konstitutionstheorie des S. verabschiedet. Sie läßt sich aber allein mittels seiner ‚Wissenschaft der Logik' angemessen rekonstruieren. Demzufolge ist sie durch eine *Kritik* der Struktur unmittelbaren Selbstsetzens so vermittelt, daß der logisch-kategoriale Kern des S. als Idee-Struktur zu begreifen ist. Im Sinne eines nicht vitiosen Zirkels konstituiert sich Subjektivität als Selbstexplikation im anderen an der Stelle der Objektivität, so daß das mittels dieser Struktur begriffene, aber in der Real-(Geist-)

Philosophie verortete S. als die sich selbst thematisierende Selbstbeziehung gedacht werden kann. Die nachidealistischen Versuche (Neukantianismus, Phänomenologie, Hermeneutik u. a.), S. innerhalb der Theorien gegenstandsintentionalen Bewußtseins als unmittelbar-präreflexive Instanz nichtobjektivierbaren ‚Erlebens' anzusetzen, ziehen entgegen ihrer Intention den Vorwurf der Zirkularität auf sich.

Lit.: Descartes, Med. I u. II; Leibniz, Monadologie; Kant, KrV; Fichte, Grundlage der gesamten Wissenschaftslehre (1974); ders., Die Wissenschaftslehre (1804); ders., Die Wissenschaftslehre (1812); Hegel, Phänomenologie des Geistes; ders., Wissenschaft der Logik; ders., Enzyklopädie der philosophischen Wissenschaften, Teil III; D. Henrich, Fichtes ursprüngliche Einsicht, Frankfurt 1967; U. Pothast, Über einige Fragen der Selbstbeziehung, Frankfurt 1971; K. Cramer, ‚Erlebnis', in: Hegel-Studien, Beih. 11, Bonn 1974, 537–603; P. Reisinger, Idealismus als Bildtheorie, Stuttgart 1979; E. Tugendhat, S. und Selbstbestimmung, Frankfurt 1979. *F. Wagner*

Semantik ↑Zeichen, Sprache.

Semiose ↑Sinnlichkeit.

Semiotik ↑Sinnlichkeit, Zeichen.

Sensualismus *im weiten Sinn* ist die Lehre, nach der Erkennen u. Handeln allein oder vornehmlich von den Sinnesempfindungen bestimmt sind. Bei *Epikur* grundgelegt, tritt der S. in gemäßigter Form auch in der aristotelischen Tradition auf: Nichts ist im Verstande, was nicht vorher in den Sinnen war. Der Sache nach wird er von den englischen Empiristen *(Hume),* von den Empirio-Kritizisten *(Avenarius, Mach),* von den Immanenzphilosophen *(Schuppe, Ziehen)* u. hauptsächlich von den logischen Positivisten vertreten. Mit S. *im eigentlichen Sinn* meint man aber die Deutung der Bewußtseinszustände u. Denkvorgänge durch *Condillac* u. die französischen Aufklärer im Gefolge *Gassendis* u. *Montaignes.* Der französische S. faßt die Seele als „tabula rasa", als unbeschriebene Tafel, auf. Sie ist etwas rein Passives u. nur durch das Empfangene sich Entfaltendes. Ihre Allgemeinbegriffe sind bloße Typenbilder von Wahrgenommenem. Condillac kennt keine innere Wahrnehmung, sondern nur die sinnliche Wahrnehmung. Aus dieser leitet er alle Vorstellungen ab. Auch die intellektuellen Vorstellungen sind Erinnerungen an sinnliche Empfindungen. Das Ich ist die Gesamtheit der Sinneswahrnehmungen, u. die Denkprozesse sind lediglich deren Umbildungen (Transformationen). Der S. ist als solcher nicht materialistisch. Condillac selber ist keineswegs Materialist. Ihm scheint es unmöglich, daß die Materie empfinde. Der S. kommt allerdings einer materialistischen Deutung der Denkvorgänge u. Bewußtseinszustände entgegen. Der S. der Aufklärung hatte großen Einfluß auf die materialistische Psychologie des 19. Jh. Gegen den S. können die Argumente geltend gemacht werden, die auch gegen den extremen ↑Empirismus und Phänomenalismus (Positivismus) sprechen.

Lit.: É. B. de Condillac, Traité des sensations, in: ders., Oeuvres philosophiques, hrsg. von G. Le Roy, Paris 1947–1951; E. Mach, Die Analyse der Empfindungen, Jena 1906; Th. Ziehen, Erkenntnistheorie auf psychophysiologischer u. physikalischer Grundlage, Jena 1913. *E. Runggaldier*

Singulärer Terminus ↑Zeichen.

Sinn ↑Zeichen.

Sinnes-/Verstandeswelt (mundus sensibilis/intelligibilis). *Platon* stellt im Sonnengleichnis (Rep. 507 b–509 d) zwei Bereiche einander gegenüber: den des Sichtbaren, Veränderlichen, Werdenden u. den des Intelligiblen, Unveränderlichen, Seienden. Wie in der sichtbaren Welt die Sonne Ursache des Werdens u. der Wahrnehmung ist, so ist in der intelligiblen Welt die Idee des Guten Ursache des Seins u. der Erkenntnis. Die sichtbare Welt ist ↑Bild der intelligiblen u. als solches die beste aller möglichen Welten. Platons Zweiweltenlehre beruht auf seinem Verständnis der Begriffswörter: Sie bezeichnen Gegenstände (↑Ideen), die sich ontologisch von den wahrnehmbaren Gegenständen, von denen die Begriffswörter prädiziert werden, unterscheiden. Die Lichtmetaphorik legt die Interpretation nahe, daß Platon die Erkenntnis dieser Gegenstände letztlich als ein geistiges Sehen (intellektuelle Anschauung) gedacht hat. – *Kants* Kritik an der platonischen Zweiweltenlehre in seiner theoretischen Philosophie beruht auf seinem Begriff der Erkenntnis, die Anschauung u. Begriffe erfordert. Er unterscheidet zwischen Gegenständen als Erscheinungen (Phaenomena) u. Dingen, die nicht Objekt unserer sinnlichen Anschauung sind (Noumena). Da Kant eine nichtsinnliche (intellektuelle) Anschauung ablehnt, können nach ihm Noumena nicht erkannt werden. Der Begriff des Noumenon ist ein negativer oder Grenzbegriff; er dient dazu, die Art, wie wir die Dinge anschauen, von ihrer Beschaffenheit an sich selbst zu unterscheiden u. mögliche Dinge zu denken, die nicht Objekt unserer Sinne sind, um so die Möglichkeit einer erfahrungsjenseitigen Wirklichkeit offen zu halten. Einen positiven Zugang zur Verstandeswelt eröffnet die praktische Vernunft. Sie nötigt uns u. a., das Noumenon des freien Willens, das die theoretische Vernunft nur als möglich denken kann, als real anzunehmen. Denn das Bewußtsein des moralischen Gesetzes ist mit dem der Freiheit unzertrennlich verbunden. Die KpV versucht, durch die Zweiweltenlehre Freiheit u. Determinismus miteinander zu vereinbaren: Insofern der Mensch der Sinnenwelt angehört (als Phaenomenon), ist er durch die Naturgesetze determiniert; insofern er zur intelligiblen Welt gehört (als Noumenon), ist er im transzendentalen Sinn frei. Hier ist kritisch zu fragen, ob eine solche zweifache kausale Bestimmung jeder menschlichen Handlung gedacht werden kann.

Lit.: Platon, Phaidon 78 c–79 a; ders., Rep. 506 d–518 b; Plotin, Enneaden II 9,4; IV 1; VI 9,5; Kant, De mundi sensibilis atque intelligibilis forma et principiis; KrV B 294–315; KpV A 72–87,

159–191; W. Teichner, Die intelligible Welt, Meisenheim 1967. *F. Ricken*

Sinnlichkeit. In der Hierarchie der Metaphysik u. der Erkenntnislehren erscheint S. als Seinsmodus der Endlichkeit bzw. als „unteres" Erkenntnisvermögen. S. im weiten Sinne als Rezeptivität ist keine bloße Passivität, durch Einwirkung bestimmt zu werden. Sie bestimmt sich zwar nicht selbst, wie es von der Intelligenz als Spontaneität gesagt werden kann. Aber die Produkte ihres Bestimmtwerdens sind ausschließlich solche ihres Binnenraumes: Sie müssen innerhalb ihrer in ihren Formen (↑Zeit u. oder ↑Raum) lozierbar sein. Diese Bestimmtheiten einer S. sind stets *für* ein Subjekt. Sie sind ihm vor-gestellt, nicht pur gegeben wie z. B. die Bestimmtheit eines Magnetfeldes. Alles, was einer S. erscheint, ist untrennbar von dem es aufnehmenden Akt des Bewußtseins desselben Ichs: Es ist intentionsbestimmt, entweder unmittelbar (z. B. als diese Druckempfindung) oder es dient mittelbar als Repräsentamen zu Intentionen verschiedener Stufen (z. B. als Bild einer gesehenen Küste, oder als Zeichen für einen logischen Junktor).

S. ist daher in der Semiose (d. h. in Prozessen, in denen die verschiedenen Strukturen generiert werden zwischen einem ↑Zeichen, dem Bezeichneten [Extension], dem mittels eines Zeichens Gemeinten [Intension] u. dem interpretierenden Subjekt) bzw. für ihre Theorie (Semiotik) die Basis des Zeichenträgers (im Sinne von Ch. W. Morris). Aus der Struktur der S. sind verschiedene Zeichenträgersysteme ableitbar. Aus ihnen ist entscheidbar, ob u. wie eine Relation des Zeichens zu einem Designat (Intension, Sinn, Gedanke, Gemeintes) bzw. zu einem Denotat (Referent, Objekt) als *Sprachzeichen* möglich ist; ob u. wie ein Zeichen als *Objektzeichen* eines inneren oder äußeren erfahrbaren Gegenstandes des Bewußtseins möglich ist.

Die durch die S. generierbaren Zeichenträger können unterschieden werden in a) kognitionsrelevante u. kommunikationsfähige Zeichen (propositionsfähiger Inhalte), b) kommunikationsfähige, aber nicht kognitionsfähige Zeichen, c) weder kognitionsfähige noch kommunikationsfähige Zeichen. Die sinnlichen Zeichenträger im Fall a) sind Empfindungsvorstellungen des inneren u./oder des äußeren Sinnes (S. als *Sinn*). Sie sind aber objektiv bestimmt durch Relationen von Zeit u./oder Raum, die von der Einbildungskraft als zeitbestimmende u./ oder raumbestimmende Invarianzen in bezug auf die Empfindungsdaten mit diesen von einem Subjekt vorgestellt werden (zu den sinnlichen Zeichenträgern der S. als Einbildungskraft ↑Einbildungskraft). S. im Falle b) kann als Komponente in der Rezeption ästhetischer Zeichen die Rolle der freien *Einbildungskraft* übernehmen. Das *ästhetische Gefühl* als nicht-kontingente Folge dieser Rezeption sinnlich-kontemplativer Tätigkeit ist pragmatisch für alle Rezipienten supponierbar (kommunikabel), aber nicht erzwingbar. Im Falle c) ist das Zeichen der S. ausschließlich privat-subjektiv qualifiziert („Gefühl"). Es kann in einer bedingten oder bedingenden Relation fungieren: bedingt durch die Einwirkung äußerer Gegenstände (Salz wird nicht nur qualitativ als salzig, sondern als *unangenehm* empfunden); bedingend als eine empirische Prädisposition, die sich unter gegebenen Umständen manifestiert (z. B. „praktische" *Lust,* verbunden mit den Intentionen eines Begehrens, Vorsatzes, Interesses). Entsprechendes gilt für das Gefühl des Unangenehmen u. der Unlust. Moralische Gefühle (z. B. als Folge des Gewissens) sind in ihrem sittlichen Gehalt nicht empirisch prädisponiert, sondern sinnliche Wirkung einer nichtsinnlichen, autonomen (freien) Selbstbestimmung, deren Regel eine rechtliche u. ethische Kommunikabilität und Interaktivität erst schafft.

Lit.: Kant, KrV B 33, 43, 92 f.; ders., Anthropologie in pragmatischer Hinsicht, Werke, hrsg. von W. Weischedel, XII 424 ff.; ders., Kritik der Urteilskraft § 3; ders., Metaphysik der Sitten, Werke, hrsg. von W. Weischedel, VIII, 315 Anm.; Ch. W. Morris, Grundlagen der Zeichentheorie, Frankfurt 1979.

P. Reisinger

Skeptizismus ist eine kritische philosophische Einstellung, die die Berechtigung unserer Erkenntnisansprüche in Frage stellt. Ein Skeptiker (Sk.) ist jemand, der bezweifelt, daß das, was wir gewöhnlich für Wissen halten, wirklich Wissen ist. Skeptische (sk.) Argumente sind Argumente, die zeigen sollen, daß wir das, was wir zu wissen glauben, in Wirklichkeit keineswegs wissen u. vielleicht überhaupt nicht wissen *können.* Ein Sk. bestreitet nicht, daß wir in der Welt ganz gut zurechtkommen, wenn wir uns auf die Meinungen von Common Sense u. Wissenschaft verlassen. Er bestreitet nur, daß diese Meinungen †*Wissen* darstellen. Der philosophische S. ist deshalb keine *praktische,* sondern eine rein *theoretische* Einstellung oder Position.

Historisch kann man zwei große Phasen des S. mit verschiedenen Grundfragen unterscheiden: (1) Die *Pyrrhonische Skepsis* des Altertums, wie wir sie aus *Sextus Empiricus* kennen. Ihre Grundfrage war: „Wie können wir von etwas Wissen haben, was uns jetzt nicht sinnlich gegenwärtig ist?" Um über die unmittelbare sinnliche Erfahrung hinauszugelangen, machen wir von bestimmten *epistemischen Prinzipien* Gebrauch (griech. episteme: Wissen). Wie aber können wir die Gewißheit haben, daß uns diese Prinzipien zu *wahren* Meinungen führen? (2) Der *cartesianische* S., zu dem *Descartes'* Zweifelsbetrachtungen den Anstoß gaben. Dieser neuzeitliche S. geht davon aus, daß wir nur von unseren Bewußtseinszuständen †*Gewißheit* haben. Die Frage ist dann: „Wie können wir von etwas anderem als unseren Bewußtseinszuständen wissen, wenn wir nur von ihnen Gewißheit haben?" Diesem S. liegt ferner der Gedanke zugrunde, daß unsere inneren Zustände *Repräsentationen* der äußeren Wirklichkeit sind. Die sk. Frage lautet dann: „Wie sollen wir wissen können, ob unsere Bewußtseinszustände die Welt *richtig* repräsentieren?" Wäre es nicht möglich, daß die Realität ganz anders ist als wir sie repräsentieren, oder daß unseren Repräsentationen überhaupt nichts entspricht? Diese Frage wird im cartesianischen S. durch *sk. Hypothesen* erläutert: Vielleicht ist unsere gesamte Erfahrung nur ein Traum; vielleicht – wie *Descartes* erwog – gibt es ein Wesen, das uns systematisch täuscht, indem es in uns Repräsentationen erzeugt, die mit der Welt, wie sie wirklich ist, nichts zu tun haben; vielleicht bin ich nur ein Gehirn in einem Laboratorium, dem durch neurophysiologische Manipulationen vorgegaukelt wird, es sei eine körperliche Person mit sinnlicher Erfahrung von der Welt, usw. Der gemeinsame Nenner solcher Hypothesen ist der Gedanke: Alles an unserer Erfahrung *könnte* genau so sein wie es jetzt ist, selbst wenn die Realität ganz anders wäre, als wir glauben. Es ist zumindest *möglich,* daß es einen Unterschied gibt zwischen der Welt, wie sie wirklich ist, u. der Welt, wie wir sie erfahren. Die sk. Herausforderung lautet dann: Wie können wir *ausschließen,* daß eine sk. Hypothese wahr ist, wo wir doch nur unsere Erfahrung zur Verfügung haben? U. wenn wir *das* nicht ausschließen können: wie können wir dann beanspruchen, *irgend* etwas zu wissen?

Eine sk. Position kann mehr oder weniger weitgehend sein. Der radikalste S. ist die These, daß wir niemals den geringsten Grund haben, irgend etwas anstelle von etwas anderem zu glauben. Eine etwas schwächere These besagt, daß wir zwar Gründe haben, bestimmte Meinungen anderen vorzuziehen, daß es aber niemals einen Fall von echtem Wissen gibt. Ferner gibt es gemäßigtere Formen des S., die sich nur auf bestimmte *Gegenstandsbereiche* beziehen. Unter ihnen geht am weitesten der S. bezüglich der ↑*Außenwelt:* Zwar haben wir Gewißheit von unseren Bewußtseinszuständen, u. natürlich *glaubt* jedermann, in einer äußeren Welt zu leben, die es auch unabhängig von seinem Bewußtsein gibt; da wir aber sk. Hypothesen nicht endgültig ausschließen können, *wissen* wir nicht, daß es sie gibt. Weniger weit geht der S. bezüglich des *Fremdpsychischen:* Zwar wissen wir, daß es eine Außenwelt gibt, in der auch andere Menschen leben, deren Verhalten – u. dazu gehört auch das, was sie *sagen* – wir beobachten können; u. natürlich *glaubt* jedermann, daß die anderen ähnliche Bewußtseinszustände haben wie er. Aber *wissen* wir das von anderen, wo wir ihr Bewußtsein doch nicht *beobachten* können? Könnten die anderen nicht ganz anders empfinden u. mit ihren Worten etwas ganz anderes meinen als ich? Weiß ich, daß sie *überhaupt* ein Bewußtsein haben? Entsprechende Fragen gelten für ↑*Induktion* u. *Erinnerung:* Bei induktiven Schlüssen nehmen wir an, daß alles so weitergehen wird wie in der Vergangenheit, aber *wissen* wir das? U. *wissen* wir wirklich, wie es in der Vergangenheit war? Könnte uns die Erinnerung nicht systematisch täuschen?

Die traditionelle ↑Erkenntnistheorie besteht zu einem großen Teil aus Reaktionen auf den S. Man kann zwei Gruppen von Reaktionen unterscheiden: (A) Man nimmt an, daß der Gedanke einer umfassenden Täuschung *kohärent* ist. Man kann dann (1) zu zeigen versuchen, daß die sk. Hypothesen *falsch* sind u. daß es

Wissen, wie der S. es verlangt, wirklich *gibt*. Das wäre eine *Widerlegung* des S. im strikten Sinn. Keine solche Widerlegung ist bisher gelungen. Oder (2) man gibt dem Sk. zu, daß die Möglichkeit einer umfassenden Täuschung besteht, bestreitet aber, daß unser gewöhnlicher Begriff von Wissen ihre Elimination verlangt. (B) Man bestreitet, daß die sk. Möglichkeiten *kohärent beschrieben* werden können. Man versucht entweder zu zeigen, (1) daß der Sk., um seine Beschreibung durchführen zu können, von verborgenen Voraussetzungen Gebrauch machen muß, die er dann in der Beschreibung negiert, so daß ein *Widerspruch* entsteht; oder (2) daß wir, um überhaupt Erfahrungen machen zu können, bestimmte Begriffe gebrauchen u. annehmen *müssen,* daß ihnen etwas in der Welt entspricht; oder (3) daß wir uns selbst gar nicht mehr als Wesen mit *Meinungen* auffassen könnten, wenn wir annähmen, daß die meisten dieser Meinungen falsch sind. Argumente, die den Sk. auf diese Weise in Inkohärenzen verwickeln, werden in Anschluß an Kant *transzendentale Argumente* genannt (↑Kantianismus; ↑Transzendentalphilosophie).

Der philosophische S. ist dafür verantwortlich, daß menschliche Erkenntnis als ein *Problem* erscheinen kann, zu dessen Lösung eine philosophische Erkenntnistheorie erforderlich ist. Im Hintergrund des S. – vor allem des neuzeitlichen – steht dabei der Gedanke, daß Erkenntnis, wenn es sie gibt, ein System von Repräsentationen ist, die der Realität entsprechen. Dieses Bild ist in neuerer Zeit – vor allem vom ↑Pragmatismus – kritisiert worden. Die Folge dieser Kritik könnte sein, daß der S. zunehmend an Interesse verliert.

Lit.: Sextus Empiricus, Grundriß der pyrrhonischen Skepsis; Descartes, Med.; Kant, KrV; G. E. Moore, Philosophical Studies, London 1922; P. F. Strawson, Individuals, London 1959, 31 ff., 94 ff.; K. Lehrer, Why Not Scepticism?, in: G. S. Pappas/M. Swain (Hrsg.), Essays on Knowledge and Justification, Ithaca 1978; R. H. Popkin, The History of Scepticism, Berkeley 1979; B. Stroud, Die Bedeutung des Skeptizismus, in: P. Bieri (Hrsg.), Analytische Philosophie der Erkenntnis, Königstein 1985; J. Bennett, Analytische transzendentale Argumente, ebda; N. Rescher, Scepticism, Oxford 1980.

P. Bieri

Skotismus ↑Scholastik, Theologie, Voluntarismus.

Species ↑Gattung/Art.

Spekulation, spekulativ. So wie die an Börsen betriebene S. der ökonomischen Produktionssphäre enthoben ist, so wird der philosophischen S. der Vorwurf zuteil, auf vom realen Weltumgang abgelöste ‚Begriffsdichtung' hinauszulaufen. An diesem Vorwurf ist so viel richtig, daß S. als rein theoretisch-kontemplative Einstellung des ↑Vernunft-Denkens (griech. theoria, lat. speculatio) auf die von aller ↑Sinnlichkeit gereinigte Erkenntnis der ↑Ideen zielt, jedoch so, daß diese Ideen als Prinzip u. Grund der weder sinnlich noch aus sich selbst erklärbaren Weltwirklichkeit gedacht werden. Die Erhebung über das sinnlich Erfahrbare, die mit der s. Erkenntnis der Idee des Guten

(Platon), des unbewegten Bewegers *(Aristoteles)* oder der ersten Ursache *(Thomas v. Aquin)* vollzogen wird, dient jedoch nicht dazu, der Welt als Inbegriff der Erscheinungen eine ‚Hinter- oder Überwelt' entgegenzusetzen. Vielmehr wird der Rückgang auf das erste Prinzip vorgenommen, um die Faktizität der Erscheinungswelt in ihr Konstituiertsein genetisch zu überführen. Soll aber der Anspruch der S., eine theoretische Erkenntnis zu repräsentieren, die auf der sinnlichen Erfahrung nicht zugängliche Begriffe abhebt, eingelöst werden können, so muß die genetische Entwicklung dieser s. Begriffe darstell- und überprüfbar sein. Das geschieht bei *Kant* durch eine formal- u. transzendentallogische Herleitung der Vernunftideen des Ich, der Welt u. Gottes u. bei *Hegel* durch die Ausarbeitung einer Kategorien- oder Strukturenlehre des s.-vernünftigen *Denkens,* das seinerseits Grundlage des Begreifens aller real- (natur- und ↑geist-)philosophischen Sachverhalte ist. S. als Genetisierung der an sich selbst gedachten ↑Kategorien besteht dann darin, daß eine jeweils unmittelbar auf sich selbst bezogene Bestimmtheitsweise, die sich selbst widerspricht, dialektisch kritisiert wird, um so den s. Begriff als Einheit entgegengesetzter u. sich aufhebender Bestimmtheiten begreiflich zu machen. Diesem Verfahren entspricht auch der *s. Satz,* durch den die fixe Stellung des ↑Subjekts u. Prädikats aufgehoben wird. Im 20. Jh. versucht insbesondere *W. Cramer,* eine s. Theorie des ↑Absoluten in der Dimension der absoluten ↑Reflexion zu begründen.

Lit.: Kant, KrV B 349 ff.; Hegel, Wissenschaft der Logik; ders., Enzyklopädie der philosophischen Wissenschaften, §§ 79–82; W. Cramer, Die absolute Reflexion, 2 Bde., Frankfurt 1966/67.
F. Wagner

Spinozismus geht auf B. Spinoza zurück, der einen strengen Substanzmonismus u. ↑Determinismus vertritt. Gott ist die einzige, absolute ↑Substanz (causa sui) mit den Attributen der Ausdehnung (extensio) u. des Bewußtseins (cogitatio). Die Einzeldinge, ausgedehnte Körper oder bewußte Geistwesen, sind nur Modi oder Affektionen der göttlichen Substanz, von dieser nicht durch Wirken nach außen (actio transiens), sondern nach innen (actio immanens) als Entfaltungsweisen Gottes hervorgebracht. Daraus folgt ein starrer Determinismus. Wie für Spinoza die Freiheit Gottes nicht in Wahlfreiheit, sondern in Wesensnotwendigkeit besteht, so liegt die Freiheit des Menschen nur darin, alles Geschehen aus der Notwendigkeit Gottes (sub specie aeternitatis) zu erkennen u. anzunehmen, um zu geistiger Gottesliebe (amor Dei intellectualis) aufzusteigen. Der Sp. ist der Versuch einer metaphysischen Begründung u. Ausweitung des mechanistischen Weltbildes jener Zeit. Er fand anfangs mehr Gegner (bes. Leibniz) als Anhänger, wurde aber später neu wirksam, u.a. durch den Briefwechsel zwischen F. H. Jacobi u. M. Mendelssohn (1785). Lessing, auch Goethe u.a. standen einem Naturpantheismus im Sinne des Sp. mindestens nahe. Dieser ging entscheidend in den dt. ↑Idealismus (Fichte, Schelling,

Hegel) ein, obwohl in eine Geistphilosophie transponiert (nach Hegel ist das ↑Absolute nicht Substanz, sondern ↑Subjekt), u. wird mitbestimmend für den pantheistischen Zug des Idealismus, alles Sein u. Geschehen als Selbstentfaltung des absoluten Prinzips zu verstehen, das im endlichen Geist zu sich selbst kommt.

Lit.: J. Freudenthal, Spinoza, Heidelberg I² II 1927; S. v. Dunin Borkowski, Spinoza, 4 Bde., Münster 1933–36.

E. Coreth

Spiritualismus ↑Monismus.

Spontaneität ↑Verstand.

Sprache. „S." hat einen weiten Anwendungsbereich („formale S.n", „Computers.n", „Bienen-S.", „S. der Hände" usw.), der jedoch stets zurückweist auf partielle Gemeinsamkeiten mit den begrifflich zentralen *„Natursprachen"* (Deutsch, Chines. usw.). Charakteristisch ist die finite, aber veränderbare Anzahl von ↑Zeichen u. Kombinationsregeln. Von „↑Systemen" kann nur bedingt die Rede sein. Eine umfassende Definition fehlt. Die Abgrenzung von Einzelsprachen ist extern (Sprachenmischung) u. intern (Dialekte, Idiolekte) problematisch, teilweise auch die (genealogisch relativ gut begründbare) Zusammenfassung zu Gruppen.

Die traditionelle These, daß nur *Menschen* S. besitzen, muß eingeschränkt werden, da auch Tiere sprachanaloge Zeichenverwendung aufweisen bzw. zum Erlernen von Teilen menschlicher S.n fähig sind. Besondere Bedeutung für den Menschen besitzt die S. gleichwohl. Daher ist sie seit jeher, vor allem aber seit Anfang des 20. Jh., Objekt theoretischer Reflexion u. empirischer Untersuchung in Linguistik, Psychologie, Soziologie u. a. gewesen. Das Interesse der *Philosophie* ergibt sich zunächst aus den direkt an die S. verwiesenen systematischen (Logik, ↑Erkenntnistheorie) u. historischen (Philosophiegeschichte, ↑Hermeneutik) Teilgebieten, ist aber insofern universell, als philosophische Probleme sich stets als Fragen nach Sinn oder Wahrheit philosophischer Sätze oder Termini stellen. Wieweit die Antworten „sprachintern" bleiben, ist umstritten. Die These der älteren ↑Analytischen Philosophie, sie seien allein aus vorliegenden umgangssprachlichen („ordinary-language-philos.") oder formallogischen (Logischer Positivismus) Regeln u. ↑Axiomen zu gewinnen, ist wegen der ungerechtfertigten logischen Restriktionen bzw. des nicht „systemhaften", historisch kontingenten Charakters der Umgangssprache sicher nicht haltbar.

Unstrittig ist, daß S.n *strukturiert* u. ihre Gliederungseinheiten *Typen* (↑Universalien) sind. Der phonologischen, morphologischen u. syntaktischen ↑Struktur der *Ausdrücke* steht die semantische der *Bedeutungen* gegenüber. Beide decken sich, anders als in konstruierten formalen S.n, in den Natursprachen nur partiell (Homonymien, Synonymien, Verkürzungen, Redundanzen). Der linguistische Strukturalismus (Saussure ff.) hat dies verkannt u. damit wesentlich zu der verfehlten Annahme beigetragen, neben der für die Form einer S.

Sprache

allein entscheidenden *Syntax* bilde die *Semantik* nur eine inhaltlich ergänzende „zweite Komponente". Verfehlt war auch die Idee der sog. „*Pragmatik*" (Morris) als „dritter Komponente", die nur der Beschränkung der „Semantik" auf „systemische", scheinbar verwendungsunabhängige Bedeutungsaspekte entsprang. Sie erübrigte sich mit der wiedergewonnenen Einsicht (Ryle, Wittgenstein, vgl. Humboldt), daß Ausdrücke nur durch die zeichenhafte *Verwendung* durch Sprecher u. Hörer Bedeutung erhalten, u. dem Nachweis der Reduzierbarkeit „systemischer" auf *konventionalisierte* verwendungsabhängige Bedeutungen (Grice, D. Lewis).

Zu den gesicherten Vorarbeiten für eine adäquate Semantik gehört, daß die traditionelle Auffassung der „Bedeutungen" als physische, mentale (Locke) oder ideale (Husserl) *Objekte,* zu denen Ausdrücke in einer „Bezeichnungsrelation" stehen, faktisch (Fehlen von Objekten) u. prinzipiell (Nichtobjektivierbarkeit der Prädikation u. a.) unzureichend u. die objektivierende Rede von „Propositionen" und ↑„*Tatsachen*" entsprechend explikationsbedürftig ist. Als gesichert gilt auch, daß die Bedeutung der *Wörter* in ihrem Beitrag zur Bedeutung ganzer ↑*Sätze* zu suchen ist, diese wiederum in ihrer Verwendung zu kompletten *Sprachhandlungen* (intentionale Semantik, Sprechakttheorie). Weniger plausibel scheint eine durchgängige semant. Abhängigkeit von der *Gesamtsprache* (Holismus). Die philosophische Semantik hat (seit Frege) den engen Zusammenhang von Bedeutung u. ↑*Wahrheit* ins Zentrum gestellt. Die völlige Gleichsetzung des Verstehens mit der Kenntnis von Wahrheitsbedingungen oder Verifikationsmethoden ist jedoch unhaltbar, da der Wahrheitsaspekt nicht für alle ↑Modalitäten konstitutiv u. die Verständlichkeit auch von nichtverifizierbaren Aussagesätzen unbestreitbar ist. Was alles in vorliegenden Theorien semantisch unexpliziert bleibt, zeigt besonders die Untersuchung „radikaler" (Quine) Übersetzungs- u. Lernsituationen.

Anhaltend umstritten ist die Bedeutung der S. für ↑*Erfahrung* u. ↑*Denken.* Vor allem die deutsche sprachphilosophische Tradition (seit Herder) u. die amerikan. „Ethnolinguistik" (Whorf u. a.) haben behauptet, der beobachtbare Zusammenhang bei normalsinnigen Erwachsenen sei kein kontingentes genetisches oder rein kommunikativ begründetes Faktum, sondern Ausdruck essentieller *Sprachabhängigkeit.* Befürworter wie Gegner haben zahlreiche theoretische u. empirische Argumente vorgetragen. Daß keines durchschlagend war u. eine definitive Entscheidung vorerst auch nicht zu erwarten ist, liegt vor allem an drei unerfüllten theoretischen Aufgaben: a) Differenzierung *innerhalb* des Bereichs der „Bedeutungen" zwischen der spezifischen Leistung der *Zeichenverwendung* u. dem jeweils mit ihr verbundenen empirischen bzw. gedanklichen „*Gehalt*"; b) Bereitstellung konkreter Identifikationskriterien für den Gehalt auch *außerhalb* der S., z. B. durch sprachfreie Intelligenztests; c) Verständnis der These als Behauptung eines *notwendigen,* nicht nur faktischen, Zusammenhangs zwischen Gehalt u. Zeichenverwendung u. Spezifikation des relevanten Sinns von „Notwendigkeit".

Lit.: Locke, Essay B. III; Herder, Sprachphilos. Schriften, Hamburg ²1964; Humboldt, Schriften z. Sprachphilos., Stuttgart ⁵1979; Husserl, Logische Untersuchungen; Frege, Über Sinn u. Bedeutung; F. de Saussure, Grundfragen d. allg. Sprachwiss., Berlin ²1967; Wittgenstein, Philos. Untersuchungen; B. L. Whorf, S.-Denken-Wirklichkeit, Reinbek 1963; R. Brown, Words and Things, New York 1958; W. V. O. Quine, Wort u. Gegenstand, Stuttgart 1980; N. Chomsky, Aspekte d. Syntaxtheorie, Frankfurt 1969; H. Hörmann, Psychol. d. S., Heidelberg ²1977; J. R. Searle, Sprechakte, Frankfurt 1971; S. Schiffer, Meaning, Oxford 1972; E. Tugendhat, Vorlesungen z. Einführung in d. sprachanalyt. Philos., Frankfurt 1976; J. Bennett, Sprachverhalten, Frankfurt 1982; G. Seebaß, Das Problem von S. und Denken, Frankfurt 1981. *G. Seebaß*

Stoa. Die S. war die bedeutendste philosophische Schule der hellenistischen Zeit (von ca. 300 v. bis 200 n. Chr.). Über Christentum, Renaissance u. Aufklärung reicht ihre Wirkungsgeschichte bis in die Gegenwart. Man unterteilt die Geschichte der Schule gemeinhin in drei Abschnitte: die Alte S. (*Zenon, Kleanthes, Chrysipp* u. a.), die Mittlere S. (*Panaitios, Poseidonios*), die Jüngere S. (*Seneca, Epiktet, Marc Aurel* u. a.). Die gedanklichen Quellen der S. reichen in die praktische Philosophie von Kynismus u. Sokratik wie in die Naturphilosophie der Vorsokratik zurück. Die permanente Auseinandersetzung mit der Akademischen Skepsis führte schon früh zu intensiver Beschäftigung mit Problemen der „Logik" (Sprachphilosophie, Logik i. e. S., Erkenntnistheorie). In ihrem System (Logik, Physik, Ethik) vertrat die S., ebenso wie ihr „dogmatischer" Gegenspieler *Epikur,* den Primat der praktischen Philosophie. Gleichwohl legte sie, aufgrund ihres naturteleologischen Ansatzes, weit mehr als dieser Gewicht auf die Ausbildung der anderen beiden Disziplinen. Die eminenten Leistungen der S. auf dem Gebiet ihrer „Logik" u. „Physik" werden erst neuerdings hinlänglich erkannt u. gewürdigt.

„↑*Logos*" als der eine Grundbegriff der s. Philosophie bedeutet sowohl Sprache wie Vernunft; u. Sprache wird betrachtet sowohl vom phonetischen wie vom semantischen Gesichtspunkt aus; ferner diskutiert die S. unter dem Titel „Logik" die formalen Regeln des Denkens u. gültigen Argumentierens ebenso wie die Teile der Sprache, durch die Gedanken u. Argumente ausgedrückt werden. Etwas wissen heißt für die S., eine Proposition behaupten können, die nachweisbar wahr ist; so wird auch Erkenntnistheorie ein Teil der „Logik". „*Physis*" ist Gegenstand der „Physik"; auch dieser Grundterminus muß im weiten Sinn interpretiert werden derart, daß er das Unbelebte, die Pflanzen u. Tiere (incl. Menschen u. Götter) umfaßt. So schließt „Physik", wie in der Antike üblich, Theologie ein ebenso wie Forschungsgegenstände, die wir der exakten Naturwissenschaft zuordnen würden.

Die s. Physik ist spekulative Naturphilosophie als Prinzipienforschung, die sich auf die Beobachtung u. Interpretation von Einzelphänomenen stützt. Wie Epikur waren die S. praktische u. nicht nur theoretische Moralisten. Sie boten eine Analyse moralischer Begriffe u. Sätze; aber dies als Propädeutik zum Nachweis, warum solche Begriffe u. Sätze sinnvoll u. gültig, u. was tatsächlich die Voraussetzungen u. Prinzipien eines geglückten menschlichen Lebens sind. Die drei Titel (Logik, Physik, Ethik) wurden von der S. methodisch zum Zweck der Gliederung ihres Systems benützt, nicht allerdings mit der Behauptung entsprechender real verschiedener Gegenstandsbereiche, im Gegenteil: der Gegenstand der drei Disziplinen ist in s. Sicht ein u. derselbe, das vernünftige Universum, das von drei verschiedenen aber konsistenten Gesichtspunkten aus zu betrachten sei.

Die S. gliederte, wahrscheinlich seit Chrysipp, die „Logik" als Wissenschaft vom rationalen Diskurs in zwei Disziplinen, in Rhetorik u. †Dialektik. Die *Dialektik* umfaßt zwei Dinge, das Bezeichnende u. das Bezeichnete. Eine bedeutende Klasse der bezeichneten Dinge bildet das Gesagte (die Lekta), worunter Urteile, die Bedeutungen isolierter Wörter, aber auch Sinneseindrücke verstanden werden. Das Denken verfügt über keinen apriorischen Inhalt; die Fähigkeit zu denken entwickelt sich. Externe Dinge (die Tynchanonta) affizieren unsere Sinne u. verursachen einen Eindruck im Bewußtsein (dem Hegemonikon, Zentralorgan); ist dieser Eindruck buchstabierbar, kognitiv (eine Phantasia logike), dann kann sich eine evidente Erfassung von etwas Realem (eine Phantasia kataleptike) konstituieren. Sinneseindrücke hinterlassen eine Vorstellung (phantasia) im Bewußtsein, wiederholte gleichartige Sinneseindrücke führen naturwüchsig zur Bildung einer Art von Allgemeinbegriffen (den Prolepseis). Durch verschiedene reflexiv-mentale Operationen (Vergleichen, Entgegensetzen, Zusammensetzen, Analogisieren) können weitere Klassen von Begriffen gebildet werden. Ein rationales Wesen sein heißt für die S. artikuliert sprechen können. Sprechen u. Denken sind nur zwei Aspekte *eines* Tuns. Eindrücke u. Erfahrungen werden durch artikulierte Rede gegliedert, interpretiert u. erkannt. Derart kann der Mensch die Ordnung des Zusammenhangs von Dingen u. Ereignissen sprachlich u. gedanklich darstellen. Aus skeptischer Sicht ist die S. allerdings mit der Einführung einer Phantasia kataleptike als einer Vorstellung, die das wirkliche Ding bzw. Ereignis mit seinen Eigenschaften u. Relationen im Bewußtsein repräsentiert, u. zwar so, daß der Charakter dieser Vorstellung ihren adäquaten Repräsentationscharakter zu erkennen gibt, über eine bloß dogmatische Versicherung nicht hinausgekommen.

Die s. *Naturphilosophie* arbeitet mit zwei als ewig unterstellten Prinzipien, dem Passiven, Leidenden, Unbestimmten (der Hyle) einerseits, dem Tätigen, Formenden, Belebenden (dem Logos) andererseits. Aus der Synthesis von beiden resultiert das eine Weltgeschehen. Durch die

Identifikation des tätigen Prinzips mit dem göttlichen Logos qua Vernunft ergibt sich der Gedanke einer teleologisch vollkommen durchstrukturierten Welt. Der Gedanke der notwendigen Verbindung von Hyle u. Logos zur Konstitution von Wirklichem läßt die S. die platonische Trennung von phänomenaler u. noumenaler Welt zurücknehmen (Immanenz des Göttlichen). Die Gliederung alles Seienden in differente u. hierarchisch gestufte Existenzweisen (Unbelebtes, Pflanzen, Tiere, Menschen, Götter) wird aus einem unterschiedlichen Mischungsverhältnis von Hyle u. Logos verständlich gemacht. In der sublunaren Sphäre hat nur der Mensch die (zeitlich begrenzte) Möglichkeit, am göttlichen Leben in der Gestalt vernünftigen Denkens u. Handelns bewußt zu partizipieren u. darin sein Glück zu finden. Die Interpretation des göttlichen Logos nach Art einer aktiv gestaltenden Kraft gibt der s. Naturmodell (im Unterschied zum aristotelischen) seinen eminent dynamischen Charakter.

Lit.: S. Sambursky, Physics of the Stoics, London 1969; J. M. Rist, Stoic Philosophy, Cambridge 1969; J. B. Gould, The Philosophy of Chrysippus, Leiden 1971; A. A. Long (Hrsg.), Problems in Stoicism, London 1971; ders., Hellenistic Philosophy, London 1974, 107–209; M. Frede, Die stoische Logik, Göttingen 1974; A. Graeser, Zenon von Kition, Berlin 1975; M. Schofield/ M. Burnyeat/J. Barnes (Hrsg.), Doubt and Dogmatism, Oxford 1980; M. Forschner, Die stoische Ethik, Stuttgart 1981. *M. Forschner*

Struktur. 1.1. ‚S.' kommt von lat. ‚structura' (Bau(art), Mauer(werk)) bzw. von ‚struere' ((auf)schichten, (er)bauen) u. entstammt der Sprache des Bauwesens. – Anknüpfend an die Rede von der structura verborum wird in der frühscholastischen Lehre vom Schriftverstehen ‚S.' allgemein bez. sprachlicher Gebilde verwendet. – 1.2. Der Anatom *M. Malphigi* führt den Ausdruck in der zweiten Hälfte des 17. Jh. in die biologische u. medizinische Morphologie ein; „S.träger" ist primär der menschliche Körper, doch steht der Ausdehnung auf das gesamte organische Material nichts im Weg (vgl. später z. B. Kant, Kritik der Urteilskraft, § 66). – Im Laufe des 19. Jh. etabliert sich ‚S.' – nicht zuletzt aufgrund der Verwendung bei *G. Cuvier* – endgültig in den biologisch-medizinischen Wissenschaften. – 1.3. *H. Spencer,* durch Lektüre des von Cuvier abhängigen Anatoms *L. Agassiz* mit dem biologischen Vorkommen vertraut, überträgt, angeregt durch Vergleiche zwischen Organismen u. Sozialgebilden, ‚S.' in den soziologischen Sprachgebrauch. – 1.4. *W. Dilthey* gebraucht ‚S.' zunächst im Blick auf Psychisches, um den Ausdruck nach etwa 1894 auf alle Gegebenheiten, unerachtet ihrer Zugehörigkeit zu einem Bereich, anzuwenden. Nicht zuletzt der Einfluß Diltheys auf die Kulturwissenschaften sichert dem Ausdruck seine gegenwärtig inflationäre u. oft nur füllwortartige Verwendung, die in den letzten Jahrzehnten durch den S.alismus u. formalwissenschaftliche Rede (↑System 7.2.) noch gesteigert wird.

2. In Anlehnung an die *Carnap*sche Ausarbeitung eines Vorschlags

von *Russell* sei für den Spezialfall der ↑Relationen eine S. *terminologie* eingeführt. 2.1. Zwei Relationen R u. S stehen in der *Isomorphierelation* (= IS) gdw es eine eineindeutige Relation K gibt, so daß gilt: (i) der Vorbereich/Nachbereich von K ist Obermenge des Feldes von R/S. (ii) Ein geordnetes Paar ist Element aus R gdw das ihm durch K zugeordnete Paar Element von S ist. Beispiel: Die Relation des auf der Landkarte eines Gebietes unterhalb Liegens ist isomorph der Relation des in einem Gebiet südlich Liegens. – IS ist symmetrisch u. transitiv u. damit eine *Gleichheit* (↑Relation 11.) – 2.2. Aufgrund der mit Gleichheiten gegebenen Zusammenhänge ist definierbar: T *ist S. von* R (bzw. R „hat" die S. T) gdw T ist Äquivalenzklasse von R unter IS. T ist S. gdw es ein R gibt, so daß T S. von R ist. Die S. von R ist identisch mit der Äquivalenzklasse von R unter IS. – Aus der Definition folgt unmittelbar: T ist S. gdw (i) Sind R, S aus T, dann stehen sie in IS; (ii) Ist R Element von T u. stehen R, S in IS, dann ist auch S Element von T. – 2.3. T ist eine *strukturelle Eigenschaft* gdw für alle R, S mit der Elementschaft von R in T u. der IS zwischen R u. S Elementschaft von S in T garantiert ist. Ersichtlich sind S. strukturelle Eigenschaften, aber nicht umgekehrt: zwei Relationen mit der gleichen strukturellen Eigenschaft sind nicht notwendig isomorph. – 2.4. S.- bzw. *mengentheoretische Prädikate* (in der älteren Literatur: Explizitprädikate) Φ drücken strukturelle Eigenschaften aus. Ihre Definition hat die Form: Für alle R: R ist Φ gdw ...R...; dabei ist „... R..." gewöhnlich eine Konjunktion von Aussageformen in ‚R'; letztere werden auch als „*S.axiome*" oder „*S.postulate*" bezeichnet. S.theorien sind die Folgerungsmengen aus den jeweiligen Axiomen. – 2.5. Durch Substitution eines Relationennamens für ‚R' in „...R..." entsteht eine *Deutung* oder *Interpretation* der Axiome, d. h. eine falsche oder wahre Aussagenkonjunktion. Im letzten Fall ist die entsprechende Relation *Modell* der Axiome bzw. der Theorie; man sagt auch: die Relation ist *konkrete S.* zur (dann „abstrakten") strukturellen Eigenschaft. – Ist die durch Φ ausgedrückte strukturelle Eigenschaft eine S., so sind alle Modelle isomorph u. das Axiomensystem ist *kategorisch*. – 2.6. *Beispiele*: R ist *Progression* gdw (i) R hat genau ein Anfangsglied, (ii) R ist eineindeutig, (iii) R hat kein Endglied, (iv) Jedes R-Glied ist Element jeder bez. R erblichen Menge eines Anfangsgliedes von R. S. theoretisches Prädikat: „... ist eine Progression'; die Klasse der Progressionen ist die ausgedrückte strukturelle Eigenschaft; (i)–(iv) fungieren als S.axiome; Modell ist etwa die in den natürlichen Zahlen erklärte Vorgängerrelation; die Klasse der Progressionen ist ferner eine S., das Axiomensystem ist kategorisch, die Modelle sind isomorph. Zu weiteren strukturellen Eigenschaften ↑Relation 4.ff. – 2.7. Die für Relationen eingeführte S.terminologie ist auf komplexere Gegebenheiten *übertragbar*, wenn zwischen diesen eine IS angebbar ist. – Die *strukturelle Betrachtung* beliebiger Bereiche ist (durch „Mitbetrachtung" jeweils isomorpher Gegenstände) wirtschaftlich u. erzwingt begriffliche Klarheit. Sie ist daher nützlich sowohl für einzelne Wissenschaften wie auch für deren philosophische Erfassung.

Lit.: R. Carnap, Einführung in die symbolische Logik mit besonderer Berücksichtigung ihrer Anwendungen, Wien ³1968, Abs. 19, 34, 42, 44; P. Suppes, Introduction to Logic, New York 1957, Kap. 12; F. Kambartel, S., in: HphG III. *G. Siegwart*

Subjekt. In der logischen u. grammatischen Verwendung, derzufolge S. den Träger des Prädikats im Urteil bzw. den Satzgegenstand meint, tritt die ursprüngliche Bedeutung des S.-begriffs hervor. Denn seit *Aristoteles* bezeichnet S. (griech. hypokeimenon, lat. subiectum) das vom Erkennen unabhängige Seiende, von dem etwas ausgesagt wird, weil es als das Zugrundeliegende (Substrat) im Wechsel der Zustände beharrt. Auch nach der seit dem 18. Jh. sich durchsetzenden Umkehr der Bedeutung von S. u. ↑Objekt wird die ontologische Prägung des S. dann beibehalten, wenn das Ich als psychologisches S. zum Träger seiner verschiedenen Akte erklärt wird, die es intentional auf Gegenstände richtet. Als psycho-physisches S. ist das in leib-seelischer Einheit existierende Individuum u. als psychologisches S. das seiner selbst bewußte Ich Träger seiner Akte. Die ontologische Interpretation des S. wird durch den erkenntnistheoretischen ↑Kritizismus dadurch verlassen, daß die Vorstellung eines dem Ich zugrundeliegenden Trägers aufgelöst wird. *Kant* zufolge sind innerhalb des transzendentalen als extramundanen Meta-S. das aktive S. als spontanes Denk-Ich vom passiven S. als Anschauungs-Ich des ↑inneren Sinnes so zu unterscheiden, daß das aktive S. mit seinem Denkakt das passive S. affiziert. Aufgrund dieser Selbstaffektion schaut das aktiv-spontane S., indem es die dem inneren Sinn in der Zeit gegebenen Vorstellungen bestimmt, an der Stelle des passiven S. selbst an. Daraus folgt jedoch, daß unabhängig von der Affektion des inneren Sinnes das aktiv-bestimmende Denk-S. nicht erkannt werden kann. Ein S., das sich unmittelbar, d. h. nicht durch Affektion des passiven S. selbst anschaut, müßte über die intellektuelle ↑Anschauung verfügen, so daß sich auch die gegebene Anschauungsmannigfaltigkeit seiner Selbsttätigkeit verdankte. Indem *Fichte* das transzendentale zum *absoluten* S. steigert, reklamiert er für dessen Tathandlung des Sichselbstsetzens die intellektuelle Anschauung, derzufolge sich das Ich nicht seines Seins, sondern seiner Selbsttätigkeit ursprünglich bewußt sein soll. *Hegels* berühmtes Diktum, „das Wahre nicht als *Substanz,* sondern ebensosehr als *S.* aufzufassen", teilt mit Kant u. Fichte die Kritik an der ontologischen Auffassung des S. als Träger seiner Akte. Das S. ist nicht zunächst ‚da', um dann tätig zu sein; vielmehr ist es nichts anderes als sich vollziehende Selbsttätigkeit. Aber der von Hegel entwickelte Begriff des S. ist zugleich durch eine Kritik an jeder Form *unmittelbar-ursprünglicher* Selbständigkeit vermittelt, aus der die für jedes S. (Bewußtsein, ↑Selbstbewußtsein, ↑Geist etc.) konstitutive Kategorialität der *Subjektivität* genetisch resultiert. Das S. ist nicht als unmittelbares Selbstsetzen, sondern als Selbstexplikation an der Stelle des Andersseins zu begreifen, so daß seine Entwicklungsfähigkeit davon abhängt, daß die Stelle jeden möglichen Andersseins der Selbstexplikation entspricht. Wo die nachidealistische Philosophie die transzendentalphilosophische Fassung des S.begriffs aufgibt, wendet sie sich partikularen Bestimmungen zu, die wie Dasein, ↑Existenz, Individuum u. a. die Verfaßtheit des empirisch-singulären S. ausdrücken. In der analytischen Philosophie herrscht die Tendenz vor, den Begriff des Ich-S. durch das Indexwort ‚ich‘ zu ersetzen. Das auch für lebensweltliche u. sprachliche Vollzüge konstitutive S. des Wissen-Könnens wird so nicht mehr thematisiert.

Lit.: Kant, KrV; Fichte, Grundlage der gesamten Wissenschaftslehre (1794); ders., Zweite Einleitung in die Wissenschaftslehre (1797); Hegel, Wissenschaft der Logik, III. Buch; ders., Enzyklopädie der philosophischen Wissenschaften, Teil III; M. Heidegger, Sein u. Zeit; W. Schulz, Ich u. Welt, Pfullingen 1979. *F. Wagner*

Substanz/Akzidens. 1. Das Seiende der S. wird von *Aristoteles* (Met. V 7) vom Seienden in anderen Bedeutungen unterschieden (↑Sein/Seiend). Es ist das Seiende im ersten Sinne, auf das sich alle anderen im attributionsanalogen Sinne (↑Analogie) beziehen. In der Metaphysik (V 8) u. in den Kategorien (Kap. 5) charakterisiert Aristoteles die S. durch Beispiele u. durch fünf notwendige Bedingungen. Die Beispiele im lebenden Bereich sind pflanzliche, tierische oder menschliche *Individuen* (z. B. *bestimmter* Baum, Hengst, Mensch), im unbelebten Bereich bleibt die Abgrenzung eher im dunkeln, obwohl die heute bekannten, natürlichen chemischen Elemente vielleicht eine mögliche Interpretation seiner Intentionen sind. Bevor auf die fünf Bedingungen eingegangen wird, muß noch auf zwei Bedeutungen aufmerksam gemacht werden: Erstens, „S." als reales, konkretes Individuum verstanden (dann ist sie mit allen notwendig u. tatsächlich zugehörigen Merkmalen gemeint), und zweitens, „S." in der Beziehung S.–A. verstanden (dann ist sie als Träger der akzidentellen Merkmale, also ohne diese gemeint). In einigen der folgenden Bedingungen tritt dieser oder ein analoger Unterschied auf.

Die erste Bedingung heißt, daß die S. nicht von etwas prädiziert werden kann, nur umgekehrt: von ihr wird prädiziert. Modern gesprochen heißt das, daß die S. nur die nullte Typenstufe einnehmen können. Da aber Typenstufen systemabhängig sind (in einem System der Mathematik können die natürlichen Zahlen, in einem Mengenlehre Mengen die nullte Typenstufe haben), muß man sagen, S. haben die nullte Typenstufe im ontologischen Sinne. Nach Frege u. Russell kann man die natürlichen Zahlen als Klassen von Klassen von Dingen (S. n im 1. Sinne) interpretieren, d. h. Zahlen sind ontologisch auf der 2. Typenstufe. – Zweitens ist die S. nicht (als konkrete Eigenschaft) in einem Subjekt (einem Individuum, bzw. in einer anderen S.). – Drittens ist die S. ein „Dieses-Da", d. h. einzig bzw. es gibt genau eine (mindestens eine u. höchstens eine). Die Charakterisierung von Individualität geschieht in den meisten modernen Systemen der Logik (wie z. B. Principia Mathematica), in der Ontologie von Lesniewski, aber auch bereits bei Suarez (Disputationes metaphysicae 5, 1, 2) nur durch die Bedingungen eins u. drei u. ist daher viel toleranter als die des Aristoteles, da diese zwei Bedingungen auch von singulären mathematischen Entitäten u. konkreten Artefakten erfüllt werden. – Viertens ist die S. Träger konträrer kontingenter Eigenschaften, zeitlich nacheinander (z. B. Sokrates ist krank, dann gesund), während Eigenschaften, wenn sie Eigenschaften höherer Stufe haben, nicht konträre Eigenschaften nacheinander haben können. Diese Bedingung unterscheidet das Seiende im eigentlichen Sinne (die S.) von mathematischen Gebilden (insbes. den natürlichen Zahlen), die alle drei ersten Bedingungen erfüllen (u. deshalb von Aristoteles mit den S. verglichen werden). – Fünftens: die S. sind Dinge der Natur u. nicht vom Menschen künstlich erzeugt. (Artefakte haben nach Aristoteles nur akzidentelle Eigenschaften u. kein Wesen). Diese fünf aristotelischen Bedingungen sind zusammengenommen sehr streng u. sondern das Seiende im ersten Sinne (die S.n im ersten Sinne) dieser Welt von anderen Dingen dieser Welt ab. Gott als unveränderliche S. erfüllt die ersten drei Bedingungen, nicht Bedingung 4 u. nur den zweiten Teil von Bedingung 5. Deshalb ist Gott durch die aristotelischen Bedingungen nicht eindeutig bestimmbar; einen Grund dafür gibt Thomas v. Aquin (Summa theol. I 13, 1 ad 2) an: unsere Sprache enthält einerseits singuläre Namen (oder entsprechende Kennzeichnungen) zur Bezeichnung von existierenden, kontingenten, zusammengesetzten Individuen (die durch die Bedingungen 1–5 charakterisiert sind), andererseits generelle Namen zur Bezeichnung von nicht existierenden, nicht-kontingenten, einfachen Entitäten wie Universalien, Zahlen usw. (die durch die Bedingungen 2 u. 3 u. dadurch charakterisiert sind, daß sie von den ersten S. prädizierbar sind). Da Gott sowohl notwendig existiert als auch nicht-kontingent u. einfach ist, ist er mit der menschlichen Sprache nur inadäquat beschreibbar.

Aristoteles unterscheidet noch die sogenannten „zweiten S." von der ersten S. Es sind das die Arten u. Gattungen, u. sie werden S.n (im zweiten, abgeleiteten Sinne) genannt, weil bei den Prädikationen von Art u. Gattung (z. B. Sokrates ist ein Mensch, ein Lebewesen) Wesen prädiziert wird (vgl. Thomas v. Aquin, Summa theol. I 29, 2). Arten und Gattungen gehören typenmäßig immer der 1. Typenstufe an.

2. Von den etwas unglücklich gewählten Definitionen von S. durch *Descartes* (als das, was so existiert, daß es zu seiner Existenz keines anderen Dinges bedarf; Prinzipien I, 51) u. *Spinoza* (als das, was in sich ist u. durch sich begriffen wird, d. h. das, dessen Begriff, um gebildet werden zu können, den Begriff eines anderen Dinges nicht bedarf; Ethik I, Def. 3) ist die erste genaugenommen

nur auf Gott anwendbar, die zweite – andere Prinzipien der Philosophie Spinozas vorausgesetzt – ebenso, während ihr zweiter Teil vom S.begriff als einem Primitivbegriff spricht. Es wurde dabei der Begriff der S. in Richtung von „Subsistenz" verschoben. Mit Ausnahme von *Leibniz,* der Substantialität als Individualität versteht, setzt sich in der Neuzeit aufgrund des Einflusses der Naturwissenschaften ‚S.' verstanden als (meist materielles) Substrat durch. Dabei handelt es sich um das, was bei der Änderung erhalten (invariant) bleibt u. zwar aufgrund von allgemeinen Erhaltungssätzen (z. B. Erhaltung der Energie, der Masse, des Impulses; vgl. Jammer). S. als „Substrat" ist weiter als der aristotelische S.begriff, da jede aristotelische S. ein Substrat ist, aber nicht umgekehrt.

3. In den wenigen anspruchsvollen *modernen S.theorien* geht man meist von „substantiellen Individuen" (Atomen) aus, die nach einer bestimmten Struktur (z. B. idempotentes Monoid) geordnet sind (vgl. Bunge). Im aristotelischen Sinne sind das atomare, elementare Teile von S.n im 1. Sinne. Es werden dann Teil, Zusammensetzung, Komplexität usw. definiert u. Postulate über S.erhaltung usw. aufgestellt. Da nicht alle Merkmale begrifflicher Entitäten auch auf reale Entitäten zutreffen (die Vereinigung von zwei Klassen ergibt eine neue, die Vereinigung von zwei Arten ergibt keine neue Art), wird streng zwischen de dicto u. de re Postulaten, zwischen prädikativen u. Teil-Ganzes-Beziehungen u. zwischen Merkmalen u. realen Eigenschaften unterschieden. Darauf aufbauend wird versucht, die traditionellen Begriffe „Form", „Ding", „empirische Möglichkeit", „Potenz", „Veränderung" usw. zu bestimmen.

4. Nach Aristoteles ist A. als Sachverhalt das, was weder immer noch meistens stattfindet; A. als Eigenschaft das, was weder immer noch meistens zukommt (vgl. Met. VI 2). Statt ‚immer' und ‚meistens' könnte man modern sagen, das, was aufgrund von strikten (ausnahmslosen) Gesetzen bzw. das, was aufgrund von statistischen Gesetzen stattfindet. Man muß beachten, daß nach dieser aristotelischen Bedeutung das A. ein Teil der akzidentellen Form einer S. im ersten Sinne ist u. deshalb die Beziehung S.-A. nicht dieselbe ist wie Individuum-Eigenschaft (Merkmal), da einige Eigenschaften zur akzidentellen (wie schwarzhaarig beim Menschen), einige zur substantiellen Form oder Wesensform (wie vernunftbegabt beim Menschen oder stoffwechselfähig bei Lebewesen) gehören. Heute hat sich der Gebrauch der Ausdrücke ‚S.-A.' eher dem Gebrauch von ‚Individuum-Eigenschaft' angenähert.

Moderne Analysen haben gezeigt, daß die Unterscheidung S.-A. mit einer Reihe von wichtigen weiteren Unterscheidungen zusammenhängt: (1) Reale Eigenschaften einerseits u. Merkmale (Prädikate, Mengen, Klassen) andererseits. Jede reale Eigenschaft ist ein Merkmal, aber nicht umgekehrt. Die Bildung von Merkmalen unterliegt den logischen Regeln zur Bildung von Prädikaten, Mengen u. Klassen aus anderen Prädikaten, Mengen u. Klassen. Demnach „gibt es" (im Sinne von „sind konstruierbar") auch negative, komplementäre, disjunkte usw. Merkmale u. Merkmale von Merkmalen (z. B. Klassen von Klassen), d. h. Merkmale 2. u. höherer Stufe. Ontologisch gesprochen handelt es sich hier um die Ebene der Sachverhalte, bzw. dessen, was der Fall ist oder nicht der Fall ist, d. h. um das Seiende im Sinne des Wahren oder Falschen, so daß man auf dieser Stufe auch von negativen Sachverhalten u. negativen Merkmalen reden kann. Reale Eigenschaften hingegen können nicht negativ oder disjunkt sein (vgl. Weingartner). Nach dieser Unterscheidung ist anzunehmen, daß die aristotelischen A. zu den realen Eigenschaften gehören. (2) Obwohl alle realen Eigenschaften in gesetzmäßigem Zusammenhang (aufgrund von strikten oder statistischen Gesetzen) mit mindestens einigen anderen realen Eigenschaften stehen, gilt: die A. stehen in keinem gesetzlichen Zusammenhang mit Arteigenschaften (Wesenseigenschaften), können aber wohl in gesetzmäßigem Zusammenhang zu gewissen Eigenschaften konkreter Individuen stehen. (3) A. haben auch gesetzmäßige Beziehungen zu jenen realen Eigenschaften, die noch viel allgemeiner als Arteigenschaften sind, wie eine Masse besitzend, fähig sein bewegt zu werden, usw.

Lit.: Aristoteles, Met.; ders., Kat.; Thomas v. Aquin, Summa theol. I q 13 u. 29; Suarez, Disputationes metaphysicae V; Descartes, Prinzipien der Philosophie, Teil I; Spinoza, Ethik, Teil I; N. Goodman, The Structure of Appearance, Cambridge/Mass. 1951; M. Jammer, Der Begriff der Masse in der Physik, Darmstadt 1964; M. Bunge, Ontology I, The Furniture of the World, Dordrecht 1977; ders., Ontology II, A World of Systems, Dordrecht 1979; P. Weingartner, Gibt es negative Eigenschaften, Tatsachen oder Sachverhalte?, in: ders., Grundfragen zum Wahrheitsproblem (im Erscheinen), Kap. 8. *P. Weingartner*

Symbol ist ein ↑Zeichen, das Nicht-Anschauliches in anschaulicher Weise angemessen zum Ausdruck bringt. Nach P. Tillich hat das S. folgende Kennzeichen: Anerkanntheit, Anschaulichkeit, Uneigentlichkeit u. Selbstmächtigkeit, wobei die Verschränkung der beiden letztgenannten hervorzuheben ist. Gegenüber dem Zeichen enthält das S. gleichsam das, was es bedeutet. Von der Allegorie unterscheidet es sich darüber hinaus dadurch, daß es den ganzen Menschen anspricht. Man kann, entsprechend den drei Kantischen ↑Ideen Gott, Seele, Welt, *religiöse, psychologische* u. *kosmologische* S. unterscheiden. Die psychologischen S. haben erst in diesem Jh. eingehende wissenschaftliche Betrachtung erfahren (s. bes. C. G. Jungs Archetypen), während die beiden anderen S.arten schon lange durch Religionswissenschaft u. Philosophie erforscht werden. Eine weitere wichtige Unterscheidung ist die zwischen natürlichen u. konventionellen (einschließlich geschichtlich gewordenen) S. Besondere Bedeutung haben die S. naturgemäß im religiösen Bereich erlangt, insofern die religiöse Symbolisierung sich von allen anderen durch die ↑Transzendenz des Symbolisierten (↑Gott) unterscheidet.

Vorbereitet durch die platonische Ideenlehre erreicht die symbolische Weltsicht durch die dem christlichen Schöpfungsglauben eigene Urbild-Abbild-Lehre u. den Offenbarungsglauben, der Gott als Erlöser in bestimmten Zeichen bleibend gegenwärtig sieht (Sakramente), eine große Geschichtsmächtigkeit, bevor neuzeitliches Denken die Kluft zwischen Gott u. Welt in einer Weise betont, die symbolisches Denken als irrational erscheinen läßt. *Kant* versteht unter S. indirekte Darstellungen reiner Vernunftbegriffe (so das Schöne als S. für das sittlich Gute), wobei zwischen anschaulicher Darstellung u. Begriff keine seinsmäßige ↑Analogie mehr besteht, sondern diese durch die ↑Reflexion der Urteilskraft hergestellt wird. Der Neukantianer *E. Cassirer* behält in seinem stark dem S. gewidmeten Denken diese durch die Gespaltenheit von ↑Sinnes- u. Verstandeswelt geprägte Sicht im wesentlichen bei, wogegen der von ihm beeinflußte *P. Tillich* einen transzendenten – nicht nur transzendentalen – Symbolismus vertritt. In der katholischen Religionsphilosophie haben vor allem *R. Guardini* u. *K. Rahner* das S. näher bedacht. Beiden ist die Vorstellung gemeinsam, im S. drücke sich Inneres mit Notwendigkeit im Äußeren aus (z. B. der Leib als *Ur-S.*). *K. Rahner* verallgemeinert die These dahingehend, daß er *alles* Seiende als symbolisch ansieht, weil es sich notwendig aus-drücke, um so sein Wesen zu finden. Eine solche Sicht ist allerdings nur theistischem Denken möglich, das eine zumindest implizit inkarnatorische Struktur besitzt, während

K. Jaspers die S. als „Chiffren der Transzendenz" betrachtet, die sich durch die Reflexion in das ungegenständliche Umgreifende auflösen.

Lit.: Kant, Kritik der Urteilskraft § 59; E. Cassirer, Philosophie der symbolischen Formen, 3 Bde., Darmstadt [7]1977; ders., Wesen u. Wirkung des S.begriffs, Darmstadt [6]1977; K. Jaspers, Chiffren der Transzendenz, München [3]1977; P. Tillich, Religiöser Symbolismus, in: Ges. Werke V, Stuttgart 1964, 185–214; R. Guardini, Von heiligen Zeichen, Mainz [2]1979; K. Rahner, Zur Theologie des S., in: Schriften zur Theologie IV, Einsiedeln 1960, 275–311; H. Lohff, Der S.begriff in der neueren Religionsphilosophie u. Theologie, Köln 1955. *K. Schanné*

Synkategorematisch ↑Zeichen.

Syntaktik ↑Zeichen.

System. Der Ausdruck ‚S.' wird v. a. in Neuzeit u. Gegenwart vielfach verwendet u. (seltener) festgelegt; die *ausdrucks*geschichtliche Orientierung geht nicht vom Zugrundeliegen *eines* Begriffs aus. – 1. ‚S.' leitet sich her von griech. ‚systema' (= *das aus Teilen Zusammengesetzte*) bzw. von ‚synistemi' (= zusammensetzen, -stellen). Das Anwendungsfeld umfaßt Natur- u. Sozialgebilde ebenso wie kognitive u. ästhetische Gegebenheiten; ‚systema' ist jedoch nicht durchgehend philos. Fachausdruck. – 2. Für die römische Antike ist die durch M. Capella mitgeteilte *musiksprachliche Bedeutung* von ‚systema' als „magnitudo vocis ex multis modis constans" erwähnenswert. – Mit Beginn des 14. Jh. wird die bereits in der Stoa nachweisbare *astronomisch-*

kosmologische Verwendung (,systema mundi') allgemein; sie entwickelt sich in der Neuzeit so, daß der Ausdruck immer weniger mit Blick auf den Kosmos selbst u. immer mehr hinsichtlich der jeweiligen Auffassungen vom Kosmos gebraucht wird. – 3. Sieht man vom astronomischen Vorkommen ab, so taucht ,systema' in der Neuzeit bei Melanchthon wieder auf, um in der nachreformatorischen Theologie des 16. Jh. den Ausdruck ,syntagma' zu ersetzen: ,systema' meint *die methodisch dargelegte christliche Lehre.* – Von der Theologie geht ,S'. Anfang des 17. Jh. u.a. durch Keckermann u. Timpler in den philosophischen u. allgemein wissenschaftlichen Sprachgebrauch über: *S.e sind Inbegriffe von Wahrheiten oder Zusammenstellungen von Doktrinen.* – 4. Wenn auch in der Folgezeit (Malebranche, Leibniz, Condillac, deutsche Schulphilosophie unter der Federführung von Wolff) vorwiegend von *kognitiven* S. die Rede ist, von S.en also, deren Elemente Begriffe, Aussagen, Teile von Disziplinen, Disziplinen usf. sind, bleibt gleichwohl ein weiterer Gebrauch beobachtbar. J. H. Lambert, der selbst in einem Entwurf S. im kognitiven Sinn nimmt als „Inbegriff von Ideen und Sätzen..., die zusammengenommen als ein Ganzes betrachtet werden können" (VI 510), versteht in seinem „Fragment einer Systematologie" „unter System nicht bloß ein Lehrgebäude", sondern faßt „den Begriff in der völligen Ausdehnung..., die er nach und nach erhalten hat" (VII 385): „Zu einem System werden... Theile, und zwar mehrere erfordert. Diese müssen auseinander gesetzt, jedes für sich kenntlich, mit Absicht gestellt oder geordnet, und alle miteinander so verbunden seyn, daß sie gerade das der vorgesetzten Absicht gemäße Ganze ausmachen..." (VII 386). Unter Auszeichnung der in S.en wirksamen Kräfte (des Verstandes, des Wollens, der Natur) als Einteilungsrücksicht können die S. in „Intellectualsysteme, moralische oder auch politische Systeme, und körperliche oder physische Systeme getheilt werden" (VII 397). – 5. Im deutschen Idealismus taucht ,S'. vorwiegend in kognitiver Bedeutung auf, v.a. wenn der S.charakter als *Wesen/Kriterium von Wahrheit bzw. Wissenschaftlichkeit* dargetan wird. Für Kant ist „die systematische Einheit dasjenige..., was gemeine Erkenntnis allererst zur Wissenschaft,... macht" (KrV B 860). Für Hegel kann ein „Philosophieren *ohne System*... nichts Wissenschaftliches sein" (Enz. § 14). Die S.bestimmung bleibt strittig, die einzelnen Auskünfte sind aufschlüsselungsbedürftig: Ist S. zu fassen als „Einheit der mannigfaltigen Erkenntnisse unter einer Idee" (KrV B 860), als Wissen aus einem Grundsatz (Reinhold, Fichte), als Ganzes, das alle besonderen Prinzipien in sich enthält (Hegel)? – 6. Der Gedanke, Systematizität als Kriterium/Wesen von Wissen anzusehen, wirkt fort in der neoidealistischen *Kohärenzkonzeption der Wahrheit* (Bradley, Blanshard). – Gegenwärtig vertritt N. Rescher bez. des Faktenwissens eine ähnliche Auffassung: ist ein (möglicherweise inkonsistenter) Informationskörper in ein System, d.h. in eine den Forderungen der Konsistenz, Vollständigkeit, Einfachheit usf. genügende Propositionenmenge, überführt, so darf man die S.mitglieder u. ihre Konsequenzen als wahr betrachten. – 7.1. Unter der Bezeichnung ‚*Allgemeine S.theorie*‘ (= AST) faßt man Ansätze zusammen, die sich aus der Bearbeitung militärischer u. wirtschaftlicher Aufgaben sowie aus wissenschaftsinternen Strömungen seit den vierziger Jahren verstärkt entwickeln. Beispielhalber seien die von biologischen Fragen ausgehende S.lehre (Bertalanffy), die Kybernetik u. Nachrichtentechnik (Wiener, Kupfmüller), die Spieltheorie (Neumann, Morgenstern) u. die Informationstheorie (Shannon, Weaver) angeführt. Alle Ansätze versuchen im Gegenzug zur Spezialisierungstendenz Gleichförmigkeiten verschiedenster Gebiete (meist mathematisch) darzustellen, um solche Probleme zu bewältigen, die von den überkommenen Einzelwissenschaften meist nicht einmal erfaßt werden. – 7.2. Vernachlässigt man die Gleichsetzung von S.en mit Mengen, Mengenfamilien, Relationen usf., dann haben sich in der AST u.a. zwei Definitionen durchgesetzt: (i) $\mathcal{S}$ ist ein S. gdw $\mathcal{S}$ ist das geordnete Paar aus einem $\mathcal{M}$ u. einem $\mathcal{R}$, wobei $\mathcal{M}$ u. $\mathcal{R}$ nicht leer sind u. alle Elemente von $\mathcal{R}$ Relationen in $\mathcal{M}$ sind; $\mathcal{M}$ ist das *Universum* (die Trägermenge) von $\mathcal{S}$, $\mathcal{R}$ ist die *Struktur* (Ordnung, Organisation) von $\mathcal{S}$. Die Philosophie, aufgefaßt als Klasse von Disziplinen (= Universum), zwischen denen Relationen bestehen (= Struktur), bildet ein solches S. – Um die Redundanz der Mengensprache nicht weiter zu vermehren – das Definiens dient nicht selten auch zur Festlegung von ‚Relativ‘, ‚Relationsgebilde‘, ‚Relationensystem‘, ‚(konkrete) Struktur‘ – werden gelegentlich Zusatzforderungen (z.B. Einteilungen des Universums, Endlichkeit von $\mathcal{M}$ u. $\mathcal{R}$ usf.) erhoben. – (ii) $\mathcal{S}$ ist ein S. gdw $\mathcal{S}$ ist das Tripel aus einem $\mathcal{M}$, einem $\mathcal{R}$ u. einem $\mathcal{U}$, wobei $\mathcal{M}$, $\mathcal{R}$ nicht leer sind, die Elemente von $\mathcal{R}$ Relationen in der Vereinigung von $\mathcal{M}$ u. $\mathcal{U}$ sind u. der Schnitt von $\mathcal{M}$ u. $\mathcal{U}$ leer ist; $\mathcal{M}$ ist das *Universum* von $\mathcal{S}$, $\mathcal{R}$ die *Struktur,* $\mathcal{U}$ die *Umgebung*. Sei $\mathcal{M}^\cdot$ die Klasse der philosophischen Disziplinen, $\mathcal{U}^\cdot$ die Menge nichtphilosophischer Wissenschaften u. $\mathcal{R}^\cdot$ die Klasse der Relationen in der Vereinigung von $\mathcal{M}^\cdot$ u. $\mathcal{U}^\cdot$, dann ist die Philosophie als Tripel aus $\mathcal{M}^\cdot$, $\mathcal{R}^\cdot$, $\mathcal{U}^\cdot$ ein derartiges S. – 7.3. Unter Annahme von (i) läßt sich z.B. weiter definieren: $\mathcal{S}_1$ ist ein *(echtes) Subs.* von $\mathcal{S}_2$ gdw das Universum u. die Struktur von $\mathcal{S}_1$ jeweils (echte) Teilmengen des Universums u. der Struktur von $\mathcal{S}_2$ sind. – Bei Verwendung von (ii) ist z.B. definierbar: $\mathcal{S}$ ist ein in $\mathcal{T}$ *offenes/geschlossenes* S. gdw $\mathcal{T}$ Element der Struktur von $\mathcal{S}$ ist u. $\mathcal{T}$ wenigstens ein/kein Element der Umgebung von $\mathcal{S}$ zum Glied hat. – 7.4. Wie die Definitionen in 7.2. u. 7.3. zeigen, sind AST-Terme (u. damit auch die zugehörigen Theoreme) Terme (u. Theoreme) der Mengensprache; *reine,* d.h. nicht anwendungsbezogene, AST ist daher Mengentheorie. – Bez. der *Anwendbarkeit* der AST scheint bemerkenswert, daß *jede* Gegebenheit – bei entsprechender Reichhaltigkeit der jeweiligen Sprache – als S. betrachtet werden kann. – Die mit Mitteln der

AST durchgeführte Darstellung der philosophiegeschichtlich überkommenen Bestimmungen von ‚S'. sowie der zugeordneten Lehrstücke könnte diesen vor allem in der Debatte um die Natur der (insbes. philosophischen) Erkenntnis neues Gewicht verleihen.

Lit.: J. H. Lambert, Philosophische Schriften, Hildesheim VI (1967) 510–518 u. VII (1963) 385–413; Kant, KrV B 860ff.; K. L. Reinhold, Über das Fundament des philosophischen Wissens, Hamburg 1978; Fichte, Grundlage der gesamten Wissenschaftslehre (1794); Hegel, Enzyklopädie der philosophischen Wissenschaften im Grundrisse (1830) v. a. §§ 1–18; L. v. Bertalanffy, General System Theory, New York ⁶1976; O. Ritschl, System u. systematische Methode in der Geschichte des wissenschaftlichen Sprachgebrauchs u. der philosophischen Methodologie, Bonn 1906; A. Diemer (Hrsg.), System und Klassifikation in Wissenschaft u. Dokumentation, Meisenheim/Glan 1968; F. Kambartel, „System" u. „Begründung" als wissenschaftliche u. philosophische Ordnungsbegriffe bei u. vor Kant, in: ders., Theorie u. Begründung, Frankfurt 1976, 28–45; M. Bunge, Ontology II: A World of Systems, Dordrecht 1979, Kap. 1; N. Rescher, Cognitive Systematization, Oxford 1979; H. Lenk, Systemtheorie, in: Handbuch wissenschaftstheoretischer Begriffe III.

G. Siegwart

Szientismus. Als S. gilt eine Auffassung, nach der Rationalität mit Wissenschaftlichkeit u. Wissenschaftlichkeit wiederum mit der Befolgung jener methodologischen Standards, die für die Naturwissenschaften, insbesondere die Physik maßgeblich sind, zusammenfällt. Der Begriff des S. wurde *von den Gegnern* der unter diesem Namen angegriffenen Position geprägt; der Begriff hat stark negative Konnotationen. Es gibt keine Auffassung, die sich selbst als szientistisch bezeichnet.

Der Szientismusvorwurf stand im Mittelpunkt einer Kontroverse, die insbesondere in den 60er Jahren in der deutschen Soziologie unter dem Namen ‚Positivismusstreit' geführt wurde. Im Rahmen dieses Streites wurde von seiten der sog. Kritischen Theorie (insbesondere Adorno u. Habermas) ein Szientismusvorwurf gegen den logischen ↑Empirismus u. den ↑Kritischen Rationalismus (insbesondere Popper u. Albert) erhoben. Daß der S. von seiten der Kritischen Theorie angegriffen wird, ist dabei insofern zwingend, als die Unmöglichkeit *wissenschaftlicher* Werturteile sich aus der These des S. zwingend ergibt, diese Konsequenz aber auch die Durchführung der von der Kritischen Theorie intendierten Soziologie als wissenschaftlicher Gesellschafts*kritik* unmöglich macht. Man wird die in der frühen Phase des Logischen Empirismus vertretene Position in der Tat als szientistisch bezeichnen dürfen, wenngleich ein Teil der Vertreter des Logischen Empirismus für politische Ziele eintrat, die denen, die im Rahmen der Kritischen Theorie verfolgt werden, sehr ähnlich sind. Das entscheidende Problem des Positivismusstreites besteht aber in der Frage, ob in bezug auf den Kritischen Rationalismus der S.vorwurf *überhaupt berechtigt ist*. So hat Albert immer wieder darauf insistiert, daß der Kritische Rationalismus weder bestreitet, daß über Normen und Werte rational diskutiert werden könne, noch, daß die Wissenschaften auf Norm- u. Wertentscheidungen beruhen. Der Kern der von M. Weber übernommenen Wertfreiheitsforderung besteht nach Albert allein darin, daß wissenschaftliche *Theorien* keine Wertaussagen enthalten dürfen. Aus einer so verstandenen Wertfreiheitsforderung folgt aber nicht, daß Normen u. Werte rationaler Beurteilung nicht fähig seien. So scheint der Positivismusstreit auf einem systematischen Mißverständnis zu beruhen: Der S.vorwurf der Kritischen Theorie mag berechtigt sein gegenüber dem Logischen Empirismus der 20er Jahre, eine Position, die *im* Positivismusstreit jedoch niemand vertrat; hingegen dürfte der S.vorwurf gegenüber jeder der im Streit vertretenen Positionen unberechtigt sein.

Lit.: Th. W. Adorno u.a., Der Positivismusstreit in der deutschen Soziologie, Neuwied ⁹1981; H. Lenk, Pragmatische Philosophie, Hamburg 1975, bes. 56 ff.; H. Albert, Traktat über kritische Vernunft, Tübingen ⁴1981.

R. Hegselmann

T

Tathandlung ↑Idealismus, Selbstbewußtsein.

Tatsache. „T." (lat. „factum") hat umgangssprachlich u. philosophisch mehrere Bedeutungen, denen der Bezug zur ↑*Wahrheit* gemein ist, speziell der empirischen („faktischen", nicht notwendigen): (1) In Wendungen wie „es ist eine T." oder „tatsächlich" ist „T." meist *Synonym* für „Wahrheit" (vgl. Ramsey), bezogen vor allem auf empir. Sätze. (2) „T." bezeichnet (nach Frege u.a.) das, *was u. sofern* es (empir.) wahr ist. T.n in diesem Sinn sind eine Spezies der *Sachverhalte*, die mögliche Träger von Wahrheit *und* Falschheit umfassen. Da diese aber auch mögliche Träger anderer ↑Modalitäten sind (Wunsch, Befehl, Zweifel u.a.), bilden Sachverhalte u. T.n nur den alethischen Sonderfall einer Gattung, die modalitätsneutral mit dem Fachausdruck „*Proposition*" bezeichnet wird. Propositionen lassen sich als Bedeutungen von ↑Sätzen abzüglich ihrer Modi auffassen. Ob sie von Sätzen prinzipiell unabhängig, an sie gebunden oder gar mit ihnen identisch sind, ist umstritten (↑Sprache). Unhaltbar ist die (vom ↑Nominalismus) versuchte Reduktion auf syntaktisch definierte Satzausdrücke. Doch auch ein unspezifiziertes semantisches Kriterium wie das der logischen Äquivalenz (Carnap, Patzig) genügt nicht, da es mit Blick auf die nichtaleth. Modi zu weit ist u. die bedeutendsten semant. Fragen aufschiebt. Eine befriedigende Spezifizierung steht aus. (3) „T." wird auch das genannt, was eine Proposition oder ein Behaupten bzw. ↑Glauben wahr *macht* (Moore, Russell, Patzig u.a.). Als Synonym für „*Wahrheitsbedingung*" ist diese Verwendung unproblematisch, aber auch terminologisch entbehrlich. Werden T.n dagegen als propositional strukturierte (empir.) „*Gegebenheiten der Welt*" aufgefaßt, ist sie es bestenfalls für nicht komplexe empir. Sätze, wo T.n mit konkreten

Ereignissen identifizierbar sind. In allen anderen Fällen bleiben T.n ontologisch dubios (Annahme negativer u. genereller T.n, Problem der Falsifikation u.a.). Durchweg fraglich ist die unterstellte Unabhängigkeit von der Sprache. „T.n" in diesem Sinn sollten daher als vorläufige, vergegenständlichende Bezeichnung für ein *Problem* verstanden werden, das in einer (ausstehenden) adäquaten Theorie der empir. Wahrheit anders zu lösen ist.

Lit.: G. Frege, Der Gedanke; B. Russell, Die Philosophie d. logischen Atomismus; F. P. Ramsey, Tatsachen u. Sätze, in: ders., Grundlagen, Stuttgart 1980; J. L. Austin u. P. F. Strawson, in: Proc. Arist. Soc. Suppl. 24 (1950); G. Patzig, Satz u. T., in: ders., T.-Normen-Sätze, Stuttgart 1980; R. M. Chisholm, Person and Object, London 1976, Kap. IV.
G. Seebaß

Teil/Ganzes. 1. Alltag u. Wissenschaften kennen syntaktisch u. semantisch verschiedenste Vorkommen von ‚T.'/‚G.'. Die Bestimmungen reichen — methodisch betrachtet — von bildungssprachlichen Erläuterungen bis zu axiomatischen Charakterisierungen. — 2. Die (mengensprachliche) Darlegung *einiger* Bedeutungen beschränkt sich in 3.–7. auf die *zweistelligen Prädikate* „... ist T_n von (in, zu, bez.)...', „... ist G_n von (für, zu, bez.)...'; da diese als sog. *Reflexionsterme* zueinander konvers sind — x ist T_n von y gdw y ist G_n von x —, genügt die Betrachtung eines Prädikats. — 3. x *ist T_1 von* y gdw x ist Element von y; so ist die Mechanik T_1 der Physik (als Klasse physikalischer Disziplinen). Die strukturellen Eigenschaften der T_1-Relation ergeben sich aus der Festlegung der Elementschaft. — 4. x *ist T_2 von* y gdw x ist echte Teilmenge von y; in diesem Sinn ist die Menge der Kantianer T_2 der Menge der Philosophen. Die T_2-Relation ist irreflexiv, asymmetrisch u. transitiv. — 5. x *ist T_3 von* y gdw y ist Element von x; da die Nikomachische Ethik Elemente der Menge der philosophischen Klassiker ist, ist die Menge der philosophischen Klassiker (bzw. die Eigenschaft, philosophischer Klassiker zu sein) T_3 der Nikomachischen Ethik. — 6. x *ist T_4 von* y gdw y ist echte Teilmenge von x. So ist die Klasse der Logiker echte Teilmenge der Klasse der Wissenschaftler; damit ist die Menge der Wissenschaftler (bzw. die Eigenschaft, Wissenschaftler zu sein) T_4 der Menge der Logiker (bzw. der Eigenschaft, Logiker zu sein). — Die T_1-/T_2-Relation ist identisch mit der Konversen der T_3-/T_4-Relation. — 7. x *ist T_5 von* y gdw x ist echtes Subsystem von y (↑System 7.3.). Die Systemsprache bietet Mittel, zahlreiche weitere Bestimmungen von ‚T.'/‚G.' vorzunehmen, z. B.: x *ist $T_{5.1}$ von* y gdw x ist die Struktur oder das Universum von y; x *ist $T_{5.2}$ von* y gdw x ist Element des Universums oder der Struktur von y. — 8. Wenn f eine n-stellige Funktion (↑Relation 13.) mit $n \geq 2$ ist, so wird nicht selten der Funktionswert als G_6 betrachtet, während die Glieder des Arguments als T_6e gelten. 5 ist z. B. bez. der Summenfunktion G_6 des Arguments mit den Gliedern 2 und 3. (In zahlreichen philosophischen Kontexten scheint für ‚T_6'/‚G_6' bei Bedeutungswahrung ‚Geeintes-

/‚Einheit' einsetzbar.) – 9. In Anbetracht der in 3.–8. allenfalls anklingenden Bedeutungsvielfalt ist es geboten, jeder „theoretisch anspruchsvollen" Verwendung von ‚T.'/‚G.' (z.B. in den natur-, sozial- u. wissensphilosophischen Holismusdebatten) eine den Regeln der Ausdruckseinführung genügende *Festlegung* voranzustellen; *nur* dann werden die einschlägigen Thesen verständlich u. entscheidbar.

Lit.: F. Kaulbach u.a., G./T., in: HWPh III; P. Weingartner, Wissenschaftstheorie II 1, Stuttgart 1976, § 4.5; B. Smith (Hrsg.), Parts and Moments, München 1982. *G. Siegwart*

Teilhabe ↑Partizipation.

Teleologie (von griech. telos: Ziel, Zweck) ist die Lehre von der Zielgerichtetheit oder Zweckbestimmtheit einiger oder aller Strukturen und Vorgänge in der Welt. Der Ausdruck „T." wurde 1728 von Christian *Wolff* eingeführt. Die Thematik ist jedoch wesentlich älter. Teleologische (t.) Fragen beginnen mit „Wozu?". Die zugehörigen Antworten enthalten dann „um ... zu", „damit", „um ... willen". Bei t. Erklärungen wird also ein früheres Ereignis durch (oder jedenfalls unter Bezugnahme auf) spätere Ereignisse erklärt.

Bei *Platon* sind alle Dinge u. Vorgänge („Bewegungen") ausgerichtet auf die ↑Ideen, insbesondere des Wahren, Schönen, Guten. Von dort beziehen sie ihr Sosein, darin liegt ihr Zweck. Nach *Aristoteles* ist ein Vorgang erst dann vollständig erklärt, wenn alle seine „↑Ursachen" bekannt sind: Stoff, Form, Wirkursache u. Zweck. Dabei besitzt der Zweck den höchsten Rang. Ursprung u. Zweck liegen in den Dingen selbst. Für diesen Sachverhalt prägt Aristoteles das Wort „Entelechie" (das Innehaben eines Ziels). Die christliche Theologie hat diesen Doppelaspekt der T. übernommen. Nach *Thomas v. Aquin* ist der innere Zweck der Dinge ihr Dasein u. ihre Erhaltung; zugleich sind sie aber auf Gott bezogen, er ist Urgrund u. Endzweck allen Seins. Im t. *Gottesbeweis* wird die Existenz Gottes sogar über die Zweckmäßigkeit der Dinge nachgewiesen. In einer solchen Sicht liegt allerdings auch schon der Keim zum Verzicht auf jede T.: Eine Naturbetrachtung, die ohne Gott auskommt, wird auch keiner auf Gott bezogenen Ziele oder Zwecke bedürfen. Schon *Spinoza* erklärt t. Denken für anthropomorph, weil es Prinzipien aus dem Bereich menschlicher Handlungen auf die Natur übertrage. Tatsächlich haben die neuzeitlichen Wissenschaften mehr u. mehr auf t. Argumente verzichtet. *Leibniz, Wolff* u. *Kant* tragen dieser Entwicklung Rechnung, indem sie zwischen Kausalität u. Finalität zu vermitteln suchen, sie für vereinbar oder für gleichberechtigt erklären oder T. nur für gewisse Bereiche beanspruchen. Diese Versuche waren legitim, aber erfolglos. Der Grund dafür ist nicht, daß alle neuzeitlichen Forschungsansätze t. Fragen von vornherein ausgeblendet hätten u. deshalb t. Strukturen notwendig verfehlen müßten. Vielmehr haben sich t. Argumente regelmäßig als vorläufig, als übersetzbar oder als verfehlt erwiesen.

In der *Physik* spielen t. Erklärungen keine Rolle mehr. Noch *Kepler* erklärt, der Raum habe drei Dimensionen, *damit* wir darin ein Symbol für die Dreieinigkeit sehen mögen. Die Newtonsche Physik dagegen versucht, wo immer möglich, *Kausal*erklärungen zu geben, also den Zustand eines Systems aus vorhergehenden Zuständen zu erklären. Diesem Anspruch scheinen allerdings die *Extremalprinzipien* zu widersprechen. Sie besagen, daß unter allen denkbaren Alternativen gerade jene Vorgänge in der Welt verwirklicht sind, bei denen eine bestimmte physikalische Größe (Weg, Zeit, Wirkung) ihren größten oder kleinsten Wert annimmt. Solche Prinzipien wurden als Beweis für die Planung, für das vernünftige Wirken eines Schöpfers angesehen. Eine solche theologisch-t. Interpretation ist jedoch nicht haltbar, weil die Extremalprinzipien völlig *zeitsymmetrisch* sind u. weder eine finale noch eine kausale Deutung auszeichnen. Wenn die Physik gleichwohl kausale Erklärungen bevorzugt, so liegt das an der Anisotropie der Zeit, an der Tatsache, daß sich Vergangenheit und Zukunft unterscheiden. Alle uns bekannten Prozesse wirken in die Zukunft, nicht in die Vergangenheit.

In der *Biologie* ist das Problem komplizierter. Keine Wissenschaft vom Leben ist vollständig, die nicht auch die unverkennbare *Zweckmäßigkeit* organismischer Strukturen erklärt. Die kausal-mechanistische Erklärungsweise der Newtonschen Physik leistet dies nicht. Kant hat daraus geschlossen, daß uns eine kausale Erklärung zweckmäßiger Strukturen versagt bleiben müsse u. wir auf t. Erklärungsprinzipien unabdingbar angewiesen sein. Einen „Newton des Grashalms" könne u. werde es nicht geben.

Tatsächlich stellt auch der moderne Biologe die Frage „Wozu?" (Wozu trug der Stegosaurus Knochenplatten?) u. versucht, sie zu beantworten. Frage und Antwort sind jedoch nur scheinbar t. Sie sind Kurzfassungen *kausaler* Formulierungen. Frage: Welche *Funktion* ist es, deren arterhaltender Wert evolutiv zur Ausbildung dieser funktionellen Struktur entwickelt hat? Antwort: Solche Individuen, deren Genom (zufällig) die Information zu dieser funktionellen Struktur enthielt, waren (notwendig) erfolgreicher u. konnten diese genetische Information an mehr Nachkommen weitergeben. (Der Stegosaurus trug Knochenplatten, *weil* seine Vorfahren dadurch ihre Körpertemperatur besser regulieren konnten.) Frage und Antwort beziehen sich also auf den *Selektionswert* der betreffenden Struktur. Der Newton des Grashalms ist somit Darwin, vielleicht gemeinsam mit Genetikern (Mendel), Molekularbiologen (Watson, Crick) u. Biogenetikern (Eigen).

Die Evolutionstheorie macht finale, t., vitalistische Hypothesen entbehrlich. Sie zeigt andererseits, inwieweit eine t. *Sprechweise* legitim ist (nämlich soweit, wie sie in eine kausale übersetzbar ist). Um diesem biologischen Sachverhalt auch terminologisch jeden metaphysischen Beigeschmack zu nehmen, prägte Pittendrigh 1956 das Neuwort „*Teleonomie*". Es soll den wissenschaftlich vertretbaren Kern von Zweck-

Teleonomie

mäßigkeitsbetrachtungen kennzeichnen u. bedeutet „programmgesteuerte, arterhaltende Zweckmäßigkeit als Ergebnis eines evolutiven Prozesses (nicht als Werk eines planenden, zwecksetzenden Wesens)". Die Programmsteuerung erstreckt sich natürlich nur auf die Individualentwicklung oder Ontogenese, nicht auf die Stammesgeschichte oder Phylogenese. Teleonomie ist keine Lehre (wie T.), sondern eine Eigenschaft (wie Autonomie). Die Zweckmäßigkeit einer Struktur liefert allerdings noch keine Erklärung; sie legt nur die Annahme nahe, daß eine evolutive Erklärung möglich sei. Teleonomische Strukturen stellen neuartige Kausalitätsprobleme. Da die Programmsteuerung im Organismus wesentlich über Regelkreise erfolgt, muß der traditionelle Begriff der (linearen) Kausalität zu dem einer kybernetischen (zyklischen) Kausalität erweitert werden. Auch philosophisch ist der Begriff der zyklischen Kausalität noch nicht ausreichend geklärt.

Im Bereich der menschlichen Handlungen gibt es Zwecke, Zielsetzungen, Wertungen. Deshalb sind dort t. Fragestellungen durchaus sinnvoll. Auch hier wird man jedoch nicht bei finalen Erklärungen stehenbleiben, sondern die *vorgestellten* Ziele als *Ursachen* für eigene und fremde Handlungen deuten. Eine tatsächliche Rückwirkung der Zukunft auf die Gegenwart gibt es auch hier nicht.

Lit.: Aristoteles, Met.; Kant, Kritik der Urteilskraft, 2. Teil; W. Stegmüller, Wissenschaftliche Erklärung u. Begründung, Studienausgabe Teil 4, Berlin ²1974; R. Bubner (Hrsg.), T., Neue Hefte für Philosophie 20 (1981); H. Poser (Hrsg.), Formen t. Denkens, Berlin 1981; R. Spaemann/R. Löw, Die Frage Wozu? München 1981; E.-M. Engels, Die T. des Lebendigen, Berlin 1982. *G. Vollmer*

Teleonomie ↑Teleologie.

Terminismus ↑Nominalismus.

Theismus ↑Gott.

Theodizee. Dieses Kunstwort aus dem Griechischen (theou dike = Rechtfertigung Gottes) schrieb Leibniz 1710 über seine „Versuche ... über die Güte Gottes, die Freiheit des Menschen u. den Ursprung des Übels". Es besagt, nach Kant (Akad.-Ausg. VIII 255), „die Verteidigung der höchsten Weisheit des Welturhebers gegen die Anklage, welche die Vernunft aus dem Zweckwidrigen in der Welt gegen jene erhebt". Die Erfahrungsbasis dieser Anklage ist das übermächtig erscheinende Üble u. Böse aller Art (1). Die Lösungsversuche des Th.-Problems sind verschiedenartig (2), u. sie helfen eine Strecke weiter (3), zeigen aber ein letztes existentielles Ungenügen bloßer Philosophie an (4).

(1) Eine Aufzählung des vielfachen physischen Übels und Moralisch-Bösen in den verschiedensten Bereichen von Welt u. menschlichem Leben muß in ihrer Abstraktheit beinahe verharmlosend wirken: Naturkatastrophen wie Erdbeben, Überschwemmungen, Hurrikane; Qual von Tier u. Mensch durch Krankheit

u. Tod; Folter, Mord, Krieg; Verführung, Verleumdung, Haß u. Neid ...
Der erregendste Grenzfall, mit der Konsequenz der Absage an Gott, war das Leiden Schuldloser wie für F. Dostojewski (Die Brüder Karamasoff), so für A. Camus (Die Pest, 1949, 208 f.): „Ich werde mich bis in den Tod hinein weigern, die Schöpfung zu lieben, in der Kinder gemartert werden."

(2) Laktanz (De ira Dei 13) schlüsselt das Problem der Th., indem er Epikur (Fragm. 374) antwortet, so auf (und daran können sich die philosophischen Antwortversuche anschließen): daß Gott das Übel in der Welt verhindern entweder (1) kann u. will, oder (2) zwar will, aber nicht kann, oder (3) kann, aber nicht will, oder (4) weder kann noch will. *Annahme 1* scheint zwingend nahegelegt durch die theistische Sicht von Gott als dem unendlich mächtigen, weisen u. gütigen Grund u. Ziel von Welt u. Mensch; aber gerade sie wird durch die Erfahrung widerlegt. – Auf *Annahme 2* laufen dualistische Theorien von zwei gleichursprünglichen, im Kampf miteinander liegenden Prinzipien für das Gute bzw. das Böse hinaus, so in etwa der altiranische Parsismus, bei Jakob Böhme, dem späten Schelling. Jedenfalls scheint eine Einschränkung der Macht Gottes eher erträglich als die Vorstellung von einem böswillig grausamen Weltenherrn. – Zumindest in die Nähe von *Annahme 4* geraten Auffassungen, für die das Negative ein notwendiges (Durchgangs-)Moment des Selbstwerdens des Göttlichen oder von Gott, Welt und Mensch ist, etwa in antikem Fatalismus, als Systemtrend bei Hegel oder Teilhard de Chardin. Hier muß wohl auch Leibniz u. jeder sonstige Optimismus rangieren, der diese bestehende Welt für – undenkbarer Gedanke – die bestmögliche hält, mit dem Versuch, ihre Endlichkeit zum notwendigen „metaphysischen Übel" zu stilisieren. Die pessimistische Gegenposition, wonach die Welt die schlechtestmögliche ist (A. Schopenhauer, E. v. Hartmann), tritt konsequenterweise als heroischer oder resignierter Nihilismus u. Atheismus auf; sie löst das Th.-Problem nicht, sondern beseitigt es nur, indem sie den Adressaten der Anklage gegen Gott ausstreicht. – Bleibt *Annahme 3* zu befragen nach der Möglichkeit eines Urhebers der Welt, der das in ihr erfahrungsgemäß herrschende Übel verhindern könnte, dies aber nicht will – ohne daß er als sadistischer Tyrann, der seine eigenen Kinder verschlingt, erscheinen muß.

(3) In der philosophischen Tradition hat besonders Augustinus wichtige Antwortmomente bereitgestellt: Das Übel ist seiner ontologischen Struktur nach nur *Mangel* (Defekt, Privation), der als solcher keiner eigentlichen effizienten oder Wirk-Ursache bedarf. Gott kann jedenfalls moralisches Übel (theologisch: Sünde) nicht an sich wollen, das widerspräche seinem vollkommenen Gutsein – „Gott ist nicht schuld" (Platon, Rep. 617 e) –; er kann es nur *zulassen*, im Sinne von nichtverhindern. Der auch für bloßes Zulassen erforderliche Grund: Gott kann selbst das Böse zum Anlaß nehmen für *größeres Gutes*, auf indirekte

Weise (per accidens), wie Thomas v. Aquin verdeutlicht (Summa theol. I 19,9 ad 1; s. Kern 559–567). Sehen wir ab von mehr vordergründigen Anwendungsfällen des gewiß prekären Axioms vom „größeren Guten": daß etwa, wie die Gazelle für ihren behenden Morgensport auf die Löwen angewiesen ist, so die Menschheit, bislang wenigstens, für ihren kulturellen Fortschritt auf die Herausforderung durch Mängel u. Leiden ... Die Frage nach dem Warum der Zulassung erreicht die letzte Schärfe angesichts des – inhumansten – Mißbrauchs der menschlichen Freiheit. Oft wird gesagt, hier stoße Gott an eine von ihm selbst gesetzte Grenze, die er respektiere um der Freiheit des Menschen willen, der sich zu Gutem oder Bösem entscheiden kann, entscheiden können muß.

(4) Diese Antwort trägt jedoch, auch mit Zusatzverweis auf Jenseitsausgleich, letztlich nicht durch. Scharfsinnigster Theologendisput (um 1600) setzte, trotz Kontroverse über die Mittel und Wege, Einverständnis darüber voraus, daß Gott kraft ewiger Macht den Mißbrauch der Freiheit des Menschen hätte hintanhalten können, ohne daß das vor allem Bösen bewahrende Vorwalten von Gottes Wissen bzw. Willen die menschliche Freiheitsentscheidung irgend beeinträchtigt hätte. Gott hätte vielmehr weit stärker, als dies im tatsächlichen Weltzustand der Fall ist, die ↑Freiheit des Menschen (die Wesensbestimmung zum Guten ist!) zu sich selbst befreit. Hier sei nur festgehalten, daß die Warum-Frage nach der Zulassung des Bösen durch Gott sich gegen alle Antwortangebote der Philosophie durchhält. Darüber muß diese Auskunft ebenso versagen wie über die Reaktion Gottes auf jenen Grundbefund des menschlichen Daseins, der Schuld heißt. – Der christliche Kreuzesglaube verheißt, über theoretische Lösung des Th.-Problems hinaus, Gottes allmächtige Liebe *erlöse* Schuld zu größerem Glück („felix culpa"; s. Kern-Splett 856–859; Kern 568–580): in einer überbietenden Entsprechung zu jenem „Stirb und werde!", ohne das der Mensch nur ein trüber Gast wäre auf dieser Erde.

Lit.: Leibniz, Die Th.; C. S. Lewis, Über den Schmerz, Freiburg ²1966; F. Billicsich, Das Problem des Übels in der Philosophie des Abendlandes, Wien I ²1955, II 1952, III 1959; B. Welte, Über das Böse, Freiburg 1959; Ch. Journet, Vom Geheimnis des Bösen, Essen 1963; W. Kern/J. Splett, Th.-Problem, in: Sacramentum mundi IV, Freiburg 1969, 848–860; W. Kern, Th.: Kosmodizee durch Christus, in: Mysterium Salutis III/2, Einsiedeln 1969, 549–580; W. Brugger, Summe einer philosophischen Gotteslehre, München 1979, 409–427. *W. Kern*

Theologie. Seit dem Hochmittelalter bezeichnet ‚T.' die wissenschaftliche Bearbeitung der Inhalte der christlichen Religion. Die so verstandene T. ist ein genuines Produkt des Christentums. Wo gegenwärtig gleichwohl von T. z. B. nichtchristlicher Religionen gesprochen wird, geschieht das in abgeleiteter Weise. Die Okkupation des T.begriffs durch das Christentum ist nicht zureichend daraus zu erklären, daß es den Wahrheitsanspruch der griechischen

Philosophie zu integrieren oder gar zu überbieten trachtet. Denn für die wissenschaftlich-systematische Darstellung seiner Glaubensinhalte kann das Christentum weder auf Vorbilder im jüdischen noch im griechisch-römischen Denkraum zurückgreifen. Bei *Platon,* wo der Begriff T. zum ersten Mal belegt ist (Rep. 379 a), meint er die von Platon selber kritisch beurteilte Götterlehre der Mythendichter. Auch *Aristoteles* bedient sich dieses Sprachgebrauchs. Aber daneben verwendet er auch zweimal den Ausdruck ‚theologike‘ (Met. 1026a19; 1064b3), durch den er die ↑Metaphysik als die nach Physik u. Mathematik höchste der drei theoretischen Wissenschaften bezeichnet. Gleichwohl dominiert zunächst weiterhin das Verständnis der T. als religiös-mythischer Rede. Erst in der ↑*Stoa* wird der Begriff ‚T.‘ zur Bezeichnung der philosophischen Teildisziplin benutzt, die sich mit der physischen Interpretation des Göttlichen beschäftigt. Der darin angelegte Versuch zur Vermittlung der philosophischen mit der religiös-mythischen T. schlägt sich in der Unterscheidung dreier Arten von T. nieder: Neben die ‚mythische‘ T. der Dichter treten die ‚natürliche‘ T. der Philosophen u. die ‚politische‘ T. der Gesetzgeber. Aber erst im Neuplatonismus findet der T.begriff breite Verwendung, was nicht nur auf die Nähe der spätantiken Philosophie zur Religion, sondern ebenso auf die inzwischen erfolgte Indienstnahme des T.begriffs durch das Christentum hinweist.

Der Begriff ‚T.‘ fehlt im Neuen Testament u. bei den apostolischen Vätern. Vorbereitet durch die alexandrinische T. kommt es dann im 4. Jh. zu seiner entscheidenden Neuprägung. In Antithese zum mythisch-religiösen Verständnis zielt die Kirche mit dem T.begriff auf das Bekenntnis zum Schöpfer- und Erlöser-Gott, so daß er zum Charakteristikum der aus dem trinitarischen u. christologischen Streit siegreich hervorgehenden Orthodoxie wird, die ihn aber allein auf die von der Heilsvermittlung (oikonomia) unterschiedene Gotteslehre im engen Sinn bezieht. Erst in der Hochscholastik des 12. u. 13. Jh. setzt sich der weite Sprachgebrauch des bis dahin im lateinischen Sprachbereich selten gebrauchten Fremdwortes ‚theologia‘ so durch, daß T. die *wissenschaftliche* Darstellung der christlichen Lehre überhaupt (sacra doctrina) bezeichnet. Insbesondere aufgrund der *Aristoteles*-Rezeption wird der Wissenschaftscharakter der T. genauer bestimmt, so daß sie auch nicht länger als Weisheit (sapientia), sondern als Wissenschaft (scientia) aufgefaßt wird. Damit bleibt zwar das Gegenüber von t. u. philosophischer T. erhalten. Aber die in der Antike vorherrschende Spannung von mythischer u. philosophischer T. wird so überwunden, daß das Bekenntnis zu Gott seine wissenschaftliche Rechtfertigung impliziert. Das geschieht bei *Thomas v. Aquin* dadurch, daß er die T. als abgeleitete theoretische Wissenschaft (scientia subordinata bzw. subalternata) zu begründen versucht, wozu er die auf Autorität hin vorausgesetzten geoffenbarten u. im Wissen Gottes u. der Seligen evidenten Glaubenswahrheiten zu den der

T. übergeordneten Prinzipien erklärt. Indem jedoch insbesondere *Duns Scotus* die den Prinzipien zugesprochene Evidenz bezweifelt, setzt sich in der skotistisch-ockhamistischen u. später auch reformatorischen Tradition das wiederum an Aristoteles orientierte Verständnis der T. als *praktischer* Wissenschaft durch, derzufolge Gott als letztes Ziel zugleich den menschlichen Willen teleologisch bestimmt. Die Darstellung des final auf Gott u. die Seligkeit hingeordneten Menschen schließt die gesamte heilsgeschichtliche Thematik ein.

Indem die mittelalterliche wie auch die evangelisch-nachreformatorische u. die katholisch-nachtridentinische T. den von Aristoteles überkommenen Begriff der praktischen Wissenschaft selbständig weiterentwickeln, kann ihr wissenschaftliches als *darstellendes* Tun interpretiert werden. Die als gegeben vorausgesetzten Glaubensinhalte werden mittels bestimmter Methoden geordnet, ohne daß das darstellende Tun in die Substanz der Inhalte verändernd eingreift. Ebensowenig spielen für das darstellende Tun das Subjekt des Theologen oder des religiösen Bewußtseins eine entscheidende Rolle. Das ändert sich jedoch unter den Bedingungen der Moderne, die sich in der evangelischen T. seit dem Ende des 18. Jh. Geltung verschaffen u. in der offiziellen katholischen T. seit dem II. Vatikanischen Konzil vollends sanktioniert werden. Für diese Veränderung ist ein Paradigmawechsel grundlegend, bei dem die strikte *Unterscheidung von Religion u. T.* so Pate steht, daß der lebensweltlich verorteten Religion die bewußt professionalisierte T. gegenübersteht. Gleichwohl geht die T. von der gegebenen christlichen Religion so aus, daß sie jeweils innerhalb des historischen Kontinuums wechselnde inhaltliche Bestimmtheiten des religiösen Bewußtseins wie Frömmigkeit, sittlich-religiöse Persönlichkeit, Wiedergeburt, Entscheidung, unbedingtes Getroffensein etc. zum Ausgangspunkt ihres *(re-)konstruierenden* Tuns wählt. Auf diese Weise wiederholt die solchermaßen als *positive* Wissenschaft (Schleiermacher u. a.) verstandene T. nicht bloß den tradierten Lehrbestand; vielmehr erhebt sie die Bestimmtheiten des religiösen Bewußtseins so zu Konstruktionsprinzipien, daß sie unter deren Ägide den überkommenen Themenbestand rekonstruiert. Die Rekonstruktion der tradierten Inhalte dient dann immer zugleich der Durchsetzung des zum Leitfaden der Rekonstruktion gewählten Konstruktionsprinzips. Die Hinwendung zur selbständigen Rekonstruktion findet ihren Niederschlag im *positionellen* Charakter der T., der zugleich den weltanschaulichen *Pluralismus* der modernen Gesellschaft widerspiegelt. Zur *konfessionellen* Prägung der T. tritt also ihre positionelle Innendifferenzierung hinzu, die im 19. Jh. u. in der ersten Hälfte des 20. Jh. durch schulmäßig geprägte Positionen u. gegenwärtig zunehmend durch die T.en einzelner Theologen repräsentiert wird.

Trotz ihrer pluralistischen Verfaßtheit besteht über den enzyklopädischen Aufbau der T. insoweit Übereinstimmung, als ihre Einzeldisziplinen den Bereichen der *histori-*

schen (Exegese des Alten u. Neuen Testaments, Kirchen- und Dogmenbzw. T.-Geschichte), *systematischen* (Dogmatik u. Ethik) u. *praktischen* T. (Homiletik, Seelsorge, Liturgie, Religionspädagogik) zugeordnet werden können. Insbesondere die systematische T., die auf die Gegenwartsrelevanz des Christentums abhebt, baut auf einer die frühere Apologetik ablösenden Fundamentalt. auf, um unter Einbeziehung religionsphilosophischer und sozial- u. humanwissenschaftlicher Fragestellungen die religiöse Dimension des Menschen offenzulegen. Weniger eindeutig fällt die Klärung des T.begriffs selber aus, was insbesondere durch die unterschiedliche Verhältnisbestimmung von *Kirchlichkeit* u. *Wissenschaftlichkeit* der T. u. damit auch von T. u. Glaube bzw. Religion bedingt ist. Wird die T. als ‚Glaubenswissenschaft' bestimmt, so impliziert das zwar ihren kirchlichen Charakter. Aber versteht sie sich ausschließlich als kirchliche Wissenschaft, so ist sie nicht in der Lage, ihren Ort innerhalb der an staatlichen Universitäten vertretenen Wissenschaften zu behaupten. Insofern ist die T. besser beraten, wenn sie von ihrer Bestimmung als Wissenschaft ausgeht, so daß dann die Kirchlichkeit nicht ein Prädikat ihrer selbst darstellt, sondern im Kontext der von ihr rekonstruierten Inhalte reflektiert wird. Infolge der positionell-pluralistischen Verfaßtheit, durch die nicht nur die T., sondern der gegenwärtige Wissenschaftsbetrieb überhaupt gekennzeichnet ist, wird ihr wissenschaftlicher Charakter unterschiedlich bestimmt.

Lit.: Thomas v. Aquin, Summa theol. I q.1; F. Schleiermacher, Kurze Darstellung des t. Studiums (1810, ²1830), Darmstadt 1973; J. S. Drey, Kurze Einleitung in das Studium der T. (1819), Darmstadt 1971; F. Kattenbusch, Die Entstehung einer christlichen T. (1930), Darmstadt 1962; G. Ebeling u. a. Art. T., in: Religion in Geschichte u. Gegenwart ³VI, Tübingen 1962, 734–782; C. H. Ratschow, Lutherische Dogmatik zwischen Reformation und Aufklärung, Teil I, Gütersloh 1964, Kap. I; E. Neuhäusler u. F. Gössmann. Was ist T.? München 1966; P. Neuenzeit (Hrsg.), Die Funktion der T. in Kirche und Gesellschaft, München 1969; K. Rahner, T., in: Sacramentum Mundi IV, Freiburg 1969, 860–874; W. Pannenberg, Wissenschaftstheorie und T., Frankfurt 1973; U. Köpf, Die Anfänge der t. Wissenschaftstheorie im 13. Jh., Tübingen 1974; M. Gatzemeier, T. als Wissenschaft? 2 Bde., Stuttgart 1974/75; H. Peukert, Wissenschaftstheorie – Handlungstheorie – Fundamentale T., Düsseldorf 1976.   *F. Wagner*

Theorie (griech.: bewundernd-forschendes Schauen) bezeichnet (1) im *klassischen* Sinn bei *Aristoteles* im Unterschied zum *praktischen* Leben als Bürger der Polis u. zum *genußhaften* Leben das Leben in der Schau des unwandelbar Seienden u. Göttlichen. Demgemäß bezeichnet er Physik, Mathematik u. ↑Metaphysik als theoretische Wissenschaften, wogegen das Denken, das Handeln u. technisches Herstellen begleitet, nicht T. heißt, da es *Veränderliches* zum Gegenstand hat. Als selbstzweckliche Tätigkeit ist die T. nach Aristoteles die höchste, den Menschen dem Gotte angleichende Existenzweise. Eine Radikalisierung erfährt der klassische T.begriff durch

Plotins Unterscheidung zwischen Logos u. T., insofern er diese als Schau des Einen (Hen) – vorgestellt in der Weise der mystischen Einigung – dem Logos als diskursivem Wissen überordnet. Von daher wird die aus der Antike stammende Höherbewertung der vita contemplativa gegenüber der vita activa im Mittelalter umso verständlicher. Bei *Scotus* schlägt das von der T. bestimmte Ideal der Gotteserkenntnis in die Gottesliebe als Willensakt u. damit *praktischen* Akt um. Die T. im aristotelischen Sinne lebt der Sache nach auch in der Neuzeit, besonders bei *Leibniz* u. *Wolff,* weiter. Die von diesem für die Einteilung der Philosophie wiederaufgenommene Unterscheidung zwischen theoretischer u. praktischer Philosophie beeinflußt in starkem Maße das Denken *Kants,* der in der theoretischen Philosophie Gott nur mehr als regulative ↑Idee zuläßt u. der T. damit ihr bisheriges Zentrum nimmt. Bei *Marx* beginnt insofern ein neues Verständnis von T., als der Primat des Praktischen, schon von *Kant* behauptet, nun systemkonstitutiv wird. Gegen ein Verständnis von T. als Rekonstruktion angeblich vernünftiger Wirklichkeit *(Hegel)* ist wahre Philosophie für ihn ein Moment an der Bewegung der Geschichte auf ihre humane Vollendung hin. Im Neomarxismus der Frankfurter Schule *(M. Horkheimer, Th. W. Adorno)* kommt es im Anschluß an Marx zur Herausbildung der (2) *kritischen* T. Als Betrachtung der gegenwärtigen Wirklichkeit unter der Rücksicht ihrer Veränderbarkeit hin zur Herrschaftsfreiheit begreift sie das Ganze, das zu verstehen sie mit der klassischen T. verbindet, im Unterschied zu dieser nicht als objektiv-statische, sondern dialektische, sich geschichtlich-gesellschaftlich verwirklichende, d.h. noch ausstehende Größe. Als Ausdruck einer entfremdeten Gesellschaft kritisiert die kritische T. die von ihr sog. (3) *traditionelle* T., die – vornehmlich im Anschluß an *Descartes* – eine geschichtslose, angeblich wertfreie Wissenschaft konstituiere. Die kritische T. greift damit vor allem das funktionalistische Wissenschaftsverständnis des (Neo-)Positivismus an, dessen Erkenntnisinteresse Systemstabilisierung sei, indem er die gesellschaftlich-geschichtliche Bedingtheit der theoretisch verwerteten Daten unkritisch außer acht lasse.

Lit.: Aristoteles, Met. VI 1, Nik. Eth. I 3; Plotin, Enneade VI 9,4,24–26; Kant, KrV B 661; M. Horkheimer, Kritische T., hrsg. v. A. Schmidt, bes. Bd. II, Frankfurt ³1977; Th. W. Adorno u.a., Der Positivismusstreit in der deutschen Soziologie, Neuwied ⁹1981; J. Habermas, T. u. Praxis, Frankfurt 1978; N. Lobkowicz, Theory and Practice, London 1967; M. Theunissen, Gesellschaft u. Geschichte. Zur Kritik der kritischen T., Berlin 1969; J. Ritter, Die Lehre vom Ursprung u. Sinn der T. bei Aristoteles, in: ders., Metaphysik u. Politik, Frankfurt 1969, 9–33; A. Schmidt, Zur Idee der kritischen T., Frankfurt 1979. *K. Schanné*

These/Antithese/Synthese ↑Dialektik.

Thomismus ↑Scholastik, Form, Wesen.

Token ↑Zeichen.

Totalität †Teil/Ganzes.

Transzendent, Transzendenz. T. ist das, was das unmittelbar, d. h. sinnlich Gegebene übersteigt (lat: transcendere). Bei *Platon* erreicht der Überstieg sein Ziel in der †Idee, wobei die Ideen die Sinneswelt, die Idee des Guten den Bereich der Ideen selbst transzendiert (Rep. 509 b). Diese zweifache *seins*mäßige T. bietet, in der Vermittlung durch den †Neuplatonismus, das Modell, mittels dessen das Christentum das Verhältnis Gottes zur Welt aussagt. Das Augustinische transcende te ipsum (übersteige dich selbst!) modifiziert die Erkenntnis des T.en zu einem *existentiellen* Akt, der den ganzen Menschen in eine aufsteigende Bewegung zu Gott hin bringt (vgl. auch Pascals „l'homme passe infiniment l'homme": der Mensch übersteigt unendlich den Menschen, Pensées, Frg. 434). *Kant* unterscheidet erstmals das T.e als streng *Unerkennbares* u. nur vom Denken zu Forderndes vom Transzendentalen als *erkennbarer* Bedingung der Möglichkeit von Erkenntnis. Durch den ihm eigenen Seinsbegriff eröffnet *M. Heidegger* eine neue Perspektive des T.en, indem er das Sein der philosophischen Tradition als selbst Seiendes u. damit nicht eigentlich t. kritisiert (vgl. auch K. *Jaspers* Begriff des „Umgreifenden"). Dieses Denken berührt sich mit *L. Wittgensteins* Konzeption des „Mystischen". Aber auch das ausdrücklich theistische Denken der Gegenwart betont in seiner Rede vom „Vorgriff" auf das Sein in allem Erkennen u. Handeln dessen nichtobjekthaften Charakter *(H. Krings,* *K. Rahner).* Sind diese drei Strömungen stärker an einem vertikalen T.modell orientiert, so legt *E. Bloch* das T.e als absolute Zukunft u. sie intendierende Hoffnung aus.

Lit.: Augustinus, De vera religione, c. 39, n.72 (Corpus Christianorum, Series Latina XXXII); Kant, KrV B 349 ff.; L. Wittgenstein, Tractatus logico-philosophicus 6.45; M. Heidegger, Vom Wesen des Grundes, Frankfurt ⁶1973; E. Bloch, Das Prinzip Hoffnung, 3 Bde., Berlin 1954–59; H. Krings, T.ale Logik, München 1964; H. Kuhn, Der Weg vom Bewußtsein zum Sein, Stuttgart 1981. *K. Schanné*

Transzendentalien nennt man Bestimmungen, die jedem Seienden als solchem zukommen, also Grundzüge des Seins selbst. Sie heißen so, weil sie durch alle Klassen der empirischen Prädikate (die †Kategorien) hindurch u. über diese hinaus gehen (transcendere, lat. = übersteigen). – Aus Ansätzen bei *Platon* (Philebos, Symposion, Rep. VI usw.) u. *Aristoteles* (Met. II 1; IV 2 u. 5; XI 10; Nik. Eth. I 4–6 usw.) hat erst die Hochscholastik eine eigene Lehre von den T. entfaltet (Philipp der Kanzler, Summa de bono, ca. 1235). Berühmt wurde sie vor allem in der Fassung, die *Thomas v. Aquin* ihr gegeben hat, z. B. in De veritate I 1. Die Liste der aufeinander nicht weiter reduzierbaren Bestimmungen, die als T. gelten können, schwankt je nach den Autoren. Nach der Basis-Notion des „Seienden" (ens) wird bei fast allen Autoren genannt: „Eines" (unum), „Intelligibel" (verum) u. „†Gutes" (bonum). Häufig werden noch aufgeführt: „Etwas" (res, als nähere Bestimmung des ens), „Bestimmtes" (aliquid, als nähere Entfaltung des unum) u. „Schönes" (pulchrum, als Einheit von verum u. bonum). Als T. sind diese Notionen miteinander konvertibel, nämlich über den Begriff des Seienden: jedes Seiende ist an ihm selbst eines, eines bestimmten Wesens, intelligibel usw. Die dürre Erwähnung, die die T.-Lehre in Kants „Kritik der reinen Vernunft" (B 113 f.) findet, ist ein Echo der rationalistischen Austrocknung der T.-Lehre in der späten ↑Scholastik. Mit seiner eigenen, nicht zufällig ähnlich benannten ↑Transzendentalphilosophie begann Kant jedoch – der Sache nach – eine Erneuerung der Reflexion über die T., die von den Idealisten fortgeführt wurde, freilich nicht mehr unter dem alten Namen.

Die T. geben die Sinnstruktur des Seins des Seienden an. Sein ist jeweils das aktuelle Dasein u. das So-und-so-Bestimmtsein eines Seienden. Alles, was uns in einem prägnanten Sinn als seiend gilt, weist eine innere Einheit (Selbstidentität in seinen Teilen, Veränderungen u. Beziehungen) auf, die sich in dem Maße steigert, als man den Stufenbau des Wirklichen (Anorganisches, Pflanze, Tier, Mensch) durchläuft. Alles Erkennen (auch noch die kritische Bewertung der eigenen Erkenntnis-Ansprüche) ist letzten Endes dadurch ermöglicht, daß zum Sein des zu Erkennenden selbst ein gewisses Eröffnetsein in unserer Sinnlichkeit u. Geistigkeit gehört. Objektive ethische Urteile über die zu achtende Würde eines Seienden kommen nicht ohne die Annahme aus, daß es eine Gutheit gibt, die mit dem Sein des betreffenden Seienden identisch ist. Daraus ergibt sich einerseits, daß das Sein mehr ist als „Tatsächlichkeit", u. andererseits, daß das menschliche Erkennen u. Lieben für die volle Konstitution der Wirklichkeit, wie wir sie erleben, eine wesentliche Rolle spielt, obwohl deren Intelligibilität u. Gutheit natürlich nicht erst durch menschliche Setzung zustande kommen, sondern auf eine ursprungshafte ↑Identität von Sein, Wahrheit u. Gutheit verweisen.

Lit.: G. Schulemann, Die Lehre von den T. in der scholastischen Philosophie, Leipzig 1929; L. Oeing-Hanhoff, Ens et unum convertuntur, Münster 1953; G. Siewerth, in: Philos. Jahrb. 66 (1958) u. 68 (1960); M. Heidegger, Identität u. Differenz, Pfullingen 1957; G. Pöltner, Schönheit, Wien 1978; J. B. Lotz, Mensch-Sein-Mensch, Rom 1982. *G. Haeffner*

Transzendentalphilosophie, transzendental. Der Terminus T. ist von *I. Kant* in seiner ‚Kritik der reinen Vernunft' zur Bezeichnung des Eigentümlichen von Methode u. Inhalt seiner als ↑Kritizismus durchgeführten Theorie der Erkenntnis eingeführt worden. Im Unterschied zu unserer lebensweltlichen Alltagserkenntnis von Objekten, die uns umgeben, u. im Unterschied zur wissenschaftlichen Erkenntnis von durch theoretische Entwürfe definierten Klassen von Objekten u. der Gesetzmäßigkeiten ihres Zusammenhangs ist eine Erkenntnis genau dann t., wenn sie sich nicht mit Objekten, sondern mit unserer Erkenntnisart von Objekten, insofern sie a priori, d. h. in strenger Allgemeinheit u.

Notwendigkeit möglich sein soll, beschäftigt. Die zentrale These der Kantischen T. lautet, daß sich t. Erkenntnisse als die notwendigen u. daher universal geltenden Bedingungen der Möglichkeit der gerechtfertigten Bezugnahme auf Objekte unserer Erkenntnis überhaupt ausweisen lassen.

Das entscheidende u. bis heute im Mittelpunkt der erkenntnistheoretischen Diskussion stehende Lehrstück der Kantischen T. ist die von ihm so genannte *t. Deduktion* der Kategorien des reinen Verstandes. Ihr Programm ist es, gewisse Grundbegriffe unseres diskursiven Repertoires (↑Kategorien), deren logische Analyse zeigt, daß sie nicht als aus der Erfahrung von Objekten in Raum u. Zeit abstrahierte empirische Allgemeinbegriffe aufgefaßt werden können (wie z.B. die Begriffe von den Relationen von ↑Ursache u. Wirkung u. ↑Substanz u. Akzidens), als ein System von Begriffen a priori auszuzeichnen u. in seiner konstitutiven Funktion für alle unsere Erkenntnis durch den Nachweis zu rechtfertigen, daß ihre Verwendung jeder urteilenden Bezugnahme auf bestimmte Objekte unserer Erkenntnis zugrunde liegt. Die t. Deduktion geht dabei von der cartesianischen Evidenz des ↑Selbstbewußtseins aus. Insofern ein Ich ein Bewußtsein von sich selbst hat, ist es notwendigerweise dazu in der Lage, sich eine Vielzahl (Mannigfaltigkeit) von Vorstellungen, die ihm als sinnliche Daten in der Anschauung gegeben sind, als seine Vorstellungen zuzuschreiben.

Nach dem *ersten Hauptargument* der t. Deduktion ist eine solche Selbstzuschreibung von Vorstellungen nur dann möglich, wenn das Ich eine Verbindung (Synthesis) dieser Vorstellungen zur Einheit einer anschaulichen Vorstellung von diesen Vorstellungen herstellen kann. Diese Einheit liegt nicht in den gegebenen sinnlichen Vorstellungen selber, sondern muß durch eine verbindende Aktivität (Spontaneität) des Ich allererst hervorgebracht werden (ursprünglich synthetische Einheit der Apperzeption). Eine solche Aktivität muß daher immer dann vorausgesetzt werden, wenn ein Ich sich einer Mannigfaltigkeit gegebener Vorstellungen als der seinen u. eben damit der Identität seiner selbst mit Bezug auf eine solche Mannigfaltigkeit bewußt werden können soll. Die epochemachende theoretische Leistung der t. Deduktion u. der Kantischen T. im ganzen besteht darin, diesen nach Kant analytisch wahren Gedanken in eine analytische Verbindung mit dem Begriff eines Objekts unserer Erkenntnis zu bringen. Im bloßen Begriff eines Objekts unserer Erkenntnis überhaupt liegt, daß ‚Objekt' etwas ist, das (1) von einer bloßen Vorstellung unterschieden ist u. (2) durch mehr als eine Hinsicht, d.h. mehrere Prädikate, die auf ein und dasselbe bezogen werden, charakterisiert werden können muß. (X, was ich unter der Bestimmung A kenne, das kenne ich auch unter der Bestimmung B.) Eine solche Charakterisierung setzt aber voraus, daß eine Mannigfaltigkeit von gegebenen Vorstellungen, denen solche Prädikate entsprechen, nur durch die Vorstellung ihrer synthetischen Einheit auf ein u. dasselbe bezogen werden u. dieses Identische selber nur durch die Vorstellung einer solchen synthetischen Einheit vorgestellt werden kann. Die Beziehung gegebener Vorstellungen auf ein von ihnen unterschiedenes Objekt ist also nur durch die Vorstellung der Einheit des Bewußtseins in der Synthesis dieser Vorstellungen selbst möglich. Die Vorstellung dieser letzteren Einheit erfolgt jedoch in einem Urteil. Die von der Logik ausgezeichneten Urteilsformen bezeichnen daher in inhaltlicher Betrachtung ein System von Funktionen der synthetischen Einheit eines Mannigfaltigen gegebener Vorstellungen.

Der entscheidende u. bis heute in seinem Rationalitätsgehalt nicht voll aufgeklärte *zweite Schritt* der t. Deduktion besteht in dem Nachweis, daß auch folgendes gilt: Die Vorstellung der Einheit des Bewußtseins in der Synthesis eines gegebenen Mannigfaltigen von Vorstellungen ist nur durch deren eben damit auch prinzipiell gerechtfertigte Beziehung auf ein von ihnen unterschiedenes Objekt möglich. Wir können uns der Identität unserer selbst mit Bezug auf ein solches Mannigfaltiges, das wir uns zuschreiben, nur unter der Bedingung bewußt sein, daß wir es in diskursiven Akten des Urteilens auf ein subjektunabhängiges Objekt beziehen. Daher sind Sätze vom Typ „Mir scheint, daß p", die auch der Skeptiker äußern kann, nur unter der Bedingung der grundsätzlichen objektiven Gültigkeit eines Satzes „p" oder „nicht-p" möglich. Das Bewußtsein der Identität eines Ich mit Bezug auf eine Mannigfaltigkeit gegebener Vorstellungen ist nach diesem Argument nur unter der Bedingung der gerechtfertigten Bezugnahme auf Objekte (objektive Einheit des Selbstbewußtseins) möglich. Dies besagt, daß unser Selbstbewußtsein nur auf Grund der Funktion von konstanten Regeln des Übergangs von gegebenen Vorstellungen zu anderen gegebenen Vorstellungen zustande kommen kann. In formaler Betrachtung sind diese Regeln die Formen des Urteils. In auf das gegebene Mannigfaltige der sinnlichen Vorstellungen selber bezogener Betrachtung sind dieselben Regeln Begriffe, in deren logischem Inhalt die regelgeleitete synthetische Einheit eines solchen Mannigfaltigen selber gedacht wird. Diese Begriffe (Kategorien) sind Funktionen a priori unseres Erkenntnisapparats, da sie keine bestimmten Objekte unter anderen möglichen Objekten, sondern die Objektivität eines Objekts im Modus des ‚überhaupt' zu erkennen geben. Die Angabe der Bedingungen der Anwendung der Kategorien auf die für uns spezifischen Formen der Sinnlichkeit (die in der t. Deduktion keine argumentative Rolle spielen), nämlich Raum u. Zeit (Schematismus der reinen Verstandesbegriffe), führt zur Formulierung u. zum Beweis der universalen Gültigkeit eines Systems synthetischer Urteile a priori als denjenigen epistemischen Bedingungen, die in jeder uns möglichen Bezugnahme auf Objekte in Raum und Zeit erfüllt sein müssen (z.B. das Kausalitätsprinzip oder der Satz von der Erhaltung der Substanz). Die t. Deduktion enthält damit auch das Kantische Argument für die Beschränktheit der uns möglichen objektiven Erkenntnis auf Gegenstände möglicher Erfahrung in Raum u. Zeit u. eröffnet den in der t. Dialektik der KrV eingeschlagenen Weg zur Kritik der Metaphysik (↑Kritizismus, ↑Ding an sich).

Die *nachkantische* T. ist durchgängig durch die von Kant erstmals formulierte Problemkonstellation von Selbstbewußtsein u. Objekterkenntnis beherrscht. Die von *Fichte* in der Form seiner Wissenschaftslehre vorgelegte T. ist in ihrem Kern Analyse der von Kant selber nicht hinreichend explizierten Struktur der im Phänomen des Selbstbewußtseins implizierten Selbstbeziehung des Bewußtseins. *Schellings* System des t. Idealismus versucht, die in der t. Deduktion unaufgelösten Restprobleme in der Form einer Identitätstheorie von Subjekt u. Objekt zu erledigen. Noch *Hegel* hat seinen Spekulativen Idealismus als den wahren Gehalt des von Kant in der t. Deduktion eingeschlagenen Beweisverfahrens angesehen. Auch *Husserls* Wendung zu einer t. Interpretation seiner ↑Phänomenologie beruht auf der Auszeichnung des ‚t. Ego' als des absoluten, in apodiktischer Evidenz gegebenen Seinsbodens, von dem aus alle Objektivitätsvermeinungen als konstitutierter Sinn zu beschreiben u. zu rechtfertigen sind. In neuester Zeit hat *W. Cramer* im Gegenzug gegen Husserls Phänomenologie u. Heideggers Analytik des Daseins eine t. Ontologie der Subjektivität entworfen. Gegenwärtig wird Kants Gedanke einer t. Erkenntnis unter der Frage diskutiert, ob es sog. ‚*t. Argumente*' gibt. Ein t. Argument wäre der Nachweis, daß in unserer Erkenntnis von Objekten nicht nur de facto gewisse begriffsanalytisch u. urteilstheoretisch aufzuklärende Voraussetzungen im Spiel sind, sondern so im Spiel sein müssen, daß sich zu ihnen eine theoretische Alternative nicht einmal denken läßt. Ein solcher t. Apriorismus von Erkenntnisvoraussetzungen wird heute weitgehend bestritten.

Lit.: Kant, KrV, 1781, bes. ²1787; Fichte, Wissenschaftslehre, 1794; Schelling, System des transzendentalen Idealismus, 1800; Hegel, Glauben und Wissen, 1802–03; E. Husserl, Ideen zu einer reinen Phänomenologie und phänomenologischen Philosophie, 1913; W. Cramer. Grundlegung einer Theorie des Geistes, Frankfurt ³1974; D. Henrich, Fichtes ursprüngliche Einsicht, Frankfurt 1966; ders., Identität u. Objektivität, Heidelberg 1976; P. Strawson, Die Grenzen des Sinns, Königstein 1981; R. Bittner, Transzendental, in: HphG III; P. Bieri u.a. (Hrsg.), Transcendental Arguments and Science, Dordrecht 1979; K. Hammacher (Hrsg.), Der transzendentale Gedanke. Die gegenwärtige Darstellung der Philosophie Fichtes, Hamburg 1981; R. Aschenberg, Sprachanalyse u. Transzendentalphilosophie, Stuttgart 1982; K. Cramer, Nicht-reine synthetische Urteile a priori, Heidelberg 1984; E. Schaper/W. Vossenkuhl (Hrsg.), Bedingungen der Möglichkeit. ‚Transcendental Arguments' u. transzendentales Denken, Stuttgart 1984. *K. Cramer*

Type ↑Zeichen.

U

Übel, das ↑Theodizee.

Überbau ↑Basis/Überbau.

Übernatur ↑Natur.

Unbedingt ↑Bedingung.

Universalien. Die Frage nach den U. lautet: Gibt es allgemeine Gegenstände u., wenn dies der Fall ist, wo? Darauf kennt die Geschichte der Philosophie vier klassische Antworten, die gleichzeitig vier unsterbliche Grundpositionen darstellen: bejahend ↑*Realismus* (Platon, Rationalisten); *gemäßigter Realismus* (Aristoteles, Thomas v. Aquin, Brentano) u. *Konzeptualismus* (Abaelard, Kant). Der ↑*Nominalismus* (Roscellinus, Hobbes, Berkeley) verneint die Existenz von U.

Die älteste philosophische Antwort auf die Frage nach dem Ort der U. hatte *Platon* gegeben. Bei ihm gibt es eine Welt der ↑Ideen, die allein das Ewige, Notwendige, Beständige u. Wahre repräsentiert. Die Welt der Dinge oder Phänomene, in der es Einzelnes oder Vergängliches gibt, steht zur Ideenwelt in der Beziehung der Teilhabe (↑Partizipation). Nur insofern als sie an den Ideen teilhaben, sind die Phänomene oder Dinge auch seiend u. wirklich. Der eigentliche ontische Bereich ist der der Ideen, auch die ↑Wahrheit ist auf die Beziehungen zwischen den Ideen gegründet. *Aristoteles* ist zwar der Ansicht, daß es nur Einzelnes gibt, *in* diesem Einzelnen jedoch gibt es auch Allgemeines oder Verbindendes, das dazu führt, daß die Dinge unter Begriffe fallen, d. h. die Dinge haben eine allgemeine Form (universale in re). So ist z. B. in jedem menschlichen Individuum Mensch enthalten. Die Welt ist dadurch so strukturiert, daß sie mit Hilfe eines Begriffssystems erfaßt werden kann.

Das sind die beiden Grundpositionen bis ins 12. Jh., in dem es erstmals einen U.streit gibt, in dem außer diesen Positionen auch der Konzeptualismus, nämlich die Theorie, daß es Allgemeines nur in unserem Denken gibt (*Abaelard:* universale est sermo) u. der Nominalismus, der nur Allgemein*ausdrücke* zuläßt (*Roscellinus:* universale est vox), vorkommen. Die Lehre des Avicenna, daß es sowohl in den Dingen als auch im Denken u. in den Ideen als Gedanken Gottes U. gibt, macht sich *Thomas v. Aquin* zu eigen, d. h. er vertritt die Lehre vom triplex status essentiae. In der ersten u. zweiten ↑Scholastik werden alle drei positiven Positionen vertreten. Der *Ockham* zugeschriebene Nominalismus ist eigentlich ein *psychologistischer Konzeptualismus,* d. h. Träger der U. ist für Ockham der conceptus subjectivus oder der Denkakt. Sein Prinzip (Ockhams razor) lautet: entia non sunt multiplicanda praeter necessitatem, u. wird von den Nominalisten beansprucht. Es ist ein unabhängig von der Haltung zum U.problem annehmbares, vernünftiges, denkökonomisches Prinzip. *Kant* ist der konsequenteste Vertreter des Konzeptualismus, der diese Auffassung zu einem System ausgebaut hat. Die Struktur der Welt wird auf die unseres Bewußtseins reduziert. Man spricht deshalb auch von epistemischer Wende.

Vor knapp 30 Jahren ist ein neuer U.streit entbrannt u. zwar zwischen Nominalisten *(Quine, Goodman)*, Realisten *(Church)*, u. Konstruktivisten *(Brouwer, Heyting, Lorenzen)*, die den Konzeptualismus repräsentieren. Der ↑Konstruktivismus ist dadurch gekennzeichnet, daß er seine Untersuchungsgegenstände nicht vorfindet, sondern konstruieren, d. h. herstellen muß. Vor allem Quine, Church u. Goodman kommt das Verdienst zu, durch eine Reihe von Definitionen u. anderen Präzisierungen mit Hilfe der mathematischen Logik zu einer außerordentlichen Verschärfung u. Klärung der Fragestellung beigetragen u. damit die Grundlagen für eine adäquate Diskussion des U.problems geschaffen zu haben. Die gemäßigten Realisten, damals durch den Thomisten u. Logikhistoriker *Bocheński* vertreten, sind heute stärker repräsentiert, einerseits durch eine Gruppe von Forschern, die sich an Brentano u. Husserl orientieren u. deren herausragendster Vertreter *R. Chisholm* ist, u. zum anderen durch den genialen Logiker u. Philosophen *S. A. Kripke*.

Lit.: I. M. Bocheński/A. Church/N. Goodman, The Problem of Universals, Notre Dame, Indiana 1956; A. Eberle, Nominalistic Systems, Dordrecht 1970; N. Rescher, Conceptual Idealism, Oxford 1973; W. Stegmüller (Hrsg.), Das Universalien-Problem, Darmstadt 1978; B. Smith (Hrsg.), Parts and Moments, München 1982.

H. Burkhardt

Univozität ↑Analogie, Zeichen.

Unmittelbarkeit/Vermittlung ↑Dialektik, Idealismus.

Unsterblichkeit ↑Seele.

Ursache/Wirkung. Beide Begriffe sind korrelativ, d. h. durch den gegenseitigen Bezug definiert. Keine U. ohne W. u. umgekehrt. Sie bezeichnen das Verhältnis zweier real, nicht nur logisch (wie die Grund/Folge-Beziehung bei der Ableitung von Sätzen) unterscheidbarer Gegebenheiten, wonach die eine die andere in Sein u. Sosein konstituiert, ihr gegenüber also in sachlicher u. gegebenenfalls (nicht notwendig) zeitlicher Priorität die Ur-Sache darstellt. Die Realität als einen Wirkungszusammenhang aufzufassen wird im Deutschen schon durch das Wort „Wirklichkeit" nahegelegt. Eine differenzierte U.lehre findet sich bereits in der Antike. Nach *Platon* sind die überweltlichen ↑Ideen die Urbilder (Paradigmen), nach denen die Dinge der Welt gebildet u. erkennbar sind (causa exemplaris). *Aristoteles* unterscheidet vier Arten der Ursache: Aus der platonischen Exemplarursache wird die dem Ding innerliche ↑Form, die es zu dem macht, was es ist (causa formalis; z. B. die der Marmorstatue eigene Gestalt). Daneben ist für das Ding konstitutiv die von der Form gestaltete ↑Materie (causa materialis; z. B. der Marmor der Statue). Zu diesen beiden „inneren" U. kommen zwei „äußere": der das Ding hervorbringende Ursprung (causa efficiens; z. B. der Bildhauer) u. das sinnverleihende Ziel (causa finalis; z. B. die kultische Verehrung der Statue). Die *Scholastik* vervollständigte diese Differenzierung durch die Instrumentalursache (causa instrumentalis; z. B. das Werkzeug) u. die Gele-

Urteil

genheitsursache (causa occasionalis; z.B. der Tempelbau als Anlaß zur Schaffung einer Statue). Von der U. ist die ↑Bedingung (conditio) zu unterscheiden. Sie ermöglicht das Wirksamwerden der U. (z.B. das Licht für die Arbeit des Künstlers). Durch den christlichen Schöpfungsgedanken trat im Mittelalter die causa efficiens in den Vordergrund: Gott hat die Welt hervorgebracht. Dieser Gedanke führte zu der Unterscheidung zwischen Erstursache (causa prima) u. Zweitursache (causa secunda). Der Sinn dieser Unterscheidung ist folgender: Gott zu denken, d.h. den allgemeinen Ursprung, der selbst keines weiteren Ursprungs bedarf, ist notwendig, wenn die Dinge der Welt als letztlich begründet gedacht werden sollen. Gott kann dann aber nicht ein Glied (auch nicht das erste) in der Reihe innerweltlicher U./W.-Zusammenhänge sein. Er wäre sonst begrenzt u. damit abhängig. Die Wirksamkeit der Ersturache ist also nur zu denken in Vermittlung durch Zweitursachen. Die neuzeitliche Forderung nach Beobachtbarkeit führte zu der Einsicht, daß U. u. W. gar nicht zu beobachten sind, sondern zu den Phänomenen hinzugedacht werden. *Hume* zog daraus die Folgerung, Kausalität besage überhaupt nichts anderes als die regelmäßige Abfolge von Phänomenen. *Kant* hält die Kausalität zwar auch nicht für beobachtbar, faßt sie jedoch als eine notwendige Weise der Synthesis des Verstandes auf, welche die bloße Wahrnehmung zur Erkenntnis strukturiert. *Hegel* erkennt die implizite Rückbezüglichkeit der Kausalität (die U. wird durch die W. zur U. bestimmt). Die Wirklichkeit stellt sich als ein Geflecht von Wechselwirkungen dar. Die moderne Naturwissenschaft verzichtet weitgehend auf die Begriffe U./W. zugunsten quantitativ erfaßbarer Funktionszusammenhänge zwischen den Phänomenen. In einem praktisch philosophischen Sinn bleibt der Begriff der Kausalität allerdings unentbehrlich. Wir wissen uns verantwortlich für unsere Handlungen, d.h. als deren Verursacher, u. erfahren äußere Einflüsse. Die äußere Welt in sich als kausal zu begreifen hieße, ihr eine gewisse Selbständigkeit, Eigenwirksamkeit, eben „Wirklichkeit" zuschreiben.

Lit.: Aristoteles, Met. V 2; Thomas v. Aquin, Kommentar zu Met. V 2; Hume, Treatise I 3; Kant, KrV B 232 ff.; Hegel, Wissenschaft der Logik, 1. Teil, 2. Buch, 3. Abschn., 3. Kap.; W. Stegmüller, Probleme u. Resultate der Wissenschaftstheorie I, Berlin 1969, 428 ff. *J. Schmidt*

Urteil ↑Satz.

Urteilskraft bezeichnet im vorphilosophischen Sprachgebrauch die Fähigkeit, in Situationen des täglichen Lebens treffsicher zu urteilen u. richtig zu entscheiden. In diesem Sinne bestimmt auch *Kant* U. zunächst als das Vermögen zu beurteilen, „was tunlich ist, was sich schickt, u. was sich geziemt", dann allgemeiner als das Vermögen, das Besondere unter das Allgemeine zu subsumieren, oder auch als das Vermögen zu unterscheiden, „ob etwas ein Fall einer Regel sei oder nicht". Dieses Vermögen, dessen Mangel eigentlich ist,

„was man Dummheit nennt", kann allein durch Beispiele „geübt", aber nicht durch Regeln darüber „belehrt" werden, wie es in der Anwendung anderer Regeln verfahren soll. Weil jede Verwendung von Regeln U. voraussetzt, ergäbe sich „eine Rückfrage ins Unendliche". Über diese anthropologische Bestimmung hinaus ist U. in Kants Philosophie systematisch bedeutsam, sofern die KrV im Kapitel über die Grundsätze, d. i. der „transzendentalen Doktrin der U.", den richtigen Gebrauch der Kategorien in synthetischen Urteilen a priori zu bestimmen sucht, „um die Fehltritte der U. im Gebrauch der wenigen reinen Verstandesbegriffe, die wir haben, zu verhüten". Weiter wirkt U. als systembildender Faktor, da Kant aus der Trias der „oberen Erkenntnisvermögen", Verstand, U., Vernunft, die Vermutung ableitet, mit einer Kritik der U. weitere transzendentale Prinzipien entdecken u. sein „ganzes kritisches Geschäft" abschließen zu können. Gegenstand der Kritik d. U. (KU) ist nun nicht U. im allgemeinen, sondern „reflektierende U.", die sich von „bestimmender U." darin unterscheidet, daß ihr das Allgemeine, unter das sie das Besondere subsumiert, nicht vorgegeben ist, sondern daß sie zum Besonderen das Allgemeine sucht. Primärer Gegenstand der reflektierenden U. ist die Natur, die sie entweder im Hinblick auf objektive Zweckmäßigkeiten teleologisch oder unter dem Gesichtspunkt einer nicht begrifflich bestimmten, nur fühlbaren Zweckmäßigkeit für das erkennende Subjekt ästhetisch beurteilt. Entsprechend gliedert sich die KU in eine Kritik der ästhetischen u. eine Kritik der teleologischen U.

Lit.: H.-G. Gadamer, Wahrheit u. Methode, Tübingen ⁴1975; Kant, Anthropologie, Werke, hrsg. von W. Weischedel, XII 506 ff.; KrV; KU; K. Marc-Wogau, Vier Studien zu Kants KU., Uppsala 1938; W. Bartuschat, Zum systematischen Ort von Kants KU, Frankfurt 1972; K. Düsing, Die Teleologie in Kants Weltbegriff, Bonn 1968.

J. Kulenkampff

V

Veränderung ↑Bewegung.

Verhältnis ↑Relation.

Verifikation ↑Methode.

Vermittlung ↑Dialektik, Idealismus.

Vermögen. In seiner Argumentation gegen die megarische Lehre, nach der Wirklichkeit u. Möglichkeit zusammenfällt, hatte Aristoteles zwischen *aktiver* u. *passiver Potenz* (↑Akt/Potenz) unterschieden, d. h. zwischen der Möglichkeit zu tun, auch V. genannt, u. der Möglichkeit verändert zu werden. Es gibt nach Aristoteles *arationale* oder *vernunftlose* u. *rationale* oder *vernünftige* V. Arationale V. sind z. B. die natürlichen Fähigkeiten zu hören oder zu sehen, also Wahrnehmungsv., aber auch die physikalische Fähigkeit zu wärmen. Während bei diesen V. die Verwirklichung nur *in eine Richtung geht* u. das sogar mit *Notwendigkeit,* liegen die Dinge bei den rationalen V. anders. Sie sind nämlich V. zu *Entge-*

gengesetztem oder zu *Alternativmöglichkeiten*. So kann z.B. die Heilkunde sowohl heilen als auch krank machen, doch weder beides zugleich noch mit Notwendigkeit, denn ein Heilkundiger u. ein Kranker können sich treffen, ohne daß das V. Heilkunde zur Geltung kommt. Arationale V. sind *angeboren*, wie z.B. Sehen und Hören; ihr Fehlen bezeichnet man als ↑Privation (steresis), d.h. etwas ist einer Fähigkeit beraubt, die es eigentlich haben sollte. Rationale oder *erworbene* V. werden entweder durch Übung erlernt u. sind *nichtbegrifflich* wie Tanz, Sport, Musik oder durch Einsicht u. sind *begrifflich* wie die Heilkunde. Die Übergänge sind allerdings fließend, denn die Musik hat durchaus begriffliche Aspekte u. die Heilkunde nicht-begriffliche. Diese erworbenen V. wurden von den Scholastikern ‚habitus' genannt u. vor allem von Thomas v. Aquin genau analysiert. Die aktive Potenz oder das V. ist immer Möglichkeit zu Bestimmtem u. nie zu Beliebigem. Kant unterschied drei Arten von Seelenv., nämlich Erkenntnisv., Gefühl der Lust u. Unlust u. Begehrungsv.

Lit.: Aristoteles, Met. IX 2, 3 u. 5; Kant, Kritik der Urteilskraft, 1. Einleitung III, in: Werke, hrsg. v. W. Weischedel, IX 182–185; J. Stallmach, Dynamis u. Energeia, Meisenheim 1959; U. Wolf, Möglichkeit u. Notwendigkeit bei Aristoteles u. heute, München 1979. *H. Burkhardt*

Verneinung ↑Negation.

Vernunft. Nicht nur im alltäglichen, sondern auch im philosophischen Sprachgebrauch werden V. und ↑Verstand oftmals promiscue so verwendet, daß sie gleichermaßen im Gegensatz zur ↑Sinnlichkeit die Tätigkeit des Denkens bezeichnen. Gleichwohl werden beide Begriffe schon in der griechischen u. dann auch scholastischen Philosophie in der Weise unterschieden, daß anders als das diskursive u. auf Sinnlichkeit bezogene Tun des Verstandes die V. auf die Erkenntnis nichtsinnlicher ↑Ideen abhebt (griech. nus, lat. intellectus). Auch die von *Kant* prinzipiell durchgeführte Unterscheidung zwischen Verstand und V. schließt an diese Tradition insofern an, als die V. als das „Vermögen der Verstandesregeln unter Prinzipien" nicht auf sinnliche Erfahrung, sondern allein auf den Verstand bezogen ist, „um den mannigfaltigen Erkenntnissen desselben Einheit a priori durch Begriffe zu geben". Die V. denkt die Verstandesbegriffe (↑Kategorien) als nicht durch die ↑Anschauung bedingt, d.h. auf unbedingte Weise, an sich selbst. Da aber die V. zugleich dazu dient, die Verstandeserkenntnis tendenziell zum einheitlichen Abschluß zu bringen, thematisiert sie das Unbedingte im *Verhältnis* zum Bedingten. Das geschieht *formallogisch* dadurch, daß sie als Vermögen des Schließens ihren Schlußfunktionen die Relationsurteile als Obersätze zugrunde legt, so daß sich das Unbedingte als höchster Begriff der V. mittels der Funktionen des kategorischen, hypothetischen u. disjunktiven Schlusses in die drei Arten der V.begriffe spezifiziert. *Transzendentallogisch* konkretisieren sich diese Begriffe dadurch zu *Ideen,* daß ihnen die

Relationen, die die ↑Vorstellung überhaupt (repraesentatio) zu den drei Vermögen des Denkens (Apperzeption als Beziehung auf das Subjekt, Apprehension als Beziehung auf die Erscheinungsgegenstände, reines Denken als Beziehung auf den Gegenstand an sich selbst) eingeht, unterlegt werden. Obwohl die daraus resultierenden Ideen des Ich, der Welt u. Gottes als Gegenstände der Psychologie, Kosmologie u. ↑Theologie denknotwendig sind, können sie unter Ausscheidung ihres empirisch-konstitutiven Gebrauchs nur regulativ so verwendet werden, daß sie den Verstand zur Approximation an Einheit u. Vollständigkeit anleiten. Indem *Hegel* das von Kant geübte Verfahren, die Kategorien mittels der V. an sich selbst zu denken, so vergrundsätzlicht, daß er die V. vollends von den Fesseln des an die Sinnlichkeit gebundenen Verstandes befreit, entwickelt er einen Begriff des logisch-kategorialen *Denkens,* in den Verstand *und* V. als konstitutive Momente eingehen. Die genetische Entfaltung dieses Denkens als Strukturenlehre nimmt für jede Bestimmtheitsweise oder logische Konstellation ihren Ausgang bei der abstrakt-isolierenden Denkart des Verstandes (z.B. Endliches), die in Aufdeckung von Widersprüchen durch das dialektische oder negativ-vernünftige Moment des Denkens (z.B. Nicht-Endliches) schließlich in das spekulative oder positiv-vernünftige Moment (z.B. Unendlichkeit) überführt wird, durch das das verständige u. dialektische Moment in die sie begründende (vorläufige) Einheit aufgehoben werden. Ein kategorial ausgewiesener V.begriff ist in der nachhegelschen Philosophie kaum noch entwickelt worden. Ansatzweise versucht aber *W. Cramer,* eine Kategorienlehre der V. als Entäußerungsmodi des ↑Absoluten begreiflich zu machen. Im Anschluß an *J.G. Herder, J.G. Hamann, F.H. Jacobi* u.a. erhobene Forderungen zur Ersetzung der spontan-reflektierenden durch eine vernehmende V. sind bisher im Programmatischen steckengeblieben.

Lit.: Aristoteles, De An. 429a10 ff.; ders., Met. XII–XIV; Kant, KrV B 349 ff.; Hegel, Wissenschaft der Logik; ders., Enzyklopädie der philosophischen Wissenschaften, Teil I; W. Cramer, Das Absolute u. das Kontingente, Frankfurt ²1976; ders., Aufgaben u. Methoden einer Kategorienlehre, in: Kant-Studien 52 (1960/61), 351–368. *F. Wagner*

Verstand. In einer metaphysischen Ontologie oder realistischen Semantik repräsentiert der V. ihm vorgegebene, sprachunabhängige Entitäten am Ort eines Seins, der von ihm unabhängig ist. Für eine zeichenkritische Erkenntnistheorie ist er die Intelligenz als die logische Kompetenz, a) den Sinn (Intension) von Sprachzeichen denken zu können u. b) diesen Sinn durch kategoriale Operatoren extensional über entsprechende Schemata auf mögliche Objekte zu beziehen. Nach dieser linguistischen u. gegenständlichen Seite hin bedarf er der Transformation in zeitextensive Formative (↑Schema) u. eines formationsfähigen Stoffes, um seine Regeln (Begriffe) durch Akte in anschaubare Synthesen materialisieren, darstellen zu können (↑Sinnlichkeit). Für sich als Spontaneität ist der V. die Kompetenz der Regeln u. insofern die Bedingung der Möglichkeit der faktischen ↑Gültigkeit (Urteilsgültigkeit) u. der logischen Gültigkeit, indem er die Beziehung einer Aussage auf ein ↑Objekt bzw. Implikationen ermöglicht. Als der Generator der formalen Bedingungen von ↑Wahrheit ermöglicht er damit zugleich die Intersubjektivität (Allgemeingültigkeit), also Kommunikation, insofern sie sachlich vom Objekt her erzwingbar ist.

Wissenschaftstheorie u. Sprachanalyse sehen davon ab, daß Logik u. Gegenstandsbezug (Zuordnung von Wahrheitswerten) die logische Einheit u. damit den V. als Einheit des ↑Selbstbewußtseins voraussetzen. Das verlangt von einer Erkenntnisphilosophie eine induktionsfreie, nichtpsychologische, egologische Theorie des V. als Kompetenz der logischen Einheit u. ihrer möglichen Regeln, bezogen auf die Akt-Kompetenz des „Ich bin" oder „Ich denke" (Descartes' sum cogitans, Kants transzendentale Apperzeption). Eine solche Theorie ist nicht zu verwechseln mit der im engeren Sinne analytischen Epistemologie („x glaubt (weiß), daß ..."). Denn sie bemüht sich zu begreifen, warum eine logische Gültigkeit oder die faktische Gültigkeit eines objektbezogenen Urteilsinhaltes jedem, wann immer er die Geltungsakte vollzieht, notwendig als ein u. dieselbe Gültigkeit gewiß ist. Diese Reduktion der logischen u. faktischen Gültigkeit auf egologische ↑Gewißheit am Ort des Denkaktes „Ich bin" („transzendentale Apperzeption") war die Entdeckung Kants, welche die folgenden spekulativen Philosophien Fichtes u. Hegels ermöglichte.

Lit.: Kant, KrV B 74f., 92f., 153; ders., Anthropologie, Werke, hrsg. von W. Weischedel, XII 425 ff., 505; Fichte, Wissenschaftslehren von 1804, 1812, 1813; P.F. Strawson, Die Grenzen des Sinns, Königstein 1981.   *P. Reisinger*

Verschiedenheit   ↑Identität/Differenz.

Verstehen ↑Hermeneutik.

Vielheit ↑Einheit/Vielheit.

Vitalismus ↑Leben.

Vollkommenheit (lat. perfectio). Vollkommen ist wörtlich das, was ins Volle gekommen ist, dem nichts mehr fehlt. Mit V. bezeichnet man in der Philosophie entweder die ↑absolute, unbeschränkte Fülle des Seins u. Wertes oder die relative V. dessen, was alles zu seiner Natur oder Seinsstufe Gehörende hat; abgeleitet davon all das, was zu diesem Seinsinhalt gehört; schließlich alle positiven Seinsinhalte überhaupt. Bei werdehaften Wesen ist V. der dem Ziel oder Plan entsprechende Zustand der Vollendung. In sittlicher Hinsicht ist V. der moralische Zustand, der nicht nur dem Gebot, sondern auch dem sittlichen Ideal entspricht. Entsprechendes gilt von der ästhetischen V. oder Schönheit.

Lit.: Aristoteles, Met. V 16; Thomas v. Aquin, Kommentar zu Met. V 16; ders., Summa theol. I q. 4, a. 1–2; ders., Summa contra Gentiles, I 28; J. Bofill, La escala de los seres o el dinamismo de la perfección, Barcelona 1950; F. Marty, La p. de l'homme selon St. Thomas d'Aquin, Rom 1962; W. Brugger, Summe einer philosophischen Gotteslehre, München 1979, 83–94. *W. Brugger*

Voluntarismus (lat. voluntas: Wille) im philosophischen Sinne heißt eine Lehre, die entweder dem Willen den Vorrang gegenüber dem Intellekt (↑Verstand, ↑Vernunft) einräumt (Ggs.: *Intellektualismus*) oder den Willen überhaupt zum Wesen u. Urgrund der ganzen Wirklichkeit erklärt (*metaphysischer* V.). V. als Vorordnung des Willens gegenüber dem Intellekt findet sich vor allem im Spätmittelalter *(Franziskanerschule: Duns Scotus, Ockham, Nominalismus)*. Nach dieser Lehre gründet das ↑Gute nicht im Wesen Gottes u. seiner Schöpfungsordnung, sondern in einer willkürlichen Verfügung Gottes, u. die ewige Seligkeit des Menschen besteht primär in der Liebe u. nicht in der Schau Gottes. Die Vertreter dieses V. glaubten, nur so die absolut souveräne Freiheit Gottes u. den Vorrang der (dem Willen zugeordneten) Liebe gegenüber der (teilweise eher skeptisch beurteilten) Erkenntnis wahren zu können. Hauptvertreter des *metaphysischen* V. ist *Schopenhauer*. Für ihn ist der Wille in seinem Kern nicht vernünftig, sondern ein irrationaler, sinn- u. zweckloser dunkler, triebhafter Drang, dem gegenüber der Intellekt ein sekundäres Phänomen darstellt. Der Wille ist das ↑Ding an sich, Kern u. Wesen aller Wirklichkeit. Diese Herausstellung der triebhaft-vitalen Dynamik hat auf *Nietzsche* (Wille zur Macht), *E. v. Hartmann, Freud* u. die *Lebensphilosophie* weitergewirkt.

Lit.: A. Schopenhauer, Die Welt als Wille u. Vorstellung; V. J. Bourke, Will in Western thought, New York 1964; F. A. Prezioso, L'evoluzione del Voluntarismo da Duns Scoto a Guglielmo Alnwick, Neapel 1964. *H. Schöndorf*

Vorsokratik. Schon die Antike läßt mit Sokrates einen neuen Abschnitt der Geschichte der Philosophie beginnen. Er habe, schreibt Cicero (Tuskulanen V 10), als erster die Philosophie „vom Himmel heruntergerufen ... und sie gezwungen, nach dem Leben, den Sitten u. dem Guten und Schlechten zu forschen". Die moderne Bezeichnung V. hat sich vor allem durch E. Zeller u. H. Diels durchgesetzt. Die philosophische Deutung der V. verdankt Hegel, Nietzsche und Heidegger entscheidende Anstöße. Die V. bildet keine thematische Einheit. Die Wende der Philosophie zum Menschen (Ethik, Politik, Religion, Sprache) vollzieht sich bereits mit den Sophisten, die Zeller u. Diels noch zur V. zählen. Die auf Aristoteles u. seinen Schüler Theophrast zurückgehende Bezeichnung „Naturphilosophen" (griech. physikoi) kennzeichnet allenfalls eine vorherrschende Fragestellung. Die Werke der V. sind nicht erhalten; unsere Kenntnis beruht auf Berichten der antiken Philosophiegeschichtsschreibung (Doxographie), die größtenteils auf Theophrast zurückgehen, u. wörtlichen Zitaten (Fragmenten) bei antiken Autoren. Eine Schwierigkeit der Interpretation der V. liegt darin, daß die meisten doxographischen Berichte aus der

Vorsokratik

Sicht und in der Sprache der aristotelischen Philosophie geschrieben sind.

Die Philosophie der V. entwickelt sich aus dem Weltbild des ↑Mythos. Der Übergang ist faßbar in der „Theogonie" des *Hesiod* (um 700 v.Chr.). Sie nennt einen letzten Ursprung, das Leere (griech. chaos), aus dem die gesamte Wirklichkeit hervorgegangen ist. H. Göttergenealogien sind ein Versuch, in der Fülle der Erscheinungen einen geordneten Zusammenhang zu sehen. Es zeigen sich erste Ansätze der Abstraktion: Die anthropomorphen Götter Homers werden zu hypostasierten Naturgewalten. – Für die drei *Milesier* (6. Jh.) stellt H. Frage nach dem Ursprung sich als Frage nach der Physis. Das griech. Wort bezeichnet den Stoff, aus dem ein Organismus sich aufbaut, dessen Werdeprozeß u. den Bewegungsursprung, der diesen Prozeß zielgerichtet lenkt. Diese Momente werden als Einheit gedacht; zwischen Stoff und Lebensprinzip wird nicht unterschieden (Hylozoismus). *Thales* übernimmt seine Lehre, die Physis sei das Wasser, von orientalischen Weltentstehungsmythen u. versucht, sie durch empirische Beobachtung zu beweisen. Nach *Anaximander* ist der Ursprung das qualitativ, zeitlich u. räumlich Unbegrenzte (griech. apeiron). Seine genialen naturwissenschaftlichen Theorien nehmen Newtons Gravitationsgesetz u. Darwins Evolutionslehre vorweg. Bei *Anaximenes* findet sich ein erster Versuch, sämtliche Phänomene auf quantitative Bestimmungen zurückzuführen. Physis ist die Luft, durch deren unterschiedliche Dichte alle Erscheinungen erklärt werden. Sie ist für den als beseeltes Wesen gedachten Kosmos ebenso wie für den Menschen Lebensprinzip.

Bereits die Antike unterscheidet von der ionischen (milesischen) eine italische Richtung der V., die auf *Pythagoras* (ca. 570–490) zurückgeht. Gegenüber der Physis der sichtbaren Welt treten die Seele u. ihr Schicksal in den Mittelpunkt. Während Homer den Menschen mit seiner diesseitigen, leiblichen Existenz gleichsetzt, ist für P., im Gefolge der Orphik, der eigentliche Mensch die im Leib eingekerkerte unsterbliche Seele, die sich nach dem Tod zu verantworten hat u. entsprechend ihrem vergangenen Leben in einen anderen Leib eingeht. Die Pythagoreer hielten die Verhältnisse zwischen den Zahlen für das Wesen der Dinge, ausgehend von der Beobachtung, daß die musikalischen Intervalle auf den Proportionen der Saitenlängen beruhen. Der italischen Richtung wird auch *Xenophanes* (ca. 570–475) zugerechnet. Seine Bedeutung liegt in der Kritik der anthropomorphen Gottesvorstellung des Mythos, der er seine Lehre von dem einen Gott, der reine Tätigkeit ist, entgegenstellt. Er gilt seit Platon als Gründer der Schule von Elea u. Lehrer des *Parmenides* (ca. 515–445). Mit P. beginnt die Geschichte der ↑Metaphysik; er stellt die Frage nach dem Ursprung als erster als Frage nach dem ↑Seienden als Seienden. P. unterscheidet zwischen Erfahrung, die er für Täuschung erklärt, u. apriorischer Erkenntnis, die allein das in Wahrheit Seiende erfaßt (Frg. 7). Das Seiende ist ungeworden, unvergänglich, unteilbar eines, ohne jede Verschiedenheit, unveränderlich u. in jeder Hinsicht vollkommen (Frg. 8). Dieser Seinsbegriff ergibt sich daraus, daß P. die Möglichkeit des sinnvollen Gebrauchs der ↑Negation bestreitet (Frg. 2). Wie er dazu kommt, ist eines der zentralen Probleme der P.-Interpretation. Die Lösung dürfte darin zu sehen sein, daß P. das Denken, dem das Seinende sich erschließt, an die Wahrnehmung angleicht: Wer nichts wahrnimmt, nimmt nicht wahr; wer Nichtseiendes denkt, denkt nicht; also kann Nichtseiendes nicht gedacht werden.

Neben P. ist *Heraklit* aus Ephesus (ca. 550–480) der bedeutendste Denker der V. Aristoteles stellt ihn in eine Reihe mit den Milesiern: H. habe das Feuer als Ursprung betrachtet. Wie Platon schreibt er ihm die Lehre zu, alles Sinnliche sei in beständigem Fluß. Die neuere Forschung steht dieser Überlieferung kritisch gegenüber und stützt sich vor allem auf die Fragmente. Wir besitzen von H. nur kurze, prägnante Sentenzen; ihre Nähe zu Paradox, Orakel u. Rätsel haben H. in der Antike den Beinamen „der Dunkle" eingebracht. Eine systematische Interpretation muß die Zusammenschau folgender Momente versuchen: Die Gegensatzlehre: Die Dinge zeigen sich unter gegensätzlichen Aspekten; sie sind eine innere Einheit aus einander widerstrebenden Gegensätzen (Bild des Bogens); Leben u. Naturgeschehen sind Wechsel gegensätzlicher Zustände (Tag u. Nacht; Hunger u. Sattheit). Auch Gott zeigt sich in Gegensätzen. Der ↑Logos: Die Gegensätze stehen zueinander in einem bestimmten Verhältnis (griech. logos), das von der Vernunft erfaßbar u. sinnvoll ist. Kosmologie: Die Welt ist ewig lebendiges Feuer, das in Teilen immer erlischt u. so Meer u. Erde bildet. Dieser Prozeß wird vom reinen, göttlichen Feuer gelenkt. Anthropozentrische Sicht: H. kommt durch menschliche Erfahrungen (Krieg, Krankheit) auf die Gegensatzlehre. Die Logoslehre antwortet auf die Sinnfrage. Das Leben ist eine sinnvolle Einheit von Geburt u. Sterben, Gesundheit u. Krankheit usw. Die Kosmologie beschreibt die Welt, wie der Mensch sie erlebt.

Die V. nach Parmenides versucht, die Phänomene des Werdens u. Vergehens zu retten, ohne die These von der Unveränderlichkeit des Seienden aufzugeben. *Empedokles* (ca. 490–430) hält Erde, Wasser, Feuer u. Luft für die unveränderlichen Bestandteile aller Dinge; sie werden durch die Bewegungsprinzipien Liebe u. Haß vermischt u. getrennt. Nach *Anaxagoras* (ca. 500–428) enthält jeder Stoff Anteile aller anderen Stoffe; er erscheint als das, wovon er am meisten enthält. Die Welt entsteht aus einer homogenen Masse durch eine vom „Geist" angestoßene Wirbelbewegung. Der einflußreichste Versuch, milesische Naturphilosophie u. eleatische Ontologie zu verbinden, ist der ↑Atomismus des *Leukipp* (Mitte 5. Jh.) u. *Demokrit* (ca. 460–370).

Lit.: Aristoteles, Met. I 3–8; Hegel, Vorlesungen über die Geschichte der Philosophie, 1. Teil, 1. Abschnitt, 1. Kap.; Nietzsche, Die Philosophie im tragischen Zeitalter der Griechen; W. Jaeger, Die Theologie der frühen griechischen Denker, Stuttgart 1964; G. S. Kirk/J. E. Raven, The Presocratic Philosophers, Cambridge ²1966; D. J. Furley/R. E. Allen (Hrsg.), Studies in Presocratic Philosophy, 2 Bde., London 1970 u. 1975; W. Röd, Philosophie der Antike 1, München 1976; W. Schadewaldt, Die Anfänge der Philosophie bei den Griechen, Frankfurt 1978; K. Held, Heraklit, Parmenides u. der Anfang von Philosophie u. Wissenschaft, Berlin 1980; J. Mansfeld, Die Vorsokratiker I, Stuttgart 1983.

Vorstellung (lat. repraesentatio, idea) bezeichnet in der neuzeitlichen Philosophie eine Grundklasse der psychischen Akte oder Tätigkeiten (cogitatio). *Descartes* unterscheidet zwischen V., Willensakten oder Gemütsbewegungen (z. B. Lieben oder Hassen, Gefallen oder Mißfallen) u. Urteilen (Med. III 5). Im Unterschied zu Urteilen (u. Propositionen) können V. nicht richtig (bzw. wahr) oder falsch sein. Willensakte u. Urteile setzen V. voraus; nur durch die V. kann das Subjekt sich auf etwas beziehen. *Kant* (KrV B 376 f.) unterscheidet folgende V.arten: Eine bewußte V. (perceptio) bezieht sich entweder lediglich auf das Subjekt (Empfindung; sensatio) oder auf ein Objekt (Erkenntnis; cognitio). Eine Erkenntnis ist entweder Anschauung (intuitus) oder Begriff (conceptus); jene bezieht sich unmittelbar auf den Gegenstand u. ist einzeln, dieser mittelbar, vermittels eines Merkmals, das mehreren Dingen gemeinsam sein kann. Die sprachanalytische Kritik bestreitet, daß eine vorsprachliche Beziehung auf Gegenstände, wie der neuzeitliche V.begriff sie annimmt, möglich ist.

Lit.: E. Husserl, Logische Untersuchungen II 1, Teil V, Kap. 5; F. Brentano, Psychologie vom empirischen Standpunkt, Buch 2, Kap. 6; E. Tugendhat, Vorlesungen zur Einführung in die sprachanalytische Philosophie, Frankfurt 1976, 5. u. 6. Vorl. *F. Ricken*

Vorverständnis ↑Hermeneutik.

W

Wahrheit. Ansätze zu einer *Korrespondenztheorie* der W. finden sich bereits bei Aristoteles, der durch eine Reihe von begrifflichen Analysen dafür das Instrumentarium bereitstellte. Wichtig ist die saubere Trennung von Bezeichnungen, Begriffen u. Gegenständen, die er in den Kategorien u. in De Int. durchführte. Diese *dreistellige Semantik,* wie man heute sagen würde, bringt eine klare Trennung von sprachlicher, noematischer u. ontologischer Ebene. Mit seiner ↑Kategorienlehre versuchte Aristoteles eine Gesamtdarstellung der Klassen der in der Welt vorkommenden Gegenstände zu geben; die Kategorienschrift liefert also eine ontologische Strukturanalyse. Die Begriffe, unter die ontologisch Einzelnes fällt, sind einerseits ↑Gattungen, Arten u. Differenzen u. andrerseits allgemeine Eigenschaften. Grundlage dafür ist die aristotelische ↑Universalientheorie, nämlich die des universale in rebus. Die Bezeichnungen oder Namen beziehen sich auf die Begriffe, unter die die Individuen fallen. Gäbe es für jedes Individuum einen eigenen Namen, z. B. auch für jedes individuelle Akzidens, so wäre die Verwirrung sehr groß. Aristoteles ist also der Ansicht, daß die Welt eine denkunabhängige Struktur hat, die wir mit Hilfe eines analysierten Begriffssystems erkennen können, dessen Begriffe wir dann durch sprachliche Zeichen fixieren. Begriffliches Enthalten ist für Aristoteles notwendig u. führt zu sicherem ↑Wissen (episteme), so ist der Satz ‚der Mensch ist ein Lebewesen' eine notwendige W. Ihre Kontradiktion ist nicht falsch, sondern unmöglich. Notwendiges Wissen liefern Wissenschaften wie Geometrie, ↑Metaphysik u. Himmelsphysik. Im Bereich der Erfahrung gibt es kein Wissen, sondern nur wohlbegründete Meinungen (endoxa). So z. B. in Wissenschaften wie Medizin u. Meteorologie. Aussagen in diesen Wissenschaften sind nicht notwendig, ihre Kontradiktion ist möglich. Sie sind w. oder falsch, wobei beides wahrscheinlich bedeutet. Aristoteles gewinnt die Wahrscheinlichkeit durch eine weitere Unterteilung der strikten Kontingenz. Es handelt sich um relative Häufigkeiten. Dieser Wahrscheinlichkeitsbegriff wird von der Scholastik übernommen und gilt mindestens bis ins 17. Jh. In De Int. hatte Aristoteles bereits festgestellt, daß nur einer bestimmten Art von Sätzen die Attribute w. oder falsch zukommen können, nämlich den Behauptungssätzen u. nicht etwa Imperativen oder Optativen. Eine Aussagenlogik hatten erst die Stoiker ausgearbeitet.

Im Rahmen der euklidischen Geometrie taucht erstmals ein anderer W.begriff auf, nämlich der *syntaktische* Begriff der W. als *Ableitbarkeit*. Die aus ↑Definitionen, ↑Axiomen u. ↑Postulaten abgeleiteten Theoreme sind w. in bezug auf die angenommenen Sätze u. Schlußregeln. Auch Aristoteles kennt ihn, wenn er sagt, daß die Konklusion mit Notwendigkeit aus den Prämissen folgt.

Die Korrespondenztheorie als adaequatio intellectus ad rem wird von Thomas v. Aquin ausgearbeitet. Er kann sich dabei auf Analysen von Avicenna (dreifaches Vorkommen der ↑Universalien) u. Abaelard (universale in mente) stützen. Der entscheidende Schritt wird von Thomas u. später von Cajetan im Rahmen der theologia naturalis vollzogen, nämlich im Zusammenhang mit dem Begriff der Proportionsanalogie (↑Analogie). Gestützt auf die Proportionenlehre der griechischen Mathematik wird die W. als eine Proportion zwischen Relationen gedeutet. Sprachliche, begriffliche u. ontologische Relationen verhalten sich in der Beziehung einer konstanten proportio zueinander. Die W. ist eine Relation zwischen Relationen. Bei Leibniz findet man eine weitere Ausarbeitung der Korrespondenztheorie der W. Er präzisiert sie mit Hilfe des ↑*Zeichenbegriffs*. Gegen den Konventionalismus von Hobbes, nach dem nicht nur die Auswahl der Zeichen, sondern auch die W. willkürlich ist, wendet er ein, daß zwar die Zeichen willkürlich gewählt sein können, doch die Relationen zwischen den Zeichen u. zwischen den Gegenständen, die sie ausdrücken, in einem nicht willkürlichen Verhältnis stehen, nämlich in dem der proportio. Dieses Verhältnis bleibt auch bestehen, wenn man – nach gewissen Regeln – andere Zeichen wählt. Neu ist die für das 17. Jh. typische Idee, daß dieses Verhältnis durch eine Reihe von Zeichensystemen dargestellt werden kann. W. ist dann das, was durch eine Reihe wohlgewählter Zeichensysteme *invariant* dargestellt wird. In dieser Formulierung kommt auch der *pragmatische* Gesichtspunkt zum Tragen.

Leibniz ist auch der Vater der *Kohärenztheorie* der W. Ausgehend von dem zu seiner Zeit viel diskutierten Problem der Unterscheidung von Traum und Wirklichkeit stellt er fest, daß eine notwendige Bedingung für die Möglichkeit aus vergangenen u. gegenwärtigen Ereignissen zukünftige vorauszusagen, also für jede Realwissenschaft, eine *Ordnung* u. damit ein *Konnex* wirklicher Gegenstände ist, der als solcher schon als w. angesehen wird. Die Kohärenztheorie begnügt sich also schon mit Relationen auf gleicher Ebene, entweder mit realen auf der ontologischen oder mit idealen auf der epistemischen. W. ist in diesem Fall nicht eine Proportion zwischen verschiedenen Ebenen.

Auch der *syntaktische* W.begriff wird von Leibniz präzisiert. W. ist nach ihm eine Aussage, bei der der Prädikatsbegriff im Subjektbegriff enthalten ist, u. das gilt sowohl für notwendige als auch für kontingente Sätze. Auf beide ist nach Leibniz das ↑analytische W.kriterium anwendbar. Sie unterscheiden sich nur durch finite oder infinite ↑Analyse.

Die Korrespondenztheorie wird von der Brentanoschule weiter analysiert. Stumpf führt den heute gängigen Terminus „*Sachverhalt*" ein, u. Reinach spricht von negativen Sachverhalten, denn die Frage, worauf sich die falschen Aussagen beziehen, ist ein altes Problem der Korrespondenztheorie. Beeinflußt von dieser realistischen Schule ist auch der junge Wittgenstein, der eine besondere Abart der Korrespondenztheorie, nämlich die ↑Abbildtheorie der W., vertritt.

Auch heute sind diese beiden Ws.theorien die gängigen. Frege, Russell u. Popper z. B. waren mindestens zeitweilig Anhänger der Korrespondenztheorie, u. der heute von manchen vertretene pragmatische W.begriff (z. B. von Lorenzen) stützt sich auf eine sehr verdünnte Ontologie. Auch für viele semantische Theorien ist der Korrespondenzbegriff die Grundlage. Die Kohärenztheorie wurde zunächst von angloamerikanischen Idealisten wie Bradley u. Bosanquet vertreten u. später von einigen logischen Positivisten wie Schlick, Neurath, Carnap u. Hempel. Die logische W. oder Ableitbarkeit wurde dadurch präzisiert, daß die Axiome unabhängig sein müssen u. die Theoreme widerspruchsfrei, d. h. es darf keines zusammen mit seiner Kontradiktion ableitbar sein.

Lit.: Thomas v. Aquin, De veritate; Leibniz, Philos. Schriften, ed. Gerhardt, Bd. VII; A. Reinach, Zur Theorie des negativen Urteils, Leipzig 1911; R. Carnap, Logische Syntax der Sprache, Wien 1934; W. Stegmüller, Das W.problem u. die Idee der Semantik, Wien 1957; G. Pitcher (Hrsg.), Truth, Englewood Cliffs 1964; A. R. White, Truth, London 1971; G. Skirbekk (Hrsg.), Seminar: Wahrheitstheorien, Frankfurt 1977; L. B. Puntel, Wahrheitstheorien in der neueren Philosophie, Darmstadt 1978. *H. Burkhardt*

Wahrnehmung. Erkenntnistheoretisch hat die durch die äußeren Sinne zustande gekommene W. im Unterschied zur inneren Vorstellung (z. B. der Phantasie) eine ihr vorgegebene, materielle Basis: Die Sinnes*vorstellungen* (Empfindung, sensatio) (↑Vorstellung) eines Subjektes (Farben, Geräusche), die von den körperlichen Empfindungen gereizter Nerven (z. B. Augenschmerz bei starker Helligkeit) unterschieden werden müssen. Sie bedürfen der Aufnahme (Apprehension) in das Bewußtsein (Aufmerksamkeit, Gewahren), um intentional räumlich (im Verhältnis zum Körper) u. zeitlich lozierbar sein zu können. In ihrer Eigenqualität sind Empfindungen „subjektiv", von der Konstitution ihrer Subjekte abhängig (Farbenblindheit). In objektiver, entprivatisierter Funktion, also im Aufbau der W. zur Objektbestimmung, sind sie *Zeichen* (v. Helmholtz). Das impliziert während ihrer zeitlichen Aufnahme ihre Reproduktion (z. B. in der Aufnahme einer Tonfolge) im Aufbau des Wahrnehmungsbildes. Ihre Aufnahme ist nicht passive Hinnahme ihrer „schlichten Gegebenheit", sondern eodem actu Formierung ihrer raumzeitlichen Stellen u. Relationen. Diese werden selber nicht wahrgenommen, sondern als invariante Einheiten in bezug auf die sie bezeichnenden Empfindungen mit vorgestellt. Sie gewährleisten so die Referenz der W. als subjektiver Tätigkeit auf die Intersubjektivität u. Identifizierbarkeit des ↑Objektes (Wahrgenommenes, Intendiertes). Je nach dem kategorialen Operator dieser wahrnehmenden Bestimmung der Empfindungen als Objektzeichen wird eine auf Null bezogene, in Graden meßbare Realität (z. B. eine Licht-, Schall-, Wärmeenergie) präsupponiert, oder es wird durch eine raumextensive Synthese eine empirische Quantität (Formen, Mengen) präsupponiert, oder beide W. werden als Eigenschaften einem Referenten zugeordnet: einer Zeitdauer, bedingend oder bedingt einem Geschehen in der Zeitfolge, oder, als räumliche Feldeigenschaften, einem Feldreferenten.

Es scheint, daß die Auffassung der W. als Prozeß innerhalb einer Semiose (d. h. einer Triade von Gegenstandszeichen [Empfindung], Raum-Zeit-Relationen u. logischen Regeln [Urteilsfunktionen u. ↑Kategorien]), d. h. als Prozeß der subjektiven Wahrnehmungsintention (in der Apprehension von Empfindungszeichen) zum wahrgenommenen Objekt, die prekären Annahmen von „objektiven" Empfindungsdaten (Russell), von „schlichten Gegebenheiten" (Husserl) sowie ein „Urakt"-Theorem, einen Leib-Seele-Parallelismus, einen Materie-Geist-Dualismus, das Privatsprachenproblem vermeiden kann. Es führt zu Mißverständnissen, wenn auf der forschungspraktischen Ebene der Gestaltpsychologie die Ergebnisse der Gestaltpsychologie gegen die W. als Semiose ausgespielt werden (W. Metzger). – Das Wahrnehmen als sinnliche Bestimmung des Objekts ist vom kognitiven Wissen des Objekts durch logische Prädizierung im W.*urteil* zu unterscheiden. Ein Irrtum ist nicht der einer W., sondern der eines Urteils über sie.

Lit.: Kant, KrV B 160, 207; A 374 ff.; H. v. Helmholtz, Die Tatsachen der Wahrnehmung, Berlin 1879; B. Russell, Probleme der Philosophie; E. Husserl, Ideen zu einer reinen Phänomenologie u. phänomenologischen Philosophie, Husserliana II. u. IV; G. J. Warnock (Hrsg.), The Philosophy of Perception, Oxford 1967; W. Metzger, Psychologie, Darmstadt ⁵1975. *P. Reisinger*

Welt. Bei der Bemühung um die phänomenologische u. ontologische Erhellung dessen, wofür die (Umgangs-)Sprache das Wort W. (griech. kosmos; lat. mundus) bereithält, stellt sich W. nicht bloß als vieldeutig heraus, vielmehr entzieht sich das Wort jeder Bestimmung dadurch, daß es von sich selbst weg-weist zu Worten wie *Seiendes,* ↑*Natur,* Schöpfung, ↑*Sein.* Deshalb wird W. häufig nicht als eigener philosophischer Begriff oder gar Grundbegriff angesehen. Gleichwohl lassen der Gebrauch dieses Wortes in philosophiehistorisch bedeutsamen u. folgenreichen Zusammenhängen sowie neuere Versuche, es als Titel für die philosophische Reflexion zu retten oder aufzuwerten, seine ausdrückliche Erörterung als angebracht erscheinen. Auszugehen ist dabei von dem geläufigen Vorverständnis, demgemäß W. sowohl das *Ganze des Seienden* bezeichnet, das uns bekannt u. zugänglich ist (das Universum, das All), als auch das *Ganze* (sowie als Einheit betrachtete *Regionen*) *des menschlich-geschichtlichen Daseins;* entsprechend ist die Rede von W.all, ↑W.bild, W.geschichte, W.theater, der „einen W.", der „Dritten W.", der „W. der Künstler", der „W. des Theaters" usw.

In der griech. Antike bezeichnete „kosmos" das Wirkliche im Ganzen als geordnetes, geschmücktes, schönes u. insofern zu bejahendes; der Kosmos galt als ewig, bildete eine Einheit u. Harmonie aus sich polar Entgegenstehendem, zu ihm gehörten Götter u. Menschen, ja er wurde selbst als „göttlich" erfahren. Dieses Verständnis bildet den Horizont auch noch für die mit Berufung auf Platon üblich werdende Einteilung in einen *intelligiblen* (geistigen; jenseitigen) u. einen *sichtbaren* (hiesigen) *Kosmos.* Diese metaphysische Unterscheidung setzte sich historisch insbesondere wegen ihrer Rezeption durch das Christentum durch. Auf der Basis der biblischen Überlieferung wurde jedoch (auch) der griech. „Kosmos" entmythisiert bzw. entpantheisiert; W. galt nunmehr als das „sehr gute" (Gen 1,31), „geordnete" (Weish 11,20) Werk des transzendenten Schöpfergottes, das freilich wegen der Sünde u. ihrer Folgen in einen defizienten Zustand geraten sei, der erst „am Ende" aufgehoben werde. Vorstellung u. Lehre von der Erschaffung der W. (bzw. von „Himmel u. Erde") aus dem Nichts (ex nihilo) richten sich gleichzeitig gegen die Auffassung von der Ewigkeit bzw. Notwendigkeit der W. wie gegen die gnostische bzw. dualistische Geringschätzung der (sichtbaren) W. sowie gegen hinduistische u. ähnliche Deutungen der W. als „maya", als „Schein".

In der abendländischen Tradition wird nicht nur Gott, sondern auch der Mensch als der W. gegenüberstehend gedacht, obwohl er als nichtgöttlich zur W. gehört. Je mehr das biblisch ermöglichte Verständnis der („entzauberten") W.lichkeit der W. zu allgemeiner Geltung gelangte u. also nichtchristliche Auffassungen von der göttlich-immanenten Lebendigkeit der W. (etwa in Gestalt der Vorstellung von einer „Seele der W.") zurückgedrängt wurden, desto deutlicher trat das Verständnis von W. als „res extensa", als „Nicht-Ich", „Objektw.", bloße „Außenw.", als „materielle W." (bis hin zu deren „materialistischen" Interpretationen) hervor. Auch erscheint W. nunmehr entweder „als Natur" oder „als Geschichte", wobei die Differenz von *Natur* u. ↑*Geschichte* zahlreiche Probleme ihrer möglichen u. erforderlichen Vermittlung aufgibt. So meint W. heute zumeist das „Material" oder auch die „Bühne" menschlichen Agierens, oder das Wort bezeichnet – sehr formal – alles, was in Natur u. Geschichte „der Fall ist" (Wittgenstein).

In der neueren Philosophie wurde versucht, über die traditionellen Auslegungen des als W. Bezeichneten hinaus W. „als W." in bewußter Abgrenzung zu benachbarten Titeln zu bestimmen. Vor allem Husserl, Heidegger u. Merleau-Ponty bemühten sich um die Klärung des „Phänomens W.". W. wird jetzt aus den Formen ihrer (metaphysischen) Verobjektivierung herausgelöst u. – da sie selbst kein Seiendes ist – als der offene, schwebende Bereich *zwischen menschlichem Dasein u. dem Ganzen des Seienden* bzw. dem Sein selbst ausgelegt, die je schon aufeinander bezogen sind. Menschliches Dasein ist insofern als „In-der-W.-Sein" zu bezeichnen, als es immer schon bei der W. u. in ihr bzw. „zur W." (Merleau-Ponty) ist (Heidegger versteht „W.lichkeit" als Existenzial des Daseins) u. umgekehrt W. dieses Bei-ihr-Sein dadurch ermöglicht, daß sie als das Ganze des Seienden immer schon auf den Menschen, seine Erkenntnis u. sein Handeln hin offen ist. Es erscheint indes fraglich, ob der Titel W. in Philosophie u. Öffentlichkeit dergestalt rezipiert wird, daß er das differenzierte Feld der Relationen zwischen Subjekt u. Objekt, zwischen Mensch u. Seiendem eindeutig kennzeichnet.

Daher darf angenommen werden, daß das Wort W. in einem nicht festgelegten Verständnis auch in philosophischen Texten u. Reflexionen weiter verwendet wird, so jedoch, daß es weniger in ontologischen als vielmehr in *naturphilosophischen* u. *praktisch-philosophischen* Problemzusammenhängen präsent bleibt. In naturphilosophischer Hinsicht wird – über die mehr ontologische Thematik von Zeitlichkeit u. Geschichtlichkeit der W. hinaus – z. B. nach den Gründen u. dem Ziel der Evolution der W. (Teilhard de Chardin) sowie weiterhin auch nach der Einheit der W. aus Materie u. Geist, von Mikrokosmos u. Makrokosmos gefragt. Im Bereich der Praktischen Philosophie geht es heute insbesondere um so konkrete Probleme wie die Beherrschung der W. als Natur u. deren gesellschaftlich-politische u. anthropologische Konsequenzen, die Gefährdung künftigen Lebens „in der W." aufgrund der Nutzung moderner Technologien, die Erhaltung der natürlichen „Umw.", die sittliche Erlaubtheit der Zerstörung großer Teile der W. oder gar der W. im Ganzen usw.

Trotz der terminologischen, phänomenologischen u. ontologischen Schwierigkeiten dürfte der Titel W. als Aufforderung, die konkrete Bezogenheit jeglichen Denkens u. Handelns philosophisch ernst zu nehmen u. nicht w.losen oder w.fremden Gedankenspielen zu verfallen, der philosophischen Reflexion aufgegeben bleiben.

Lit.: Heidegger, Sein u. Zeit, §§ 11–24; M. Merleau-Ponty, Phänomenologie der Wahrnehmung, Berlin 1966, bes. Teil II u. III; W. Kranz, Kosmos, in: Archiv für Begriffsgeschichte II 1–2, Bonn 1955 u. 1957; K. Löwith, Der W.begriff der neuzeitlichen Philosophie, Heidelberg ²1968; H. Hohl, Lebensw. u. Geschichte. Grundzüge der Spätphilosophie Husserls, Freiburg 1962; H. Blumenberg, Die Lesbarkeit der W., Frankfurt 1981.   *H. R. Schlette*

Weltbild, Weltanschauung. W.b. bezeichnet die grundsätzlich *wertneutrale* theoretische Erklärung des Gesamt des unmittelbar Vorfindlichen, während eine W.a. eine *werthafte* Sinndeutung des Ganzen des Seienden u. der Stellung des Menschen in ihm ist. Daher ist ein W.b. als Modell durch neue empirische Daten korrigier- u. auch falsifizierbar, eine W.a. dagegen zeigt sich auf Grund ihrer fundamentalen metaphysisch-(quasi-)religiösen Implikationen widerständiger gegenüber Fakten, was eine erhebliche Ideologieanfälligkeit – ↑Ideologie verstanden als falsches Bewußtsein – mit sich bringt. W.b. sind an wissenschafts*historische* Epochen gebunden (z. B. ptolemäisches, kopernikanisches W.b.); W.a. werden im allgemeinen von ihrem *Inhalt* her in politische (z. B. konservative), (quasi-)religiöse (z. B. christliche, humanistische) u. auch ästhetische (z. B. die „heile Welt") eingeteilt. Der Begriff der W.a. wurde von *Kant* in die Geistesgeschichte eingeführt u. auch danach vor allem in der deutschen Philosophie reflektiert *(W. Dilthey, K. Jaspers, M. Scheler).* Er hat kein eigentliches Äquivalent in anderen Sprachen. Es ist daher kein Zufall, daß die neben dem Christentum gegenwärtig im Abendland wirksamsten W.a., ↑Marxismus u. Positivismus, dem Umkreis des Kant folgenden Deutschen ↑Idealismus, wenn auch in der Weise seiner Negation, entstammen. Der Marxismus u. manche Strömungen des Positivismus erheben dabei für ihre W.a. den Anspruch der Wissenschaftlichkeit u. heben so den Unterschied zwischen W.b. u. W.a. auf, was politisch eine Tendenz zum Totalitären in sich birgt.

Lit.: W. Dilthey, Ges. Schriften II¹⁰ u. VII⁷; K. Jaspers, Psychologie der W.a., Berlin ⁶1971; M. Scheler, Philosophische W.a., München ³1968; E. Topitsch, Vom Ursprung und Ende der Metaphysik, München 1972; C. F. v. Weizsäcker, Zum Weltbild der Physik, Stuttgart ¹²1976; H. Klotsch u. a., Die wissenschaftliche W.a. – Grundlage unseres Handelns, Berlin (DDR) 1979; G. Dux, Die Logik der Weltbilder, Frankfurt 1982.   *K. Schanné*

Weltseele ↑Seele, Welt.

Werden ↑Bewegung.

Wert ↑das Gute, Kantianismus.

Wesen. Sowohl W. wie die entsprechenden Ausdrücke griech. usia u. lat. essentia haben als Wurzel die des Hilfszeitwortes „sein". Bei Aristoteles werden zwei Bedeutungen unterschieden: In einem ersten Sinn meint usia (lat. substantia übersetzt) das Einzelwesen, diesen Menschen Peter, der lebt, tätig ist, existiert u. als diese Person von anderen Menschen unterschieden ist. In einem zweiten Sinn meint usia jenen Gehalt, der Einzelwesen bestimmter Art (↑Gattung/Art), z. B. Menschen, zukommt u. durch den sie von Wesen anderer Art unterschieden sind. Dieser zweite Sinn von usia oder ↑Substanz wurde mit lat. *essentia* übersetzt. Diese Doppeldeutigkeit von usia findet sich im dt. Wort „W." wieder: es steht einmal für Einzeldinge, Einzel-W., es kann aber auch stehen für jenen Gehalt, durch den Dinge bestimmter Art gerade Dinge solcher Art sind u. nicht einer anderen. Insofern dieser Gehalt als jedem Individuum der Art zukommend gedacht wird, ist dieses W. allgemein. Insofern der Gehalt für sich betrachtet wird, ist er weder allgemein noch individuell, sondern er sieht von der individuellen Ausprägung des wirklichen Einzel-W. ab.

Im Gefolge des Herausarbeitens von Allgemeinbegriffen bei *Sokrates* werden die erfahrbaren Gegenstände als individuelle Verwirklichungen von Gehalten aufgefaßt, die wir zwar geistig erfassen, nicht aber sinnlich wahrnehmen können. Diese Gehalte machen uns die Einheit des Dinges in der Vielfalt seiner sinnlich wahrnehmbaren Äußerungen u. Tätigkeiten wie auch im Wandel seiner Eigenschaften u. bei Lebewesen in ihrer Entwicklung verständlich. *Platon* deutete dieses Erfassen des W. als Wiedererinnerung an das ursprünglich geschaute Urbild, die ↑Idee. In der Folge führt dies zur Auffassung des wesentlichen Gehalts eines Dinges als eindeutig vorgegeben. Im Bereich der Frage nach der Seinsweise der ↑Universalien entspricht dem ein realistischer Standpunkt, oft *Platonismus* genannt. In der gegenwärtigen Diskussion wird als berechtigtes Anliegen dieser Auffassung z. B. im ↑Konstruktivismus angesehen, daß im menschlichen Gestaltungsprozeß Leitbilder entworfen werden, denen man eine Realisierung möglichst anpassen will, z. B. die ideale Ebene, der man die Oberfläche eines Brettes anpassen möchte. In philosophischen Richtungen, welche den Prozeß u. das fortschreitende Fragen im menschlichen Erkennen herausstellen, wird, z. B. bei *B. J. F. Lonergan,* das aufgegebene Ziel des Fragens, das man immer besser zu erfassen sucht, als *reales* W. gesehen. Insofern könnte man hier von einem *heuristischen Begriff des* W. sprechen. *Aristoteles* faßt den W.gehalt nicht als getrenntes Urbild auf, sondern als Kern des erfahrbaren Dinges. Dieser wird durch die Vernunft in der Auseinandersetzung mit dem Sinnenbild in einer schöpferischen ↑Abstraktion erfaßt. Dabei wird von den individualisierenden Bestimmungen abgesehen, so daß sich das Ergebnis dieses Erfassens in einem Allgemeinbegriff ausdrückt, in einem Prädikator, der von jedem Individuum dieser Art ausgesagt werden kann.

Ontologisch wurde das W. in der Scholastik bei *Thomas v. Aquin* als begrenzendes Prinzip aufgefaßt, welches das von sich aus nicht endliche, sondern alle Seinsweisen im Grunde umfassende Sein zu dem betreffenden Gehalt eines Seienden einer bestimmten Art eingrenzt. So wurde im *Thomismus* jedes endliche Seiende als W. *(essentia)* u. Sein *(esse)* konstituiert aufgefaßt. Während zunächst nur das substantielle W. beachtet wurde, wird dann in einem erweiternden Sinn auch bei akzidentellen Bestimmungen von ihrem W. gesprochen. Dieser Seinsauffassung wurde ein Platonismus vorgeworfen. Werden W. u. Sein nicht als Gründe, sondern dinghaft aufgefaßt, wird die thomistische Auffassung unvollziehbar. So verstehen andere im Gefolge von *Suárez* W. als *Sosein,* d. h. als jenes Moment an einem Ding, wodurch es sich von andersartigen unterscheidet u. die Antwort auf die Frage, was etwas sei (lat. quid sit), bestimmt (lat. *quidditas*). Davon ist die andere Frage zu unterscheiden, ob so etwas vorhanden sei, existiere, oder z. B. nur als möglich gedacht werde. Dieser Frage entspricht als Moment an einem Ding dessen *Dasein* (lat. existentia; ↑Existenz). In weiterer Diskussion wurde z. B. bei *J. B. Lotz* die Vereinbarkeit dieser Auffassungen herausgearbeitet.

Erkenntnistheoretisch wird der Frage nachgegangen, mit welchem Recht von einem sinnenfälligen Gegenstand ausgesagt werden könne, daß er bestimmtes W. sei, daß ihm ein bestimmter Gehalt zukomme, der nur durch Abstraktion erfaßbar sei. Einige Theorien suchen dies durch eine selektive Abstraktion zu erklären: der ↑Begriff enthalte gegenüber den Sinnesgegebenheiten (↑Sensualismus) oder gegenüber dem erfaßten Einzelding (dessen Erfassen nach Thomas bereits Ergebnis einer Rückbeziehung des Produkts der schöpferischen Abstraktion auf das Sinnenbild ist) nicht etwas Neues, wie in der schöpferischen Abstraktion, sondern wähle nur Momente, in denen mehrere Gegenstände übereinstimmen oder einander ähnlich sind, aus u. vernachlässige das Unterscheidende. Das W. enthalte dann nur jene Züge, die zu dem so gebildeten Begriff gehören. So gehört dann zum W. nur das, was aufgrund der Definition oder der Bedeutungsregeln einer Sprache *(nominales W.)* oder aufgrund allgemeiner Naturgesetze *(empirisches W.)* den Gegenständen einer bestimmten Art zugesprochen werden müsse. W.haft sind jene Bestimmungen, die einem Gegenstand bestimmter Art nicht fehlen können. Lassen sich unter diesen Bestimmungen einige angeben, von denen her die anderen erklärbar werden, dann ließen sich diese grundlegenden Bestimmungen in einem bevorzugten Sinn als W. zusammenfassen. Dadurch kann der von Aristoteles erwähnte W.begriff von Mensch als „vernunftbegabtes sinnliches Lebewesen" von einer Charakterisierung des Menschen als „Zweibeiner ohne Federn" unterschieden werden. Damit nähert sich dieser Standpunkt jenem, der W. als heuristischen Begriff betrachtet u. unsere faktischen Behauptungen, worin das W. bestehe, als unserem jeweiligen Erkenntnisstand entsprechend. J. de Vries weist darauf hin, daß diese Auffassung auch als Meinung von Thomas v. Aquin auftritt. Denn nach ihm können die substantiellen Unterschiede nur von den wahrnehmbaren Akzidentien her erkannt werden als deren realer Grund.

Lit.: Aristoteles, Met. VII; ders., Kat. 5; ders., De An. III 7; Thomas v. Aquin, De ente et essentia 1; Suárez, Disp. met. 31 s. 13 n. 14–18; Locke, Essay III 6; B. J. F. Lonergan, Insight, Toronto 1957, Kap. XVf.; E. Tugendhat, TI KATA TINOS, Freiburg ²1968; J. B. Lotz, Ontologia, Barcelona 1963, 205 ff.; P. Lorenzen/O. Schwemmer, Konstruktive Logik, Ethik u. Wissenschaftstheorie, Mannheim ²1975, III 2; E. Coreth, Metaphysik, Innsbruck ³1980, §§ 24–29; J. de Vries, Grundbegriffe der Scholastik, Darmstadt 1980, 107–113.　　　　　　　　*O. Muck*

Widerspiegelungstheorie　↑Abbildtheorie.

Widerspruch　↑Antinomie/Widerspruch.

Willensmetaphysik ↑Voluntarismus.

Wirklichkeit ↑Akt, Ursache/Wirkung.

Wirkung ↑Ursache/Wirkung.

Wissen, Wissenschaft. Wissen (W.) wird in der Umgangssprache auf vielfältige Weise verwendet: w., daß (Tatsachenwissen); w., wie (praktisches Wissen); w. von (Kenntnis haben von). Hier sei lediglich von der ersten Art zu w. die Rede. Um von X sagen zu können, er wisse, daß p, sind drei Bedingungen notwendig u. zusammengenommen hinreichend: p muß wahr sein; X muß bereit sein, p zu behaupten, d. h., er muß ehrlich glauben, daß p; X muß in der Lage sein, p zu begründen. W. wird daher in den epistemischen Logiken als fundierter ↑Glaube von etwas, was der Fall ist, definiert. Schon für *Platon* u. *Aristoteles* war ein wahrer Glaube (doxa) als solcher noch kein W. (episteme). Auf Fragen kann oft durch Zufall die richtige Antwort gefunden werden. Jemand drückt durch eine Antwort nur dann W. aus, wenn er fähig ist, die Antwort zu begründen. Aristoteles sieht die Idealform des Begründens im Syllogismus der Form Barbara, dessen Mittelbegriff die Ursache für den in der Konklusion behaupteten Sachverhalt angibt. Die Prämissen, aus denen in den einzelnen Wissenschaften abgeleitet wird, sollen nach Aristoteles notwendige Wahrheiten ausdrücken. Daher wurde in der westlichen Tradition W. zumeist mit W. von notwendigen Wahrheiten gleichgesetzt.

Die im Definiens für W. angegebenen Bedingungen werden heutzutage je nach philosophischer Richtung anders gedeutet. Über ↑Wahrheit gibt es Kohärenz- oder Konsens-, aber auch realistisch gefärbte Korrespondenztheorien. Probleme verursacht dabei die Bestimmung des Wahrheitsträgers p. Ist es ein Satz einer konkreten Sprache, der geglaubt werden u. wahr sein muß, oder die durch ihn ausgedrückte Proposition, oder etwas, was unabhängig von unseren Sprachen ist? Engt man p auf Sätze einer Sprache ein, so muß die zweite Bedingung des Definiens erweitert werden: X muß p auch verstehen. Fragt man, was das ist, was jemand versteht, wenn er einen Satz versteht, so erhält man von den Autoren verschiedene Antworten: Die Methode der Verifikation *(Logischer Positivismus)*, die Wahrheitsbedingungen *(Davidson)*, die Regeln des Gebrauchs *(Oxford School)*. Nach bestimmten Autoren muß X zudem in einer Art Relation (kausale Kette) zu dem stehen, worauf sich p bezieht. Zu einer adäquaten Bedeutungstheorie gehört nämlich nach ihnen auch die Berücksichtigung des Bezugs (Referenz) zur Wirklichkeit *(Putnam, Kripke)*. Auch die dritte Bedingung der Fundiertheit von p wirft verschiedene Probleme auf. Da X p nur durch Rekurs auf andere von ihm gewußte Sachverhalte begründen kann, erhebt sich die Frage nach dem regressus in infinitum. Nach *Aristoteles* kann es einen solchen nicht geben, da die letzten Prämissen oder die ersten Prinzipien evident sind. Wer sich als Philosoph nicht auf evidente Grundannahmen berufen will oder kann, wird in bezug auf das Begründungsproblem Kohärenztheorien *(Holismus)* vertreten, nach denen die einzelnen Annahmen miteinander so in Verbindung stehen, daß sie sich gegenseitig stützen. Holistische Theorien leiden aber im allgemeinen unter der Voraussetzung, daß die Teile nur vom Ganzen her verstanden werden können, was in vielen Fällen nicht möglich ist. Trotz der geschilderten Schwierigkeiten muß für die Fundiertheit die Korrektheit der jeweiligen Begründung gefordert werden. Diese darf z. B. nicht auf falschen Prämissen beruhen. Das Erfordernis der Korrektheit der Begründung ist nur implizit in der Bedingung der Fundiertheit enthalten. Sie wird daher zuweilen auch explizit als vierte Bedingung im Definiens für W. angegeben.

Für die Begründung der Annahmen im Alltag u. in den Wissenschaften (Wt.) ist die alte Unterscheidung zwischen Erkenntnis- und Sach-(Real)gründen relevant. Der Rauch ist nur Erkenntnisgrund für mein W., daß es brennt. Der Sachgrund dafür ist das Feuer. Nach der aristotelischen Tradition u. im Rahmen realistischer Wt.theorien erklärt man Ereignisse u. Sachverhalte nur dann adäquat, wenn man auch deren Realgründe angibt. In der Humeschen positivistischen Tradition ist es allerdings sinnlos, Sachgründe zu postulieren. Die Kritik der traditionellen Auffassung von Kausalität durch *Hume* u. *Kant* hat zu diesem Standpunkt geführt u. dadurch die positivistischen Wt.theorien entschieden geprägt. Im logisch-positivistischen Sinn kann die Begründung eines empirischen Satzes nur durch Rückführung auf die Basis, d. h. auf Beobachtungssätze oder Protokollsätze geschehen. Die positivistische Rückführbarkeit (Reduzierbarkeit) wird aber durch die vielen theoretischen Termini, die es in den modernen Wt. gibt, erschwert. Zudem ergeben sich verschiedene Schwierigkeiten aus der Tatsache, daß die Beobachtungssätze selbst theoriebeladen, d. h. in bezug auf Theorien nicht neutral sind. Diesen Problemen versuchen einige Philosophen dadurch auszuweichen, daß sie wt.liche

Theorien rein instrumentalistisch deuten. Theorien sind dann nur theoretische Hilfsmittel, Vorhersagen zu machen. Das Erfordernis der Verifikation oder Falsifikation für empirisch sinnvolle Sätze muß dementsprechend adaptiert werden. Die verschiedenen Entwürfe u. Folgen der philosophischen Theorien über die Wt.n u. die darin enthaltene Begründungsproblematik werden ausführlich im Lexikon für Wt.theorie behandelt. Wenn man die für das W. geforderte Fundiertheit auf naturwt.liche Begründbarkeit einengt, so erhält man einen einseitigen W.begriff. Es gibt verschiedene Arten des Verstehens, Erklärens u. daher auch des Begründens. Es gibt nicht nur kausale, sondern auch finale oder intentionale Erklärungen (für menschliche Handlungen). Die Erkenntnisideale sind je nach sozialem Kontext verschieden. Dementsprechend kann es auch verschiedene Zielsetzungen in der Stellung u. Beantwortung der Warum-Frage u. in den daraus folgenden Begründungen geben. Die Dichotomie zwischen den Natur- u. den Geisteswt. ist daher in bezug auf die W.s- u. Begründungsproblematik keine grundsätzliche.

Lit.: Aristoteles, 2. Analytik I; P.A. Schilpp (Hrsg.), The Philosophy of R. Carnap, La Salle 1963; J. Hintikka, Knowledge and Belief, Ithaca 1969; ders., Knowledge and the Known, Dordrecht 1974; J. Losee, Wissenschaftstheorie, München 1977; K. Lehrer, Knowledge, Oxford 1974; F. v. Kutschera, Einführung in die intensionale Semantik, Berlin 1976; ders., Grundfragen der Erkenntnistheorie, Berlin 1982; R. M. Chisholm, Erkenntnistheorie, München 1979.
E. Runggaldier

Wissenschaftslehre ↑Idealismus.

Z

Zahl u. Zählen, Zahlwort u. Ziffer (als Zahl- bzw. Zählzeichen) sind eng miteinander verbunden; in der Philosophie der Mathematik wird je nach Standpunkt dem Gegenstandsaspekt (Zahl), dem Handlungsaspekt (Zählen) oder dem Zeichenaspekt (Ziffern) der Vorrang zugesprochen. Historisch wie systematisch fundamental sind die *natürlichen* Z. 0, 1, 2, 3, ... als Bestimmungen der Größe einer Menge durch Angabe der *Anzahl* ihrer Elemente als Antwort auf die Frage „wie viele?" *(Kardinalzahl),* oder als Auskunft über die Stellung eines Elements in einer Reihe als Antwort auf die Frage „das wievielte?" *(Ordinal-* oder *Ordnungsz.).* Obwohl schon die altägyptische Mathematik mit Stammbrüchen, das Mittelalter mit beliebigen Brüchen u. die Griechen mit nicht-rationalen Verhältnissen umgingen, kam es zu Erweiterungen des Z.begriffs um *negative, reelle* u. *imaginäre* Z. erst um 1600 durch die Algebra der Neuzeit. *Komplexe* Z. werden sogar erst zu Anfang, *hyperkomplexe* Z. um die Mitte des 19. Jh. als selbständige Arten anerkannt. Nach W. R. Hamilton ist jede „höhere" Z. eine Anordnung einer jeweils festen Anzahl n (eines „n-tupels") (↑Relation 12) „niedrigerer" Z., wobei eine Äquivalenzbeziehung (↑Relation 11) zwischen n-tupeln zu definieren ist, welche dieselbe höhere Z. darstellen sollen, u. die fundamentalen Rechenoperationen bei verschiedenen Arten verschieden erklärt werden. Ganze u. rationale Z. lassen sich als Paare natürlicher Z., komplexe Z. als Paare, hyperkomplexe Z. als Quadrupel oder Oktupel von reellen Z. erklären, u. nur diese selbst müssen unter Heranziehung des Mengen- oder des Funktionsbegriffs (↑Relation 5; 13) als beschränkte Mengen bestimmter Art oder als konzentrierte Folgen rationaler Z. erklärt werden. Alle genannten Arten werden dem allgemeinen Z.begriff untergeordnet, weil sich zwischen den Individuen jeder Art eine Addition u. eine Multiplikation so definieren lassen, daß die von den ganzen Z. her bekannten Rechengesetze i.a. auch für die Erweiterungen bestehenbleiben („Permanenzprinzip" – erst bei den hyperkomplexen Z. geht die Kommutativität $a \cdot b = b \cdot a$ verloren). In der modernen Z.theorie und Algebra faßt man allerdings alle Z.bereiche als selbständige Bereiche von der Art auf, daß es zu jedem niedrigeren Bereich in den höheren Bereichen einen ausgezeichneten strukturgleichen Teilbereich gibt („Einbettung"). Zugleich rücken gegenüber dem obigen konstruierenden Zugang die *Gesetze* des Rechnens insofern in den Vordergrund, als nicht mehr Z. erklärt werden, sondern gleich ↑*Strukturen* möglicher Z.nsysteme durch ↑Postulate („↑Axiome"), die in ihnen gelten sollen u. außer von gewissen Z.nbereichen u.U. auch von anderen Gegenstandsbereichen erfüllt werden, welche zwar die gleiche Struktur aufweisen, aber inhaltlich nichts mit Z.n zu tun haben. Philosophisch sind jedoch die Modelle u. damit die Definitionen des Z.begriffs interessanter. Antike u. Mittelalter erörterten die Frage eines selbständigen ontologischen Status der Z., die pythagoreisch-platonische Richtung befürwortend, die Aristoteliker skeptisch oder ablehnend. Die Neuzeit kennt seit Leibniz eine *logizistische* Auffassung der Z. (die als letztlich logischer Gegenstand betrachtet und bei Frege u. Russell entsprechend definiert wird), eine *psychologistische* Z.auffassung (J.St.Mill), eine *formalistische* Z.auffassung (es gibt neben den Ziffern nicht noch Z.), u. eine *konstruktive* oder *operative* Z.auffassung, die die Erzeugung von Zählzeichen(systemen) als grundlegend ansieht u. von Aussagen über Zählzeichen durch einen Abstraktionsschritt zu Aussagen über Z. als aus Ziffern abstrahierten Pseudo-Gegenständen gelangt (P.Lorenzen). Der letztgenannte Ansatz hat sich mathematisch und philosophisch als sehr fruchtbar erwiesen, wenngleich das „logizistische Problem", wie sich der Z.begriff zum Handlungsschema des Zählens (von unter einen gegebenen Begriff fallenden Gegenständen) verhält, noch genauerer Klärung bedarf.

Lit.: G.Frege, Die Grundlagen der Arithmetik; R.Dedekind, Was sind u. was sollen die Z.? Braunschweig 1888, [10]1965; G.Stammler, Der Z.begriff seit Gauß, Halle 1926, Nachdr. Hildesheim 1965; H.Kneser, Die komplexen Z. u. ihre Verallgemeinerungen, in: Math.-phys. Semesterberichte 1 (1949) 256–267; P.Lorenzen, Einführung in die operative Logik u. Mathematik, Berlin ²1969; G.Martin, Klassische

Ontologie der Z., Köln 1956; A.Oberschelp, Aufbau des Z.nsystems, Göttingen ³1976; H. Gericke, Geschichte des Z.begriffs, Mannheim 1970. *Chr.Thiel*

Zeichen ist alles, was u. insofern es dazu dient, etwas anzuzeigen oder kenntlich zu machen. *Inhaltliche Z.* führen, sofern man sie zuvor als solche erkennt, zum Erkennen von etwas anderem. Bei ihnen besteht eine erkennbare Z.-Relation zum Bezeichneten, d. h. zu demjenigen, für welches sie Z. sind. *Funktionale Z.* wie Parenthesen oder Interpunktionen haben vornehmlich andere, etwa strukturierende oder imperativische Funktionen, u. zwar gewöhnlich in Verbindung mit inhaltlichen Z. Bei *natürlichen* Z. ist die Z.-Relation durch natürliche Zusammenhänge gegeben wie beim Schreien eines Kindes als Z. mangelnden Wohlbefindens. Bei *konventionellen* (künstlichen) Z. wird die Z.-Relation willkürlich vom Menschen hergestellt. Dem Anwendungszweck nach kann man unterscheiden: *rein kundgebende* Z., die wie die Gradskala eines Thermometers oder wie ein Eigenname einfach etwas anzeigen; *stellvertretende* Z., die wie der dem Sieger überreichte Schlüssel der Stadt stellvertretend etwas anderes, etwa die Übergabe der Stadt selbst, anzeigen; *repräsentierende* Z., die wie ein Kuß zwischen Liebenden das Vorhandensein von etwas nicht direkt in der sinnlichen Erfahrung Gegebenem wie der Liebe vergegenwärtigend anzeigen u. so erfahrbar machen; *performative* Z., die wie die Unterschrift unter ein Testament oder wie die Worte: „Ich verspreche dir das" die Gültigkeit eines Testamentes oder ein Versprechen anzeigend zustande bringen. Eine besondere Art von Z. sind die eigentlichen ↑Symbole, die irgendwie zwischen den natürlichen u. den konventionellen Z. stehen. Davon zu unterscheiden sind die formalen Symbole, die als präzisierte u. abkürzende Z. in den formalen ↑Sprachen der modernen (Einzel-)Wissenschaften verwendet werden u. bei denen man oftmals davon absehen will, daß sie überhaupt Z. für etwas sind. Bei allen Z. sollte man zwischen den konkreten, an bestimmten Raum-Zeit-Stellen vorhandenen Z.-Vorkommnissen (engl.: *token*) u. der diesen gemeinsamen Z.-Gestalt (engl.: *type*) unterscheiden.

Im Gegensatz zu den eigentlichen Symbolen, die vornehmlich in der Gestalt von Bildern u. Handlungsgeschehen vorkommen u. daher auf das Sehen u. die Körpererfahrung bezogen sind, treten die fast ausschließlich konventionellen Z. *der menschlichen Sprache* primär in der Gestalt von Lauten u. Lautverbindungen auf u. sind daher auf das Reden u. Hören bezogen. Denn die Z. der Buchstabenschrift bezeichnen in sekundärer Weise die Laut-Z. der gesprochenen Sprache. Nur die Z. einer Begriffs- oder Bilderschrift wie der chinesischen besitzen bisweilen Symboleigenschaften. Von den Sprach-Z., zu denen nicht nur Wörter u. Wortkomplexe, sondern auch Präfixe u. Suffixe u. a. gehören, werden einige, z. B. die Artikel u. die Kasusendungen, rein funktional verwendet, andere wiederum hauptsächlich funktional, wie etwa die Bindewörter, die ↑Negation, Ausdrücke wie „alle",

„nur" u. „sehr", sowie auch die Kopula „ist". *Synkategorematische* Sprach-Z. (Synkategoremata) werden stets nur in Verbindung mit inhaltlichen Sprach-Z. sinnvoll verwendet, *kategorematische* Sprach-Z. führen von sich aus zum Erkennen von etwas anderem. Ein Sprach-Z. ist dann eindeutig *(univok)*, wenn es in allen seinen Vorkommnissen genau dasselbe bezeichnet bzw. genau dieselbe Funktion hat. Ein Sprachgebilde einer bestimmten Z.-Gestalt ist mehrdeutig *(äquivok)*, wenn wenigstens zwei Vorkommnisse der gleichen Gestalt etwas Verschiedenes bezeichnen oder verschiedene Funktionen haben, wie „Bauer" bald im Sinne von Landwirt u. bald im Sinne von Käfig u. „oder" bald im ausschließenden u. bald im nicht ausschließenden Sinne verwendet wird. Neben solchen gewöhnlich mehrdeutigen Sprach-Z. gibt es auch *systematisch mehrdeutige,* die wie „ich" je nach Sprecher oder wie „identisch" je nach Seinsbereich etwas Verschiedenes meinen.

Oftmals hat man die kategorematischen Sprach-Z. insgesamt als *Namen* verstehen wollen, d.h. als Z. mit der ausschließlichen Aufgabe, etwas zu bezeichnen (benennen). Man unterschied dann zwischen *singulären* Namen oder Termini, die wie „Aristoteles", „die Türkei", „der Mörder Cäsars", „die Armut" ein bestimmtes ↑Einzelnes bezeichnen oder zu bezeichnen vorgeben, u. *generellen* (allgemeinen) Namen bzw. Termini, die wie „Pferd", „Grünes", „Singender" ein unbestimmtes Einzelnes aus einer Klasse bzw. diese Klasse selbst bezeichnen. Man unterschied auch zwischen *konkreten* Namen, die wie „Sokrates" u. „Pferd" etwas Konkretes, u. *abstrakten* Namen, die wie „die Armut" oder „Primzahl" etwas ↑Abstraktes bezeichnen. Im Rahmen dieser Theorie hat man die einfachen (Aussage-) ↑Sätze prinzipiell als Verbindung zweier Namen mit Hilfe der Kopula verstanden. In der neueren Analyse (Frege) wurde jedoch deutlich, daß generelle (allgemeine) Sprach-Z. wie „singt", „grün", „Pferd" oftmals zusammen mit der Kopula „ist" keine bloß benennende, sondern vor allem eine prädikative (aussagende) Funktion (↑Prädikat) in bezug auf das durch singuläre Sprach-Z. Bezeichnete haben, so daß nur diese als Namen im eigentlichen Sinne zu betrachten sind.

Bei den singulären Sprach-Z. erwies es sich als notwendig zu unterscheiden zwischen ihrer *Bedeutung* (Denotation, Referenz), d.h. demjenigen, was sie bezeichnen oder zu bezeichnen vorgeben, u. ihrem *Sinn* (Konnotation), d.h. dem (begrifflichen) Aspekt, aufgrund dessen sie etwas bezeichnen. Es ist umstritten, ob singuläre Sprach-Z. wie „Pegasus" u. „die größte Primzahl" zwar einen Sinn, aber keine Bedeutung haben bzw. wie man ihre Bedeutung verstehen soll. Es ist ebenso umstritten, ob Eigennamen wie „Sokrates" u. solche singulären Ausdrücke wie „dies da" oder „ich" zwar eine Bedeutung, aber keinen begrifflich faßbaren Sinn haben. Die Unterscheidung zwischen Sinn u. Bedeutung läßt sich, wenn auch mit gewissen Modifikationen, ebenfalls auf die generellen Sprach-Z. und sogar auf die Sätze ausdehnen.

Eine allgemeine Z.-Lehre *(Semiotik)* wurde im Zusammenhang mit der Aufstellung formaler Kunstsprachen in Logik u. Wissenschaftstheorie entwickelt. Dabei bezeichnet man mit *Syntaktik* die Lehre von den Beziehungen, wie sie allein zwischen Z. u. Z.-Reihen bestehen, mit *Semantik* die Lehre von den Beziehungen zwischen Z. u. Bezeichnetem u. mit *Pragmatik* die Lehre von den Beziehungen zwischen den Z. u. ihren Benützern.

Lit.: Aristoteles, Kat. 1–4; ders., De Int. 1–4; B. Bolzano, Wissenschaftslehre III; J. St. Mill, A System of Logic I; G. Frege, Über Sinn u. Bedeutung; B. Russell, Über das Kennzeichnen; C. K. Ogden/I. A. Richards, Die Bedeutung der Bedeutung, Frankfurt 1974; R. Carnap, Logische Syntax der Sprache, Wien 1934; ders., Introduction to Semantics, Cambridge/Mass. 1948; L. Wittgenstein, Philosophische Untersuchungen; W. V. O. Quine, Wort u. Gegenstand, Stuttgart 1980; S. Kripke, Name u. Notwendigkeit, Frankfurt 1981; H. Burkhardt, Logik u. Semiotik in der Philosophie von Leibniz, München 1980. *R. Carls*

Zeit. Mit der Z. kommt alles hervor u. geht wieder unter, während sie selbst bleibt; aber ihr Bleiben ist ein Schwinden. Von dieser Erfahrung ausgehend, hat sich die Philosophie der Z. nach drei Richtungen entfaltet: *ontologisch* zum Verhältnis von Z. (Entstehen u. Vergehen) u. Ewigkeit (Sein) (1.); *wissenschaftslogisch* zum Z.begriff der Physik (u. darin der Biologie, Psychologie u. Historie) (2.); *transzendentalphilosophisch* zum Verhältnis von Z. u. Bewußtsein (3.).

1. Ontologisch ist die Z. die Sphäre des Je-anders: des Ortswechsels, der quantitativen u. qualitativen Veränderung, des Auftauchens u. Verschwindens des Seienden selbst. Ohne das Je-anders des Jetzt, das in sich ein Übergang aus dem Noch-nicht in das Nicht-mehr ist, ist das Je-anders des Seienden unmöglich. So kann das Veränderliche u. Vergängliche auch das Zeitliche genannt werden. Das Zeitliche als solches aber hat als seinen Horizont den Gedanken des Ewigen. Ewigkeit kann (im uneigentlichen Sinn; sempiternum) die endlose Dauer meinen, oder (im eigentlichen Sinn; aeternum) das Jetzt, das weder ankommt noch verfällt, sondern in sich steht (klass. Definition bei Boethius, De consolatione philosophiae V 6,4: interminabilis vitae tota simul et perfecta possessio). Zwischen das ewige Sein (des †Absoluten) u. das zeitl. Sein (des Vergänglichen) schob das Hochmittelalter (Albert, Thomas) das aevum, die Zeithaftigkeit der reinen Geister (die unvergänglich, aber veränderlich sind); als gemeinsamer Oberbegriff dient dabei die Dauer (duratio), das Verharren im eigenen Sein. – Einen anderen Sinn hat der Gegensatz zeitlich/ewig, wenn er nicht auf Seinsarten, sondern auf Sachverhalte (Wahrheiten) bezogen wird. Daß Diagonale u. Seite eines Quadrats inkommensurabel sind, ist notwendig, also immer („ewig") wahr; daß Sokrates (jetzt) ißt, ist (möglicherweise) nur jetzt wahr.

2. In der Physik des Aristoteles (219b1–2) ist die Z. das, was an einem Prozeß unter der Rücksicht vorher/nachher eine Abzählbarkeit erlaubt. Die zeitl. Bestimmung eines

Vorgangs – vom Z.punkt A bis zum Z.punkt B dauernd, mit Geschwindigkeit v ablaufend usw. – stellt diesen unter die Idee eines gleichförmigen, mathematisierbaren Laufs der Zeit selbst, der – um verschiedene Prozesse in Gleichzeitigkeit u. Aufeinanderfolge zeitlich koordinieren zu können – mit dem Lauf keines Prozesses identisch sein darf (Newton). Die Idee einer solchen absoluten Z. muß allerdings, um auf Vorgänge beziehbar zu sein, durch gleichförmig-periodische Prozesse repräsentiert werden („Uhren"). Einen Vorgang zeitl. zu bestimmen heißt: ihn unter der Idee der Zeit an anderen Vorgängen messen. Da die Uhren nicht direkt an der Z., sondern nur wieder an Uhren geeicht werden können, bleibt die Privilegierung einer Ur-Uhr (z.B. der Schwingungen des Caesium-Atoms) an niemals vollständig beweisbare theoretische Annahmen bez. ihrer Gleichförmigkeit gebunden. Daß prinzipiell keine Uhr direkt an der Z. geeicht werden kann, spricht dafür, daß die lineare Z. selbst nichts für sich Seiendes ist, sondern das Produkt einer (in gewissen Grenzen) wohlbegründeten Idealisierung, deren Motivation darin lag, daß man ein gemeinsames Bezugssystem für sehr entfernte Vorgänge sowie für lokal u. situativ verschiedene Z.rechnungen brauchte, um die soziale Organisation, den Handel u. den Aufbau eines einheitlichen Weltbildes leisten zu können. Auf die Grenzen dieser Idealisierung verweisen nicht nur die Relativitätstheorie Einsteins (die die Annahme, zwei beliebige Ereignisse seien entweder gleichzeitig oder nicht, von bestimmten kontingenten Bedingungen abhängig macht u. damit den Begriff der absoluten Z. relativiert) u. die Quantenphysik (die die kontinuierliche Teilbarkeit der Z. u. deren „Richtungssinn" problematisiert). Wenn die Idee der homogenen Zeit nur in gewissen Grenzen anwendbar ist u. nur zu bestimmten theoretisch-praktischen Zwecken gebraucht wird, bleibt sie in ihrem Geltungsbereich auf bestimmte Bereiche des Naturgeschehens u. auf bestimmte Weisen der Lebensorientierung beschränkt. Innerhalb des formalen Rahmens, der im quantifizierbaren Wechselbezug von Bewegungen liegt, ergibt sich so eine Pluralisierung des Z.begriffs u. eine Bindung der Z.idee an die faktische Struktur u. Geschichte des Kosmos, mit dessen Beginn (Urknall) die Z. selbst erst beginnt u. mit dessen Entwicklung es gegeben ist, daß die Z. nicht bloß als neutraler „Raum" für immer gleichartige Vorgänge, sondern als irreversibles „Hervorströmen" von immer Neuem, bis zur jetzigen Konstellation, gedeutet werden muß.

3. Was aber heißt „jetzig", „jetzt"? Es ist klar, daß der Begriff der Z. in sich zerfällt, wenn das Jetzt aus ihm gestrichen wird; denn nur durch die jeweiligen Jetzte werden Zeiten voneinander abgegrenzt; nur im Jetzt hat die Z. ihren Fußpunkt in der Realität. Das Jetzt aber verweist mehrfach auf die Akte der †Seele (des Bewußtseins), wie bes. Augustinus u. Husserl gezeigt haben. Das vergangene oder das zukünftige Jetzt verweist auf das Jetzt des Aktes, in dem es erinnert bzw. vorweg-

genommen wird. Ohne die je jetzige Aktualität des Bewußtseins, das sich (in der memoria, dem Gedächtnis) in das gesammelt Gewesene behaltend erstreckt u. sich dem Kommenden entgegenstreckt, gäbe es keine Präsenz des Vergangenen u. des Zukünftigen als solchen, u. folglich auch keine Reihung früherer u. späterer Z.punkte auf der Z.linie. Dasselbe gilt für das einfache, „jetzige" Jetzt. Wenn wir „jetzt" sagen (z. B. „Jetzt kommt er"), wird ein Ereignis in Bezug gesetzt auf ein gewisses Gegenwartserlebnis, das Sprecher u. Angesprochener teilen. Obwohl dieses seinerseits datiert werden kann („Jetzt, – um 5 Uhr"), erreicht die Datierung nicht sein Wesen; denn einerseits ist der Ausdruck „jetzt" in der Situation auch unmittelbar verständlich, u. andererseits hat jedes Verständnis einer objektiven Z.angabe ein Vor-Verständnis von „jetzt" zur Voraussetzung. Die erlebte u. vollzogene Gegenwart, auf die sich das „jetzt" bezieht, ist zunächst kein Punkt auf einer vorstellbaren Z.linie, der die vergangenen von den zukünftigen Z.en trennte. Sie ist auch etwas anderes als die zeitüberhobene Präsenz der Ewigkeit. Sie ist insofern ein Bild der Ewigkeit, als in ihr die gesamte Vergangenheit gesammelt u. umgriffen u. die Fülle der Zukunft da ist, – insofern aber nicht, als diese Ekstase in Gewesenheit u. Zukunft von einem bestimmten Punkt ihres Auseinander u. Zueinander aus geschieht, u. zwar so, daß einerseits die Zukunft die Richtung des Hoffens, Befürchtens u. Nichtwissens, die Gewesenheit aber die Richtung des Vergessenhabens u. Rückerinnerns ist, u. andererseits das Zukünftige dauernd zum Gewesenen wird. Ohne die ekstatische Seele gibt es keine Z., höchstens Vorgänge-an-sich; aber ohne diese Vorgänge gibt es auch keine Z. Deshalb kann die Z. nicht auf das Z.bewußtsein zurückgeführt werden.

Lit.: Platon, Timaios; Aristoteles, Physik IV 10–14; Plotin, Enneade III, 7; Augustin, Confessiones XI; Kant, KrV A 30–41, 130–147; H. Bergson, Essai sur les données immédiates de la conscience, Paris 1889, II; J. M. McTaggart, Philos. studies, London 1934, Kap. 5; E. Husserl, Zur Phänomenologie des inneren Z.bewußtseins, Husserliana X; M. Heidegger, Sein u. Z., §§ 45 ff.; H. Conrad-Martius, Die Z., München 1954; F. Kümmel, Über den Begriff der Z., Tübingen 1962; P. Bieri, Z. u. Z.erfahrung, Frankfurt 1972; P. J. Zwart, About Time, Amsterdam 1976. *G. Haeffner*

Ziel ↑Teleologie, Ursache.

Zufall. Die Rede vom Z. (genauer: von zufälligen Ereignissen) kann Verschiedenes bedeuten. Eine vorläufige Kennzeichnung von „zufällig" (z.), ist durch die Gegensätze „notwendig (determiniert)" oder „beabsichtigt" möglich. Versteht man unter Z. Ereignisse, für deren Eintreten wir keine Ursachen angeben können, so muß man unterscheiden zwischen Ereignissen, die uns nur z. erscheinen, weil wir die Gründe nicht kennen, u. den Z., die ein objektiv ursachloses Geschehen darstellen. Wenn (wie von Demokrit u. in der Neuzeit z. B. von Spinoza u. Leibniz) alle Ereignisse letztlich als notwendig angesehen werden, dann gibt es Z. nur in dem Sinn, daß wir wegen der Komplexität der determinierten Abläufe die Ursache nicht angeben können. Dagegen gibt es z. B. nach Epikur absolute Z., d. h. Ereignisse ohne Ursache (mit der in diesem Sinn z. Abweichung der Atome von der geraden Fallinie beginnen bei Epikur die Gestaltungsprozesse u. Geschehensabläufe dieser Welt). Von Z. spricht man insbesondere auch beim Zusammentreffen zweier Ereignisfolgen, zwischen denen keine gesetzmäßige Verknüpfung besteht: Ein Bauer pflanzt einen Baum u. findet dabei einen Schatz. Dabei können beide Kausalketten völlig determiniert sein, z. ist nur ihr Zusammentreffen.

Im *alltäglichen Handeln* gelten unerwartet eintretende Ereignisse oder unbeabsichtigte Nebenfolgen von Handlungen als glückliche oder unglückliche Z. Insbesondere werden solche Ereignisse als z. qualifiziert, die zu Unrecht den Eindruck erwecken, als seien sie eines Zieles wegen geschehen. In der *Wissenschaft* wird der Begriff Z. meist ohne Bezug auf das menschliche Handeln gebraucht. Ein Ereignis heißt hier z., wenn es unter einer gegebenen Gesamtheit von Bedingungen nicht notwendig eintritt, wenn es so, aber auch anders kommen könnte (z. B. beim Würfeln). Auch hier kann der Z.scharakter auf subjektiver Unkenntnis oder auf objektiver Unbestimmtheit beruhen. Trotz der Nichtvoraussagbarkeit im Einzelfall zeigen Ensembles von z. Ereignissen Regelmäßigkeiten, die durch Statistik u. Wahrscheinlichkeitsrechnung erfaßt werden können (so wird ein Würfel etwa in einem Sechstel der Fälle auf die 1 fallen). Statistische Gesetze sagen nur die Wahrscheinlichkeit von Ereignissen voraus u. nicht das Eintreten im Einzelfall wie deterministische Gesetze.

Der Z. in Physik u. Biologie ist ein wichtiges Thema der gegenwärtigen ↑*Naturphilosophie*. Anders als in der klassischen Physik ist man heute allgemein der Auffassung, daß die statistischen Gesetze der grundlegenden physikalischen Theorien nicht durch tieferliegende deterministische Gesetze ersetzt werden können. Der Zeitpunkt des Zerfalls eines radioaktiven Atomkerns ist danach absolut z. In der Biologie legen neuere Theorien nahe, daß die Entstehung u. Evolution des Lebens auf der Erde zwangsläufig war, der Verlauf der Evolution im einzelnen jedoch durch Z.sereignisse beeinflußt u. daher nicht determiniert ist. Schlagwortartig kann die Evolution als Zusammenspiel von „Z. und Notwendigkeit" (Mutation und Selektion) angesehen werden.

Lit.: Aristoteles, Physik II 4–6; Met. V 30 u. VI 2; W. Windelband, Die Lehren vom Z., Berlin 1870; D. H. Mellor, The matter of chance, Cambridge 1971; M. Eigen/R. Winkler, Das Spiel. Naturgesetze steuern den Z., München ²1978; W. Stegmüller, Hauptströmungen der Gegenwartsphilosophie II, Stuttgart ⁶1979, Kap. IV 4 u. V.

M. Stöckler

Zweck ↑Teleologie, Ursache.

Zweifel ↑Cartesianismus, Skeptizismus.

Quellen zur Erkenntnistheorie und Metaphysik

Vorsokratiker: Die Fragmente der Vorsokratiker, griech./dt., hrsg. v. H. Diels u. W. Kranz, Zürich (Weidmann) I [17]1974, II [16]1972, III [15]1975; Dte. Textauswahl: Die Vorsokratiker, hrsg. v. W. Capelle, Stuttgart (Kröner) [8]1973.

Platon (427–347 v. Chr.): Platonis opera, hrsg. v. J. Burnet. 5 Bde., Oxford (Oxford Classical Texts) [1]1900 ff.; Werke, griech./dt., hrsg. v. G. Eigler, 8 Bde., Darmstadt (Wissenschaftl. Buchgesellschaft) 1970 ff.; Sämtliche Werke, nach der Übers. v. F. Schleiermacher u. H. Müller hrsg. v. W. F. Otto, E. Grassi, G. Plamböck, 6 Bde., Rowohlts Klassiker, 1957 ff.; Jubiläumsausgabe sämtlicher Werke, übertr. v. R. Rufener, 8 Bde., Zürich (Artemis) 1974; Einzelausgaben (dt. u. griech./dt.) u. a. in der Philos. Bibl. (Meiner, Hamburg) u. bei Reclam.

Aristoteles (384–322 v. Chr.): Aristotelis opera, hrsg. von I. Bekker, 2 Bde., Berlin [1]1831 [2]1960; The Works of Aristotle, translated into English under the editorship of W. D. Ross, 12 Bde., Oxford (Clarendon) 1908 ff.; Einzelausgaben: Organon (Kategorien, Peri hermeneias [De interpretatione], 1. u. 2. Analytik, Topik, Sophistische Widerlegungen), 5 Bde., übers. v. E. Rolfes, Hamburg (Meiner, Philos. Bibl.) Nachdr. 1976; Physikvorlesung, übers. v. H. Wagner, Darmstadt (Wissenschaftl. Buchgesellschaft) [3]1979; Über die Seele (De anima), übers. v. W. Theiler, Darmstadt (Wissenschaftl. Buchgesellschaft) [5]1979; Metaphysik, übers. v. H. Bonitz, Rowohlts Klassiker 1966; Metaphysik, griech./dt., übers. v. H. Bonitz, mit Einl. u. Komm. hrsg. v. H. Seidl, Hamburg (Meiner, Philos. Bibl.) [2]1982; Metaphysik, übers. v. F. Schwarz, Stuttgart (Reclam) 1970; Nikomachische Ethik, übers. u. komm. v. F. Dirlmeier, Darmstadt (Wissenschaftl. Buchgesellschaft) [7]1979.

Commentaria in Aristotelem Graeca, hrsg. von der Preußischen Akademie der Wissenschaften, 23 Bde., Berlin (Reimer) 1882–1909, Nachdr. Berlin (de Gruyter) 1960 ff.; Supplementum Aristotelicum, hrsg. von der Preußischen Akademie der Wissenschaften, 3 Bde., Berlin (Reimer) 1885–1903, Nachdr. Berlin (de Gruyter) 1960 f.

Euklid (um 300 v. Chr.): Die Elemente, Buch I–XIII, übers. v. C. Thaer, Darmstadt (Wissenschaftl. Buchgesellschaft) [7]1980.

Epikur (341–270 v. Chr.): Epicuro, Opere, a cura di G. Arrighetti, Turin (Einaudi) [2]1973; Dte. Textauswahl: Epikur, Von der Überwindung der Furcht. Katechismus, Lehrbriefe, Spruchsammlung, Fragmente, übertr. v. O. Gigon, Zürich (Artemis) ²1968; Epikur, Philosophie der Freude, Stuttgart (Kröner) ⁵1973.

Stoa: Stoicorum veterum fragmenta, hrsg. v. H. v. Arnim, 4 Bde., Leipzig ¹1903 ff., Nachdruck Stuttgart (Teubner) 1978 f.; Dte. Textauswahl: Stoa u. Stoiker. Die Gründer, Panaitos, Poseidonios, übertr. v. M. Pohlenz, Zürich (Artemis) ²1964.

Sextus Empiricus (2. Jh. n. Chr.): Werke, griech./engl., 4 Bde., London (Loeb Classical Library) ¹1933 ff.; Einzelausgabe: Grundriß der pyrrhonischen Skepsis, übers. v. M. Hossenfelder, Frankfurt (Suhrkamp) 1968.

Plotin (205–270): Plotini opera, hrsg. v. P. Henry u. H. R. Schwyzer, Oxford (Oxford Classical Texts) I 1964, II 1977; Schriften, 12 Bde., übers. v. R. Harder, R. Beutler, W. Theiler, Hamburg (Meiner, Philos. Bibl.) 1956 ff.

Aurelius Augustinus (354–410): Opera omnia, in: Migne, Patrologiae cursus completus, series latina, Paris 1841 ff., Bd. 32–47; Opera omnia, in: Corpus Scriptorum Ecclesiasticorum Latinorum, Wien/Leipzig 1887 ff. (soweit erschienen); Opera omnia, in: Corpus Christianorum, series latina, Turnhout 1954 ff. (soweit erschienen); Werke in deutscher Sprache, Paderborn (Schöningh) 1940 ff.; deutsche Übersetzungen einzelner Werke ferner in: Bibliothek der Kirchenväter, hrsg. v. O. Bardenhewer u. a., Kempten/München (Kösel) 1911 ff., dort u. a.: Fünfzehn Bücher über die Dreieinigkeit, 1935; Die Bibliothek der Alten Welt. Antike u. Christentum, hrsg. v. K. Hoenn u. W. Ruegg, Zürich (Artemis) 1950 ff., dort u. a.: Bekenntnisse, 1982; Selbstgespräche über Gott u. die Unsterblichkeit der Seele, 1954; Philos. Frühdialoge: Gegen die Akademiker, Über das Glück, Über die Ordnung, 1972; Philos. Spätdialoge: Die Größe der Seele, Der Lehrer, 1973.

Anselm von Canterbury (1033–1109): Opera omnia, hrsg. v. F. S. Schmitt, ¹1938–1961, ²2 Bde., Stuttgart (Frommann-Holzboog) 1968; Einzelausgaben, lat./dt., hrsg. v. F. S. Schmitt, Stuttgart (Frommann-Holzboog), u. a.: Monologion 1964, Proslogion 1962, De veritate 1966.

Thomas von Aquin (1225–1274): S. Thomae de Aquino opera omnia, iussu Leonis XIII P. M. edita, Rom 1882 ff.; Summa theologica, übers. v. Dominikanern u. Benediktinern Deutschlands u. Österreichs, Salzburg/Heidelberg/Graz 1933 ff.; Die Summe wider die Heiden [Summa contra gentiles], übers. v. H. Nachod u. P. Stern, Leipzig 1935 ff.; Summe gegen die Heiden, lat./dt., übers. v. K. Albert u. a., 4 Bde., Darmstadt (Wissenschaftl. Buchgesellschaft) I 1974 II 1982; Über das Sein u. das Wesen (De ente et essentia), lat./dt., übers. v. R. Allers, ²1953 Nachdr. Darmstadt (Wissenschaftl. Buchgesellschaft) 1980; Die Philosophie des Thomas v. Aquin. In Ausz. aus seinen Schriften hrsg. v. E. Rolfes, Hamburg (Meiner, Philos. Bibl.) ²1977; Gottesbeweise, hrsg. v. H. Seidl, Hamburg (Meiner, Philos. Bibl.) 1982.

Johannes Duns Scotus (1266–1308): Opera omnia, hrsg. unter der Leitung v. C. Balić, Vatikanstadt 1950 ff. (soweit erschienen); Opera omnia, Lyon 1639, Nachdr. Hildesheim (Olms) 1968; Abhandlungen über das erste Prinzip, lat./dt., übers. v. W. Kluxen, Darmstadt (Wissenschaftl. Buchgesellschaft) 1974.

Wilhelm Ockham (um 1280 bis ca. 1349): Opera Philosophica et Theologica, hrsg. vom Institutum Franciscanum der Universität St. Bonaventura, New York (St. Bonaventura, N. Y.) 1967 ff. (soweit erschienen); Opera plurima, 4 Bde., Lyon 1494–1496, Nachdr. London (Gregg) 1962.

Nikolaus von Kues (1401–1464): Opera omnia, hrsg. im Auftrag der Heidelberger Akademie der Wissenschaften, Leipzig/Hamburg (Meiner) 1932 ff. (soweit erschienen); Philos.-Theologische Schriften, lat./dt., hrsg. v. L. Gabriel, 3 Bde., Wien (Herder) ²1982; Einzelausgaben lat./dt. in der Philos. Bibl. (Meiner, Hamburg), u. a.: Die belehrte Unwissenheit (De docta ignorantia) ²,³1977–79; Mutmaßungen (De coniecturis), 1971; Der Laie über die Weisheit (Idiota de sapientia) ⁵1977; Dreiergespräch über das Können-Ist (Trialogus de possest), 1973.

Franz Suárez (1548–1617): Opera omnia, 28 Bde., Paris 1856–78; Über die Individualität u. das Individuationsprinzip, 5. metaphys. Disputation, lat./dt., übers. v. R. Specht, Hamburg (Meiner, Philos. Bibl.) 1976.

Francis Bacon (1561–1626): The Works of Francis Bacon, hrsg. v. J. Spedding u. a., 14 Bde., London 1858–74, Nachdr. Stuttgart (Frommann-Holzboog) 1963; Über die Würde u. den Fortgang der Wissenschaften, übers. v. J. H. Pfingsten, 1783, Nachdr. Darmstadt (Wissenschaftl. Buchgesellschaft) 1966; Neues Organ der Wissenschaften, übers. v. A. Th. Brück, 1830, Nachdr. Darmstadt (Wissenschaftl. Buchgesellschaft) 1974.

René Descartes (1596–1650): Oeuvres, hrsg. v. Ch. Adam u. P. Tannery, 11 Bde., Paris 1897–1909, ²1964–1967. Einzelausgaben in der Philos. Bibl. (Meiner, Hamburg), u. a.: Regulae ad directionem ingenii, lat./dt., 1973; Discours de la méthode, frz./dt. 1969; Meditationes de prima philosophia, lat./dt., 1977; Prinzipien der Philosophie, dt., 1965.

Blaise Pascal (1623–1663): Oeuvres complètes, hrsg. v. L. Brunschvicg u. a., 14 Bde., Paris 1904–14; Werke, dt., 4 Bde., Heidelberg (Schneider) 1981.

Baruch Spinoza (1632–1677): Opera, hrsg. von C. Gebhardt, 4 Bde., Heidelberg (Winter) 1925, ²1973; Werke, dt., 7 Bde., in der Philos. Bibl. (Meiner,

Hamburg) 1965–77, darin u. a.: Die Ethik nach geometrischer Methode dargestellt (Bd. II); Abhandlung über die Verbesserung des Verstandes (Bd. V).

John Locke (1632–1704): An Essay Concerning Human Understanding, hrsg. v. P. H. Nidditch, Oxford (Clarendon) 1975; Versuch über den menschlichen Verstand, übers. v. C. Winckler, Hamburg (Meiner, Philos. Bibl.) ⁴1981.

Isaac Newton (1642–1727): Mathematische Prinzipien der Naturlehre, hrsg. v. J. Ph. Wolfers, 1872, Nachdr. Darmstadt (Wissenschaftl. Buchgesellschaft) 1963.

Gottfried Wilhelm Leibniz (1646–1716): Sämtliche Schriften u. Briefe, hrsg. v. der Preußischen (später Deutschen) Akademie der Wissenschaften, Darmstadt (später Berlin) 1923 ff.; Die philosophischen Schriften, hrsg. v. C. I. Gerhardt, 7 Bde., Berlin 1875–80, Nachdruck Hildesheim (Olms) 1973; Hauptschriften zur Grundlegung der Philosophie, 2 Bde., hrsg. v. E. Cassirer, Hamburg (Meiner, Philos. Bibl.) ³1966; Die Hauptwerke, zusammengef. u. übertr. v. G. Krüger, Stuttgart (Kröner) 1967; Einzelausgaben in der Philos. Bibl. (Meiner, Hamburg): Allgemeine Untersuchungen über die Analyse der Begriffe u. Wahrheiten, übers. v. F. Schupp, 1982; Metaphysische Abhandlung, übers. v. H. Herring, 1958; Neue Abhandlungen über den menschlichen Verstand, übers. v. E. Cassirer, ³1915, Nachdr. 1971; Die Theodizee, übers. v. A. Buchenau, Nachdr. 1977; Vernunftprinzipien der Natur u. der Gnade. Monadologie, übers. v. A. Buchenau, ²1982.

David Hume (1711–1776): The Philosophical Works, hrsg. v. T. H. Green u. T. H. Grose, 4 Bde., London ²1886, Nachdr. Aalen (Scientia) 1964; A Treatise of Human Nature, hrsg. v. L. A. Selby-Bigge u. P. H. Nidditch, London (Oxford University Press) 1978; Traktat über die menschliche Natur, übers. v. Th. Lipps, 2 Bde., Hamburg (Meiner, Philos. Bibl.) ³1978; Eine Untersuchung über den menschlichen Verstand, übers. v. R. Richter, Hamburg (Meiner, Philos. Bibl.) Nachdr. 1973.

Immanuel Kant (1724–1804): Gesammelte Schriften, begonnen von der Königlich Preußischen Akademie der Wissenschaften, Berlin 1902 ff.; Bd. I–IX als Paperback-Ausg. nachgedruckt Berlin (de Gruyter) 1968; Werke in sechs Bänden, hrsg. v. W. Weischedel, Wiesbaden u. a. 1956–1964, Nachdr. Darmstadt (Wissenschaftl. Buchgesellschaft) 1975, seitenidentische Paperback-Ausg. in 12 Bden., Frankfurt (Suhrkamp) o. J.; Einzelausgaben in der Philos. Bibl. (Meiner, Hamburg).

Johann Gottlieb Fichte (1762–1814): Gesamtausgabe der Bayerischen Akademie der Wissenschaften, hrsg. von R. Lauth u. a., Stuttgart (Frommann-Holzboog) 1962 ff. (soweit erschienen); Fichtes Werke, hrsg. v. I. H. Fichte,

Nachdr. in 11 Bden., Berlin (de Gruyter) 1971; Einzelausgaben in der Philos. Bibl. (Meiner, Hamburg).

Georg Wilhelm Friedrich Hegel (1770–1831): Gesammelte Werke, in Verbindung mit der Deutschen Forschungsgemeinschaft hrsg. von der Rheinisch-Westfälischen Akademie der Wissenschaften, Hamburg (Meiner) 1968 ff. (soweit erschienen); Sämtliche Werke, hrsg. v. H. Glockner, 26 Bde., Stuttgart (Frommann) 1927–40, ⁴1961–68; Werke in zwanzig Bänden, hrsg. v. E. Moldenhauer u. K. M. Michel, Frankfurt (Suhrkamp) 1969–71; Sämtliche Werke, hrsg. v. G. Lasson u. J. Hoffmeister, Leipzig, später Hamburg (Meiner, Philos. Bibl.), 1905 ff.

Friedrich Wilhelm Joseph Schelling (1775–1854): Historisch-kritische Ausgabe, im Auftrag der Schelling-Kommission der Bayerischen Akademie der Wissenschaften hrsg. v. H. M. Baumgartner u. a., Stuttgart (Frommann-Holzboog) 1976 ff. (soweit erschienen); Sämtliche Werke, hrsg. v. K. F. A. Schelling, 14 Bde., Stuttgart u. Augsburg 1856–61, z. T. Nachdr. Darmstadt (Wissenschaftl. Buchgesellschaft) 1974–81; Werke, hrsg. v. M. Schröter, 12 Bde., München 1927–59, Nachdr. München (Beck) 1968–79; Einzelausgaben: System des transzendentalen Idealismus [1800], hrsg. v. R.-E. Schulz, Hamburg (Meiner, Philos. Bibl.) 1957, Nachdr. 1962; Bruno oder über das göttliche u. natürliche Prinzip der Dinge [1802], hrsg. v. Chr. Herrmann, Hamburg (Meiner, Philos. Bibl.) 1928, Nachdr. 1954; Vorlesungen über die Methode des akademischen Studiums [1803], hrsg. v. W. Ehrhardt, Hamburg (Meiner, Philos. Bibl.) 1974; Über das Wesen der menschlichen Freiheit [1809]. Mit einem Essay v. W. Schulz, Frankfurt (Suhrkamp) 1975.

Bernard Bolzano (1781–1848): Gesamtausgabe, hrsg. v. E. Winter u. a., Stuttgart (Frommann-Holzboog) 1969 ff. (soweit erschienen); Wissenschaftslehre, hrsg. v. W. Schultz, 4 Bde., ²1929–31, Nachdr. Aalen (Scientia) 1981; Grundlegung der Logik. Ausgewählte Paragraphen aus der Wissenschaftslehre, hrsg. v. F. Kambartel, Hamburg (Meiner, Philos. Bibl.) ²1978.

Arthur Schopenhauer (1788–1860): Sämtliche Werke, neu hrsg. v. A. Hübscher, 7 Bde., Wiesbaden (Brockhaus) ³1972; Sämtliche Werke, hrsg. v. W. Löhneysen, 5 Bde., Stuttgart/Frankfurt (Cotta/Insel) 1960–1965; Werke in zehn Bänden, nach der Ausg. v. A. Hübscher, Zürich (Diogenes) 1977.

Ludwig Feuerbach (1804–1872): Sämtliche Werke, hrsg. v. W. Bolin u. F. Jodl, 10 Bde., Stuttgart (Frommann) 1903–11; Nachdr. 13 Bde., Stuttgart (Frommann-Holzboog) 1960–64; Werke, hrsg. v. E. Thies, 6 Bde., Frankfurt (Suhrkamp) 1974–76; darin: Das Wesen des Christentums (Bd. V).

John Stuart Mill (1806–1873): System of Logic, hrsg. v. J. M. Robson, Toronto (University of Toronto Press) 1974; dt.: System der deduktiven u. induktiven Logik, in: Gesammelte Werke, übers. v. Th. Gomperz, Bd. II–IV, Leipzig ²1884–1886, Nachdr. Aalen (Scientia) 1968.

Sören Kierkegaard (1813–1855): Gesammelte Werke, übers. v. E. Hirsch u. a., Düsseldorf/Köln (Diederichs) 1950 ff.; Schriften, hrsg. von H. Diem u. W. Rest, 3 Bde., München (dtv) 1982.

Karl Marx (1818–1883): K. Marx/F. Engels, Werke u. Briefe (MEW), 39 Bde., Berlin-Ost (Dietz) 1956–1968; Marx-Engels-Studienausgabe, hrsg. v. I. Fetscher, 4 Bde., Frankfurt (Fischer) ¹⁴1982.

Wilhelm Dilthey (1833–1911): Gesammelte Schriften, Leipzig, später Göttingen (Vandenhoeck u. Ruprecht) 1914 ff.; Die Philosophie des Lebens. Eine Auswahl aus seinen Schriften, hrsg. v. H. Nohl, Göttingen 1961.

Franz Brentano (1838–1917): Kategorienlehre, hrsg. v. A. Kastil, Nachdr. 1974; Die Lehre vom richtigen Urteil, hrsg. v. F. Mayer-Hillebrand, 1956; Psychologie vom empirischen Standpunkt, hrsg. v. O. Kraus, 3 Bde., Nachdr. 1971–74; Versuch über die Erkenntnis, hrsg. v. A. Kastil, ²1970; Vom Dasein Gottes, hrsg. v. A. Kastil, Nachdr. 1980; Wahrheit u. Evidenz, ausgew. v. O. Kraus, Nachdr. 1974: sämtlich in der Philos. Bibl. (Meiner, Hamburg).

Charles Sanders Peirce (1839–1914): Collected Papers, hrsg. v. C. Hartshorne u. a., 7 Bde., Cambridge, Mass. 1931–58; Die Festigung der Überzeugung u. andere Schriften, hrsg. v. E. Walther, Baden-Baden (Agis) o. J. (1965); Schriften zum Pragmatismus u. Pragmatizismus, hrsg. v. K. O. Apel, übers. v. G. Wartenberg, Frankfurt (Suhrkamp) ²1976; Über die Klarheit unserer Gedanken, übers. v. K. Oehler, Frankfurt (Klostermann) ²1977; Vorlesungen über Pragmatismus, engl./dt., übers. v. E. Walther, Hamburg (Meiner, Philos. Bibl.) 1973.

Friedrich Nietzsche (1844–1900): Werke. Kritische Gesamtausgabe, hrsg. v. G. Colli u. M. Montinari, Berlin (de Gruyter) 1967 ff., als Studienausgabe in 15 Bden., Berlin (de Gruyter) 1980; Werke in drei Bänden, hrsg. v. K. Schlechta, München (Hanser) ⁹1982, als Studienausgabe in 6 Bden., München (Hanser) 1980; Erkenntnistheoretische Schriften, Nachw. v. J. Habermas, Frankfurt (Suhrkamp) 1968.

Gottlob Frege (1848–1925): Begriffsschrift, Halle 1879, Nachdr.: Begriffsschrift u. andere Aufsätze, hrsg. v. I. Angelelli, Darmstadt (Wissenschaftl. Buchgesellschaft) 1977; Die Grundlagen der Arithmetik, Breslau 1884, Nachdr. Darmstadt u. Hildesheim (Olms) 1961; Grundgesetze der Arithmetik, Jena I 1893, II 1903, Nachdr. Darmstadt u. Hildesheim 1962; Kleine

Schriften, hrsg. v. I. Angelelli, Darmstadt u. Hildesheim 1967; Nachgelassene Schriften, hrsg. v. H. Hermes u. a., Hamburg (Meiner) ²1982; Wissenschaftl. Briefwechsel, hrsg. v. G. Gabriel u. a., Hamburg 1976; Auswahl: G. Patzig (Hrsg.), Funktion, Begriff u. Bedeutung, Göttingen (Vandenhoeck u. Ruprecht) ⁵1980, darin u. a.: Funktion u. Begriff (1891), Über Sinn u. Bedeutung (1892); ders. (Hrsg.), Logische Untersuchungen, Göttingen ²1976, darin u. a.: Der Gedanke (1818/19); Schriften zur Logik u. Sprachphilosophie aus dem Nachlaß, hrsg. v. G. Gabriel, Hamburg (Meiner, Philos. Bibl.) ²1978.

Alexius Meinong (1853–1920): Gesamtausgabe, hrsg. v. R. Haller u. a., 8 Bde., Graz (Akademische Druck- u. Verlagsanstalt) 1969–78; darin u. a.: Über Gegenstandstheorie (Bd. II); Über Annahmen (Bd. IV); Über die Stellung der Gegenstandstheorie im System der Wissenschaften; Über die Erfahrungsgrundlagen unseres Wissens (Bd. V); Über Möglichkeit u. Wahrscheinlichkeit (Bd. VI).

Edmund Husserl (1859–1938): Logische Untersuchungen, 2 Bde. ¹1900–1901, ²1913–1921, Nachdr. Tübingen (Niemeyer) 1980; Husserliana. E. Husserl, Gesammelte Werke, Den Haag (Nijhoff) 1950 ff.; darin u. a.: Cartesianische Meditationen u. Pariser Vorträge (Bd. I ³1963); Ideen zu einer reinen Phänomenologie, 1. Buch (Bd. III ³1976); Die Krisis der europäischen Wissenschaften (Bd. VI ²1962).

Henri Bergson (1859–1941): Oeuvres, hrsg. v. A. Robinet, 2 Bde., Paris (Presses Univ. de France) 1970; dte. Übersetzungen: Zeit u. Freiheit, Meisenheim (Hain) 1949; Materie u. Gedächtnis, Frankfurt (Ullstein) 1982; Schöpferische Entwicklung, Zürich 1967; Die beiden Quellen der Moral u. der Religion, Freiburg (Walter) 1980.

Alfred North Whitehead (1861–1947): Principia Mathematica, zus. mit B. Russell, 3 Bde., Cambridge 1910–13; Process and Reality, New York 1929 u. Cambridge 1929, dt.: Prozeß u. Realität, übers. v. H. G. Holl, Frankfurt (Suhrkamp) 1979; The Function of Reason, Princeton, N. J. 1929, dt.: Die Funktion der Vernunft, übers. v. E. Bubser, Stuttgart (Reclam) 1974; Adventures of Ideas, New York 1929, dt.: Abenteuer der Ideen, übers. v. E. Bubser, Frankfurt (Suhrkamp) 1971.

Bertrand Russell (1872–1970): The Principles of Mathematics, Cambridge 1903, ²London 1937; (mit A. N. Whitehead) Principia Mathematica, 3 Bde., Cambridge 1910–13, ²1925–27; The Problems of Philosophy, London 1912, dt.: Probleme der Philosophie, Frankfurt (Suhrkamp) 1973; Introduction to Mathematical Philosophy, London 1919, dt.: Einführung in die mathem. Philosophie, Wiesbaden (Vollmer) o. J.; The Analysis of Mind, London 1921; dt.: Die Analyse des Geistes, Leipzig (Meiner) 1927; Our Knowledge of the External World, London ²1926; The Analysis of Matter, London 1927, dt. Leipzig 1929; An Inquiry into Meaning and Truth, London 1940; Human Knowledge, London 1948, dt.: Das menschliche Wissen, Darmstadt (Holle) o. J. Aufsatzsammlungen: Logic and Knowledge, Essays 1901–1950, hrsg. v. R. Ch. Marsh, London (Allen & Unwin) ⁶1977; Essays in Analysis, hrsg. v. D. Lackey, London (Allen & Unwin) 1973; Philosophische u. politische Aufsätze, hrsg. v. U. Steinvorth, Stuttgart (Reclam) 1971, darin u. a.: Über das Kennzeichnen (1905); Die Philosophie des Logischen Atomismus. Aufsätze zur Logik u. Erkenntnistheorie 1908–1918, übers. v. J. Sinnreich, München (dtv) 1979, darin u. a.: Erkenntnis durch Bekanntschaft u. Erkenntnis durch Beschreibung (1910), Philosophie des Log. Atomismus (1918).

Max Scheler (1874–1928): Die transzendentale u. psychologische Methode, Leipzig 1900, ²1922, in: Gesammelte Werke I, Bern 1971; Die Stellung des Menschen im Kosmos, Darmstadt 1928, in: Ges. Werke IX, Bern 1976.

Nicolai Hartmann (1882–1950): Grundzüge einer Metaphysik der Erkenntnis, Berlin u. Leipzig 1921, ⁵Berlin (de Gruyter) 1965; Zur Grundlegung der Ontologie, Berlin 1935, ⁴1965; Möglichkeit u. Wirklichkeit, Berlin 1938, ³1966; Der Aufbau der realen Welt. Grundriß der allgemeinen Kategorienlehre, Berlin 1940, ³1964; Neue Wege der Ontologie (1942) ⁵Stuttgart 1968; Die Erkenntnis im Licht der Ontologie [1949], hrsg. v. J. Stallmach, Hamburg (Meiner, Philos. Bibl.) 1982.

Ludwig Wittgenstein (1889–1951): Schriften, Frankfurt (Suhrkamp) 1960 ff.; Über Gewißheit, Frankfurt (Suhrkamp) 1970; Studienausgaben bei Suhrkamp: Tractatus, 1970; Philosophische Bemerkungen, 1980; Philosophische Grammatik, 1973; Das Blaue Buch. Das sog. Braune Buch, 1980; Philosophische Untersuchungen, 1977.

Martin Heidegger (1889–1976): Gesamtausgabe, Frankfurt (Klostermann) 1975 ff. (soweit erschienen). Einzelausgaben: Sein u. Zeit, Halle 1927, Tübingen (Niemeyer) ¹⁵1979; Kant u. das Problem der Metaphysik, Bonn 1929, Frankfurt (Klostermann) ⁴1973; Einführung in die Metaphysik, Tübingen 1953, ⁴1976; Der Satz vom Grund, Pfullingen (Neske) 1957, ⁵1978; Identität u. Differenz, Pfullingen 1957, ⁶1970; Nietzsche, 2 Bde., Pfullingen 1961, ³1976; Die Frage nach dem Ding, Tübingen 1962, ²1975; Wegmarken, Frankfurt 1967, ²1978.

Jean-Paul Sartre (1905–1980): L'Etre et le Néant, Paris (Gallimard) 1943; dt.: Das Sein u. das Nichts, Reinbek (Rowohlt) 1962; Die Transzendenz des Ego. Drei Essays, Reinbek (Rowohlt) 1964, darin: Über die Einbildungskraft (1936), Entwurf einer Theorie der Emotionen (1939).

Maurice Merleau-Ponty (1908–1961): Phénoménologie de la Perception, Paris 1945; dt.: Phänomenologie der Wahrnehmung, übers. v. R. Boehm, Berlin (de Gruyter) 1966, Nachdr. 1976.

Bibliographien

Bibliographia philosophica 1934–1945, hrsg. v. G. A. de Brie, 2 Bde., Utrecht I 1950, II 1954.
Revue Philosophique de Louvain. Répertoire Bibliographique, Louvain 1948 ff.
Totok, W., Handbuch der Geschichte der Philosophie, Frankfurt (Klostermann) I (Altertum) 1964, II (Mittelalter) 1973, III (Renaissance) 1980, IV (Frühe Neuzeit 17. Jh.) 1981.

Nachschlagewerke

Borkowski, L., Formale Logik. Logische Systeme. Einführung in die Metalogik. Ein Lehrbuch, übers. v. K. Bschoner u. K. J. Meyer, hrsg. v. L. Kreiser, München (Beck) 1977.
Braun, E./Radermacher, H. (Hrsg.), Wissenschaftstheoretisches Lexikon, Graz (Styria) 1978.
Brugger, W. (Hrsg.), Philosophisches Wörterbuch, Freiburg (Herder) [16]1981.
Carnap, R., Einführung in die symbolische Logik mit besonderer Berücksichtigung ihrer Anwendungen, [3]Wien (Springer) 1968, Nachdr. 1973.
Copleston, F., A History of Philosophy, 9 Bde., London (I–VIII Burns Oates, IX Search) 1946–75.
Edwards, P., The Encyclopedia of Philosophy, 8 Bde., New York (Macmillan) 1967.
Enciclopedia Filosofica, hrsg. vom Centro di Studi Filosofici di Gallarate, 6 Bde., [2]Florenz (Sansoni) 1967.
Hirschberger, J., Geschichte der Philosophie, 2 Bde., Freiburg (Herder) I [11]1979, II [11]1981.
Höffe, O. (Hrsg.), Klassiker der Philosophie, 2 Bde., München (Beck) 1981.
Hoerster, N. (Hrsg.), Klassiker des philosophischen Denkens, 2 Bde., München (dtv) 1982.
Klaus, G./Buhr, M. (Hrsg.), Philosophisches Wörterbuch, 2 Bde., Leipzig (VEB Bibliographisches Institut) [11]1975.
Krings, H./Baumgartner, H. M./Wild, Ch. (Hrsg.), Handbuch philosophischer Grundbegriffe, 3 Bde., München (Kösel) 1973–1974; seitenidentische Studienausgabe in 6 Bden., München (Kösel) 1973–1974.
Mittelstraß, J. (Hrsg.), Enzyklopädie Philosophie u. Wissenschaftstheorie, Mannheim (Bibliographisches Institut) I 1980.

Quine, W.V.O., Grundzüge der Logik, übers. v. D. Siefkes, Frankfurt (Suhrkamp) 1974.
Ritter, J./Gründer, K. (Hrsg.), Historisches Wörterbuch der Philosophie, Basel (Schwabe) 1971 ff.
Speck, J. (Hrsg.), Grundprobleme der großen Philosophen, 7 Bde., Göttingen (Vandenhoeck u. Ruprecht) 1972–1981.
Speck, J. (Hrsg.), Handbuch wissenschaftstheoretischer Grundbegriffe, 3 Bde., Göttingen (Vandenhoeck u. Ruprecht) 1980.
Stegmüller, W., Hauptströmungen der Gegenwartsphilosophie, 2 Bde., Stuttgart (Kröner) I ^{6}1978, II ^{6}1979.
Suppes, P., Introduction to Logic, New York (van Nosterand) 1957.

Zur Philosophiegeschichte und Ethik

Klassiker der Philosophie

Herausgegeben von Otfried Höffe

Band I: Von den Vorsokratikern bis David Hume
1981. 562 Seiten mit 23 Porträtabbildungen. Leinen

Aus dem Inhalt: Vorsokratiker – Platon – Aristoteles – Epikur –
Stoa – Plotin – Augustinus – Anselm von Canterbury –
Thomas von Aquin – Wilhelm von Ockham – Nikolaus von Kues –
Bacon – Hobbes – Descartes – Pascal – Spinoza – Locke –
Leibniz – Franz. Aufklärer – Hume

Band II: Von Immanuel Kant bis Jean-Paul Sartre
1981. 555 Seiten mit 23 Porträtabbildungen. Leinen

Aus dem Inhalt: Kant – Fichte – Hegel – Schelling – Schopenhauer –
Mill – Kierkegaard – Marx – Dilthey – Nietzsche – Peirce – James
Dewey – Frege – Husserl – Bergson – Russell – Wittgenstein –
Heidegger – Carnap – Horkheimer – Adorno – Sartre

Lexikon der Ethik

Herausgegeben von Otfried Höffe
2., neubearbeitete Auflage. 1980. 296 Seiten. Paperback
(Beck'sche Schwarze Reihe Band 152)

George E. Moore

Grundprobleme der Ethik

Mit einem Vorwort von Norbert Hoerster
1975. 155 Seiten. Paperback
(Beck'sche Schwarze Reihe Band 126)

Robert Spaemann

Moralische Grundbegriffe

2. Auflage. 1983. 109 Seiten. Paperback
(Beck'sche Schwarze Reihe Band 256)

Verlag C. H. Beck München

In der Reihe
Große Denker. Leben, Werk, Wirkung
herausgegeben von Otfried Höffe (Beck'sche Schwarze Reihe)

liegen vor:

Ingrid Craemer-Ruegenberg
Albertus Magnus
1980. 188 Seiten mit 5 Abbildungen. Paperback (BSR 501)

Alfred Schöpf
Sigmund Freud
1982. 244 Seiten mit 8 Abbildungen. Paperback (BSR 502)

Henri Lauener
Willard Van Orman Quine
1982. 207 Seiten mit 4 Abbildungen. Paperback (BSR 503)

Klaus Fischer
Galileo Galilei
1983. 239 Seiten mit 6 Abbildungen. Paperback (BSR 504)

Walter Euchner
Karl Marx
1983. 203 Seiten mit 6 Abbildungen. Paperback (BSR 505)

Otfried Höffe
Immanuel Kant
1983. 326 Seiten mit 8 Abbildungen. Paperback (BSR 506)

Annemarie Pieper
Albert Camus
1984. 231 Seiten mit 6 Abbildungen. Paperback (BSR 507)

Verlag C. H. Beck München